思想的・睿智的・獨見的

經典名著文庫

學術評議

丘為君　吳惠林　宋鎮照　林玉体　邱燮友
洪漢鼎　孫效智　秦夢群　高明士　高宣揚
張光宇　張炳陽　陳秀蓉　陳思賢　陳清秀
陳鼓應　曾永義　黃光國　黃光雄　黃昆輝
黃政傑　楊維哲　葉海煙　葉國良　廖達琪
劉滄龍　黎建球　盧美貴　薛化元　謝宗林
簡成熙　顏厥安（以姓氏筆畫排序）

策劃　楊榮川

五南圖書出版公司 印行

經典名著文庫

學術評議者簡介（依姓氏筆畫排序）

經典名著文庫138

世界史哲學講演錄

Vorlesungen über die Philosophie der Weltgeschichte

黑格爾（Georg Wilhelm Friedrich Hegel） 著

劉立群、沈真、張東輝、姚燕 譯 （張慎、梁志學 審校）

先剛 導讀

經典永恆・名著常在

五十週年的獻禮・「經典名著文庫」出版緣起

總策劃 楊榮川

五南，五十年了。半個世紀，人生旅程的一大半，我們走過來了。不敢說有多大成就，至少沒有凋零。

五南忝爲學術出版的一員，在大專教材、學術專著、知識讀本出版已逾壹萬參仟種之後，面對著當今圖書界媚俗的追逐、淺碟化的內容以及碎片化的資訊圖景當中，我們思索著：邁向百年的未來歷程裡，我們能爲知識界、文化學術界做些什麼？在速食文化的生態下，有什麼值得讓人雋永品味的？

歷代經典・當今名著，經過時間的洗禮，千錘百鍊，流傳至今，光芒耀人；不僅使我們能領悟前人的智慧，同時也增深加廣我們思考的深度與視野。十九世紀唯意志論開創者叔本華，在其〈論閱讀和書籍〉文中指出：「對任何時代所謂的暢銷書要持謹愼的態度。」他覺得讀書應該精挑細選，把時間用來閱讀那些「古今中外的偉大人物的著作」，閱讀那些「站在人類之巔的著作及享受不朽聲譽的人們的作品」。閱讀就要「讀原著」，是他的體悟。他甚至認爲，閱讀經典原著，勝過於親炙教誨。他說：

「一個人的著作是這個人的思想菁華。所以，儘管一個人具有偉大的思想能力，但閱讀這個人的著作總會比與這個人的交往獲得更多的內容。就最重要的方面而言，閱讀這些著作的確可以取代，甚至遠遠超過與這個人的近身交往。」

爲什麼？原因正在於這些著作正是他思想的完整呈現，是他所有的思考、研究和學習的結果；而與這個人的交往卻是片斷的、支離的、隨機的。何況，想與之交談，如今時空，只能徒呼負負，空留神往而已。

三十歲就當芝加哥大學校長、四十六歲榮任名譽校長的赫欽斯（Robert M. Hutchins, 1899-1977），是力倡人文教育的大師。「教育要教眞理」，是其名言，強調「經典就是人文教育最佳的方式」。他認爲：

「西方學術思想傳遞下來的永恆學識，即那些不因時代變遷而有所減損其價值的古代經典及現代名著，乃是眞正的文化菁華所在。」

這些經典在一定程度上代表西方文明發展的軌跡，故而他爲大學擬訂了從柏拉圖的《理想國》，以至愛因斯坦的《相對論》，構成著名的「大學百本經典名著課程」。成爲大學通識教育課程的典範。

歷代經典‧當今名著，超越了時空，價值永恆。五南跟業界一樣，過去已偶有引進，但都未系統化的完整舖陳。我們決心投入巨資，有計畫的系統梳選，成立「經典名著文庫」，希望收入古今中外思想性的、充滿睿智與獨見的經典、名著，包括：

- 歷經千百年的時間洗禮，依然耀明的著作。遠溯二千三百年前，亞里斯多德的《尼各馬科倫理學》、柏拉圖的《理想國》，還有奧古斯丁的《懺悔錄》。
- 聲震寰宇、澤流遐裔的著作。西方哲學不用說，東方哲學中，我國的孔孟、老莊哲學，古印度毗耶娑（Vyāsa）的《薄伽梵歌》、日本鈴木大拙的《禪與心理分析》，都不缺漏。
- 成就一家之言，獨領風騷之名著。諸如伽森狄（Pierre Gassendi）與笛卡兒論戰的《對笛卡兒沉思錄的詰難》、達爾文（Darwin）的《物種起源》、米塞斯（Mises）的《人的行爲》，以至當今印度獲得諾貝爾經濟學獎阿馬蒂亞‧

森（Amartya Sen）的《貧困與饑荒》，及法國當代的哲學家及漢學家余蓮（François Jullien）的《功效論》。

梳選的書目已超過七百種，初期計劃首爲三百種。先從思想性的經典開始，漸次及於專業性的論著。「江山代有才人出，各領風騷數百年」，這是一項理想性的、永續性的巨大出版工程。不在意讀者的眾寡，只考慮它的學術價值，力求完整展現先哲思想的軌跡。雖然不符合商業經營模式的考量，但只要能爲知識界開啓一片智慧之窗，營造一座百花綻放的世界文明公園，任君遨遊、取菁吸蜜、嘉惠學子，於願足矣！

最後，要感謝學界的支持與熱心參與。擔任「學術評議」的專家，義務的提供建言；各書「導讀」的撰寫者，不計代價地導引讀者進入堂奧；而著譯者日以繼夜，伏案疾書，更是辛苦，感謝你們。也期待熱心文化傳承的智者參與耕耘，共同經營這座「世界文明公園」。如能得到廣大讀者的共鳴與滋潤，那麼經典永恆，名著常在。就不是夢想了！

二〇一七年八月一日 於

五南圖書出版公司

導讀

北京大學哲學系教授　先剛

一、本書的成書歷程

黑格爾（G. W. F. Hegel，一七七〇—一八三一）是德國古典哲學的集大成者和最重要的代表。他於一七八八—一七九三年求學於圖賓根大學，與詩人荷爾德林和哲學家謝林爲同學。大學畢業之後，他做過一段時間家庭教師，之後在謝林的舉薦下，於一八〇一年赴耶拿大學任教。在這裡，黑格爾形成了成熟的思想體系，於一八〇七年發表了《精神現象學》。後受拿破崙侵略戰爭的影響，黑格爾被迫放棄了耶拿的教職，在班貝格和紐倫堡擔任報刊編輯和中學校長，但他沒有因此而中斷思考和寫作，並於一八一二—一八一六年分三卷發表了《邏輯學》（即《大邏輯》）。一八一六年，他獲得了海德堡大學的教授席位，很快又於一八一八年赴柏林大學任教授。從海德堡時期開始，黑格爾逐漸成爲德國最有影響力的哲學家，後來於一八一七年和一八二一年先後發表的《哲學全書》和《法哲學原理》，進一步鞏固了他在哲學界的地位和聲望。

黑格爾生前正式發表的著作主要就是前面提到的幾部。現在通行的《世界史哲學講演錄》、《美學講演錄》、《宗教哲學講演錄》、《哲學史講演錄》等等並不是嚴格意義上的著作，而是在他去世後，由他的學生根據其講演手稿和課堂筆記整理成書。換言之，黑格爾生前沒有寫作一部《世界史哲學》的計畫，但這部分內容確實是他的哲學體系一個重要組成部分。在一八一七年《哲學全書》這部體系大綱裡，黑格爾已經將「世界歷史」規定爲「客觀精神」的結尾部分，而在一八二一年《法哲學原理》的結尾，他更是用了二十個小節來闡述「世界歷史」。緊接著，黑格爾從一八二二—一八二三年冬季學期開始首次講授「世界史哲學」，直到去世的時候，總共講授了五次該課程。

黑格爾每次講授該課程時，內容都有不同程度上的增刪，因此等於留下了五個版本的手稿。他的學生愛德華·甘斯（Eduard Gans）在編輯《黑格爾全集》的這部分內容時，以最後一次課程，亦即一八三〇—一八三一冬季學期的講演錄爲主體，再參照另外幾個版本揉合而成一部《世界史哲學講演錄》。這個版本很快被譯爲英文，之後的中譯本——亦即《歷史哲學》（王造時譯，一九三六年由上海商務印書館出版），也是依據這個英譯本。《歷史哲學》後來由北京三聯書店（一九五六年）和上海世紀出版集團（二〇〇六年）再版，在漢語學界一直有著巨大的影響。

近年來，隨著黑格爾研究的推進和更加精細化，學界開始對此前已經流傳一百多年的各種黑格爾講演錄（當然也包括《歷史哲學》）的可靠性提出質疑。最新的歷史批判版《黑格爾全集》致力於將黑格爾的親筆著述和學生的課堂筆記嚴格加以區分，因此將黑格爾親筆寫下的關於世界史哲學的手稿收錄於第十八卷，將學生的課堂筆記編爲第二十七卷。第二十七卷又有五部分卷，讀者現在看到的這部《世界史哲學講演錄》就是其第一分卷（Band 27, 1），即黑格爾於一八二二—一八二三冬季學期首次講授「世界史哲學」的課堂筆記，其主要記錄者是黑格爾的另一位學生霍多（H. G. Hotho）。

二、本書的主旨架構和內容精要

黑格爾的思想體系由邏輯學、自然哲學和精神哲學三大部分構成。精神哲學作爲整個體系的封頂石，又分爲三個部分，即主觀精神、客觀精神和絕對精神，而其一以貫之的核心思想是人的「自由意識」的發展過程。在主觀精神階段，人僅僅透過對事物的理論認識而達到自由意識。而在客觀精神階段，人是在現實生活中，在客觀化的精神形態（抽象法、道德和倫理）中達到自由意識。最後在絕對精神階段，人重新擺脫了現實生活，返回到藝術、宗教和哲學等絕對的精神形態，在其中達到了絕對的自由意識。

歷史哲學屬於客觀精神的結尾部分，也可以說是客觀精神哲學的巔峰，因此它的任務在於——在歷史中呈現出人的自由意識發展過程的最客觀的表現。這個任務分爲兩個方面：首先要揭示出「歷史」的理念或本質（即人的自由意識的發展過程），其次要闡述這個理念在世界史的各個階段裡的具體表現。

正因如此，黑格爾的歷史哲學從討論何謂「歷史」出發。他區分了三種意義上的歷史或歷史學。第一種是「原始的歷史」，即那些第一手的歷史記載，比如希羅多德的《歷史》和修昔底德的《伯羅奔尼撒戰爭史》等等。這類歷史記載的核心原則是「忠實性」，歷史著述家的任務在於盡可能忠實地敘述他們所知道的重大歷史事件，而不是對這些事件進行反思和評價。誠然，他們留下了最重要和最基本的歷史素材，但他們和他們所敘述的事情彷彿是合爲一體的，用黑格爾的話來說，就是生存於事情本身之中，沒有超越事情本身。

第二種是「反思的歷史」。所謂「反思」，就是指這類歷史著述家最主要的目的在於透過梳理或提煉史料而對其進行反思，進而總結出那些歷史事件的意義和道理，比如「天下大勢，合久必分，分久必合」、「多行不義必自斃」等等。黑格爾指出，這類歷史總結出的道理絕大多數情況下都是一些道德說教，但這些道理要麼是很膚淺的，要麼由於時間和空間的轉換並不具有普遍的意義。這裡面最糟糕的是所謂的「批判的歷史」，即歷史著述家完全用自己最爲主觀、隨意的想法去敘述和評價歷史。相比之下，另一類反思的歷史，即專注於某個特定領域的歷史（比如藝術史、科學史、法律史、貿易史等等），雖然侷限於某一個方面，但至少由於其普遍視角而在一定程度上揭示出整體的普遍聯繫。

黑格爾的歷史哲學關注的是第三種歷史，亦即「哲學意義上的歷史」，或者說對於歷史的「思維著的考察」（denkende Betrachtung）。這裡的「思維」不是指普通的思考，而是特指「理性思維」或「理性」。理性思維和知性思維（即前面所說的反思）的區別，在於前者具有一種絕對的全面性視角，而不是像後者那樣受限於各種局部的、片面的原因或道理，而其在歷史哲學層面上的表現，就是把歷史理解爲一個眞正的整體，在錯綜複雜的歷史現象中揭示出理性的主宰地位，把歷史呈現爲一種合乎理性的過程，或者說呈現出歷史的「合理性」（Vernünftigkeit）和終極目的。黑格爾有一句名言：「一切現實的東西都是合乎理性的，一切合乎理性的東西都是現實的。」歷史同樣也是如此。或許在很多人看來，歷史根本沒有一個終極目的，其中發生的很多事情，與其說是合乎理性的，不如說是非理性的乃至反理性的。針對這個質疑，黑格爾一方面敦促人們提升到全面性的理性視角（因爲當人們的目光受限於局部環節，就很難認識到那些貌似無意義的或僅僅具有否定意義的事物在整體裡具有的肯定意義），另一方面並不獨斷地去「證明」這個目的，而是透過回顧世界歷史將其「揭示」出來。

這個合乎理性的過程及其終極目的就是人的自由意識的發展。人的本質是自由，而自由就是自己規定自己、自己推動自己。但這個自由不能停留在抽象的概念裡，而是必須在實在的領域裡外化出來：首先在自然的層面上具有一個身體；其次在精神的層面上，生活在社會關係裡。具有身體和生活在社會關係裡，既是自由的初步實現，同時也構成了自由的界限或限制。絕對無限制的自由是不存在的，毋寧說任何自由都必然伴隨著限制。當盧梭說「人生而自由，卻無不在枷鎖之中」時，是帶著強烈的控訴口吻，殊不知按照黑格爾的辯證法思想，卻必須指出作爲限制的「枷鎖」恰恰是自由的必要環節。

關於個人如何一步步地與這些限制達成和解並眞正意識到自己的自由，這些在《法哲學原理》的抽象法、道德和倫理部分已經有充分闡述。現在歷史哲學所關注的，卻不是個人的自由意識，而是「人類」的自由意識的實現過程，因此其主要是以民族或國家爲闡述對象。相應地，黑格爾花了很大的篇幅來討論「國家的本性」。國家的本性是普遍意志與個人的特殊意志的統一體，而人的自由在於意識到這個統一體。很多人認爲國家僅僅是滿足其私己目的的手段，同時經常把國家視爲其個人自由的對立面，但實際上，國家才是目的，個人的一切自由都是在國家裡才能獲得的。國家是一個有機的整體，個人是整體的環節，二者之間自在地看來並不是一種對立的關係，只有當雙方陷入抽象的片面性（國家成爲抽象的普遍性，個人成爲抽象的特殊性），才會陷入矛盾關係中。這種矛盾事實上發生了，因爲「國家」雖然從概念上來說是完滿的，但它在現實中同樣需要一個發展和完善的過程，藉以實現自身。在這個過程中，「（抽象的）普遍性」、「（抽象的）特殊性」、「二者的具體的統一體」這三個原則輪番占據主導地位。大體上說來，所有國家在其歷史發展中都遵循著這個趨勢。

關鍵在於，在黑格爾看來，並非某一個特定的國家在自身之內就能夠完整地從頭到尾經歷這個過程，將國家的概念予以實現。毋寧說，國家概念是在歷史中透過諸多前後相繼的國家而實現的。正是在這個意義上，「歷史」才成爲普遍的歷史或「世界史」。按照時間上先後出現的順序，這些國家裡的每一個都分別以上述原則之一爲主導因素，因此它們整體說來，分爲「東方世界」、「希臘世界和羅馬世界」、「日耳曼世界」這三種國家形態，而黑格爾歷史哲學的第二個方面就是上述原則在每一種國家形態裡的具體表現。他最終想要表達的思想是：東方世界只知道「一個人」是自由的；希臘世界和羅馬世界知道「一些人」是自由的；只有日耳曼世界才知道「所有人」在其自身就是自由的，即人作爲人就是自由的。

具體到對於每一種國家形態的闡述，雖然這些內容占據了全書的主要篇幅，但由於黑格爾使用的史料非常龐雜，而在闡述的時候又經常在一些具體的領域和問題上隨意切換，所以我在這裡只是勾勒其最簡單的線索。在東方世界部分，黑格爾主要談到了中國、印度、波斯與埃及等國家。但需要指出的是，受限於當時歐洲的知識水準，黑格爾關於東方世界的認識都是依賴於二手乃至三手的材料，同時又經常津津樂道於一些無聊瑣碎的細節，因此他的很多論斷完全是信口開河，是從那個時代的歐洲人對於東方世界的固有偏見中推演出來的。簡言之，黑格爾認爲東方世界的基本特徵是普遍意志與個人意志的僵化的直接統一，而這個直接統一又有兩個表現：在中國、波斯、土耳其，個人意志被普遍意志吞噬，無條件地服從普遍意志，因此必然得出專制主義的統治方式；反之，在印度，個人意志與普遍意志漠不相關，處於一種完全隨意的散漫狀態，因此國家形同虛設，只留下人與人之間一種固定的差異性。只有從希臘世界開始，個人意志才眞正破土萌芽，與普遍意志之間形成一種張力，比如索福克勒斯的《安提戈涅》就無比生動地刻畫了「神法」與「人法」的這種衝突。希臘世界是以特殊的個人意志爲主導因素，因此民主制是其最典型的體現。但到了羅馬世界，普遍意志再度占了上風，強迫個人意志參與到普遍的目的和事業中，因此國家形態也從共和制過渡到帝國。誠然，羅馬帝國和東方專制主義還是有著根本的區別，因爲在羅馬帝國，個人的權利畢竟得到了承認，因此個人成爲「群眾」，在自己這方面具有了普遍性，但與此同時，個人意志對普遍意志的反抗並沒有終止，因爲羅馬帝國僅僅代表著一種片面的，雖然並非抽象的普遍性。這個鬥爭必須達到和解，而和解是在日耳曼世界裡實現的。黑格爾所說的「日耳曼世界」指的是德國、北歐國家和英國，他把這個時期稱作世界史的「老年時代」，但精神的老年狀態不同於自然界裡面的老年狀態，不是意味著衰弱退化，而是意味著成熟和強大。至於爲什麼日耳曼世界代表著世界史的頂峰，黑格爾實際上並沒有給出一個明確的理由，毋寧只是武斷地如此主張。他宣稱普魯士國王弗里德里希二世是「哲學王」，讚美其堅持國家的目的，將一切特殊東西統攝於整體的建制之下，但這些說法全都缺乏具體的例證。事實上，他在這部分裡主要討論的是日耳曼世界的歷史，著重刻畫近代以來各方面嚴重分裂的局面，尤其是宗教改革給德國帶來全面性的分裂。誠然，在這些分裂中，國家層面上的個體意志已經達到了極致，彷彿它與普遍意志的最終和解已經呼之欲出、近在咫尺，但黑格爾終究沒有提出任何證據以表明這個美好的和解已經在日耳曼世界裡得到實現。

三、本書對後世的影響

此前我們已經指出，《世界史哲學講演錄》這本書是近些年才編輯出版的，因此在談到所謂的「影響」時，指的是此前流傳的《歷史哲學》的影響。黑格爾的《歷史哲學》具體闡釋了他的「精神」理念和歷史的關係，並且和他的《美學講演錄》、《宗教哲學講演錄》、《哲學史講演錄》一樣，在具體領域中運用和發揮了他的「邏輯與歷史的一致」基本原理。相比艱深晦澀的《精神現象學》和《大邏輯》，《歷史哲學》之類講演錄能夠幫助讀者以較爲便捷的方式理解、把握黑格爾的基本哲學思想，因此一直得到學界和讀書界的重視。

另一方面，雖然黑格爾把歷史視爲是人類自由意識的發展過程具有合理性和說服力（關於「歷史」的理念或本質的闡述是他的歷史哲學最有價值的一部分），但與之相關聯的許多具體的思想卻遭到了廣泛的批評。比如黑格爾把日耳曼世界——尤其是普魯士王國，武斷地判定爲歷史的最高峰，這被認爲是政治上對統治者卑躬屈膝的諂媚表現。他對東方世界的肆意貶低，還有他所勾勒的世界精神由低到高、從東方到西方的遊歷過程，反映出一種直到今天都仍然根深蒂固的「西方中心主義」。除此之外，黑格爾主張邏輯與歷史的一致，主張世界有一個普遍的目的，也被指責爲一種缺乏科學依據和實證基礎的「歷史決定論」。

因此，如何批判地研讀黑格爾的歷史哲學，以汲取其合理核心並摒棄其中的錯誤思想，這在今天仍然是我們面臨的一個迫切任務。

目次

中文版前言

本書是黑格爾一八二二——一八二三年冬季學期在柏林大學第一次講授世界史哲學的學生課堂筆記，它在一九九六年首先作爲講演錄試行本第十二卷出版，後來編入《黑格爾全集》歷史考訂版第二十七卷。在本書中譯本發表之際，向讀者說明它的基本內容、問世過程和翻譯方法是必要的。

一、這本講演錄的基本內容

黑格爾的世界史哲學起源於他宣告自己的思辨體系的《哲學全書》（一八一七年），在這本著作裡，世界史是客觀精神發展的最高階段，或更具體地說，是絕對精神以倫理爲表現形態的結尾、是絕對精神在藝術中回歸到自身的前夕。他特別指出，特定的民族精神擁有一種由它的特殊原則決定的、在時間中發展它的現實性的過程，但它是轉入普遍的世界史的，世界史上的種種事件都展現了各個特定的民族精神的辯證法；這種運動過程就是倫理實體對其特殊性的擺脫，是精神變爲普遍精神、變爲世界精神的事業，由於這種運動過程是精神的自我意識在時間中的發展，所以發展中的各個環節都是一些民族精神，它們當中的每一個都只能占有一個階段，都只能完成整個事業的一項工作。

這些思想後來又在《法哲學原理》（一八二一年）中得到了拓展，呈現出黑格爾把世界史哲學作爲一門獨立的應用哲學的構想。這種拓展分爲兩個步驟進行：首先，黑格爾揭示了世界史概念作爲客觀精神發展的最高階段所包含的辯證矛盾，諸如以國家爲客觀環節的外在性和以宗教爲主觀環節的內在性，精神的自由和從精神自由中引出理性的必然發展，世界精神以外化自身、把握自身爲目的所進行的事業和各個國家、民族與個人不知不覺地作爲這項事業的工具所從事的實現其特殊原則的活動，諸如此類。其次，他認爲世界史進程就是這種辯證矛盾不斷出現、不斷調解的過程；他從全域著眼，認爲各種民族精神作爲世界精神的實現者，先後相繼奉行四種原則：其一，是在最初的、直接的啟示中的實體性精神；其二，是優美的、倫理的個體性；其三，是能知的自爲存在向自身的深入，達到抽象的普遍性，成爲客觀世界的無限對立面；其四，是世界精神從無限對立返回到自身，使一切矛盾得到調解。與這四條原則相對應，世界史進程可以劃分爲先後相繼出現的東方王國、希臘王國、羅馬王國和日耳曼王國。

正是依據這個綱要，黑格爾運用他的思辨邏輯，利用當時所能掌握的大量文獻，寫出了第一本世界史哲學手稿，講授給他的聽眾。於是德國思辨歷史哲學就從康德的〈一個世界公民觀點之下的普遍歷史觀念〉開始，經過費希特的《現時代的根本特點》，推進到了它的最高發展階段。

黑格爾的世界史哲學講演分爲兩個部分，即世界史的概念和世界史的進程。前一部分講的是：第一，世界史哲學既與著述家們只記述他們經歷的事件，描寫他們親眼所見的成果的原始歷史學不同，也與著述家們超越當下的事物，以知性思維方式概覽、編纂、評論和研究歷史的反思歷史學不同，是以理性思維方式研究無限具體的、完全當下的普遍事物的，而這種具體的普遍事物就是引導各個民族和世界的理念，是引領各個個體、行動和事件的精神嚮導；各個民族都在世界精神中完成自身，處於世界精神的一個必經階段，世界精神則在這些階段中把自己完成爲自在的總體，這就導致了一個民族原則、一個時代的衰落和另一個更高的民族原則、另一個更高的時代的興起，導致了世界向完善狀態的邁進。

第二，在世界邁向完善狀態的歷史中有兩個相互對立的環節，即作爲抽象事物的理念和人的激情，用邏輯範疇加以表達，也就是普遍性與個別性、客觀性與主觀性。這兩者形成了世界史在我們面前攤開的錦繡地毯的經緯。理念是實質性的力量，但它本身只是普遍的事物，它由以實現自身的勞力則是人的種種激情。把這兩者活生生地統一起來的和解，就是倫理自由。倫理自由集中體現於那些既把握了引領時代的理念，又擁有付諸行動的激情的偉大歷史人物身上，他們說出了時代的內涵，把早先自在地存在的普遍事物設定成爲自爲地存在的普遍事物，所以民眾聚集在他們的周圍，而那類仍然忠於舊事物的人要對此進行抵制，是無能爲力的。

第三，倫理自由也同樣體現於政治體制中。倫理生活造成一個中心，它就是把普遍意志與主觀意志、理性的興趣與個人的自由統一起來的倫理整體——即國家。自由在國家中是作爲對象形成的，是作爲肯定的事物得到實現的。有一種觀念認爲，國家是由人們組成的一個共同體，一切人的自由都在其中受到限制，所以國家是自由的否定，因而只給每個人留下他能表現其自由的一小塊地方。但國家並不是這樣，而是以自由的客觀性表現的自由，並且人只有在國家中才有他成爲理性存在者的立足點，所以，國家是自由的實現，而人們一向知道自由的那一小塊地方也只是一種隨意性，因而是自由的對立面。

第四，在國家中，自由賦予自身以客觀性，維護自身，以享有其自身爲生。這個倫理整體就像生物有機體那樣，經歷了一個從低級到高級的演化過程，它既有其外在條件，也有其內在根據。就外在條件而言，無論寒帶還是熱帶，都沒有造就出世界史上的民族，因爲人們在這裡不可能得到自由活動的空間，不可能得到讓他們有更高精神趣味的豐富資料，與此不同，正是溫帶地區，更確切地說，正是北溫帶，構成世界戲劇的舞臺，人們在這裡以各種不同的方式作出了精彩的表演。就內在根據而言，這個倫理整體裡的普遍事物與個別事物的對立統一的關係採取不同的形式，經歷了從不合乎理性的階段到合乎理性的階段，構成了世界史的基本內容。在第一種形式中，各個社會階層、個體受到強制的統一，還沒有獲得獨立性；在第二種形式中，各個社會階層、個體有了無拘無束的統一，變成爲自由的；最後在第三種形式中，各個社會階層、個體都獨立存在著，並且只有在產生普遍事物的過程裡才有他們的地位，才能發揮他們的作用。所有的國家、所有的帝國都得經歷這些形式，世界精神就是這麼發展的，所以整個世界史可按照這些形式加以劃分。

在這本講演錄的第二部分裡，黑格爾詳細地評述了這三種形態。其一是東方世界，它有相繼出現的四個國家，即中國、印度、波斯與埃及。它們的共同之處在於：它們都是一種宗法式王國，即家長式的或軍事式的國家；國家的法律和人的道德處於直接的統一當中，本來屬於外在性領域的法律變成了人的內在性，本來屬於內在性領域的道德變成了法律的外在性。但是，這些國家也有它們的相異之處。例如，在中國，人們的自我規定的內容是由外在的政府和法律給定的，這是最抽象的內在性；在印度，外在地設定的規定性則變成了內在的，精神從自身建立起了自己的世界，使內在的事物不再單純是抽象的，雖然這個精神世界大部分是抽象的想像，還缺乏自由和理性。又如，在印度出現了各個居於不同地位的固定等級，它們在國家內部自行構成特殊的現實環節，具有固定不變的種姓的獨特規定性；在波斯則有這樣一個帝國，它把各種完全異質的環節，把各個在語言、習俗和宗教方面極爲不同的民族聚合到自身，形成一個統一點，這些環節、這些民族既始終保持自己的獨立性，又依賴於這個統一點，它既統攝它們，使它們保持平衡，又讓它們聽其自便，使它們感到滿意；在這裡，中國的那種把全部事情統一到一個外在倫理意志之下的原則和印度的這種堅持各類差異，絕對把它們固定下來的原則已經得到揚棄，融爲一體。這是一個比以前更靠近國家理念的階段，並且意味著這裡開始了東方原則轉變的環節，從自然轉變爲精神的環節。埃及人受到託付，孜孜不倦地進行工作，以擺脫自然統一性的束縛；但他們的精神是解脫，是普遍的內在事物，自由的精神世界被想像爲不可企及的彼岸，所以在他們的個體性中只是提出了謎語，而沒有解開謎底。這就結束了世界史的幼年時代。

其二是希臘世界和羅馬世界。希臘是具有美好自由的王國，它所堅持的原則是沒有偏頗、合乎倫理的統一，然而這種統一是個體的人格，單個的人只有作爲個體與普遍實體的統一才感到自己是自由的，所以這個最有生氣的王國作爲世界史的青年時代是旋即凋謝的花朵，自身最不安定的形態。在希臘人對這種統一進行過直觀以後，羅馬人進而對它進行反思。這樣，世界史就進入了擔負艱巨工作的成年時代。這項工作服務於一個推行普遍原則的國家和法律、服從於職責，並不是以統治者的隨意性進行的。無論在單個的階層執政，實行貴族制的年代，還是在各個單個的人聯合執政，實行民主制的時期，情況都是如此。在這裡有個體性爲普遍性付出的犧牲，因爲各個個體只有在普遍事物中才能達到他們的目的。這樣的一個王國顯得是永恆的，特別在它變成了神聖羅馬帝國的時候。但是，作爲抽象的普遍性，羅馬世界的工作是把各個民族據爲己有，以自己的抽象普遍性原則壓迫各個民族。於是出現了抽象普遍性反對特殊主體性的鬥爭，鬥爭的結局必將是主體的個別性取勝，因爲抽象普遍性在自身之內不會使自身個體化。在這裡，世界精神給自己提出了揚棄與調和這種對立的歷史任務。

其三是日耳曼世界。這個世界好比老年時代，處於完全成熟的精神中；這種精神是已經將早先發展的各個環節保存於自身之內，從而在總體上認識自己的無限力量，日耳曼人就是站在這一變化的頂峰。這個世界的原則是自為地存在的、自由的精神。它一方面是主體性，是本然的心靈，主體應該存在於它應該承認的事物裡；另一方面，應該發揮作用的事物是心靈的眞理，這種眞理經過日耳曼世界發展的三個階段，即古代、中世紀和近代，自在自爲地完成調和，將自身作爲主觀事物，與客觀事物統一。所以在近代的日耳曼世界，就像在古代的羅馬世界那樣，也存在普遍事物的統一，但它畢竟不是抽象普遍性的霸權，而是具有自我意識的思想的霸權，這種思想希求和知曉普遍的事物，並且統治著世界。這時存在的是由各個政府實現的知性目的，即國家的知性目的。各種特權在國家面前消失，並且被消除，民眾獲得意識，有權爭取自在自爲的權利，而不是爭取特權。就此而言，弗利德里希二世是一位世界歷史人物，因爲他把握了日耳曼世界的原則，堅持國家的目的，在各種特殊事物背離這個目的時，就不再尊重它們，而更喜歡各種有利於整體的建制。

黑格爾在結束這次世界史哲學講演時說，整個歷史進程是精神的一種連貫進程，全部歷史無非是精神的實現過程，而這種實現過程是由各個國家完成的；國家是世界歷史在塵世中的實現。眞的事物必須一方面在純粹的思想中，另一方面也必須在現實中作爲客觀的、得到發展的體系存在。但這必定不是始終外在的、客觀的，毋寧說，同一個主觀精神必須在這種客觀性本身是自由的，並且必須認識到現存事物的內容、這種客觀世界精神的內容是它自己的。所以，這種內容是給精神提供見證的內容，它在精神中就是在它自身，就是自由的。重要的是洞見這樣的事理，即精神只有在歷史和當下存在中才能解放自己和滿足自己，現在發生和過去發生的事情不僅源自上帝，而且是上帝的作品。

二、這本講演錄的問世過程

黑格爾很重視他的世界史哲學，此後在一八二四—一八二五年、一八二六—一八二七年、一八二八—一八二九年和一八三〇—一八三一年冬季學期講了這門課程。他每次講授，都會補充新的史料，使所講的內容得到更進一步的發揮和修訂，以致第五次講授的理論出現了明顯的變化。但在他逝世以後，他的學生愛德華·甘斯編輯這些列入《黑格爾全集》第IX卷，於一八三七年出版的《世界史哲學講演錄》時，這種情況並未加以考慮；這位編者只是彙編各個學期的學生課堂筆記，編出一本很有系統的書籍。雖然一八四〇年問世的此書第二版，經過卡爾·黑格爾的修訂，增加了一八二二—一八二三年和一八二四—一八二五年課堂筆記的分量，但這個缺點依然存在。約翰·西布利曾經將這卷德文本譯成了英文本（倫敦一八五七年），王造時又把這個英文本轉譯爲中文本（商務印書館，上海一九三六年；三聯書店，北京一九五六年）。

隨著二十世紀初期黑格爾復興運動的蓬勃發展，格奧爾格·拉松根據掌握的黑格爾手稿和學生課堂筆記，編輯出版了四卷本黑格爾《世界史哲學講演錄》（萊比錫一九一七—

一九二〇年），它們分別爲《歷史中的理性》、《東方世界》、《希臘世界和羅馬世界》與《日耳曼世界》。約翰尼斯·荷夫邁斯特後來以他所編的《歷史中的理性》取代了此中的第一卷，並修訂了第二卷、第三卷與第四卷（萊比錫一九五五年）。這裡出現的問題在於，黑格爾親自寫的手稿與學生聽課寫的紀錄被混在一起了。

爲了解決上述兩個問題，北萊茵－西發利亞科學院《黑格爾全集》歷史考訂版有兩項編輯原則：一、把黑格爾的三部分現存手稿，即《世界史哲學·一八二二－一八二八年導論》、《世界史哲學·一八三〇－一八三一年導論》與《世界史哲學散篇》編入第十八卷，以示它們屬於黑格爾寫的；把歷次講演的課堂筆錄編入第二十七卷，以示它們屬於學生們記的。二、將學生課堂筆記按編年史原則編入各個分冊，以展現黑格爾世界史哲學不斷變化和完善的進程；只有這樣，我們才能夠看到黑格爾在不同年代講過的事物。我們所譯的《世界史哲學講演錄（一八二二－一八二三）》是三位編者綜合三位學生當年的課堂筆記編輯出來的，這三位學生是卡·古·尤·馮·格里斯海姆（Karl Gustav Julius von Griesheim）、海·古·霍多（Heinrich Gustav Hotho）和弗·卡·赫·維·馮·凱勒（Friedrich Carl Hermann Victor von Kehler），他們的筆記本各有不同的標題，分別爲「世界通史哲學」、「世界史哲學」和「哲學世界史」，這三位編者是卡·亨·伊爾亭（Karl-Heinz Ilting）、卡·伯萊莫（Karl Brehmer）和豪·塞爾曼（Hoo Nam Seelmann）。

三、這本演講錄的翻譯方法

第一，這個譯本是在考慮到讀者急需的條件下完成的，在德文版試行本將來正式編入全集第二十七卷的時候，會相應地加以修訂。

第二，在正文部分，圓括弧中的文字是課堂筆記裡的，方括弧中的文字是德文編者加的，大括弧中的文字是中文譯者加的。

第三，德文原書裡東方世界部分的注釋甚爲繁多，在編譯時有所刪除；其他部分的注釋又很簡單，在編譯時有所增補。

第四，只有在正文中出現的人名，才編入人名索引；在譯者注釋中出現的人名，均附有原文，並且盡可能註明生卒年分。

梁志學、劉立群

北京　二〇一二年十二月

第一部分

世界史的概念

我們的演講的題目是世界通史，不是對這種通史的反思，而是這種通史本身——它的產生、進程，不是我們將它作爲事例列舉出來的那種考察。

我們想先從一個何謂哲學的世界史的觀念說起，爲了達到這個目的，我們想通覽其他通常論述歷史的方法。這種概覽僅僅是簡短的。歷史的論述有三種：第一，原始的歷史學（「歷史」一詞在德語中具有雙重意義：一爲res gestae〔發生的事情〕的意思，一爲對於這種事情的敘述的意思）；第二，反思的歷史學；第三，哲學的歷史學。

(12, 3)

第一章　論述歷史的方法

一、原始的歷史學

屬於最初的、原始的歷史學的，是像希羅多德和修昔底德那樣的歷史著述家，他們只記述他們經歷的事件，描寫他們親眼所見的成果。可見，這些受時代精神薰陶的歷史著述家，既生存於那個時代，又記述了那個時代。他們以這樣的方式作出了一項貢獻，那就是他們把曾經發生的事情列入精神的表象領域，把過去現實存在的和正在消逝的事物變成一種在精神中表象的事物。詩人把自己的素材加工得更多地適合於感性表象，而不是適合於精神表象。在詩人那裡正像在這些歷史著述家那裡，主要的作品是他自己的。在這些原始的歷史著述家那裡，當然也有別人提供的報導和一些已經存在的情況，有一種可供組合的資料，但這是一種次要的、沒有品位的和零散的資料；因爲主要的作品是歷史著述家本身的作品。他們把前一種事物、把已消逝而分散地留存於記憶中的事物，納入一種牢固的、持久的表象，把川流不息的事物聯結在一起，並將其積澱於摩湼莫緒湼神廟，使其永恆不朽。各種傳說和民謠都必須被排除在這歷史學之外，因爲這些傳說和民謠用來確定過去發生的事情，仍是模糊不清的做法。因此，它們是靠模糊的意識擁有關於各民族的表象的，而它們只要有這種意識，就〔還是〕被排除於世界史之外。在世界史中，我們首先必須涉及那些曾經知道自己是什麼和想要什麼的民族，那些在自身之內和超出自身得到發展的民族。甚至各種詩歌也沒有在這裡加以注意，因爲它們不具有歷史的眞實性。它們也不以確定的現實事物爲內容。它們不適合於一個已經達到原子式的固定性和有教養的個體性的民族。在這裡首先注意的是這樣一個民族，這個民族擁有一種明確意識、擁有一種個性。一個民族的眞正歷史開始於這個民族的意識的形成。

原始的歷史著述家們把他們當時發生的事件，從非永恆的土壤搬到一種更好的土壤，一種固定表象具有的土壤，這就是他們特有的品格。因此，這樣〔一種〕歷史的範圍不會很大，因爲它的素材都是歷史著述家或多或少地參與、經受或畢竟經歷過的事情。他在表象中直觀地表現出來給後代人，正是這樣的一些直接的經驗，一些未加反思的事變進程。在這樣〔一種〕歷史中，著作者的教養、精神和他敘述的成果的鑄成，〔因而〕他的精神和他描述的行動〔的鑄成〕，都是同一的。因此，他未能作出反思，因爲他生存於事情本身，自己沒有超越這種事情。

在這裡應該再進一步提出，這種歷史著述家的做法對後來的時代會有什麼用處。在一個民族的文化有長足進步的時代，才出現文化的巨大差別以及一般精神狀況的差別，而這些差別產生於各個階層的差別。因此，在原始的歷史中，歷史著述家必定屬於這樣一些人組成的階層，這些人完成了〔歷史上的〕事情，而他想描述他們的成果。他如果是一位原始的歷史著述家，那就必定是統帥或國務活動家。所以在這裡反思是被排除在外的，因爲著述家本來就與事情結爲一體。於是，在這樣加以塑造的時代，支配事情的精神會產生一個結果，即著作家也是一位被塑造者。一個被這樣加以塑造的時代的著作家必定具有對於他的原理的意識，因爲他生活在一個具有對於自己的意識的時代。他的時代的精神具有對於他自己和他的目的的意識，具有他的行動和原理的證明。因此，著作家有必要成爲一位自覺的人。於是有一個新的方面，即各種行動也是作爲演說出現的，因爲它們本身影響到表象；這些演說是像行動那樣存在的，並且在本質上構成歷史的一部分。在這裡，屬於各個民族的，主要是個人的演說，反之亦然。這是因爲，如果這些演說不生動活潑、不轉變爲行動、〔不〕立即受到重視，它們就不過是空洞的、無足輕重的廢話而已。所以，歷史著述家們也要吸取它們。它們包含著對於時代及其目的的反思，也給出了對於時代的原理的說明。這樣一來，歷史著述家就不必作他自己的反思了。他生活於這種反思中，這種反思就是時代的反思。雖然他編寫出這些演說，但它們也是他的時代的演說。他立足於他的行動精神和他的時代文化，所以他所講述的就是時代意識。由此可見，歷史著述家是透過演說表現時代準則的。我們必須研究這樣的著作家。我們在修昔底德那裡就要這樣閱讀伯里克利的演說、閱讀外來民族的演說，它們都包含了民族原理的準則和對這些準則本身的反思。所以，著作家在闡明這類事物時所給出的，是對時代本身的反思，而不是自己對事情的一種反思。因此，連這些演講也應視爲某種完全原始的事物。大家想了解這些民族的精神，體驗這些民族的生活，就必須體味這些著作家，深入他們的生活，然後取得對於時代的第一手的描繪。誰想急於學到歷史，誰就會對此感到滿意，這樣的著作家當然不會像人們以爲的那樣經常如此，希羅多德這位歷史

(12, 6)

學創始人就屬於此列。關於修昔底德，我們已經提到過了。色諾芬作爲《遠征記》①的記述者和凱撒的《高盧戰記》②也屬於此列。但是，連在我們的時代，也有這一類原始的歷史著述家，雖然我們現代的文化教養也造成了以表象對待和報導事件，把它變爲歷史的情況。他們可能也有追求原始性的特點。所以就特別有法國人的許多回憶錄，它們比任何其他民族的回憶錄都更加豐富。這些人寫作的立足點〔包含著〕許多瑣碎內容、陰謀詭計、狂熱情欲和乏味事物，不過其中也有例外。常常有一些大師，他們擁有廣闊的範圍，雷茨樞機主教的富有思想的作品③就是如此。在德國，生活在這個時代的人物的這類作品當然很罕見。然而弗

(12, 7)

---

① 黑格爾提到的書名是*Der Rückzug*（回征），即後人所說的《遠征記》。色諾芬在此書中記載了自己在波斯國王居魯士的希臘雇傭兵團中的重大經歷：這位國王死後，他當選爲希臘萬人軍司令官，率領這批遠離故國一萬五千公里的希臘人，在對他們陌生的庫爾德斯坦與亞美尼亞土地上衝殺，終於在西元前四〇〇年初回到黑海之濱的希臘城市特拉佩祖斯。

② 黑格爾提到的書名是*Commentarii*（隨記），即後人所說的《高盧戰記》。凱撒在此書中記述了自己作爲高盧行省長官在當地作戰的經歷，從西元前五十八年至西元前五十二年，每年的事蹟寫成一卷，共七卷。

③ 即雷茨樞機主教讓・弗蘭索瓦・保羅（Jean François Paul）所著《回憶錄》（一七一七年，三卷本）。此人出身於頗有名望的貢迪家族，一六四三年成爲巴黎大主教助理，一六四八—一六五二年作爲馬薩林的對手，成爲投石黨的一位領導人，率眾反對法國專制政治制度。

利德里希二世的《回憶錄》④構成一個例外。親身經歷各種事件是不夠的，而是人們必須立足於構成巨大政治影響，即構成世界事件的精神。

二、反思的歷史學

第二種歷史著述家是進行反思的歷史著述家，他們的敘述超越於當代的事物。這種敘述有很多的門類。

（一）首先，人們在這些門類中要求有一個對整個民族或世界史的概覽。因此，這必然是已有歷史著述的彙編，是他人做過的一些報導；語言也並非都是直觀的語言。它們不具有親臨其境的性質。所有的世界史都必然是這一類的。彙編的更進一步的門類取決於目的，李維的〔《羅馬史》〕、約翰·馮·米勒的《瑞士史》⑤就屬於這一類。這些著作編得很好，它們都功不可沒、不可或缺。在這種情況下，很難給出一個論述的尺度。有些歷史著述家喜

④ 普魯士國王弗利德里希大帝二世（一七一二—一七八六年）著有《我的時代的始末》（一七四六年）與《回憶錄》（一七五一年）。

⑤ 約翰·馮·米勒（一七五二—一八〇九年）所著《瑞士史》爲五卷本，在萊比錫出版於一七八六—一八〇八年，對瑞士十九世紀的發展有所預言。

歡這樣編寫，即讓讀者彷彿聽到了事件見證人的談論。可是這樣做通常會或多或少的失誤或失敗，因爲所有的人都會用一個語調說話，而各個不同時代的精神和教養都不一樣，因爲人終究還是單一的個人，「時代的精神總是要在個人身上浮現出來」，已經記述下來的那個時代的精神，不同於當下想要加以記述的這個時代的精神。李維在敘述他所講的歷次戰役時，對情況做了極其詳盡的描繪，它們若不是不符合那個時代，便是符合於任何時代。同樣，李維書中的一些羅馬國王的演說也是如此，彷彿它們只是在羅馬做政治辯護的時期發表的，以致它們與本當作出它們的那個時代形成強烈對比，與那個時代的純眞特色恰好相反。在某些時期，這些演說的論述範圍廣闊，在另一些時期則極爲貧乏。麥耐尼．阿格里帕的寓言⑥寫得自然流暢，他的另一些演說卻令人驚訝地與此相反。然而，一個歷史編纂者與一個原始的歷史著述家的差別卻是一目了然的，而且從波利比烏斯⑦與李維的對比中，就充分說明了這一點。約翰．馮．米勒的《瑞士史》寫得好像自己在事件發生的那個時代生活

⑥ 作者麥耐尼．阿格里帕（Menenius Agrippa）與其作品不詳。

⑦ 波利比烏斯（約西元前二〇〇—前一一八年），希臘古代歷史學家，軍事將領。參加過重大戰役，漫遊了地中海世界及其以外的地區。西元前一三三年以後，首先撰寫《努曼西亞戰爭史》，隨後編寫《通史》四十卷。這部巨著敘述了從漢尼拔的西班牙戰役到彼得納戰役（西元前二二〇—前一六八年）羅馬主宰世界的歷史。

過，也同樣是一種失敗的嘗試。這部著作包含某種生硬死板的事物，具有一種人爲的、矯揉造作的古風色彩——不像原始的歷史著述家丘迪⑧那樣具有原創性。一部歷史，要涉及漫長時間，包羅巨大的時期，就必須按其本性，以抽象的、普遍的觀念予以應對，例如某場戰役的勝負、某個城池久圍不克等等。這樣一部歷史，雖然會因此而成爲很枯燥、很單調的；但事情就是如此。反思的歷史學把一個由各個具體的細節組成的偉大整體歸結爲抽象觀念，這就是它的本質所在。

〔二〕第二類反思的歷史學是所謂的實用的歷史編纂學。當我們必須研究過去，研究一種遙遠的被反思過的世界時，就展現出一種當前對精神的需要。精神靠自己的活動，以這種當前爲它自己努力的報償，而這種當前，人們是在自己的知性中把握到的。歷史的事件各不相同，但是普遍的、內在的事物和事件的相互聯繫，支配各種情況的普遍精神，卻是持久、永不過時、始終當前的事物。這種事物揚棄過去，使事變成爲當前的。這些重實用的反思是富有生氣的、把遙遠的過去啟動爲現在的事物。這些反思是否眞有生氣和饒有興味，全看歷史著述家自己的精神如何。普遍的情況和各種情況的相互聯繫都或多或少地成爲敘述的

---

⑧ 艾季弟・丘迪（一五〇五—一五七二年），瑞士人文主義學者，所著《瑞士編年史》（兩卷本，一七三四—一七三六年）敘述了一〇〇〇—一四七〇年間的瑞士歷史，被許多作家（包括庫勒在內）用作原始資料。

對象，甚而成爲事件；普遍的事物看起來不再是特殊的事物。反之，如果我們想以普遍的反思來敘述無窮無盡的獨特事件，這便會毫無趣味、毫無效用、毫無結果。但是，如果將普遍的狀況這樣加以論述，〔即〕將事件的整個聯繫都加以把握，這就顯示出了作者的意思、顯示出了這樣一種歷史著述家的精神。

這裡特別值得提到的是那些從歷史中產生的〔和〕人們常常披掛到歷史上的道德反思與道德教訓。道德反思屢屢被視爲歷史研究應當抱有的根本目的。扼要地說，各種善的範例當然會始終動人心弦，特別是年輕人的心弦，並且它們常常會被引用，因爲它們把善帶入了更具體的觀念。在道德課程中，都把這樣的範例當作一些普遍的道德原理的具體觀念加以應用。但是，各個民族的命運、各個國家變革所處的領域，卻是一個與道德不同的領域，一個更高的、更遠的領域。道德說教的方法是極其簡單的，或者說，簡單的道德說教的辦法是無濟於事的。聖經史足以進行教導，人們爲此完全不需要那麼大的領域。人們在這裡參照的是經驗。國務活動家、君主和統帥會受到歷史的教導，但是在像世界局勢這樣的世界史的複雜局面中，人們常常發現，單純靠那些簡單的道德命令是不夠的。歷史與經驗教導我們說，各個民族一般都沒有從歷史方面學到什麼。因爲每個民族都生活在一個如此獨特的情況裡，以至於必定會、並且將來也會由這種情況加以決定，而恰恰唯有大人物在這裡會猜中天理。這是一個時代的人物，一個總是與眾不同的人物。各個民族都處在一種很獨特的關係中，以至於早先的那種關係對後來的關係都完全不適合，因爲情況完全不同。道德命令涉及簡單的旨

(12, 10)

趣和私人關係，而這一切我們卻無須從歷史中學習。道德命令在所有的情況下都是如此，即主要的事實都要由這〔一〕命令來詳盡闡明。對於這一點我已經作出透徹的說明。

然而，在各種世界性事件紛至沓來的時候，僅靠這樣〔一種〕簡單的原理是不夠的，因爲情況絕不相同，而從回憶中得來的事物並不能抗衡當前那種活生生的現實；回憶過去是對現在的新事物沒有控制力的。有教育意義的是歷史，但它完全是以另外的方式發生作用。歷史的教育是與由此得來的反思不同的某種事物。以一些演說家爲證，研究古代希臘和羅馬是必要的，然而讓現代的一些政治關係訴諸古代羅馬人或希臘人的活動和行動，那就總是有點不對路。沒有任何一種情況完全類似於其他情況，個別的相同絕不是這樣存在的，好像在一種情況下最好的事物在另一種情況下也是最好的。各個不同民族的關係和情況沒有完全的相似性。例如，約翰·馮·米勒的《瑞士史》就抱有道德意圖，他以這樣的目的編排整個反思論叢，因而變得枯燥乏味。他的思想是膚淺的，他甚至蒐集了一大堆句子，然後按照他的隨意判斷將它們插入他的敘述之中。這一類反思雖然顯示一位作者心懷善意，但也顯示他的思想膚淺。所以，反思必須是饒有趣味的、〔本身〕具體的。只有對事件進行澈底的直觀，才能使反思變得有趣。理念的意義，就像它本身展示的那樣，是眞正有趣味的。例如孟德斯鳩，⑨他是澈底的，同時又是深刻的。然而每個人都相信自己具有能做這類反思的精神，所

⑨黑格爾在這裡指的是孟德斯鳩的《論法的精神》，兩卷本，日內瓦一七四八年。

(12, 11)　(12, 12)

以對這類反思的歷史會產生一種厭煩。於是人們便回到簡單樸實的方式上，使敘述單純準確與逼眞。準確做出的各種描寫和這類敘述也成爲一大功績；但是它們大多都只爲他人提供資料。我們德意志人是以這類敘述爲滿足的，並要求在往昔中再現現在。法國人則相反，他們創造現在，因此要探索富有精神的舉動；但他們卻因而很少有澈底的歷史著述家，他們始終都將過去與現在聯繫起來。

〔三〕第三類反思的歷史學是批判的歷史學，這種歷史學特別在我們的時代獲得了發展。它在很大程度上不是歷史學本身，而是一種敘述歷史和評價敘述的歷史學。尼布林的《羅馬史》⑩就是這樣寫成的。他以回顧各種情況來探討各種敘述，並由此得出一些結論。由此產生的現在，在於歷史著作家的尖銳目光，他從全部情況得出可信的結論。法國人曾經在這類著作中作出許多精闢的論述。在我們這裡，所謂高度的歷史批判占了上風，這種批判試圖排擠那種審慎的歷史著述，〔人們〕在這裡拋開歷史的根基於不顧，給那些最任意的表象、離題的講法、幻想以及聯想留下了地盤。人們企圖將這種最任意的事物帶入歷史。這也是一種把現在帶入過去的方式。由此產生的現在是以主觀的、偶發的想法爲基礎的，這種想

⑩ 巴爾霍爾德・格奧爾格・尼布爾（一七七六—一八三一年），德國史學家，他所創造的原始資料鑑定法爲研究歷史奠定了基礎。所著《羅馬史》（三卷本，一八一一—一八三二年）開創了這一研究領域的新階段。

(12, 13)

法愈被輕易地視爲是卓越的，它所依據的根基就愈薄弱。

（四）最後是這類歷史學，這類歷史學立刻把自己喬裝爲某種部分地作抽象思維的事物。它雖然是作抽象的思維的，但同時形成了向哲學世界史的過渡。這類歷史學是涉及一種普遍視角的專門史學，而這種視角取之於普遍性的整個聯繫，出之於一個民族的豐富生活。但這也是某種專門的事物。透過時代的教育，這種探討歷史的方式就受到更多的注意、得到更多的強調。我們已經形成的觀念，正如它勾劃出一個民族的形象那樣，會比古代民族的紀事帶來更多的視角。例如，這樣一些具體的視角是關於藝術、科學、憲法、法律、財產以及航海的紀事。所有專門的事物都可以這樣被凸顯。在我們的時代，法律史與憲法史尤其受到青睞、得到強調。兩者僅僅具有一種與整個國家、整個歷史相關聯的意義。如果它們都窮根究底和饒有興味，而不單純研討外在材料，那麼，像胡戈寫的《羅馬法史》⑪那樣，它們都是傑出的。艾希霍恩的《德意志法律史》⑫寫得更有意義。這類普遍的視角和分支可能、而且也將會被當作那種專門史學的對象，與一個民族的整個歷史聯繫起來。在這

⑪ 古斯塔夫·胡戈，德國史學家，著有《文明進程教本》，其第三卷以羅馬法律史爲內容，第四修訂版發表於柏林一八一〇年。

⑫ 卡爾·弗里德里希·艾希霍恩（一七八一—一八五四年），德國法學家，與薩維尼一起，建立歷史法學派。所著《德意志法律史》系四卷本，在哥廷根出版於一八〇八—一八二三年。

種論述中的重要問題是：整體的聯繫是在內在方面被揭示出來，還是單純在外在情況方面被探索、被涉及。遺憾的是後一種情況屢見不鮮，所以那些情況後來僅僅顯得是各個民族的極其偶然的個別現象。

三、哲學的世界史

與這一類歷史學緊密相連的是哲學的世界史。它的視角不是一個特殊的普遍事物，不是一種從許多普遍的視角中抽象出來的視角，在其中人們可以撇開其他視角，相反地，它是一種具體的普遍事物，是各個民族的一種精神原則和這種原則的歷史。這個普遍事物不屬於某一偶然現象，以至各個民族的命運、激情和活力似乎都成了頭等重要的因素，成了這種因素促成那種普遍事物得以產生的特殊場所，相反地，這種普遍事物是引領各種事件的靈魂、是墨丘利，是個體、行動和事件的精神嚮導。理念是各個民族和世界的引導者。精神引導世界，我們想要了解的就是精神的引導。

哲學的世界史與反思的歷史學有共同之處，那就是它也以一個普遍事物爲自己的對象，但不是以任何抽象的普遍事物爲對象，而是以無限具體的事物、完全當前的事物爲對象。因爲精神永遠保持在其自身；精神的事物是同一的，它無論在過去，還是在將來，總是生機勃勃和強而有力，對〔它〕來說不存在任何過去。因此，〔具體的〕普遍事物是世界史的物

(12, 15)

件。這種普遍事物必須進一步加以規定。

首先，我們在世界史概念方面必須考察兩種方式。第一：精神原則最初是一切特殊視角組成的總體。於是，這種總體就不是片面的；毋寧說，第二：各個原則本身，各個民族的精神，都是一種世界精神的總體。各個民族在這種精神中完成自身，處於一個必然的發展階段。各個民族都是精神發展的階梯，精神在這些階梯中把自己完成爲自在的總體。

一個民族的歷史中產生的一切方面和視角，在自身之內都有最緊密的聯繫。認爲一個民族的科學、藝術、法律關係、國家憲法、宗教的狀況都跟這個民族的重大命運、跟它在戰爭和和平時期與鄰國的關係，休戚相關，這是個十分陳舊的說法，也往往是正確的說法。有人如果說到這一點，就說得全然正確，並且說到了某種深刻的事物；可是他們通常都就此止步，沒有能夠闡發和說明靈魂本身的那種統一性，沒有指出起決定作用的事物；而這是該有一種什麼樣的聯繫的規定。對於各部分本身的〔聯繫〕的描繪，對於靈魂的描述，人們通常是忽略了的。缺少這種規定的情況簡直屢見不鮮。一般說來，這些反思措辭是常用的，人們用它們寫滿了書稿，但這只停留於言詞上，絲毫不涉及內容。

總而言之，雖然這樣的一些反思也是正確的；但是，關於萬物相互聯繫的原理的正確性尚須進一步加以規定，因爲單個的事實看來常常與這些原理相矛盾。在這些民族那裡，許多的工藝，如中國人和印度人的工藝，處於較完善的狀態。以中國人爲例，他們在力學方面非常發達，而且還發明了火藥，但卻不知如何應用。而印度人在詩歌方面開創了一個百花齊放

(12, 16)

的昌盛時期，但同時在治理國家、享受自由和實行法制方面卻無限滯後。如果這時有人想由此膚淺地作出判斷，認爲他們的文明在一切方面也必定會一樣，那麼，事實就會顯示那個原理遭到了多麼嚴重的誤解。由此可見，我們無須這麼理解各個方面的聯繫，似乎一個方面必定會像其他方面那樣發達。

每個方面都處於與其他方面的關係之中，而民族精神總是把文化的各個方面彙集於自身；它是各個方面的聯繫、統一，是在這些聯繫中產生樞紐作用的事物。這種精神是一種具體的精神，我們必須了解它，我們認識它，才能認識這種聯繫。因爲一種精神原則只能從精神方面憑藉思想來把握，而正是我們把握了思想。這種精神本身也有把握它的思想的衝動。它關切的是它本身的創造；它要思考，而且在這裡，它是生動的和產生作用的。精神的最深邃的事物、精神的最高級的活動是思維，因此，它在它發揮的最高作用中是能動的、是自己把握自己的。所以，它關切的是思考，是爲它的思想進行創造。但在它發揮作用時，它只知道一種特定的現實行動的目的，而絲毫〔不〕知道它自身是什麼。起初它只知道有限性的目的，而對自己毫無所知，並且不具有自己的內心生活，而是具有對於對象的一種特定的現實行動。因此，精神的最高事物，它的眞理性，在於自己知道自己，完成對它自身的思維，這就是它將要以及正在做的事情。

但是，這種完成就是它的衰落，而且這是世界史的另一個階段、另一種精神、另一個時代的出現，然後就出現了世界史上的另一個民族。單個的精神引發了向另一個民族的原則的過渡，從而實現了它自身的思想，這樣便引起一些更高原則的形成、各個民族原則的遞嬗和世界向完善狀態的邁進。〔顯示〕這些原則的聯繫何在，是世界史的課題。

哲學的世界史是具有關於這些原則的普遍思想的世界史，也就是說是具有涵蓋整體的思想的世界史，而不是一些關於個別局勢、個別狀態和個別方面的反思。

最初的普遍的思維，即〈最初〉呈現出來的範疇，是變化中的抽象事物，即各個統治人物、民族和國家的更替，它們是形成的，存在一段時間，把我們的關注引向它們，受到我們的關注或失去我們的關注，或者與其他的統治人物、民族和國家共存，後來就消失不見了。

從消極角度看，這個方面可以引起悲傷，同時目睹古老的壯麗場面和昔日的偉大人物的遺跡，又尤其令人悲傷，似乎一切都在消逝，不復存在。每個旅行者都感受到了這種憂傷。這不是單純停留在表示個人的目的的墳墓之前的那種憂傷，也不是停留在知名人士的墳墓之前的那種悲傷，而是對於一些民族和昔日文明的沒落表現出一種人人都會產生的、無關乎切身利益的悲傷。〈歷史發展的〉每個階段都是建立在往昔的遺跡上的。

與這個範疇相聯繫的下一個範疇是另一方面，亦即變化、沒落同時也是一種新生活的誕生和興起，新生活是從死亡中再生的。這是東方形而上學的根本思想，也許是它的最偉大的思想。在靈魂轉世的觀念中就有這個思想；不死鳥的形象則表示得更加確切，它在自己搭起的柴堆上焚燒自己，卻使自己變得年輕，更加美麗、莊嚴地從死灰中獲得再生。然而這只是涉及自然生命，而且是一幅純粹的東方景象；它只適合於軀體〔這類〕自然的事物，而不適合於精神，精神雖然在向一個新的領域過渡，但不是以同一個形態從死灰中〔復活〕的。用西方的話來說，精神不單純是以變得年輕的方式出現的，而是以得到昇華的方式光彩照人的。精神當然是以它的自相對立出現的，而且消耗著它的塑造過程和它的形成過程的各種形態；但是，凡是屬於它的形成過程的事物都變成了它的材料，而它的勞作使這種材料上升爲一個新的、更高的形態。它的變化並不是向同一個形態的單純回歸，而是它自身的改造、提煉和修整，在這裡，它藉由解決自己的課題而獲得了新的課題，〔從而〕增加了它必須予以加工的材料。因此我們看到，精神在歷史中是向數量無窮無盡的方面自我展開、自我享用與自我滿足的。然而它的勞作只具有一個結果，那就是重新增大它的勞作、耗盡它的勞作。它的那些創造中的每一項都是作爲它必須加工的質料重新出現在它對面的；由此可見，它的勞作只不過要爲已提高的自我享用作準備罷了。對於單純變化的絕對思維〔這時〕變成了對這種精神的思維，這種精神把它的力量擴展到各方面。我們從精神的多種多樣的塑造活動和創造活動中可以得知，它擁有哪些力量。它在活動的這種興致中，僅僅關心它自己的事情。它雖然被捲入內在的與外在的自然條件，它們不單單是攔路的阻力與障礙，而且也有可能招致它的探索完全失敗；但它在設法克服這些條件，儘管它常常會〔並且〕必定會屈服於它們。但是在後來，它卻作爲精神存在者以自己的天職和自己的作用走向沒落，滿足於這樣一個場景，那就是把自己顯示爲不求事業有成，但求行動活躍的精神活動。因爲不是事業，而

(12, 19)

是它自己的活動才是目的。

我們就是以歷史中的這個範疇，這麼看待人們的各種極其不同的活動、事件和命運的、處處看待我們自己的一切事物的。無論在什麼地方，人的所作所爲和不幸遭遇，對於我們關切的、屬於我們自己的事物都是刺激。時而出現一些以美和自由光照人間的現象，時而出現一些用精力，甚至用作惡的精力謀取權勢的現象；時而非凡的巨大力量只作出了微不足道的事情，時而一個本身無足輕重的事件卻造成非凡無比的後果。於是，我們就看到了一部分令人滿意的活動和另一部分不令人滿意的活動。強大的力量常常作出微不足道的事情，而反過來，〔弱小的力量則常常作出了值得稱道的事情〕。形形色色的、相互排擠的人群就出現在我們眼前，一種人的利益排斥另一種人的利益。但推動我們的總是這種在人的利益方面的事物，人的利益始終擺在第一位。

這些考察即使就其自身而言也是引人入勝的，但它們的一個最直接的結果畢竟在於，我們會由於這麼通覽個人相互排斥的現象而感到疲憊，因而不禁要問：所有這些個人的結局如何，他們當中的每個人是否都取得了自己的利益。從他們的特殊目的中我們不可能窮根究底地摸透他們；給這種非同一般的犧牲精神奠定基礎的，必定是一個終極目的。難道不可以給這一切活動設想一個終極目的嗎？我們不得不問，在吵吵鬧鬧的背後，在這種吵鬧的表面現象的背後，是否就沒有一種內在的、靜穆的、隱祕的作業，在這種作業中，引發一切現象的力量都得到保存，並且萬事萬物都給這種作業帶來好處，一切都是〔爲此〕發生的。這就是

(12, 20)

第三個範疇，即理性的範疇，關於一個終極目的自身的思維。所以追問的是一個自在自爲地確定的內在事物，這個事物就是太一，它永恆的工作是使自己不斷地致知、致用和享有它自身。認爲在各個民族發生的各種事件中，這樣一個終極目的都能產生支配作用，而且唯有這個目的能實現自己，所以理性存在於世界史中，這是一種眞理。對問題的這個肯定回答在這裡已被預先設定，人們可以把世界史研討視爲這樣的眞理的證明，因爲眞理就是理性的形象和作爲。但是，哲學的世界史與其說是對所述的事物的一種證明，倒不如說是對所述的事物的一種揭示。眞正的證明在於對理性本身的認識；證明就是眞知的事物，就是理性本身，理性是一切精神生活的材料。理性在世界史中只不過是證明它自身。世界史本身只不過是顯現這同一種理性的一種方式，是理性顯現自身的各種特殊形態之一。

因此，在我們看來，我們必須從基本原理出發，除了尋找一個特殊要素中表現出來的原像的映像，絕不尋找任何事物。屬於這種映像的材料也罷，要素也罷，都是各個民族及其奮鬥與工作。爲了認識歷史中的理性或爲了合乎理性地認識歷史，人們理所當然地必須同時具備理性；因爲人們如何看待歷史和世界，理性也就如何看待人們。在現代，人們在發現認識世界和體驗眞理非常困難之後，就期望在講授的歷史中獲得思想。關於精神、法權等等的本性，人們已經期待過從歷史得到各種各樣的說明。但是，這類說明是空的，當人們還不具備理性和精神的時候，從歷史中是學不到什麼事物的。特別是，人們必須抵制一般抽象思維的空洞性，不要以爲理性本身竟然會從事一般抽象思維。理性給予的很多，它抵制了這

(12, 21)　(12, 22)

類抽象思維；但人們必須事先知道什麼才是合乎理性的。沒有這種知識，我們就不可能找到理性。假如理性提供給我們最終結果，人們就會由此證明自己已經進入老年時期。老年時期的一個獨特之處在於，它只是生活在往事、昔日的回憶裡，而不是生活在現在，所以這也許是我們老年時期的一個標誌。如果人們不具備**理性**的思維，那他們至少必須具有這樣一種**信念**，即歷史確實有其起因，理智、精神都不受偶然事件的擺布。這是因爲，精神在這裡是在認識自己的理念之光中出現的，因而比在那種也包含著理念的自然界裡處於更高的階段。儘管人們常常承認，精神世界沒有被上帝拋棄，一種神聖的意志和終極目的支配了歷史，上帝統治著世界；但是在這種情況，一旦開始涉及比較確定的事物，人們就往後退縮，不問天意的藍圖如何。那麼，在世界上什麼是天意的藍圖呢？這個藍圖可以理解嗎？不是已經到了洞察它的時候嗎？

任何人都知道，謙恭的人回答過對天意藍圖的進一步追問，說這個藍圖如同上帝的本性一樣，是玄妙莫測和不可窮盡的。對於這種謙恭，我們特別要用基督教予以反駁，這種宗教已向人們啟示了上帝的本性和本質，因爲這在早先是不爲人所知的。先前被遮蔽的上帝得到了顯現，於是我們作爲基督教徒就知道上帝是什麼。如今上帝不再是一個未知的事物，如果我們在上帝啟示之後將上帝同樣視爲未知事物，我們便褻瀆了宗教。所以我們要表明，我們沒有多種基督教信仰；因爲基督教只賦予我們一項義務，即認識上帝。它將這項善舉提供給人們。因此，基督教要求這種謙恭的人：不是憑他自身，而是透過上帝的精神、透過

(12, 23)

認識、知識，察覺基督教使他自身得到了昇華。上帝不希望有氣度狹小的人，不希望有頭腦空虛的人，而是希望富有對於上帝的認識，而且唯獨將此奉爲他們的價值所在的兒女。因爲上帝的本質是透過基督教顯現出來的，所以基督教徒就得到了上帝袒露的奧祕，這樣一來，也就提供我們解開世界史奧祕的鑰匙了，因爲世界史就是上帝的本質展示爲一種特殊環節的過程。這種作爲特殊事物的環節是一種確定的事物；這裡除了有一個確定的天意，即〔關於〕天意藍圖的認識，沒有任何其他認識。否則，任何認識都不會發生。有人憑藉神聖天意統治世界這個普遍理念，能毫無偏頗地站穩腳跟；可是，有人也可能以偏頗的態度拘泥於這個論斷；而且這個普遍原理，由於有普遍性，也可能有一種特殊的、否定的意義，這就是：神聖的、絕對的存在者被挽留在遠方，被帶到人間的事物和認識的彼岸。有人在把它帶到這個境界之後，就從另一方面給自己保留下這樣的自由：沉湎於自己的隨意的觀念，遠離眞正的、合理的事物的要求。但從這個意義來說，那個關於上帝的觀念也只是一種空談而已。如果上帝被置於我們意識的彼岸，我們就擺脫了認識它、操心它的本性和在世界史中發現理性的任務。自由的種種假定有它們的迴旋餘地，極樂的眞純生活有它的充分自由。那種謙恭的人深知，他透過放棄，贏得了什麼。因此我們必須考察世界史，考察世界史的終極目的是什麼；這個終極目的就是上帝〔曾經〕借助於世界而希望有的事物。向世界祭壇獻出的一切祭品都獻給了這個終極目的；它是有效的事物、使人振奮的事物。我們從這個目的知道，它是最完善的事物，〔而且〕上帝希望有最完善的事物；只有它本身能夠是上帝希望有

(12, 24)

的事物，並且能夠是跟上帝一樣的事物，即上帝的意志。上帝的意志與它沒有差別，我們在哲學上把這個事物叫作理念。在這裡，我們必須撇開宗教的表述方式，必須以思維的形式理解概念。

第二章　人的自由的理念

(12, 25)

所以我們能得出結論，我們必須在人的精神因素中考察理念，或更確切地說，考察人的自由的理念。眞理有各種各樣的因素。它所固有的、展現出理念的第一個最純粹的形式，是純粹的思維本身，因此理念是從邏輯上加以考察的。另一個形式是理念沉浸於其中的形式，是有形的自然界。最後，第三個形式是精神事物的形式。然而在精神事物的中間，應特別突出一個形式，看它如何在人的自由因素和人的意志因素中表現自己，以致人的意志成爲自由的抽象基礎，而產物則成爲一個民族的整個倫理生活。這是較爲貼近的土壤；但我們不僅必須抽象地考察倫理世界，而且必須考察這個世界在時間中是如何產生的。然而，自由只是一種方式，它顯示倫理世界如何產生自己所是的事物，從而才使自己成爲自己依照概念所是的事物。這樣的產生過程呈現於一系列倫理形態中，其結果構成歷史的進程。

因此在這裡，我們擁有的是作爲倫理自由的總體的那種自由。這裡出現兩個環節：一個環節是作爲抽象事物的理念本身，其次，第二個環節是人的激情。這兩者一起形成了世界史在我們面前攤開的錦繡地毯的經緯。理念是實質性的力量，但就其自身來看只是普遍的事物；它由以實現自己的勞力，則是人的種種激情。這是一些端項。把它們結合起來的中項，即兩者在其中有它們活生生的統一的和解，是倫理自由。要進一步規定這一點，我們還必須作另外的考察。

所以，就理念而言，也就是就作爲引導者的靈魂而言，須在理念中發展出各個環節。理

(12, 26)

念擁有主要環節。然而在這裡，〔理念〕不能完全抽象地加以談論；相反地，我們是以精神的具體形態把握理念，而不是把它作爲邏輯〔理念〕加以把握。在這種考慮下，我們想從形式上談談精神的本質，爾後轉向各種應用。

精神是能思維的，它是對於一種存在的事物的思維，是對這種事物存在和如何存在的思維。它是認識、意識。認識是對一個合理的對象的意識；就我是自我意識而言，我具有意識，這就是說，我認識一個對象，因此，就我在此中認識到我自己是另一個確定的、可能的事物而言，我只認識一個外在的對象，〔所以〕我在此中是認識我的規定，我不僅是某個事物，而且我是我所認識的事物。這就是說，我認識到，我所是的事物即使對我來說，也是一個對象。〔這說明〕我認識我自己和認識一個對象是不可分割的。任何事物沒有他方就都不存在，雖然第一個環節常常顯得〔是〕主要的。

首先，我們認識到我們是有感覺的，我們察覺到自己是這樣或那樣被規定的。這裡存在的還不是任何對象性，而是無規定性。〔不斷發展的〕進程是規定自己，使自己一分爲二，把某個事物作爲對象與我對立。這時，我試圖把這種規定性與我分離，使其成爲一個對象，這樣一來，我的感覺就變成了一個外在世界和一個內在世界。

如果我們這麼談論感覺，規定性就已被接受。但出現了規定性的一種特有方式，即我感覺到自己是有缺點的、是否定性的，我察覺在我之內有一種矛盾，它勢必清除我與我自己的統一。因此，以這種方式才有了最初的規定性，可是同時也有了規定性的一個特有的方

(12, 27)

式，即我感覺到我自己有缺點。但我存在；我堅持這一點；我認識這一點，並把這一點與否定的事物、與有缺點的事物對立，我致力於揚棄缺點，保存我自己。因此我有衝動、我是衝動。一切有生命者都有衝動。就我把我自己作爲衝動來對待而言，各個對象也有意義，即成爲重建我的統一性，因而獲得滿足的手段。（這一般都構成理論事物或實踐事物。）在這些直觀、衝動中，我們首先是直接在外在事物、自然存在物中存在的，對我們自身而言是外在的。直觀與衝動一樣，是個別的事物、是感性的事物，不管其內容如何，而這是人與動物共同具有的。由此可見，人還不是進行思維的，〔他〕還不是眞正意義上的自我意識，不是意識；因爲衝動中沒有任何自我意識。

這種直接性使人失去的事物是：他以自身爲自己的對象，他爲自身而認識自己，在內在方面是自在的；這就是思維者，這使他與動物相區分。思維是對普遍事物的認識，人是唯獨能進行思維的，因爲他在內在方面是自在的。我作爲一個完全單純的、內在的事物是完全普遍的事物，而且只有我將內容設定於這個單純的事物，內容本身才成爲單純的，亦即成爲觀念的。思維的無限衝動，是〔要〕把實在事物作爲普遍事物和觀念事物設定於我們之內。人怎樣是實在的，他就必定怎樣是觀念的。由於人這樣認識到觀念事物是實在事物，認識到自己是觀念的，所以他就不再是一種單純的自然事物，不再單純以他的直接直觀、衝動及其滿足和產物去生存了。〔我們說，〕他在內在的方面認識這一點，他阻止衝動，把表象、思維、觀念事物置於衝動的急需與其滿足之間，他把他的表象與這種表象的實現加以分割。

動物的情況則不是〔這樣〕，在這裡有衝動與滿足之間的持久聯繫，而〔這種聯繫〕只能在外在方面被痛感或畏懼打斷，這不是內在的。動物打斷這種聯繫不是出於自身；它不會設定一個外在事物，與內在事物相對立。動物不會將自己一分爲二，但人是這麼做的；他會思維和阻止衝動。因此，他能阻止或驅走衝動，從而按照目的行事，根據某種普遍事物規定自己。他想作出種種規定，在作出之前，考察它們在許多具有這些規定的方面當中哪個方面想必可行，取決於這個目的。

當他將完全普遍的事物給自己設定爲目的時，這種規定就會是本身全然普遍的事物。最無邊無際的普遍事物就是他的無拘無束的自由。人可以把這種自由設定爲自己的目的。他知道什麼在規定著他的目的；那就是對他自己和他的意志的認識。這使人成爲完全具有意志者。人的獨立性即在於此。動物是無意志的，它不能阻止它的衝動，因爲它所具有的那個表象不是觀念的，而是現實的。在人的記憶裡有他的自由和普遍性的根源，有他的合乎目的的規定，這個規定可以既是個別的事物，也是最普遍的事物，所以他就打破了他的直接性和自然性。這個內在性正是使人成爲獨立者的事物。人是獨立的，不是因爲他在自身有其運動的源泉；因爲連動物作爲有生命者，也在自身有其運動的源泉，不過它只是受到刺激，撲向內在衝動使它追求的那個事物。在動物身上也在內部開始有引起刺激的事物，並預設了一種內在的完成動作，因爲如果它身上不存在刺激能力，外在事物是無法刺激它的。對於動物來說，凡不來源於它內在要求的事物，也是不存在的；凡是規定它的事物，在其內部都有。它在衝動與實現衝動、滿足衝動之間不會插入任何事物。然而思維是人的作爲精神、作爲自我的存在，這構成人的自然本性的抽象根源，構成精神之爲精神的原則。我們進一步涉及的規定即在於此。

現在談具體內容。我們的主要規定是，人作爲精神不是一個直接的事物，而是一個本質上向自身回歸的事物。這種中介性的運動因而是精神本性的重要環節；人借助這個環節才得以獨立和自由。他的活動是超越直接性，是否定這種直接性，因而是向自身的回歸。因此，精神只是它透過自己的活動將自己造就成的事物。當我們談論回歸時，我們通常是設想一條出路，設想一個進入其中的地點〔和〕一條通向原地的回歸路。我必須放棄這種認爲前者是主體的觀念；因爲後者，即回歸自身者，才是主體，才是現實的事物、眞的事物；或者說，精神只是作爲它的結果存在的，並不是作爲單純起始的、直接的事物存在的。這就造成了整個世界史的引領者。

我們可以借助於對種子的觀念作出闡明。種子是植物由以開始的事物，但它同時也是整個活動的結果，整個植物生命的結果。植物是爲了生長出種子而發育的，種子實質上是產物。然而自然生命的軟弱無力在於，種子作爲個體的開端與作爲個體的結果是有區別的，但又是同一的；因爲種子一方面是一株植物的結果，另一方面是另一株植物的開端。兩個方面都分別屬於種子，如同形式一樣，有時是單純顆粒狀的種子，有時則是植物的發育。但是，統一性本身始終保持著；因爲在種子中已經包含著整個植物。

(12, 30)

在感性生活和人的生活中，情況同樣是這樣，在各民族的生活中也是這樣。一個民族的生活產生一種達到成熟的果實。它的活動的目標就是要實現它的原則，使自己滿足於自己創造自己的原則。可是，這個民族作爲精神整體產生〔和〕展示的這種果實，也同時發育出自然生命，並不回歸到這個民族曾經由之誕生出來的懷抱中。這個民族並沒有享受這種果實，而是這種果實變成了它的〔一杯〕苦酒。這個民族的活動是對果實的無窮無盡的渴望；然而，在品嘗果實時，果實卻是那種飲料，它毒害這個民族的生存，使之遭到毀滅，而且果實將再次變成種子，不過是另一個民族的種子〔和〕原則，因爲那種飲料使這另一個民族生機勃勃，走向成熟。

另一個更進一步的例子是，精神只不過是結果，每一個體本身都具有這種情形。人所首先直接是的事物，僅僅是他變得有理性和有自由的可能性，僅僅是規定、僅僅是應當；只有透過管教、教育與陶冶，他才會成爲他應當是的人、成爲有理性的人。人只不過是他出生以後成爲人的可能性。動物則在出生以後很快就成熟了；它的成長多半是一種增強過程。動物在本能上也同樣有它需求的一切。人們必定不會把這看作大自然對動物的一種特別善舉，以爲它很快就結束了培育過程；其實那僅僅是一種量的增強過程。人則必須自己學會一切，必須把自己培養成爲自己應當成爲的人，否則，就會僅僅是他過去的那種可能性，而這恰恰是因爲人是一種精神的事物；他必須擺脫那自然的事物。因此，精神是他自身的結果。

關於這種情況的最崇高的例證是上帝自身的本性。但上帝的本性絕不能被稱爲任何例證，相反地，〔它〕是普遍事物，是眞理本身，其他一切事物都僅僅是它的例證。在我們的宗教裡，上帝是精神〔聖靈〕；上帝是作爲精神啟示出來的，而這是基督教特有的。最古老的宗教雖然也曾經把上帝稱爲νους（精神），但這只被理解爲單純的名稱，並未被理解爲精神的本性已經得到闡明。在猶太教裡，精神尚未獲得理解和闡明，而只是被設想爲普遍的。在基督教裡，上帝最初明顯地被奉爲聖父，即神祕的威力和還被籠罩起來的抽象普遍事物。第二，上帝作爲對象是一個將自己分裂爲二的事物，一個設定祂自身的他方的事物。這個他方被稱爲聖子。這第二個事物是這樣規定的，即上帝在祂自身的這個他方中又同樣直接是祂自身，同樣在直觀自己，並且僅僅在他方中認識自身，而這種自有、自知、固有統一和在他方中的自在存在就是精神；也就是說，這個整體是精神；無論是一方，還是他方，都不是精神。而上帝被規定爲精神〔聖靈〕，祂才是眞理，是完善者。上帝在感覺的形式中被宣示出來，就是永恆的愛、就是聖子，祂在他方中認識自己，擁有他方，作爲他自己的事物。這種規定在思維形式中是構成精神的事物。透過這種三位一體，基督教是得到啟示者，是唯一眞的宗教。這是基督教的優點，憑藉這個優點，高於其他宗教。因此，有別於其餘所有的宗教。倘若沒有這種優點，就可能有這樣的情況，即思維在其他宗教中會發現更多的事物。就此而言，它是思辨的事物，而這正是哲學也在基督教中發現和認識理性理念的所在。

現在，我們就轉到精神概念的一些具體的結果上，這些結果對我們的課題饒有趣味。

(12, 32)

這些結果中一個首要的結果涉及歷史的開端，就像人們通常習慣於將它表述爲自然狀態、無辜狀態那樣。按照我們關於精神的概念，精神的第一個直接的自然狀態是一個沒有自由的狀態、欲望支配的狀態，在這種狀態裡精神本身是不眞實的。這是人們對這樣〔一種〕狀態通常持有的一種空洞理想，一種在對自然一詞的考慮中發生的誤解，因爲人們常常把自然理解爲概念，理解爲一個事物的本質。於是人們就把自然狀態理解爲人應按照他的概念擁有的對於自由的天賦權利，而這種自由是人按照精神概念應該得到的。但人們在看到人生來就有的事物時，卻只能說：Exeundum est e statu naturae〔大家必須走出自然狀態〕①（斯賓諾莎）。這是沒有自由的狀態、感性生活的狀態。但如果人們把這種狀態與精神在一種自然狀態下所是的事物混淆，這〔便是〕一種錯誤。因爲精神不會停留在自然狀態裡，因爲那是一種感性願望的狀態，一種欲望支配的狀態。精神概念是這樣一種事物，這種事物是透過揚棄自己的感性生活的形式存在的，從而將自己設定成了自由的。

起初，人們已經部分地從人類的一種原始狀態的傳統，從人類精神的一種自然狀態的敘述，開始講歷史。猶太傳統也屬於此列，可是最初還沒有它的地位，因爲它剛應該進入這樣一個時期，在這個時期，它已經有了一種歷史的存在，即有了一個民族的本質上的存在。我

(12, 33)

① 黑格爾在這裡引用的論點出自斯賓諾莎的《神學政治論》，阿姆斯特丹一六七〇年，第十六章；參閱溫錫增中文譯本，北京一九八二年，第二一一頁以下。

們沒有從此開始說起，而是涉及它的這樣一個時期，在這個時期，存在於它之中的預言正在實現；然後它才有了一種歷史的存在。在此以前，它是僵死的，全然沒有被納入各民族的文化中。

在現代，關於一種原始狀態的觀念已經在很大程度上得到強調，並用一些誤以爲眞的歷史資料加以證明。人們斷言一種原始民族是存在的，斷言保持著一切科學、藝術與宗教的一種原始民族是存在的，我們在這些領域的事物只是從那裡流傳下來的。謝林首先企圖使這一看法盛行，②弗利德里希．施萊格爾也是如此（《印度人的語言與智慧》③）。關於這樣一種原始民族的假設是要說明太古時代有高度的文明。這種原始民族據說是另一種人類，它被認爲在我們從歷史上知道的那些民族以前就已經發展起來。這樣一種原始民族據說遺留下了

(12, 34)

② 黑格爾在這裡指的是謝林的《關於科學研究方法的演講》，慕尼黑一八〇三年，第八講。

③ 弗利德里希．馮．施萊格爾的《印度人的語言與智慧》，海德堡一八〇八年，第六十二頁：「這種語言其實更是一個證明，在許多其他人還需要它的時候，證明人類並非到處都是從動物的蒙昧狀態開始的，在那裡經過長期艱苦的努力以後，才終於在一些地方成長出一丁點理性；這種語言其實顯示，最清楚、最眞摯的深思熟慮即使不是同樣在所有地方，但至少恰恰在我們的研究追溯到的那個地方，一開始就出現了；因爲這種深思熟慮的作品和成果就是這種語言，它本身在它的最原始、最簡單的組成部分中表達了純粹思想世界的最高概念，彷彿不是以形象，而是以直接的明確性表達了意識的梗概」。

太古時代的文明痕跡，並且被古代傳說描繪爲在諸神的形象中永存的。這種民族的高度文明有一些被損壞的殘留物，它們也與遠古民族的傳說是一致的。一些最早的民族的狀態，如歷史所描述的，據說是從那種原始民族的高度文明狀態蛻變出來的狀態。這是一種在現代受到青睞的看法，它要求哲學必須apriori〔先驗地〕構築這樣一種民族，而且連一些歷史跡象也該存在。這裡的想法僅僅是，人並非從本能，從動物的蒙昧狀態上找到意識和理性，人完全不用從動物的蒙昧狀態開始。

人的事物也許不能從動物的蒙昧狀態發展出來，但確實能從人的蒙昧狀態發展出來。但是，假若人們是從一種自然狀態開始的，這便是動物式的人性，而不是動物性，不是動物的蒙昧狀態。動物式的人性是某種與動物性完全不同的事物。精神並非從動物發展而來，並非從動物開始，而是動物必須從精神開始，但僅從自在存在的、屬於天然精神的精神開始的，不是一種動物式的精神，而是一種印有人的特性的精神。所以，嬰兒變得有理性的可能性是某種全然不同於和遠遠高於已被馴化的動物的事物。動物不具有意識到自己的可能性。我們可以認爲嬰兒沒有什麼理性；但嬰兒第一聲哭叫就已經有別於動物叫喚；這叫聲之中立即就有人的印記——即便在嬰兒的簡單動作中也有人的某種事物。

如果這時人們把這樣的觀念完全與最初的原始狀態聯繫起來，即人已經生活在上帝的純粹意識和上帝的本性中，彷彿處於萬物的中心——這是我們殫精竭慮地爭取的——處於一切科學與藝術的中心，所以對他來說萬物都是敞開擺放在那裡的，因此他已經是一位直窺到上帝與自然的深邃之處的智者，那麼，〔這〕在他們討論這樣的觀念時，就需要人無知無識，不再理解什麼是思維，什麼是精神的本性。他們必定會不知道精神是這種無限的運動，即ενεργεια〔活力〕、εντελεχεια〔隱得來希〕。因爲精神是活力，並非始終是一種直接的事物；精神是運動和活動，這種運動和活動離開最初的事物，轉向另一種事物，加工和克服這另一種事物，並且在這裡就在從事這項工作，從而在向最初的事物回歸時，才眞正變成了精神。首先透過這項工作，精神給自己準備普遍事物，並且才給自己眼前的對象創造自己的概念。然而，這種創造是最終的事物，不是最初的事物。如果人們援引這樣的事實，即古代民族的精神產物——他們的習俗、法規、體制、宗教和象徵——都是思辨理念的創造與表達，那麼這是正確的；因爲這確實是精神的創造，不過僅僅是一種本能式的創造。但理念的這種內在的創造活動是某種完全不同的事情，不同的地方在於，這種理念自己認識自己，而且是以理念的形式把握了自己。精神的事物只能由理念的認識加以把握。以理念的形式出現的理念，並不是習俗、宗教和藝術由以出發的最初事物，而恰恰是精神的最終工作。被認識到的思辨理念不可能是先行的，而是精神所作的最高的、最抽象的努力的結果。

當人們進而在另一狀況援引歷史資料的時候，這些資料在很大程度上都已消融，以致終於在現今完全消失殆盡。有一位名叫巴伊的法國人以極其膚淺的天文知識讓人注意印度人的

(12, 36) (12, 37)

智慧。④但是在現代，在人們不再滿足於這一點，而研究了印度人的科學發展的各個階段的時候，蘭伯特舉例證明，印度人的確曾經擁有天文知識，〔而且〕廣博。⑤當然可以證明，現代的婆羅門是完全不假思索地以機械方式應用早就喪失精神的公式的，他們〔只是〕保存了這些流傳下來的方法，〔因此〕已經不再了解古代陰曆〔和〕日食演算法的精神，以致今日的婆羅門自然而然式微，而他們應用的那些方法雖然能論證重要的知識，但終究不如人們早先認爲的那樣出色。其他的歷史資料也一樣不能令人滿意。

第二個結果涉及世界史的進程。這個進程只能從精神概念中獲得。

首先人們會注意到，歷史作爲精神的發展過程是屬於時間的；這符合於精神概念。我們只想扼要地作出進一步的思辨探討。

精神的發展過程屬於時間，精神之所以有一種歷史，是因爲凡是精神的事物，都只是透

---

④ 讓．西爾萬．巴伊（一七三六－一七九三年），法國天文學家，著有《古代天文學史》，巴黎一七七五年。他在此書中不僅以肯定的態度談到印度人的天文知識，而且也說過，「如果我們探討已經知道的古代印度人和中國人的天文知識狀況，就會察覺他們對於一切天文現象、甚至十分微小的天文現象的原因，都極其愚昧無知。因此，也可以從這裡明顯看出，他們並沒有發現重要的天文學原理和推算時間的公式」。（第一二一頁）

⑤ 約翰．亨利希．蘭伯特（一七二八－一七七七年），瑞士數學家、天文學家和物理學家，著有《關於建立世界結構的宇宙論書信》（奧格斯堡一七六一年）。他評述印度人的天文知識的文字，無從考察。

過它的工作、透過對直接形態的加工而存在的，它由此上升到一種對於自身的意識，因而上升到一種更高的觀點。時間在自身都包含否定事物的規定。這對於我們就是某種肯定事物，一種事件。然而也會有這種事物的反面，有這種現存事物對它的非存在的關係，而這構成時間，就以我們不單純思考這種關係，而且也眞正直觀這種關係來說，這種關係是時間。對存在與非存在的抽象直觀是時間。時間是完全抽象的感性事物。綿延是特定存在的同類性，沒有這種特定存在的非存在進入這裡。因此，形成過程由於是精神的發展，而且包含它對它自身的否定，所以便屬於時間。

在這裡，我們把精神的變化與自然界裡發生的那種變化聯繫起來加以考察。比較精神的變化與自然界的變化的結果是，個體事物服從於交替變化。在有形的自然界裡，一切都在消逝，個體事物在精神中也是如此。但在自然界裡，各個類屬始終持守在這種交替變化中。星球離開某個位置，而軌道依然存在，動物類屬也是這樣。因此，變化在這裡就是一種循環運動，是這種運動的永遠重複。自然界裡一切變化都不產生任何新的事物；這就造成自然界的乏味枯燥。一切都這樣處於循環之中，只有在這種循環之內才有個體事物中間的變化。對個體循環的觸動不會給這種循環的持守不變造成任何損害。然而，精神形態在歷史中的情形就不一樣了。在這方面，變化並非僅僅發生於表面，而是發生於概念本身，是一種具體的變化。正是歷史中一個形態的概念得到了提高和矯正。在自然界裡類屬沒有造成任何進步。可是在精神中變化卻要求有一個新的階段，每一次變化都是一種進步；而任何個體事物

(12, 38)

的幼芽卻依然現實地存在著。每個系列在自然界裡都讓其各個形態相互並列。各個類屬也形成一種由各個階段、元素——光，從抽象事物到生命發展的頂點，即人——組成的梯子。每一個後續的階段也預先設定了另一個階段，它是作爲一個新的、更高的原則，透過前一階段的揚棄、改造與衰落出現的。但這在自然界裡是分開發生的；這種相互關聯只是一種內在事物，而且不顯現出來；過渡只向進行思考的、領會這一點的精神顯現出來。自然界本身並不知道，它的概念並不是作爲概念進入現象的，它不領會自己，因而它的形態形成過程的否定方面對它來說是不存在的。

這在精神領域是與自然界的方式不同的，因爲在精神努力攀登的階梯和把握精神概念的工作中顯現出來的，是概念透過揚棄、改造先前的低級階段——它經過改造，在時間上屬於過去——而進一步向前推進的。這個階段已不復存在，並且顯現出這樣的情況，即一種形態是先前低級原則向超塵世界的超升，這就是精神形態系列之所以屬於時間的原因。

在這裡必須說明的是，各個民族作爲精神形態，從一個方面看也是自然存在物，因此也是按照自然的方式（表現）的。所以在空間中的各個不同形態是毫不相關、彼此並列存在的，長期顯現出各個階段的獨立性。如果我們現在像它們彼此並列存在的那樣考察它們，就會看到在古代世界有三個主要的形態：第一個是東亞細亞（蒙古、中國、印度）的原則，這個原則在世界史中也是第一個；第二個形態占據了伊斯蘭世界，這個形態具有一個絕對的對立面的原則，（因此）那裡雖然存在一個抽象精神的原則，一個單一、永恆的神的原

(12, 39)　(12, 40)

則，然而個體的無拘無束的任性卻與這樣的原則對峙。第三個形態是西歐的基督教世界，其最高境界事物是精神對其深處的認識。由此可見，我們在世界史中看到的、作爲時間造成的結果的各個形態，也在空間中長期彼此並列存在著。這些形態都彼此並列，並且在概念中都有其必然性，這必須從根本上加以說明，人們也必定會對此確信無疑。因爲哲學的歷史學只有一個目的，那就是消除對於一切偶然事物的考察，認識到一切事物都是由概念創造的。偶然事件是一種外在必然性，這種必然性雖說是由原因產生的，但卻是由那些本身只是外在環境的原因產生的。如果說人們通常已習慣於將一切都視爲偶然的，那麼，哲學考察概念的方式則一開始就會引人注目，並且人們會由於有不良的表象習慣，而將這樣的考慮本身也視爲偶然的，視爲一種突發思想。但是，這樣一種思想還沒有站在作哲學考察的立場上，還不能評論這種考察。思想對誰不被視爲唯一眞的事物，不被視爲至高無上的事物，誰就全然不能評論哲學〈考察〉方式。

因爲我們說過，那些重要的原則也是長期彼此並列存在的，所以人們可以設想，我們發現一切在時間中消逝的形態，在當前本該彼此並列存在著。所以我們會要求一個擁有其美妙異教、生活樂趣等等的希臘民族，還會在如今存在，一個羅馬民族同樣也還會在如今存在。然而這些民族、這些形態已經消逝；同樣，在每一個特殊的民族內部，也有已經消逝的形態。〈例如〉古代的日耳曼民族就已消失。這些形態及其原則爲什麼逐漸被遺忘，而沒有在空間上長久存在，只有根據形態的特殊本性加以探討。如果說我們本應探討這個問題，那

(12, 41)

麼，要是我們不參與對特殊形態本身的考察，這種探討就會是不確定的，而且這恰恰會在世界史本身發生。同時將由此產生一個結果，即只有最普遍的環節、最普遍的形態才能長久彼此並列地存在，如果它們呈現於不安定的生活狀態，它們就必然會消失不見。因此，這是由精神本性產生的第一個結果。

第二點涉及的是民族精神的進展和一種民族精神的轉變的特定方式。最初的活動是變化的極其普遍的、感性的活動，即時間。具體的否定或運動是精神活動，我們想從它如何涉及民族精神自身的進展和轉化的方式和形式上，詳細考察它。我們首先談的是，一個民族如何造成一種自身的進步、一種進展，並且在超越自身以後，造成一種衰退，於是就有我們想到的下一個範疇，即整個教化的範疇，因而是發展和教化、過時教化和畸形教化的範疇。過時教化是這個民族沉淪的產物或根源。

整個教化的含義是：教化涉及形式的事物，規定一切尚未覆蓋內容的事物。教化建構的完全是普遍事物中的形式事物。有教養的人是對他所做、所說和所思的一切都知道要蓋上普遍性的印記，這種人放棄自己的特殊性，而按照普遍原理行事。因此，教化是普遍事物的活動，是思維的形式。所以，教化將思維、將普遍事物灌輸到一切事物之中。更進一步加以考察，我們會發現，思維、形式的普遍性知道約束獨特的事物，因此，人並不是單純按照自己的偏好、欲望、特殊事物行事的，而是克制自己、收斂自己，由此讓對象不受約束地與自己有更多地對峙，於是便更多地處於理論層面，讓對象有它存在的權利，有它活動的自由。與

(12, 42)　(12, 43)

此結合起來的是對象各個方面的個體化，是對面臨的具體情況的進一步考察，是對環境的一種分析，是一種把對象各個方面隔離開的活動，而這種個體化直接是給這些方面提供普遍事物的形式的事物，因爲〔這個事物〕是被抽象化的，而且每個事物都是就其本身加以考察的。因此，有教養的人達到各個對象，並注視各個不同的方面；它們都呈現在他的面前。有教養的反思賦予了它們以普遍事物的形式，把它們視爲自身分離的。所以，有教養者能在他的行爲中，隨後也讓各個情況有其存在的權利，而無教養者在這時雖然心懷好意，抓住一個主要方面，但是卻因此損害了許多方面。所以，有教養者牢記和堅持各個不同的方面，因而能更具體地行動；進一步說，這根本是由於有教養者能按照普遍的目的和觀點而行動。這全然是教化的本性。然而教化只表達這樣一種簡單的規定，即給種種目的與種種考察打上普遍事物的性質的印記。

但是，精神的發展、活動必須更具體地加以把握；產生教化的那種運動過程必須更明確地就其各個環節加以把握。我們已經定爲精神的作爲和概念的，是精神把自身造就成爲它在其現實可能性中自在地所是的事物，因此我們就〔擁有〕現實的可能性，其次也擁有這個單純可能的、自在存在的現實定在。設定精神自在地具有的規定，是精神的普遍事物。這又可以從主觀意義上予以轉述。人們後來把精神自在地所是的事物稱爲「氣質」、「稟賦」；並且就氣質被設定、被創造成爲定在而言，人們也把這種事物稱爲「特質」、「技巧」等等。這種以特質的形式被設定、被創造的事物本身又只是以主觀的形式加以設想的，然而在歷史上，我們是在形式中，把這種事物作爲行爲、對象和事業從精神創造出來的。精神作爲行爲想以這種形式面對自己，它想具有對於它自身的意識，因此它必定作爲行爲與自己對峙。

關於特質與行爲的關係，﹝有人﹞往往在人的內心、人的特質與人的行爲之間作出一種區別。但在歷史上，這種區別是完全不存在的，因爲人就是他的行爲；人的一系列行爲就是他自己。有人想像，即使行爲毫無益處，意向、意圖也會是某種傑出的事物。有人就這樣認爲自己是內心不同於行爲。當然，在個別場合會有這種情況，即他僞裝自己，表現得不同於他的眞面目。但這是某種極其局部的、暫時的和有限的事情，一般都行不通。眞理在於，外在事物並非不同於內在事物，因此，正是某種不眞的事物給自己造成這種差別。一系列行爲與內在事物沒有差別。歷史是顯示出來的，﹝因此﹞特別在歷史學中一切突然分割﹝內外﹞的奇想都被廢除了。歷史學採取的方式是考察各個個體和各個民族的行爲；這些行爲展現的是各個民族的眞相。行爲就是目的。

這是精神的目的；精神就是要創造自己，使自己成爲對象，以期它擁有自己，作爲定在，以期它認識自己；它的存在是認識自己。這樣，它就只是現實的精神，因爲﹝它﹞把它的自在存在作爲客體，作爲事業、行爲，帶到了自己面前。因此，一個民族的精神是一種特定的精神，而它的作爲就是使它自己成爲一個處於空間和時間中的現存世界。一切都是一個民族的成果；它的宗教、法律、語言、倫理、藝術、事變、作爲和對其他民族的態度，都是它的成果，而且唯有這類成果才是每個民族。每個民族也具有這種意識，每個英國人都會說，他們是統治印度人和全世界海洋的人。因此，這個民族列舉它的種種建制和成果；因爲這些都是它的存在，這就形成一個民族的實體性，形成它的自我感覺，即使個別的人在這種存在中不占有什麼分量。這種成果是持久存在的事物；個體必須獲得這種成果，就是說，必須把自己造就得符合於這種成果，（而且必須明白），這個整體中也有個體的方面。個體隨後發現這種成果是擺在自己面前的現成世界，他必須把自己併入這個世界。

因此，精神就是這種創造，它知道它是這種成果、這種作爲。當我們考察這種創造所處的時期時，（我們看到）一個民族在這個時期是爲它的成果而生存的，從這個觀點說，它應被稱爲合乎倫理的、有道德的，因爲它所做的和創造的都是它的內在原則、它的精神的內在意志所是的事物。這裡存在的是目的使自身成爲定在的時期，在這裡還沒有發生個體從整體分離出來的情形，這種情形只在後來的反思時期才顯露出來。如果這時這個民族已經在客觀上使自己成爲自己的成果，它就得到了它的滿足。精神不再是任何主觀的事物、不再是它的現實存在所不符合的任何單純的內在事物。單純的自在存在的這種缺失，即自在事物與現實性之間的分裂，已經得到揚棄，這樣一來，這個民族就完善了自己，得到了滿足，把它自身所是的事物作爲成果，作爲自己的世界展現出來了。這是屬於精神活動的第一個環節。

與此銜接的第二個環節是，當精神擁有它希求的事物，因而實現了自身的時候，它就不再需要它的活動了。實質性的心靈已不再在活動之中；因爲這時，心靈只指向個別方面，在這裡生活的最高興趣已經喪失殆盡；因爲只有在對立中才有興趣。只有某種事物對我還隱而不顯，或者說，只有它是我的目的，〔然而〕這個目的還未實現，我才對它有興趣。因此，如果一個民族已經實現了自己，它的強烈興趣就在逐漸消失，它正生活在由成年向老年的過渡階段中，生活在對於已實現的事物的享用中。它生活在已形成的精神中，生活在它所希求和能夠達到的事物的〔精神中〕。它或許在放棄它的目的的好些方面時也滿足於一個很小的範圍，因此，這時它是生活在它的存在的習慣中，而這種習慣是招致自然死亡的事物。但由於它是普遍的事物，是類屬，所以就出現另一事物，出現另一規定。因爲習慣不再是活生生的事物；它成了種種目的不〔再〕發揮作用的事物，因爲目的都達到了。曾經產生過一種需求，一種急需；現在它已不復存在，因爲它透過某種建制得到了滿足。早先的這些建制曾經有其良好基礎，現已很少受到關注，而且作爲多餘的事物被揚棄了，從而出現了沒有任何需要的現在。

然而，習慣的這種沒有任何需要的延續會導致自然死亡。自然死亡可以表現爲政治上的無所作爲，所以這個民族還在繼續艱難度日，流露出來的只是個人的特別需求、特殊興趣，而這不再是一種民族精神的興趣的活躍。如果這時產生了眞正的、普遍的興趣，一個民族的精神則必定會希求某種新事物。然而，當原則被制定出來時，這種新事物該從何而來呢？這種新事物可能只是對這個民族的原則的一種超越，對普遍事物的一種追求，所以這該進一步規定自己。這是可能的；因爲精神的死亡不只屬於一種自然死亡，在這裡民族精神不是任何自然的、個別的和直接的個體，相反地，在本質上是一種普遍的生活，一種精神的事物；因此，表現爲自然死亡的事物也表現爲民族精神的自我毀滅，而不僅表現爲單純終止過程中的抽象否定的事物；毋寧說，這種否定性的他方將在民族精神本身的普遍性中顯現出來。

民族精神是作爲類屬、作爲自爲的普遍事物存在的，在這裡包含著普遍事物可以在其中顯現爲被設定的對立面的可能性，因此，民族精神也使它的否定事物表現出來。各個民族可能會不斷地過著艱難的生活，在精神上死氣沉沉，以至於它們的否定事物在它們本身不作爲分裂、鬥爭表現出來——就像我們在現代一些舊直轄市看到的情形那樣，這些直轄市外部已經衰落，但內部卻仍然純潔無瑕，它們沒有認識到它們的處境。由此可見，第三個問題是，精神作爲精神是如何造成自己衰落的，雖然這種衰落正是一種新生活的誕生過程。

精神不僅有造成它的衰落的生活習慣，而且民族精神作爲精神必定會認識自己，思考自己是什麼。民族精神是認識活動，而這種〔涉及〕一種民族精神的實在性的思維活動，就是它把它的成果作爲客觀事物、普遍事物，而不再單純作爲主觀事物來認識，這是與自然死亡對峙的另一個基本規定。在這個考量中我們想援引的是，精神將它的自在存在作爲成果生產出來，使它自己成爲一種倫理的和政治的組織。這是一種彼此外在的事物，一種由分立環節組成的體系。這樣的成果是一種客觀事物，它以普遍性爲它的規定和基礎，即源出於此。它作爲民族精神的成果不是什麼特別的事物，而是一種自身普遍的事物。正是作爲持久的、固定的事物，它才成爲一種成果。

倘若是單純的欲求在推動一個民族付諸行動，那麼，這種行動就會一帶而過，毫無蹤

(12, 48)

跡，或者，留下的蹤跡不是建設性的事物，而是一種破壞性的事物。各種崇拜的對象、進行的活動以及諸如此類的事情都不是什麼成果。在古代神話中已經存在這樣的現象，即在一個還不存在倫理關係的無辜狀態的時代，酒神克洛諾斯首先進行統治。這位酒神，即時間，有他的事業和成果，它們是他創造的，〔並且〕只是暫時的，又會消耗盡淨。正是朱庇特這位政治之神才創造了一種倫理的、能知的成果，由這種成果的首領中出現了密納發，即阿波羅與繆斯之父，他創造了一種固定的成果，即國家，從而戰勝了時間。由此可見，在這種成果中有普遍性、客觀性的規定。在普遍性中有持續存在的本性。所以說，一種成果必須具有客觀性和普遍性。

第二點是，一個民族的教化必然會產生一個結果，即它把自己的普遍事物作為一種倫理事物來認識。因此在成果中確有客觀的事物，不過它是被認識的。一個民族的倫理生活依據的、讓特殊事物消失的普遍事物，這個民族必須認識。因此這個民族必須具有關於生活和處境的思想、必須認識它的體現已知普遍性的法律、必須熟悉它的宗教、必須深入到宗教學說中，而不單作一種崇拜。這是精神想認識的，因此精神也想認識自己的普遍性，而且唯有憑藉這種認識，精神才使它自己與它的客觀性方面——這是認識中的普遍事物——成為一體。精神作為普遍事物想與它的普遍事物相關。它的客觀性同時是一個由個別性組成的世界；只有與這些個別性相關，精神才存在於信仰、感性態度、外在直觀等等。可是，它必須在思維活動中是它的最高事物、最內在事物與具體存在的事物的統一，而且只有認識它的成果和它的世界中的普遍事物，這種統一才能持續存在。這是它的最高滿足，因爲思維是它最內在的事物。所以，這之中有我們必須進一步考察的要求和必然性。就這一點來說，精神了解它的原理和它的現實世界中的普遍事物、了解它實質上是什麼。它在此時此刻已經具有關於它的本質的意識。思維中的這項成果、這種世界首先按形式而言有別於它的現實性，因而存在一種實在的和觀念的倫理生活，因而也存在一些認識這個民族的成果的個體，存在另一些直接生活於其間的個體。於是，我們在這個立足點上就看到了各種科學繁榮昌盛，而且它們必然會在這裡繁榮昌盛。

如果我們想知道古希臘人過去是什麼樣的，我們就會從索福克勒斯、阿里斯托芬、亞里斯多德、柏拉圖和修昔底德這些人身上發現，古希臘人的生活〔是〕怎樣的，而且精神是在他們身上透過思維活動認識了自己。

這類滿足雖然是最高的滿足，然而卻在觀念一方與實在事物相對立。所以我們看到一個民族在表象與有關德行的閒談中得到滿足，而這種閒談是與現實的德性對立的，或者說，替代了現實的德性。精神產生了這種結果，它知道要把未經反思的事物帶到對它自身的反思。這部分地包含著對這種規定的局限性的意識。這樣就使自我意識想到一些根據，放棄它過去直接履行的職責和法律。這時一般有一種趨向，要求作出論證，說明一種得以承認的事物已與一個完全普遍的事物聯繫起來得到把握。由於這樣的根據，即完全普遍的事物，沒有被認爲是基礎，所以德行觀念就變得搖擺不定。因此，職責本身並沒有作爲絕對職責被認

(12, 50)

識到是適用的，而是它應當適用的一些根據僅僅在這個限度內被認識到了。與此相關聯的是，各個人都彼此分離，同時也與整體分離，因爲意識是主觀性，而主觀性都有將自己個別化的要求，有將自己理解爲以**這一個**的形式出現的特殊主觀性的要求。這種能以個別性的形式理解自己的主觀內在的事物，就是愛好虛榮、自私自利等等由以產生的事物，就是一些違背信仰、違背直接事物的規定。於是便出現了個人的利益和情欲，作爲腐敗現象而放蕩不羈。一個民族的腐敗就這樣爆發了。這不是自然死亡，而是一種倫理生命的死亡，這種死亡在這個民族中是作爲各個成員的分裂出現的。所以，出現過這樣一種情況：在宙斯制止住克洛諾斯的吞食，建立起一種自身牢固的事物以後，他自己和他的整個家族（也還是）都被生身之父吞食了，也就是說，恰恰被思維原則吞食了，這思維出於種種原因，要求具有深邃的洞見。

時間被表現爲感性的，就是否定的事物，而思維則是最內在的否定性，一切規定性都消解於其中，對象性的事物、存在著的事物都（在其中）揚棄自身。思維是普遍的、無限的，不結束於任何有局限的事物。客觀事物雖然不表現爲有局限的，但它表現爲給定的，因而表現爲不可能給思維任何限制的事物。各個國家都是限制思維的對象，所以思維會克服它們。各個國家都向有思維能力的主體表現爲一種限制。這是民族精神從最深的層次出發給自己造成衰落的道路。

可是，這種透過思維瓦解倫理世界的過程，同時也必然是一種具有新規定性的新原則

(12, 51)　(12, 52)

的誕生。簡而言之，思維是瓦解先前健康的形態的事物，因爲它的活動就是普遍事物的活動。然而在普遍事物的這種瓦解活動中實際上也保存了先行的原則，不過是這樣的：特定的方式、現存的事物遭到了毀滅。在這裡，這種情形須用按圖索驥的方式加以了解。因此一方面，由於精神是對普遍事物的理解，個體就成爲一種搖擺不定的、走向滅亡的事物；可是普遍的本質卻依然保存下來，並且不僅保存下來，而且以普遍性的形式得到了提升；它的普遍性已被凸顯。因此，先行的原則在這種普遍性中已被美化。然而，現今的這種普遍性的方式也須視爲一種不同於以前的方式，在以前的方式中，現今的普遍性與其說只是隱藏在無限多的各種各樣具體存在的關係中，倒不如說僅僅存在於內部，而只具有外在的現實存在。

由於這種外在性是由思維加工的，這種工作對我們來說就只不過是這樣的：早先作爲個別性存在的事物只存在於具體的個別性中，如今已經轉化到普遍性的形式中，可是這種形式具有先於其他規定性的另一種規定性，因爲它是一種更進一步的規定，所以表現爲一種他物，一種新的事物。現今已經這樣在自身進一步把握了自己的本質的精神，表現爲一種更進一步的、另外的精神，〔並且〕在現今有了一些另外的、更進一步的興趣和目的。這種改造本身雖然是由一種形式的改造〔產生的〕，但這種新的形式這時也給原則添加了一些另外的、更進一步的規定性，它們也成爲內容的規定性。爲了把這更進一步加以表象，人們可以回想一些熟知的現象。比如，一個民族的有教養者提出的一些要求，與這同一個民族的無教養者提出的完全不同，而這種人是生活在同樣的宗教和倫理關係裡的，其物質狀況完全一

(12, 53)

樣。教養在這件事情本身並未立即造成什麼變化，而是僅僅表現爲某種形式的事物。有教養的基督徒和無教養的基督徒有相同的〔信仰〕內容，但兩者仍有全然不同的需求。奢侈的人也不過像儉樸的人那樣吃喝，並有一個住所。財產情況也同樣如此。佃農整體而言也有財產，但可能與各種經濟負擔聯繫在一起，這些負擔提供給另一種人財產權，由此形成另一種財產分有者。如果這時對什麼是財產加以思考，則可立即說，財產是一種原來無人占用的事物，只能有一個主人，因此，由思維〔確立〕的財產定義認爲，它是原來無人占用的。它以同一個事物爲內容；但思維突出普遍的事物，由此形成了一種固有的更高的原則，一種不同的需求和興趣。

因此，一個民族的過渡、變遷中的確定內容是，現存的、直接的事物經過深思熟慮，被提升爲普遍性；因爲特殊的事物必定會被清除掉這種特殊性，而被美化爲它的本質性。只有這種關係構成進一步的規定性。所以就這點來說，我們看到一種精神，〔它〕努力毫不走樣，把握它的現實性，而且以思維把握它的現實性；就此而言，原則擴充了自己，進一步規定了自己。爲了把握這一點，大家必須知道思維是什麼，就是說，必須知道思維是眞正存在〔和〕根本存在的事物，是普遍的事物。而精神就在於把握普遍事物。哲學中的普遍事物就是如此。這是普遍事物的思辨意義，而且正是精神具有這種思辨意義。因爲對於精神來說，各種規定都是像哲學認識它們那樣存在的。單純反思的思維也有各種普遍的觀念，但它們只是抽象的，於是不同於現實的存在。〔雖然〕人們會提出一種關於各個民族和各個統治

(12, 54)

人物等等的普遍觀念，不過這是一種單純主觀的觀念，是爲了我們的想像。普遍性——像它眞正存在的那樣加以把握的〈普遍性〉——是實質、本質，是眞正存在著的事物。

比如，雅典公民能作爲公民用普遍的方式把握自己，以至於他像他當時眞正存在的那樣發揮作用，所以，這種普遍的事物僅僅在於：公民是人，而且面對這種普遍性，消融了單純是雅典公民、是某個人的特殊性。這樣的特殊性是在思維之光面前消融的，猶如白雪在陽光照射下融化一樣。如果思維在一個民族中如此把握普遍性，這個民族就會不再是它過去那樣的事物，而是必定會擁有一些新的、更高的規定性。因此舉例來說，如果透過思維，在一個民族那裡如同在雅典人那裡一樣揚棄了特殊性，而思維發展到這種地步，即這個民族的特殊原則根本不再存在，那麼，這個民族就不能再維持存在——另一種原則〔已經出現〕。在一些更高的規定性如此進入一種原則時，一種民族精神的實質性基礎就發生了變化。過去是目的的事物，這時有了另一些規定。一種有待完成的新的成果出現在眼前。

須順帶說明，在世界史中，只要民族精神的一種原則已經變爲一種更高的原則，這種民族精神此時就是作爲另一個民族存在的，於是世界史就從先前存在的民族過渡到另一個民族。因爲一個民族不能有更多這樣的原則，不能經過更多的發展階段；這個民族不能兩次在世界史中開闢〈新的〉時代，雖然它在它的發展中有若干階段。

然而這都只是它的特定原則發展的一些形式而已，一等到這發生變化，另一個民族就擁有了更高的原則。原因在於，在精神史中一些原則作爲民族精神持續存在著，但它們同時也

(12, 55)

是自然的、特定存在著的現實存在，因爲我們在這裡並不是處在純粹思維的基礎上，而是處在現實存在的基礎上。凡是精神發展的階段，都是作爲一個民族的自然規定性、自然原則存在的，或更確切地說，作爲一個國家存在的；因爲國家就是一個以自然形式存在的民族。在歷史上，精神表現爲在空間和時間中彼此分散的各種自然形態。因此，當一個確定的原則有了進一步的規定時，雖然新的事物作爲迄今持續存在的事物的否定，作爲宗教、習俗等等，因而作爲以往存在的事物的式微，還進入民族精神中，所以是作爲這種事物的規定性的否定出現的，但新的事物卻是這個民族按它原初的規定性曾經所是的事物的毀滅。在肯定的特定存在中出現的更高階段又是一種自然的事物，於是就表現爲一個新的民族。所以這是更進一步變化的環節。此中有概念在其必然性中的各個環節，這些環節都是推動進展的靈魂。

我們如果這時進一步反思民族精神一方面自然而然地死亡，一方面由思維加以改變的各個規定，〔就會發現〕這是一種階段發展的進程，它不是任何事物，而只表現爲〔一種〕向無限的進步，表現爲一種in infinitum〔向無限〕進展，而在任何時候都達不到目標的完善過程。儘管我們已經說過，更高的原則在於，先行的事物在此只有以普遍的事物加以把握，但這種普遍的事物本身僅僅又變爲一種確定的事物。在自然界裡，雖然生物系列包含一種進程，所以更高的階段本身是一種普遍的生命，然而這個階段又表現爲確定的事物；正像在自然界裡一樣，在歷史中普遍事物也必定採取一種確定的形態，表現爲確定的方式，因爲我們立足於特定存在的事物的基礎上，立足於各種自然形態的基地上。歷史學終究必須與現實打交道，可是，如果沒有任何針對思維、針對概念的確定的形態固定下來，能與思維對峙，所設定的就顯得是不確定的進程。假如存在某種這樣的事物，概念不能消化、不能分解這種事物，不能使它變爲觀念的，那麼，這就會與概念對立，使概念分裂，這就會作爲極度分裂、十分不幸的情況在那裡發生。所以，概念分解一切事物，而且這能不斷地進行下去。假如某種事物能經得起與思維對立，這種事物本身就僅僅會是思維，因爲思維應以自己爲對象，即〔思維〕自己把握自己；〔因爲〕思維只不過是一種自身沒有受到任何限制的事物。於是，思維就會回歸到自身，歷史的審判就會結束；因爲只有與概念不符合的事物才受到審判。在思維向自身的這種回歸中，永久的和平就會建立起來。

在這裡，或許〔需要探討〕世界的終極目的。假如不斷出現的僅僅是一些新原則，世界史就不會有任何指向目標的目的；這是絕不會看到一個結局的。可是，宗教與理性只承認眞實的自在自爲地存在的事物，沒有任何限制和並不單純瞬息即逝的事物是饒有趣味的。這就把我們引向絕對目的的內容，而這個內容是精神借助世界史給自己預設的，因而是世界史的成果。如同前兩個階段一樣，這也必定產生於精神的概念。我們迄今已經指出了開端的方式，接下來的是進展的各個環節。進展必須有一個目標、一個終極目的。我們當前要考察的正是這個終極目的。這個終極目的包含在已經指出的精神概念中，但如果我們簡略地談這個問題，精神就依然是抽象的；因此，如果我們說，精神是爲概念變易的，我們也許講得太廣泛，〔而這〕在這裡是不合適的。因此，我們在這裡只能給出一個普遍的觀念；歷史本身才

(12, 57)

給出詳細的內容。

人們常常聽說，世界的終極目的理當是善。然而這是不確定的，並且恰恰是終極目的設定某種確定的事物。我們可能回想起宗教勾畫的和我們也必定會回想起的事物；因爲一般來說，我們必定在哲學裡不會有這樣的做法，那就是我們讓屬於宗教的事物和其他值得敬重的直觀都擱置一旁，因爲我們出於膽怯，不敢作任何比較。我們能察覺宗教的終極目的被表述成這樣：這個目的在於人人都享有永久的和平，人受到尊敬。這在一方面是與個體有關的眞正的宗教目的。主體本身對這種宗教機構有一種無窮無盡的興趣。可是，如此理解的終極目的預設了一種內容，即在個體會找到自己的永恆目標的地方，心靈找到自己的解脫。人們可能會想像到，在這裡，在我們論及世界的地方，永恆目標與我們絲毫無關，因爲這是未來的、彼岸的目的，是一個那邊的事物。可是後來畢竟依然會有此岸的事物，會有這個世界，作爲預備和獲得〈那邊的事物的〉過程，所以這個世界必定會爲所有成果給出基本規定。但終極目的是由宗教按照個人的、主觀的方面說出的，因此當個人的利益被作爲最終目的說出時，極樂生活的客體、內容就會降爲手段的一種規定。但事情絕對不是這樣。通向目的的道路不單純是手段，而且同時也是絕對的事實本身，是絕對的歷史，個人在其中只不過是單個的環節。

如果我們撇開單純主觀的形式，現在必須進一步把握的就是這種形式預先假定的實質性事物。但像自然界的特定存在的目的一樣，精神活動的目的也是對上帝的讚美以及對他的崇拜。這個事實已從宗教方面領會到了。實際上這是精神和歷史的莊嚴目的。這已經包含在前面說過的事物中，而我們想詳細地思考它。我們已經看到精神創造自己，使自己變成對象和理解自己。唯有這樣，它才可作爲結果、作爲創造出來的事物、作爲自我產生的事物而存在。把握自己僅僅意味著透過思維把握自己，不單純了解一些任意的、隨便的和瞬息即逝的規定，而是根本意味著把握眞正的存在者、絕對者自身。精神的絕對者是萬物的絕對者，是神聖的存在者。因此，精神的目的、精神的絕對衝動就是要給出對於這個存在者的意識，所以這個存在者是作爲唯獨存在的與眞正的事物被意識到的，萬物都是由它產生和發生的，所以萬物都必定會據此得到安排，並且確實這樣得到了安排，因此它是這樣一種神聖威力，這種神聖威力曾經引領過，並且現在仍引領著、曾經支配過並且現在仍支配著世界史進程。在這項活動和事業中對此的認識，積澱於宗教的正確表述，即上帝被賦予尊嚴或眞理受到讚頌。這種對眞理的讚頌須作爲絕對終極目的來理解，而這個眞理就是產生這種讚頌，作出這種讚頌的唯一力量。在上帝的尊嚴中，個人的精神也有它的尊嚴，但不是它特有的尊嚴，相反地，它的尊嚴是由於認識到它的自我感覺是對上帝的實質性意識而存在的，是由於認識到它的作爲歸於上帝、絕對者的尊嚴而存在的。在這裡，如果個人的精神已達到它的眞理和自由，它就必須與純粹概念、與絕對者打交道，它不再在任何他物那裡，而是在它自身中、在它的本質中，不是在一個偶然事物那裡，而是在絕對的自由中。因此，這應當是世界史的終極目的。在這個理念裡處於有限精神中的對立消失了，有限精神只在一個限度內知道自己的本質，透過思維則超越了這個限度。由此可見，在這裡透過思維造成的衰亡不再是另一種衰亡，因爲沒有任何異於思維的事物與思維對立。自然死亡也不再存在，永恆的循環已經完成。理念的一些主要環節就是如此。

現在我們來談談另一個方面，談談各種激情和它們對上帝理念的關係。這是實現特殊目的的個別性、獨特性和能動性的環節。透過這些環節並且在這些環節中要認識的，是理念的支配作用、威力和統治。

這些激情須理解爲一切特別的目的和利益。在這裡，目的的形式不是必不可少的。激情是消極表現，但也不完全是。如果有某種事情完成了，人們就會想到它是目的，是想像的事物。雖然激情總想得到一種想像的事物；然而它做什麼，是在它之內規定的，而且規定它自身。這是意志的規定與主體一般所是的事物的統一。激情是一個完整的人的規定，因此，它就使他與其他的人區分開了，這個人因而就是這個人，而不是另一個人。每個人都是一個特定的人，一個特殊的事物；唯有這樣，他才是現實的，因爲人的一種單純抽象沒有任何眞理性。於是，目的不是一種很講究的事物，而恰恰是出自激情的規定性的事物。所以，激情在這裡叫作人的規定性。性格堅強的人會有極其廣闊的包容能力，因爲他包容了一切獨特的事物，表現出了全部複雜的關係。我們要涉及的不是完全軟弱的、無力實現自己的內心事物，因而不是想像的意圖，這樣一來，這些性格軟弱的人就不在話下了。在歷史學中，我們要涉及的不是那些抱著某種意圖，做一些雞毛蒜皮的事情的個人，相反地，我們面臨的是具有強烈的激情，發出混雜的鬧聲的人們。

如果我們將激情的形形色色的衝動與本身就具有和完成絕對終極目的的理念的質樸寧靜的生命進行對比，那就會產生最先遇到的關於它們之間的關聯的性質問題。世界史的理念必然會展現出這種關聯，〔並且〕擁有那兩者的統一。這種統一絕對以世界史的理念爲基礎。這種關聯不應是一種純粹被信仰的事物，種種行動也不應純粹是理念由以實現自己的那種物質事物或外在手段。因爲各個個體都是有認識能力、有意志活動的，他們不要求唯獨去做那種希望具有巨大魅力的事情。他們都有合理的要求，那就是絕不充當單純的手段。我們也不能在這裡說那種關聯是一種不可捉摸的事物；相反地，理解那種關聯是一項任務，因爲我們面對的是一部哲學的世界史。不過我們不可能涉及這個討論的整個範圍，而只能略提尋求這個問題的答案的方法。還能予以說明的是，那些環節的關聯採取了自由和必然性相統一的眾人皆知的形式。通常人們以經過反思的觀念把隨意性、特殊的意志稱爲自由，認爲與此對峙的是自在自爲存在的事物、理性的事物，作爲必然性固有的某種事物，〔作爲〕堅定不變的必然性。事實上，只有精神對自在自爲存在的事物，即對精神自己的事物的關係，才是自由。眞正的自由就是理性的事物。隨意性、獨特興趣都不過是自由和必然性的一種混合，都只屬於臆想的自由，屬於受自然規定的影響的現象。

人的獨特性和自在自爲存在的事物的獨特性之間的關聯具有雙重方面：首先，它是在概念上自在存在的，是理念本身，其次，如同這種關聯是自爲存在的那樣，它存在於它的培植

(12, 61)

的方式中，它的成果中。

必須加以說明的第一點是我們已經指出的理念本身。這個理念在其自身擁有主觀性的規定，自我認識的規定；它在其自身包含活動的規定。因爲它是這樣一種事物，這種事物必須把自己設定爲對象性的，而且必須使這種事物在觀念上成爲它自己的事物。這個理念是上帝在其本身的永恆生命，它彷彿先於世界創造、先於邏輯關聯。它最初被表象爲內在的、普遍的事物，但它還缺乏以外在性形式和直接個別性形式出現的那種存在的形式。因此，這個理念在其自身具有規定性的環節，但還不具有實在性的方式，直接產生過程的方式。

必須加以說明的第二點是，這個理念必定會不斷走向這樣一種境地，即公正地對待那種首先僅就形式而言在理念自身作爲觀念事物存在的對立，也就是說，把有差別的事物設定爲自爲地存在的，設定爲彼此具有獨立性的映象的。這是一個首要的事物，進一步的規定是，普遍事物就是這樣作爲某方面存在的，而另一方面則按照直接性方面，將自身規定爲形式上的自爲存在、形式上的自由、自我意識的抽象統一、無限的己內反思和無限的否定性，絕對的否定只應歸於精神。把自己作爲原子，與任何實踐過程都對峙的自我，乃是對立發展的最高峰。在這種抽象的否定性對面設定的是全部的理念。上帝、世界或隨便哪一種形式，即使另有具體的事物，也是作爲他方、作爲客體設定的；而自我是這樣得到規定的，即爲它存在的是這個他方。那種能知者、絕對難以塑造者也是這樣，即爲它存在的也是他方。這都是最初的一些規定。如果再進一步去把握這一點，那麼，舉例來說，其中就有一種

(12, 62)

過程，它被稱爲有限自由精神的世界的產生。首先能加以說明的是，這個他方、這個同樣也是複多的原子，一般都是有限的事物。這種原子只是作爲排斥他方的事物自爲地存在的，它否定這個他方，因此它在這個他方有一條界限，有一種作爲否定事物、作爲它的界限的他方，因此它本身是有限性。

必須加以說明的第三點是，這個有限的事物，這個自爲存在的自由的高峰，因爲這自由是在自身之內的形式上的知識活動，所以就必須從作爲絕對理念的上帝的榮譽方面加以考察，使這種榮譽必當得到承認。在承認中包含著上帝的榮譽。因此有限性這個方面就是知識的精神環節、作爲知識的知識賴以存在的基礎。由此可見，這是絕對者的特定存在的方面，是帶有單純形式上的實在性的方面。所以這都是發現那種關聯的一些主要環節。

當我們現在轉到一些具體的形態時，我們說過，爲有限事物存在的是一個他方。爲自我存在的是作爲神聖事物的他方，因而就存在宗教；但進一步說，即使在他方的形態裡，世界一般也是作爲範圍無所不包的有限性存在的。爲這種形式上的自我認識存在的是它自己的有限性。它照著這個方面把自身理解爲有限事物，因而一般就有關於有限存在、有限意志、隨意性、有限知識、有限目的等等的觀點。這是關於現象的觀點。這個自我認識者希望自己完全是在一個方面的，又希望自己是在萬物中的；在一切客觀性中都應有它的這種主觀性，這是對它自身的確信。由於這種主觀性被認爲是純粹的、完全無內容的，因此這是一種認識的衝動，是希望在萬物中認識自己的理性。因此虔誠的個體就希望自己得救，會怡享極樂。這

(12, 63)

(12, 64)

種確信是一種道德眞理，在這裡是包含在純粹的主觀性之中的。但這個自爲存在的事物爲了得到純化，首先必須貫穿於一個發展系列。可是它不希望作爲能知者回歸自身，而是首先希望作爲有限事物按照它的直接性，以它的特殊性出現，而這就是現象領域。它照著它的有限性、特殊性的規定，希望他方與它相對立。

這就是各種激情所歸的關鍵點，各個個體在這個點上將他們的確信置於他們的特殊性中，想在那裡實現這種確信。如果我們考察了這個點，發現各個個體都想擁有他們的有限性的特定存在，我們便會看到，他們的個體（複數）都已倍增；因爲他們都是有限的，都在使這種有限性成爲現實。如果他們以這種方式相安無事，從而實現了這種和諧，大家就稱他們爲幸福的；因爲凡是自相和諧，享受自己的生活的人，人們都稱爲幸福的。幸福在此（誠然）適得其所，人們也可以在作爲視角的歷史中得到幸福。在這方面能加以說明的是，世界史並不是一塊給人幸福的土壤；因爲各個幸福時期對於歷史來說都是一紙空文，因爲歷史的對象至少也是變化過程。在世界史中得到滿足，未必能被稱爲幸福；因爲這是要滿足共同的目的，而這些目的超出了讓通常的特殊偏愛得到滿足的領域。世界史的對象是在世界史中具有重要意義的各種目的，它們是以極大的能量，以一種抽象的意願加以貫徹的，而這種意願卻常常與一些個體本身和其他個體的幸福背道而馳。世界史上的人物都不奢望成爲幸福的，可是他們卻得到了滿足。

如果我們進一步進行考察，下一個規定就是形式上的活動的規定，即自爲存在、形式統

(12, 65)

一的原則。必須把抽象活動的環節視爲引領者，視爲medius terminus〔邏輯中項〕。這種活動所處的地位是一個推理的中項。任何一個理性的事物都是一個推理。假若把活動視爲中項，那麼，一方面便是處於思維深井裡的抽象理念，另一方面則是外在性，是微粒和獨立原子所從屬的物質。然而原子論講的事物本身作爲活動就是這個中項，它實現理念的內在事物，由特定存在的內在性轉化爲外在性，它使普遍性個別化爲直接的特定存在。這樣，自爲的內在事物彷彿就成爲一個惰性的事物、一個僵死的事物、一種抽象的本質；這種事物由於活動而喪失這個方面，並且變成一個特定存在的事物。這種空洞的客觀性，這種外在的材料，如果未由活動提升到普遍性、提升到作爲自在自爲地存在的本質的現象，本身也只是空洞的事物。單個的自我意識將活動提升到對於普遍事物的思維、提升到對於倫理事物的希求與認識，活動使特殊意志符合於普遍的、自爲自在存在的事物。

關聯首先涉及理念的分化。個別性作爲自我思考的原子，也是爲一個他方存在的，而他方也是爲它存在的。因此，活動必須被理解爲一種在自身無限的不安。這是處於〔分化的〕高峰的〔方面〕。但是，連直接的事物從事的也是要把物質中的一切都統攝於普遍事物，並把一切都從中創造出來，以期絕對意志得到認識和實現。統一、退化和一分爲二的這種無限衝動，一般都是理念的分化的第二方面。因此，這是個別事物的退化、普遍化。假若我們將各個單一的人理解爲單個的自我意識，那麼，這就是對個人的倫理事物達到普遍的倫理事物的教育，並由此恰好使倫理生活成爲可行。

(12, 66)

要進一步提出的問題是：這個使活動達到現象、達到特定存在的普遍事物具有何種形式，什麼樣的規定，因爲普遍事物必定是由活動實現的。這是關於分離、區分和一般有限性的觀點。各個依這個觀點行事的活動者希求現實的事物、有限的事物和更高的目的，而且希求享有他們的獨特性。另一方面，在這種種獨特目的中同時也映入一種目的的普遍性，我們稱之爲善、公正、職責等等。假如這種普遍事物沒有映入，我們就會處在抽象隨意性的立場上、處在只想滿足於自私自利的粗野性的立場上，而這後一個立場是我們所不齒的。

這個顯現於有限性立場的普遍事物，如它作爲倫理事物存在一樣，一般都是特殊的善。這是已經作爲倫理事物存在的普遍事物的一種產生。人們可以把這稱爲保持倫理事物。這種保持不是任何僵死的延續，而根本是一種產生。這種已產生的事物首先是社會的倫理、通行的法律，它不單純是抽象的善，而是確定的善，不是隨便一種善。它的職責是保衛這個故國，不管保衛的是羅馬還是斯巴達，但不是隨便哪一個國家。由此可見，倫理在本質上是一個確定的事物。在這種通行的、現實存在的倫理事物中，包含著構成個體職責的事物、個體倫理活動的準則和每個人都應融入其活動的事物。這都是眾所周知的職責和每一個體都熟知的法規，是個體所屬的階層、所屬的故國的客觀事物。要認識這一點毫不困難；因爲如果有人侈談他的職責，這就是一種明顯的病態意志。因此，這個規定具有作爲社會倫理的普遍事物，由此就實現了倫理領域的保持，因爲每個人透過自己的活動必定會產生這種倫理事物。相對於社會倫理的這個普遍事物，還存在第二個普遍事物，這個事物是在巨大的歷史事件中出現和表達出來的；而且就在這裡發生了分裂，恰恰由此引起了按照倫理原則行事的困難。在一種倫理共同體內部不可能發生這樣〔一種〕分裂。因爲這是一個必然的倫理世界，只有個別人物在這個世界裡會有偏離，但這無損於倫理事物的普遍性。雖然個別事情會突然發生，但這是個別的現象，是惡習、欺騙等等，這會受到克制。即便有一種使這個普遍事物面臨危險的普遍現象，那也是另一類事情；我們已經表明，這類普遍現象產生於什麼地方。

先前我們在理念的進程中已經指明，一個倫理整體同時也是一個有限的整體，它本身都有一個超乎自身之上的更高的普遍事物。當這個更高的普遍事物表現突出的時候，就出現了一個雙重的、自身斷裂的事物，因爲〔先前的〕普遍事物當時依然是它原來那樣，但一種更高的力量卻在它之內異軍突起，猛然襲來。這就造成由一個精神形態向另一個更高的精神形態的過渡，以至於先行的普遍事物作爲一個特殊事物被普遍事物的思維所揚棄。於是，思想透過思維將特殊事物變成了普遍的。

一種比先前的普遍事物——這種事物反而被規定爲特殊的——更高的普遍性，即這種更高的普遍事物，可以被表述爲最新的一類普遍事物。〔這類事物〕是這樣的事物，它已經內在地存在於先前的普遍事物之中，〔但〕還沒有發揮效用，以至於當前存在的這種現實還是一種猶豫不定的、本身不成體統的現實。恰恰是那些偉大的歷史人物、世界史上的人物，把握住這樣一種普遍事物，並使其成爲自己的目的。這樣一來，他們就可以被稱爲能創

(12, 68)

造一種普遍事物的英雄，這事物是他們親自創造、認識、希求和完成的，而它由於是一種普遍事物，就得到了承認。他們受到讚頌，人們說他們完成了一種早先只是自在地存在的普遍事物，它雖然不是被他們發明的，而是永恆存在的，但被他們設定之後，也就作爲這樣的事物與他們一起獲得了敬重。這些歷史人物理解這樣一種普遍事物，從一個源頭把它汲取出來，而這個源頭的內容對於一種已知的生活來說尚未現實存在，所以它彷彿是從歷史人物自身、從他們的內心汲取出來的。由此可見，他們創造的是正在完成成果的普遍事物，是新的世界狀況，這些狀況初看起來僅僅是他們的目的、他們的規定性、他們的創造、他們的激情。這是他們的πθος（激情）；他們希求這種作爲普遍事物的事物。所有的人都聚集在這些英雄的旗幟周圍，因爲這些人說出了時代的內涵。這就是以世界史人物的激情的名義所能表述的事物，在這裡以激情的形式顯現的普遍事物，就是絕對。

這裡必須加以區分的是，這樣一些環節都是更高的事物，但在普遍理念中甚至只有一個環節。這個概念爲哲學所特有。世界史人物肯定具有這個概念，所以他們認識這個普遍事物，希求這個普遍事物；他們關心的就是這個普遍事物。這是時代的內涵、是時代的眞理，因爲這樣，他們才是世界史的人物；在他們內心已經準備好的，正是這個事物。由此可見，他們在他們的方面擁有絕對的公理；因爲他們懂得須實現這個事物。精神以這種形態發揮著作用，而世界史的人物則是精神的引領者。在這方面須加以說明的是，這些世界史的人物都是對他們的世界明察秋毫的人。他們非常理解，他們關心的是什麼；他們希求的和要做

(12, 69)

的是正確的事情、正當的事情，雖然這類事情顯得是他們的事業、他們的激情、他們的隨意性，因爲其他人還不知道這類事情。但是其他人必須聽從，因爲他們已經感知到這類事情，因爲它已經在內心中成爲他們的事情，而且唯有這時才成爲特定存在。可是如人們所說的，它表現爲世界史人物的激情。

世界史人物的言論和行動表達的是，什麼是時代的內容？什麼是眞理？什麼是必然的？單憑這一點，他們在世界上就具有威力，說明他們希求正當的事物；不過這在最初僅僅是他們的想法。他們具有關於何謂正當的正確想法。所以，尤利烏斯．凱撒曾有一個關於何謂羅馬的正確想法，認爲共和國還只是一個模糊的輪廓（幻影），而應有的關於dignitas〔接受貴族權利〕和auctoritas〔王室特許〕的法律已勢在必行，關鍵在於，不是把這些法律加給人民，而是人民理當在此服從〔他們的〕特殊意志。這是那個時代的正確的事情，所以凱撒能把它完成。盧卡說，加圖喜歡失敗的事情，諸神卻喜歡勝利的事情。⑥正確的事情是自

⑥ 盧卡（三十九—六十五年），西班牙詩人，所著《法爾薩利亞》是他唯一流傳於後世的拉丁史詩，從凱撒與龐培的戰爭一直寫到龐培被殺和凱撒抵達埃及。黑格爾在此轉述的詩句見此書第一卷第一二八行，不過在拉丁文文本裡是：Victrix causa deis placuit sed victa Catoni〔勝利者合神明意願，失敗者令加圖讚賞〕。詩中的加圖（西元前九十七—前四十六年）站在龐培一方，反對凱撒獨裁；龐培失敗以後，帶領部分軍隊到達北非，在那裡兵敗自殺。

(12, 70)

爲自在的理念造成的規定。這表現爲一些個人的激情，他們在這種事情中首先滿足於他們的概念。這是一些大人物的作爲，說明他們的行動是爲了滿足自己，而不是爲了滿足他人。假如他們想做這個事情，他們就會大有可爲；因爲別人不知道什麼是時代的內容，不知道他們自己希求做什麼。可是那些大人物卻知道什麼是時代需要做的事情，他們希望做這樣的事情，並且唯有在這當中能得到他們的滿足。因此他們是這樣行事的，即他們在這當中滿足於他們自己的概念，因而這概念表現爲他們的激情。所以這時，民眾就聚集在他們的周圍，而那些仍忠於舊事物，對此進行抵制的人，則處於劣勢。要對這些人物進行抵制，〔人們〕是無能爲力的。

這就是激情與理念的眞正關聯。理念的必然性只有憑藉歷史人物的激情才是合乎倫理的，〔並且與激情〕聯繫在一起。所以，理念的目的〔和〕激情的內容是以這種方式合而爲一的。激情是人物個性與普遍事物的絕對統一。激情顯得彷彿是大人物身上的某種動物性事物，它的存在作爲精神與自然事物是完全合爲一體的，而這種統一鑄成它的強大實力。當他們被不可抗拒地驅動做這樣的事情時，他們就得到了滿足。就這樣，他們滿足於自己的激情。他們沒有成爲幸運的，是因爲他們或許已經精疲力竭，或許在他們實現了他們的願望的剎那間，已經死去、已被謀殺、已被流放。他們個人犧牲了自己，他們獻出了整個一生。說他們是不幸的，這對於需要這樣一種安慰的人來說就是一種安慰。因爲這樣的大人物都有一幫人追隨其後，妒忌的人則證明他們都是不道德的，而只有在事實證明這些人是不幸的時

(12, 71)

候，〔那幫人〕才感到這可以忍受。但自由的考察指明了眞正靠他們完成的工作，承認偉大的事業，爲現今和過去都有這樣的事業感到高興。通常與此相連的是心理學考察方式，它貶低這樣一種大人物的激情，想證明這些人物都不是有道德的。所以人們把亞歷山大視爲有征服欲的，因而他未曾爲善而善。亞歷山大的這種征服欲似乎是某種主觀事物，因而不是善。但所有這些考察方式都與我們毫不相干。

因此，我們從相互關聯上考察過的兩個方面中的一個是理念，另一個是激情，或者說是主觀意志，因爲這種意志是理念的實現者，是維護現存倫理整體的原則。所以，這種意志不僅要造成獨特性的方面或單純的變化，而且也是對實體事物的維護；因爲各種變化都預設了它們著手進行的某種事物。這個預設的事物就是理念與實現理念的主觀意志的絕對統一。這些變化都是由主觀意志設定的。理念，即以自己的表象出現的意志，與主觀意志的統一，是實體事物、理性事物、倫理整體，這種事物，就它以意志爲它的規定而言，就是具有意志活動的理念，因而是國家、是作爲人的自由的理念。這個理念就是世界史的對象；可見國家本身是世界史的更爲確定的對象。

(12, 72)

第三章　國家的本質

倫理生活造成一個中心，在這個中心，自由賦予自己客觀性，維護自身，以享有其自身爲生。這個倫理整體是那兩個端項的統一，國家是這兩個方面的中心，這兩個方面也出現於這個中心。所以，國家是其他一些更具體的方面，如藝術、法律、社會倫理和舒適生活方面的中心。在我們將這些中項進一步規定爲普遍意志與主觀意志的統一之後，我們就由此有了一種可能性，可以就我們的對象，就國家〔與〕宗教、藝術、科學等的關聯，論說某種更加確定的事物。在大家討論歷史之前，有必要從根本上認識在國家裡重要的是什麼？國家是什麼？以及藝術、宗教、科學與國家的關係如何？

因此，考察國家的本質是當前首要的事情。國家的本質須在法哲學領域得到更確定、更貼切的闡釋。哲學的興趣恰恰在於把握概念，這與現時代受到歡迎的那種以爲能直接認識國家本質的方式截然相反。所以我們在這裡必須更多地假定這種認識，而僅僅說出結果。

至於國家的本質，大家必須對國家有這樣一個觀念，即自由在國家中是作爲對象形成的，它在國家中作爲肯定的事物得到了實現，這與另一種觀念是相反的，而這另一種觀念認爲，國家是由人們組成的一個共同體，在這個共同體中一切人的自由都受到限制，所以國家是自由的否定，因而給每個人只空下他能表現其自由的一小塊地方。但國家是以自由的客觀性表現的自由，而人們一向知道自由的那一小塊地方也只是一種隨意性，因而是自由的對立面。所以，哲學把握國家的方式認爲，國家就是自由的實現。這是國家的首要規定。與此相聯繫的是，人只有在國家中才有他成爲理性存在者的立足點。亞里斯多德早已說過：「人在

(12, 73)

國家之外便是動物或上帝」。①我們在以前就已說明，個體的存在、法律、藝術、科學都是民族的成果。每個人都是他的時代和他的民族的兒子、代表；他眞正所是的事物，是他體現在一個國家中的民族，只有這才配稱爲他的存在。每個人不論好壞都是他的時代的一個代表。我們早先把這種存在稱爲一個民族的客觀作品，而這就構成每一個體的客觀性。只有這才是客觀性；別的事物只是客觀性的形式上的活動。一切教育都本著一個方向，那就是個體不要停留於做一個主觀的事物，而要這樣成爲客觀的。

個體的確可能把國家看成是滿足他的目的的手段。但這種看法只是個體片面的錯誤；因爲國家是目的，而個體只有在自身之內實現那種構成民族的實體性部分的事物，才有意義。眞正的意志希求的是事業，而這就是實體性事物。眞正的藝術家希望表現獨立地存在的事業，而在這裡他自己的主觀性必定會同時消失。所以個體必須在自身之內使他的民族的事業成爲現實，這樣，他的主觀意志和自在自爲地存在的普遍事物也就在主體中統一了。個體把凡屬個體的一切都歸於國家，他唯有在國家之中才有他的本質。國家是一個倫理整體，絕不是個體與之對立的抽象事物。只有罪犯才作爲違抗者與國家相對立。但連罪犯也仍然在國家裡，並在國家裡擁有他的權利。個體只生活在整體裡。

---

① 亞里斯多德：《政治學》，第I卷1253a。參閱蕭育和譯本，臺北，二〇二〇年。

理性的興趣在於，國家這個倫理整體能現實存在，單個的意志能與這個絕對者統一起來。在這種絕對的興趣裡包含的是英雄們創立各個國家的合法性。各個國家的創立是最高的合理性。國家不是為了公民而現實存在的，相反地，國家是自在自為的目的，並不是各個個體的手段，各個個體是組成國家的環節。並非個體是目的，國家是手段。目的與手段的關係是不合適的；因為國家不是與公民對峙的抽象事物，相反地，公民是整體本身的重要環節，是整體本身的意識。在有機體內，一切都是目的，同時也都是手段，在那裡，沒有任何環節是目的，也沒有任何環節是手段。所以國家是理念，如它在大地上現實存在的那樣。

如果進一步考察，國家的關係會表現為家族關係、宗法關係。世界上當然存在這樣的狀況，也有一些國家是由一些家族的聯合產生的。這樣的關係導致家族向國家過渡；但國家也會是由非宗法的方式形成的。如果我們把國家與家族加以比較，國家的規定性就會變得更清楚。家族同樣是一個倫理整體；不過「愛」本身在家族中是精神、統一如何在那裡現實存在的方式。每個家族成員都透過「愛」而知道自己是整體的一員。他的勞作、他的目的都不是獨立自為的，而是為了整個家族，而且這個整體比它自己的部分更早地希望如此。可見這裡也有倫理原則，有現實存在的精神、家族的精神。但國家的精神卻不同於這種家族精神。國家是〔已經希求到和認識到的〕統一，因為國家不是以愛的形式、感覺的形式出現的精神，而是以對普遍事物的希求和認識的形式出現的精神。在這裡，國家成員都面對作為天然權力的普遍性，因為社會倫理、習俗是〔作為〕倫理事物的直接方式現實存在的，並且是以

(12, 75)

直接的方式對個體現實存在的。但是其次，法律從屬於一個國家，這就是說，社會倫理不單純是以直接的方式存在的，而且普遍事物也是以普遍事物的形式作爲已知的事物存在的。這就是普遍的事物以認識的形式存在的事實；這是把國家提升爲一個以精神方式存在的共同體的事物，而在家族中卻是感覺占支配地位。在國家中，個體服從於法律，而且知道，他在這種服從中有他的自由，有他的客觀性；因爲法律是理性事物。因此，個體就在這裡涉及他自己的本質，涉及他自己的意志。所以說這是認識到的和希求到的統一。所以在國家裡，個體的獨立性是現實存在的；因爲他們都是認識者，而認識構成個體的自爲存在，就是說，個體在普遍事物另一面設定了自己的自我。於是人格就在這裡出現了。在家族範圍內，這種人格是不存在的，而是只有一種把家族成員結合在一起的天然衝動被提高到精神世界，因而被提高到倫理世界。只有在個體都是普遍事物的認識者的國家裡，他們才在自身之內得到反思，擁有獨立性。一種對個體在國家中如此具有對象性的事物，就是在他們另一面設定起來的事物，是普遍事物、是各種法律。他們與這種事物是分開的；他們作爲單一的個體就在普遍事物另一面。個體的獨立性構成國家裡的分離，構成對立，而這是合理性的環節，（並且）使國家成爲一個具體的整體。

由此可見，在國家中出現的是認識和思維的環節。與此相聯繫，恰恰一切宗教、藝術、科學，因而整個文化，都只能在一個國家裡有突出表現。因爲所有這些都以思維爲它們的原則。在宗教中予以表象的是絕對的存在者。在國家中這種絕對的存在者還被限定爲特定的民

(12, 76)

族精神——在雅典人那裡就是這樣被限定爲智慧女神雅典娜，因此他們把他們的民族精神崇拜爲神。但絕對知識與這種外在性仍然不同。同樣，藝術也必須表現實體性事物。因此，所有這些方面都以對普遍事物的思維、認識爲對象，而這只有在國家中才能成爲現實。

進一步的關聯是這樣的關聯，即在每個國家，尤其是在主人和奴僕的每一關係中，都存在這樣的情況，即主觀意志服從於另一個意志。在一些不文明的國家也有一個意志服從於另一個意志的情形。意志服從的意思是：特殊的意志是無效的。但這不等於說，個體沒有任何意志。〔不過〕突發奇想、一時興起都是無效的。因此，現實存在的是特殊意志、自然欲求的不斷磨練。與此相聯繫的是須以另一個意志爲準則的習俗。因此，這是一種照著普遍意志行動，認識普遍事物，把它作爲自己的目的的習俗，它在國家裡盛行無阻。由此可見，國家就是對於普遍事物的認識，這個普遍事物是用這種外在方式實現的。（在歷史中我們就立足於外在事物的基地。）還在這種不文明的狀態下意志的特殊性就已被放棄。因此，在這裡至少有特殊的意志受到壓制的情況，這樣一來，特殊的意志就返回自身去了。這種返回自身，在內部停留於自身的活動，以一種力量爲前提，而這種力量是對單純感性的、自然的意志發生的。只有在發生這種情況時，藝術、科學與宗教才得以發展。但是不要以爲，在一個孤島上或單純在離群索居的地方會發生這樣的情況。儘管一切偉大人物都是在孤獨的環境中成長的；但這只是在他們爲自己吸收了國家已經創造出來的成果的時候。而這種成長是以國家、社會爲前提的。因此，一種情況是普遍事物作爲內在事物已經被迫返回自身之內，另一

(12, 77)

種情況是普遍事物必定存在於那裡。普遍事物必定被設定作爲一種現存事物，被設定在自我之內作爲內在的普遍事物。普遍事物必定〔設定〕一種確實是現存事物的普遍事物，而不單純〔設定〕被想像的事物、被表象的事物、內在的事物。這種現存的普遍事物是在國家裡現實存在的事物。因此，對應於這種普遍事物的是內在性，它預感到，凡應該對內在性存在的事物都是特定存在，內在性必須把這種事物變成其自身的事物。在這裡，內在性同時也是現實性。現實性是外在的多樣性，然而它是在普遍性中把握到的。這種現存的普遍事物必須就其所是加以把握，而且只能就其所是加以把握，它只存在於國家中。宗教、藝術與科學因而也只有在國家中才能現實存在。抽象地看，這都是些重要方面。

在我們通盤把握國家的本質之後，還存在一個問題，即國家體制的根本規定是什麼？什麼可以視爲一種進步？什麼不可視爲一種進步？

國家體制的根本規定，即在國家體制中、在多種多樣的方面產生決定作用的事物，雖然表現於〈這樣的界說〉，即最好的、最完善的國家是最大的自由占支配地位的國家，因爲這樣的國家是自由的實現。但據此說到的問題還不多，而且必須確定，合乎理性的自由何在。在這裡隨即出現的問題是：自由在哪裡〔有〕其實在性。

最近呈現出來的情況是，人們把自由想像爲主觀意志，想像爲隨意性，或者認爲自由在國家中是單個人的隨意性、主觀意志，而且這種人參與最重要的國家事務。這個稱爲這樣的主觀意志的事物，後來被視爲最終的決定因素。可是隨意性這個原則我們已經置諸一旁，同

(12, 78)

時說明，國家的本質恰恰就是主觀意志與普遍意志的統一，所以各個單一的人已經上升到了普遍性。主觀意志上升到了它放棄自己的特殊性的水準。由於這個緣故，那種認為單個人的隨意性理當成為原則的觀念已被擱置。

人們在設想國家及其繁榮昌盛時，常常會有這樣一種觀念：一方面，政府作為國家集中起來的個體性是普遍事物的活動，另一方面，在政府的對面是作為許多單個的、主觀的意志的民眾。於是人們會設想，最好的國家體制存在於這樣兩個方面被設定起來，得到保障的地方，一方面是發揮其普遍性作用的政府，另一方面是擁有其主觀意志的民眾。可是這兩方面都該限制自己。如果大家都有這種很普遍的觀念，並且這種觀念在歷史上也經常出現，而現在要問國家概念是什麼，那麼，〔答案就是〕恰恰政府——也就是普遍的事物、普遍意志〔的〕自我實現——與主觀意志的對立已在概念中得到了揚棄，並且消失不見了。在民眾與政府的對立中存在某種惡毒的事物。只要這種對立還在延續，國家其實就還不存在，而這涉及的是國家的〔單純〕現實存在。國家的理念是普遍意志與特殊意志的統一，而我們有過的對立是一種抽象的對立。這種對立在國家中必定已經消失不見了。因此合理的國家概念已經超越了這樣的抽象對立，而那些把這種抽象對立當作一種必然事物加以談論，並且還要確立這種對立的人，絲毫都不知道國家的本質，還沒有認識國家概念。國家以那兩個方面的統一本身為基礎。這統一是國家的存在，國家的實體；但國家還沒有因此成為在自身得到發展的實體。

由於這樣，國家還不是合乎理性的。可是國家作爲活生生的事物，在本質上必須視爲一個得到發展的事物，一個有機的系統，它由各個社會階層、各個特定的普遍性構成，它們本身都是獨立的，可是它們獨立性的作用是要產生這個整體，也就是要揚棄它們的獨立性。在有機體內就根本不再談普遍事物與個別事物的對立。比如，在獸類方面，就不談一般動物性事物，也不談特殊的動物微粒；毋寧說，在動物方面，每個微粒都有生命的普遍事物，從這種普遍事物析離出來，就成爲某種無機事物，在這裡已經有了普遍事物與特殊事物的統一。破壞了這種統一，就不復存在任何有機體。所以，也必須將國家理解爲這種總體，國家體制的差異則涉及這種總體的形式。

第一種形式是這樣一種形式，在這種形式中總體還被包裹起來，各個社會階層還沒有發展到獨立存在，還沒有獲得獨立性。第二種形式是這樣一種形式，在這種形式中各個社會階層、因而各個個體都成爲自由的。第一種形式是受到強制的統一，第二種形式是無拘無束的統一，各個社會階層在這裡都變得自由了，因而這種統一是一種新的統一。最後，第三種形式是這樣一種形式，在這種形式中各個社會階層都獨立存在著，只有在產生普遍事物的過程中才有它們的作用。

如果我們回憶各種具體的觀念，我們就會看到所有的國家、所有的帝國都得經歷這些形式，而整個世界史就可以按照這些形式劃分。我們在每個國家中首先看到的是一種宗法式王國，它是家長式或軍事式的，是那種本身還受到強制的統一。後來出現的是個別性、特殊性，因而按照占統治地位的是單個的階層還是各個單一的人，產生了貴族制或民主制。在民主制中就像結晶那樣濃縮出一種偶然的貴族制——〔憑藉〕才能或其他偶然性。這就構成向第二種王權制、即向〔一種〕君主制的過渡，這種君主制才是國家的最終〔形式〕，眞正〔形式〕。世界史經歷了這種狀況。因此，德國過去總是有一些最初以宗法制進行統治的國王。晚近出現的帝制必須看作是各個王國的衰落，在這種衰落中，部分王國，如荷蘭等等，也完全轉入了分裂狀態。所以，〔這種帝制〕只是一個空洞的用語，也還不是第二種王權制。

從整體上來看，世界史中存在的是同一個進程。在世界史中，首先存在的是各個東方國家，在這些國家，普遍性以純粹的、未分割的、實體性的統一表現出來。希臘和羅馬的國家在極其繁榮昌盛的時刻，也就是在發揮其世界史意義的時刻，分裂成了貴族制和民主制。現代的歐洲世界，即日耳曼民族，則展現出第二種君主制的體制，在這裡，各個特殊社會階層變爲自由的，並不危及整體，而是恰恰特殊性的活動在創造整體。這是理念的展現，理念賦予自己的各個不同環節以自由，使它們突現自身，又退回到它們的統一中去。

須從歷史角度說明，就國家體制來說不可能由此學到什麼事物，因爲國家是現實世界的合理性，特定存在著的合理性。因此，各種不同的體制是以其原則的差異性先後相繼的，而它們總是這樣，即早先的原則被後來的原則所揚棄。國家的合理性就是這種自身之內的統一的原則，處於這種統一對面的是那些抽象方面。在科學中則情況完全不同。凡是從前在科學

(12, 81)

中產生的成果，都能造福於一切時代。在這裡，早先的原則是後來的原則的絕對基礎。體制的情況則不同。在國家體制方面，早先的原則中尚未存在後來的原則。從古代的歷史裡我們不可能就這種體制學到任何事物；因爲在古代歷史中有一些獨特的原則，它們都是最終的、自身恆定不變的。但理性國家的原則卻正好是這樣的，即這些原則並不是最終的，而是在整體上走向衰落的。雖然就體制來說，可以從歷史中汲取一些道德原則，可是就眞正的國家體制中具有決定作用的自由概念來說，卻汲取不到任何事物。國家中具有決定作用的是自由的合理性，即整體像一座哥德式的建築一樣矗立在那裡，以個別性與普遍性的統一作爲它的基礎、素材。這種統一的眞理在於，各個單個的環節都僅僅是爲了創造整體而存在的。眞正的國家體制的概念也是以此爲基礎，古代國家不知道這個概念，現代基督教世界才發現了這個概念。

與此連接的第二個問題是宗教、藝術、科學領域與國家的關聯。這種關聯是在世俗性因素、在人的自由因素中包含的理念。國家是由精神的、眞正的現實組成的整體。這個具體的整體有各種獨特的形式，它在這些形式中理解自己，並且必須得到理解。於是這些形式構成了特殊內容。它們有三種類型：第一，內容是自在自爲的普遍事物、無限事物；這是宗教、藝術和科學的內容。第二種是涉及種種需求的有限性內容。第三種〔是〕國家的自然方面，即氣候、土壤等等。因此，這三個方面都是國家的一些形式，是國家的外在性組成的一些體系。第一個方面是在其自在自爲存在中的國家；第二個方面是自爲的外在性；第三個方面是完全直接的自然規定性。這三個方面構成一個內容豐富的篇章。

第一個方面——只有這個方面在這裡講得較爲詳盡。國家的這個自在自爲存在的內容是民族精神本身，如果自在自爲地加以理解，我們擁有的就是這種形式的國家。現實的國家是由這種精神賦予靈魂的。在專注於這種精神的特定存在中當然會出現種種個別性；（因爲）在現實的國家裡關注的是特定的利益。然而人作爲思維者必須認識普遍事物、認識本質，必須表象這種本質。但他不僅必須認識這種本質，而且必須在這種本質中認識自己。因此，個別的意識也必定具有關於精神的自在自爲存在的認識，具有（關於）精神與個體的統一的認識。

這種認識的中心，這種意識的眞正精神就是一般宗教。藝術和科學可以被視爲宗教的形式和方面。藝術跟宗教有同一個內容，不過藝術的元素是感性直觀。藝術使宗教成爲感性的，成爲表象的對象。科學也具有同樣的內容，這就是說，單純是科學的科學，是κατεξοχην（地位最高）的科學，即哲學。哲學論述同樣的對象，不過是以思維的形式論述的。有限的科學沒有一種絕對的內容，所以它是以第二種形式（作爲對有限事物的關係）出現的。

在宗教中國家實體達於意識，在雅典就是如此。這樣一來，各種家神就被描述爲家族的精神。因此，宗教首先是我們必須考察的。關於在宗教裡發揮決定作用的事物，我們只能指出一些主要環節，它們唯有透過哲學才能加以證明。宗教的本質規定，它的理念，必須預先

(12, 83)

由宗教哲學予以設定。

我們的出發點是，國家的本質是倫理生氣，這種生氣具有普遍性的意志與主觀的意志在自身之內的統一，這就是國家的本質。緊接著的一件事情是，當我們把意志視爲國家的基礎，得出這種自爲的規定時，國家的本質就有了一種更進一步的規定。意志的原則是自爲存在；意志是活動，在一個外在世界有一個對立面；〔意志就此而言〕是受限制的，它的原則是有限的，與此相聯繫的是〔意志對外在世界的〕排斥活動。人在認識活動中是無限的，在意志活動中是有限制的。這與那種認爲人在意志中不受限制，而在思維中受到限制的說法恰好相反。唯有理智才使意志擺脫自己受到的限制，而深思熟慮的自由意志則是普遍的事物。意志這時作爲根本的自在自爲者必須被設想爲擺脫了與一個外在世界的對立。意志必須完全被設想爲也朝向這個方面的普遍事物。儘管狡計總是施展手段，以達到其目的，可是意志作爲普遍意志是自在自爲地由對立面規定的，它自身就有力量，而有生命的存在者也要這樣被設想爲普遍的力量。

所以這種力量可以被設想爲支配自然界和精神界的主人。「主人」以主觀性的方式表現出這種力量；但「主人」這個主體本身僅僅是某種形式的事物；因爲在這個主人對面的是一個他方：他是針對他方活動的。可是主人作爲精神力量不〔僅〕駕馭他方，而且〕駕馭他自身，在他自身之內得到映現。因此，這種力量必定會被設想〔爲〕平靜地在自身之內當場存在的事物，而不是被設想〔爲〕對他方的普遍否定性。這種力量並非普遍事物的一個

(12, 84)

方面。這種己內映現是一種對自身的簡單關係，所以是一種當場存在的事物、個體性、主觀性。在自身之內的映現才是人格。因此，經過在自身之內加以映現，這種力量就是現實性，具體地說，是直接的現實性。可是這種映現的直接現實性在其得到上升的形態中是知識，並且還進而是能知者。這就是自我意識，是人的個體性。普遍精神本質上是作爲人的意識現實存在的。人是知識的這種特定存在和自爲存在。所以我們在這時就已經有了（一種）認識自己和在自身之內進行反思的普遍精神，它作爲這樣一種精神把自己設定爲主體，設定爲直接的事物，當場存在的事物。而當場存在的精神就是人的意識。

必須以神聖的理念來把握這些環節，這種理念就是普遍的精神與當場存在的精神的統一。這只意味著精神必須被視爲有限性與無限性的統一，而絕不抽象地意味著任何其他什麼；在兩者被分離的地方，知性的無限性就占了支配地位。基督教已經揭示和啟示的正是以另一種方式存在的奧祕，即上帝就是人的本性與神的本性的統一。這是宗教之爲宗教的眞正理念。屬於宗教的還有崇拜，這無非表示，單個的意識在努力達到它（本身）與神聖事物的這種統一。因此，神的事物與人的事物的這種統一是宗教的眞正理念。當代的知性已使神聖理念成爲一種抽象事物，一種在人的彼岸的存在者，（因而）使它變成一堵銅牆鐵壁，這堵牆使走近的人在滑溜地攀登時摔碎了腦袋。理性具有完全不同於知性的抽象思維的形式。當我們現在把那種統一視爲合乎理性的和預先設定的時候，就直接得出一個對考察宗教具有關鍵意義的結論。宗教的對象是眞理本身，是主觀事物與客觀事物的統一。

(12, 85)

(12, 86)

整體而言，在宗教中發生兩種情況。〈其一，〉宗教是一種分裂的宗教，在分裂中上帝一方面作爲抽象的存在者處於分裂之外，因而意識的個別性未被設定於上帝中，所以那個存在者也許被稱爲精神，不過也僅僅是稱謂而已——徒有其名。過去宗教作爲猶太教就是如此，如今伊斯蘭教還是如此，〔因而這種宗教〕也是現今知性的宗教，它已經在這方面轉化爲土耳其人的觀念。這就是分裂的宗教，當一種普遍事物以自然的、元素的方式被想像爲自然存在物，被想像爲空氣、火等等時，這種宗教又能具有各種不同的形式。但像在猶太教及其他宗教中那樣，自然存在物也會被想像爲普遍事物，被想像爲思想。（如果人把普遍事物想像爲自然界，這就是泛神論，在泛神論裡不存在任何事物。上帝作爲主體消失不見了，因爲這個主體不再變爲有差別的。這樣一來，人在這種普遍事物中不是肯定地認識自己，而是否定地對待自己。）

宗教的另一種方式是無限事物與有限事物的統一，上帝與世界的統一。這種宗教又具有更多的形式。例如印度人講的各種道成肉身就屬於這種形式，以人的形態描述神聖事物的希臘藝術也同樣屬於這種形式。這在基督教中是很純粹的，在那裡，神的本性與人的本性的統一是以基督表現出來的，這種統一讓上帝以他的聖子表現出來，使人們以此達到對這種統一的意識。然而這種人神同形同性的本質不是以有失體面的方式得到描述的，而是這樣得到描述的，即它導向眞正的上帝理念。屬於眞正的上帝理念的是不存在一個彼岸，意識在它之外，在它之上，與它對立。因此，在宗教裡決定性的關鍵在於這種形式。

藝術的存在直接與此相關聯。知性不會有什麼藝術，或者說，頂多會有一門壯美的藝術，在這種藝術中形象很分裂、很分散，以至於在形象變得沒有尺度時，主體性顯得在消失。然而藝術實質上是優美的藝術，它必定會出現在希臘人身上。這種〔藝術〕須設想爲對神聖事物的感性直觀，而這就需要主體性的形式。因此基督教也擁有藝術，因爲神聖事物也在這種藝術中表現出來，而不是停留在藝術外面和上面，因爲神聖事物並非知性的抽象事物。

在一個民族裡能否產生哲學，同樣也與宗教相關聯。因此，只有在希臘人和基督徒那裡才能出現眞正具體的哲學。但〔一種〕也存在於東方人那裡的抽象哲學，卻不是作爲有限事物與神聖事物的統一存在的。這都是宗教的一些主要觀點。

關於宗教與國家原則的關聯，這也是必然的；因爲宗教是以國家原則的眞理性、以絕對的普遍性設想這個原則的，而這樣一來，現實的精神就在此中擺脫了外在的偶然性。被認識到的自由只能存在於個體性被認識到對神聖事物持肯定態度的地方；也就是說，主體性是在神聖存在者中被直觀的。因此，被認識到的自由存在於希臘人那裡，並且在基督教世界得到進一步發展，因爲在這裡主體性的規定被認識到是神聖事物的規定。

從這方面看，這時人們已有理由說，國家是建立在宗教基礎上的。國家的原則必須是一種絕對的合法性；那些有限的利益都是某種相對的事物。普遍原則的絕對合法性在於，它被認識到是神的本性自身的一個環節、規定。國家的原則，國家所要求的普遍事物，被認識到是絕對事物，即神聖存在者本身的規定。確切地講，這就是國家的原則所說的，即國家是建立在宗教基礎上的。這在當代大家已多有耳聞；但大家無須作這樣的設想，好像國家是現實存在的，並且需要宗教，宗教則並未存在於那裡，以至於人們必定會如饑似渴地、迫不及待地把它弄到國家中來。人只是被教育成現在存在的人，而不是被教育成現在不存在的人。

因此大家不要以爲，國家似乎早已存在，而且必須把宗教引進自己之內，相反地，國家產生於宗教本身。不過，特定的國家是從特定的宗教產生出來的，這樣〔一種〕國家只是從基督教，從天主教，從福音教產生的。所以，國家永遠產生於宗教；國家的原則，對神聖事物的意識，都存在於宗教之中。

還應加以考察，國家相對於它的觀念方面，有外在現象、外在生機和外在素材的方面。因此，在這裡內容是特殊事物本身，是有限的，但普遍事物卻透過這種特殊事物顯現出來。特殊性是如此多樣〔和〕豐富，以致我們在這裡不能對它作深入探討。〔這是〕在國家方面具有關鍵意義的一些環節。

這一類首要的素材是人們視爲各民族的倫理、習慣等等的事物。屬於這方面的，首先是天然倫理或家庭關係。這種事物的規定非常重要。兩者都是由國家的性質規定的；婚姻，它屬於哪一類，在這裡就是頭等重要的，比如它應當是一夫多妻制，還是一夫一妻制，即一男一女的婚姻。現代世界只能有後一種婚姻，因而也就不能有一妻多夫制，因爲現代國家是這樣的，即婚姻中的每一方都要維護他們的充分權利。按照概念來說，婚姻這時要維護他們的

(12, 89)

作爲一夫一妻關係的充分權利。第二種關係是孩子對父母的關係。第三，在這裡家庭中的財產也同樣重要。所以，遺產繼承權的規定與國家的原則相關聯，因爲他們要麼是奴隸，要麼能擁有自由的財產。此外，一種更進一步的關係是個體彼此之間的舉止，即使到了這種舉止表現得謙恭禮讓的地步。習俗中的一些更進一層的關係是在個體必經的時期出現的，比如在出生、結婚和死亡的時候。這樣的習俗表現一個民族對於這些事項所抱有的想法。這就顯示，一個民族對精神有什麼樣的觀念規定性。這樣的想法在一些習俗中表現出來，它們都是某種象徵性事物、偶然事物或特定表達。可是偶然性在習俗中常常產生巨大的作用，因此它的意義無須到所有個別部分中去尋求。由此可見，這都是跟國家的普遍事物相關聯的方面；屬於這方面的也有謙恭關係、行爲舉止，比如歐洲人和亞洲人對待其上司的舉止方式。亞洲人在他的統治者面前是要下跪的，歐洲人則只是問候而已。可見這樣的差別也是獨特的，〔但〕只有很少是純粹偶然的。

對這種現象方面進行考察的第二點，是人在與自然的關係中的實踐態度，因而是文化、是人在與滿足自己需要的手段的關係中的態度。因此，這裡包括娛樂活動，也包括人們防範動物和彼此防範所用的武器。武器當然是一個重要的環節。根據古老的亞洲傳說，鐵的發現顯得如此重要，以致它直到現在還繼續發生影響。火藥的發明〔畢竟〕不應再被視爲偶然的，而是〔它〕恰好僅僅能在這個時候，在這種文化條件下被發明和被應用。文字、印刷術等等也同樣是重要環節。這樣的環節都是富有影響的發展階段，整整一大群人則跟這些事物

(12, 90)

無關，例如在每個時代、在每個條件下都能產生的豪華人群，但其他的人則受一定的地位的制約。

第三個重要之點是法，即考慮有限需求的原理，與國家法有別的私法。這種法要求分享個人自由，使奴役不會產生，進而要求財產，要求財產是自由的。充分的個人自由、充分的自由財產只有在那些具有一種特定原則的國家中才可能出現。

最後，第四個對象應該是關於有限事物的科學，即關於法、自由和對有限事物的關係的科學。對於有限事物的知識構成三門科學，即數學、博物學和物理學的內容，它們都不是哲學。這些科學也要求有某種學養視角，也要求有一種理論興趣，（而且）只能在感性衝動階段過去之後出現。如果個體是在自身之內自由的，已經贏得了自爲的內在自由，他也就會對客體聽其自然，對待事物不再單憑欲望，而寧可採取理論態度。人人都有好奇心，這就需要個體的自由。舊世界還不能認識自然界的各種對象，還不能考察自然界的有限對象，也不能像我們現在這樣，對自然界及其規律饒有興味。即使在這裡舊世界與新世界也不相同。因爲要給各種對象設想生動的聯繫，按照它們的純粹性、有限性去研究它們，需要有一種更高、更具體的可靠方法，一種更巨大的精神能量。精神要達到這種抽象程度，需要有一種更高的精神潛能。這應該是那些與精神的普遍形態有關聯的方面。

我們現在要談的第三點，涉及國家與現實存在的外在自然的關聯。我們說過，世界史應該是一系列的精神形態，這些形態使各種精神原則付諸實現，並以精神自己把握自己而告

(12, 91)

終。每一個世界史民族都分有一種必然的原則。這些原則在時間上有一個必然的序列，同樣也有一個具體的空間規定性，一個地理位置。所以這裡談的是世界史中的地理問題。在這方面要首先指出，氣候在與精神形態的關係中是一個完全抽象的、普遍的環節。歷史雖然生存於天然性的土地上，然而天然性只是一個方面，更高的方面是精神的方面。所以，自然界是一個影響面很小的環節，自然方面、氣候都不涉及個體。所以，從愛奧尼亞的風和日麗的天空聽荷馬的史詩，是乏味的。〔因爲〕天空還是這麼風和日麗，但土耳其人卻沒有任何荷馬史詩。

必須說明的第二個問題是，無論寒帶還是熱帶，都沒有造就出世界史民族，因爲這兩個極端都有過於強大的自然力量，以至於人在其中不可能得到自由活動的空間、不可能得到讓他有更高的精神趣味的豐富資料，屬於這兩個極端的民族會停留於一種遲鈍低迷的狀態。人被大自然擺布得萎靡不振，因而不可能擺脫它。自然力量如此巨大，以至於精神事物與這種力量一直渾然一體，所以未將自然事物與自己相對立，因爲在自身之內這種分離和由此而來的集合畢竟是出現更高的精神發展的首要條件。其他不受自然力量的束縛，而受大自然的庇護的民族，對於精神更加開放；不過它們畢竟沒有上升到精神活動領域，〔而且〕還沒有在很大程度上擺脫大自然，以至於它們能超過以主人的麵包屑爲生，超過給其他部落提供達到一種更高的生活的動力。

總之，第三，必須指明的是，〔正〕是溫帶地區，具體地說，正是北溫帶，構成世界戲

(12, 92)

劇的舞臺，因爲地球在此處是大陸，形成一副寬闊的腹地，向南延伸時呈尖頂形狀，以至於人和動物在這裡都是以特別不同的方式存在的，而且在南方動物和植物一般都占優勢。這裡也包含一些必然性環節。思想的普遍差別也在這裡表現出來，〔並且〕顯而易見。陸地的分裂也是與許多動物種類的分化並行的。

第四個必然的分裂，是新世界與舊世界的分裂，但它不是我們造成的，而是世界本身造成的。

新世界不僅〔在與舊世界的關係方面〕相對是新的，而且在它的物質性狀和精神性狀方面〔也〕是新的。不否定它那種照樣產生於所謂上帝創世的榮譽地位，它的地質年代也跟我們沒有關係，雖然南海的島嶼像「新荷蘭」（在南洋的島嶼）那樣即使就起源說，也顯得是新的和不成熟的。關於美洲與歐洲是否曾有聯繫，絕不應該、也絕不可能加以談論。認爲墨西哥與祕魯已經有過顯著的文明，這也無所謂，因爲它們畢竟有過很弱的〔文明〕性狀，而今一切都已過去。

新世界表現得要比舊世界弱很多，而且不用鐵和馬這樣兩個手段。美洲是一個新的、弱的、無能的世界。獅子、老虎、鱷魚都比非洲的弱，而且在人的方面也同樣如此。西印度的原始居民已經滅絕；北美的各個部落有一部分已經消失不見，有一部分已經萎縮和潦倒，以至於人們看到，他們沒有力量與北美的人結爲自由國家。墨西哥與南美或多或少也是這種情況。一些在那裡自身努力的人，一些感覺到需要獨立的人，像在自由國家中那樣，都是克里

(12, 93)　(12, 94)

奧耳人。如果人們閱讀過歷史，他們就很容易認出，克里奧耳人早在歐洲人到來之前都是些發揮帶頭作用的人。巴西人天性極其軟弱，而且精神貧乏。因此，東印度的英格蘭人也就使用了一種策略：阻止克里奧耳人發達起來，即防止形成一個具有歐洲血統，而在亞洲土生土長的民族。英格蘭人在那裡不能聽其所好、從事工作，也不能使自己成爲本地人。英格蘭人以及本國人的子女得不到任用，〔而且〕土著人的子女同樣被完全冷落。

美洲作爲新大陸，可能會表現爲一個未來的國家。據傳，拿破崙曾經說過，舊世界使他感到乏味。遷到美洲的移民一方面處於優勢地位，因爲他們帶來了歐洲文明和自尊自信的全部寶藏，不必背負歐洲的國家加在各個個體的那些負擔，不會在美洲再遇到已脫離的那些困境，比如已被占用的土地、攤派和擁擠的行業，或甚至處於無業狀態。但這絕不是美洲特有的現象。以北美的一些新自由國家爲例，常常有這樣的情況，那就是連一些大國也能自由地持續存在，即作爲共和國持續存在。但整體而言，沒有任何做法比這種把特定環境下的國家與其他國家作比較更不恰當的了。有人可以舉漢堡和瑞士爲例，說明自由國家能持續存在。可是事實立刻顯示，把它們與一些大國作比較是不恰當的。然而北美是一個正在形成的國家，一個正在變化的國家，它還沒有實行君主制的需要，因爲它還遠未形成。它是一個聯邦國家，這是一些在對外關係方面最差的邦國。唯有它那獨特的處境才阻止了這種情況使它走向整個沒落。假如有些離它較近的大國，這種弊端就會明顯地表現出來。在最近與英國的一場戰爭中，這種弊端就已經表現出來了。這些邦國未能占領加拿大，英國人卻立即用大砲

(12, 95)

轟擊華盛頓。民兵不是沒有到達，便是已經跑掉，而且這些邦國的南方與北方之間已出現這樣〔一種〕緊張局面，即假如戰爭拖得更久，這個國家就會完全分裂。

總而言之，國家還正在變化之中。沿海地區從事於中國與歐洲之間的中間貿易。一向存在這樣一種情況，即總是有一批又一批的人從沿海地區湧進密西西比河流域的一些低窪地，在那裡耕種土地，而且這批人在陷於困境時，就透過開墾新的土地，互相幫助。然而一切土地都已被占據，所以這個共同體在自身之內有其渴望，從而產生職業需求，於是國家就必然得有很大的發展，使它必須獲得另一種體制。最初在那裡存在的事物都有歐洲的性質。所以，這個地區目前還是一個變化的地區，一個屬於未來的地區，因此它同我們還毫不相干。

現在，我們返回來談舊世界，因爲舊世界是一個跟我們很密切的世界，我們必須進一步考察它的性狀。這個世界被分成三大洲，它們〔已經〕由古人質樸的思維方式認識到了。這些區分開的部分都是必然的，因爲它們符合思維的概念。因此，這三大洲具有重要的關係，並構成一個可以理解的總體。

它們之間如此相互依存，以致它們都具有一種便捷的交通聯繫。舊世界開通了地中海，但目的是爲了交通。這是開闢水路，使交通聯繫成爲〔可能〕的壯舉的一個方面。法國人的一種先入之見認爲，河水與海水都是一些天然界限，因爲這些界限是大都連結在一起的事物。但那些在同一條河的兩岸的地區必然會聯合在一起，而且從居民角度看，這些地區的連結程度要比不屬這種地區的大得多。即使從海的方面看也發生這種情況。不列顛人與布列塔尼人都曾同屬於一個整體，挪威與丹麥也曾同屬於一個整體，卻沒有跟瑞典聯合。同樣，利弗蘭、阿特蘭和芬蘭過去都屬瑞典。由此可見，海洋首先就有這種充當連結者的方面。地中海則具有容納多種海灣的規定性；因此它不是這樣一個海洋，這個海洋首先顯現爲空曠、無限的，通向茫茫不定的遠方，所以人們對它有一種單純否定的關係。在那些與海洋共處的民族和與海洋分割的民族之間存在著很大差別。地中海自己把自己呈現出來，邀請人們都來與它共處，因爲它對人們處處都有那麼一種肯定的關係。

因此，三大洲的布局有利於它們彼此的聯繫。至於它們的地理性狀，則應加以簡略說明。憑藉里特爾寫的那些美妙文字，我們就容易做到這一點，因爲，他首先對這三個洲的自然性狀作了詳盡的考察。②這涉及三個要點。

第一個環節是高原，在那裡有奇特的聯繫，一塊陸地拔海而起，被山脈環繞。第二個環節是這個奇特的地帶斷裂了。假如它沒有斷裂，它就顯得不利於人的需要。所以，第二個環節是各條河流從這些山脈陡然下降，而這裡的重要問題是，這些陡然下降的地方是否靠

② 卡爾·里特爾（一七七九—一八五九年），德國地理學家，黑格爾在此依據的是他的代表作《與自然界和人類史相關的地理知識》，柏林一八一七—一八一八年。

近海，在它們的對面僅僅是一條狹長的邊緣地帶，還是一座屏障，而這座屏障必然會使陡然下降的地方形成一長段泄水河道。在美洲，在智利西部、祕魯，就有這些狹長的沿海地帶，它們沒有經過開拓。另一方面，〔向〕巴西方向卻流淌著像亞馬遜河，〔甚或〕拉布拉他河這樣的大河，它們都被叢山阻斷了。新荷蘭是一塊未成熟的陸地，東邊是一個狹長的濱海地帶，有些河流位於青山後面，然而它們都向沼澤地流去，所以在它們對面不存在什麼屏障。那些發源於高原的河流也是第二個環節，具體地說，在它們驟降入海之前，有一段長流程，並流入山谷。第三個環節是高原或多或少的喪失，以至於只存在那些會有沙灘的山脈，可是爲數不多，〔並且〕在這些山裡只有小溪長流，草地生成，山谷留存，在這個地方，叢山與峽谷中發生的多種交替變化成了主要的事物。

三大洲也照著這三點相互區分開來。在原來的非洲，以高原爲主，在亞洲，以肥沃茂盛的平原、淤泥沉積的山谷爲主，在歐洲，以與山谷、丘陵和平地相交錯的綿延不斷的山脈爲主，因此這裡沒有出現任何單獨存在的環節。同樣，三大洲的精神特點也有區別。在原來的非洲，人所在的感性世界包括感性的享受，堅持勞動的巨大肌肉力量，兒童般的善心，然而也有思想嚴厲和冷酷無情。與此相反，亞洲是精神對立的陸地，這種對立導致了倫理生活，但停留於一種自然的、實體性的倫理狀態，其另一方面依然是精神對立本身：如個人的自私自利、無窮無盡的欲望、放蕩不羈的自由、極其抽象的自由。歐洲是從抽象的自由到自身、從這種無度的自由到特殊事物的下降，是精神向自身及其多樣性的深化，而且也是由特殊事物到普遍事物的昇華。

至於進一步的情況，則須把這三個洲先後相繼地作扼要的考察。每一個洲內部又在自然地理方面分裂爲三個部分——是這樣一種分裂，在這種分裂過程中情況會或多或少保持不變，但在這裡各個不同部分相互關聯，以致在關聯裡顯現出各種形式的差別，並因而使這些關聯成了新的不同部分的基礎。

〔一〕非洲須分爲以下三個部分加以考察。這三個部分是這樣區分開的，即精神特性的差別也仍然與這種自然地理方面的規定相關聯。這三個部分都是本身自在地存在的非洲。其劃分則有進一步的規定，即各個部分一旦處於自爲的核心地位，隨即就處在與其他部分的關聯中。這個自爲的性狀我們必須擱置不論。可見，非洲的第一部分是原來的非洲，我們之所以能把這原來的性狀擱置不論，是因爲各部分的接觸點不很突出。界線是實質性的：西邊是幾內亞的海灣，東邊也不是什麼直線形的，〔而是〕阿拉伯的海灣，北邊是尼日的南端。這塊陸地具有我們對它的第一個特點刻畫過的那種性狀。那是一片高原，它的山脈給內部形成一條狹長地帶，沿著這條狹長地帶向內延伸的是一個布滿美妙植被、但散發有毒氣味的植物帶。緊隨這條狹長帶的才是高原的崇山峻嶺。這塊眞正的高地是以平坦陸地的一條狹長的濱海地帶包圍起來的，上面有一片潮溼的泥濘帶，其氛圍有幾乎惡化的性狀。緊接著在北部撒哈拉沙漠也是這樣。圍著其他三個向海伸展的方面，歐洲人已經設有移民區、殖民地，可是他們還完全沒有進入高原地區。在那裡，各個王國處於最封閉的狀態。人們發現，這些黑人體力最壯，感性生活範圍最大，但除了樂於助人以外，同時也有聞所未聞、不可理喻的殘暴行爲。

這些民族從來都沒有離開過自己的地方，在歷史上也沒有立足之地。在十六世紀，從這個高地內部來的一些全然不知名的民族曾經聚眾起事，但他們只是破壞，這夥烏合之眾不會取得〔一種〕別的發展結果。這些成群的人表現出最可怕的野蠻和殘暴。倘若人們平心靜氣地了解他們，就會發覺他們的善心與其他人無異。這個非洲仍處於它的那種平靜的、缺乏衝力的、靠自身無法推動的感性生活中，而且還沒有進入歷史，除了居民在很貧窮時被當作奴隸使用，就跟歷史沒有任何別的關聯。

〔奴隸制〕——奴隸制狀態的總論。有人說，奴隸制不應該存在，因爲按照事情的概念來說，它本身是不合理的。然而這種應該表現的是一種主觀性；這種應該不是什麼歷史的事物，因爲在歷史的事物中，凡是應該的都是存在的，凡是存在的都是應該的。奴隸制的、不好的應該尚欠缺的是實體性的倫理生活，也就是一個能讓這種應該得以實現的國家的合理性。在合乎理性的國家中沒有任何奴隸制；因此，奴隸制只存在於精神還沒有確立起這個關鍵的地方，在這個地方眞正的理念還包含奴隸制唯獨應該據以存在的那些方面。因此，在國家還沒有發展到合乎理性的階段，奴隸制是必然的。它是一個向更高階段過渡的環節。

非洲的第二部分是北部的尼日和荒漠——一片乾旱的、熾熱的火海，它比大海更能分離。這個部分在西邊有阿特拉斯山脈，而且從地中海的海岸一直延伸到尼羅河。那裡有綿延

(12, 100)

的山脈、分散的沙漠，然而也部分包含諸如摩洛哥和菲斯這樣的土地最肥沃、有色人種最多的地帶。這個部分整個說來構成一個海濱地區，僅僅占有世界史上的一個次要地位，而不是獨立自爲的，並且也沒有什麼穩固的基地作後盾。有人說過，西班牙屬於非洲。大家也可以用同樣的理由說，這個部分屬於歐洲。非洲的第三部分是埃及，這是一個完全獨特的、參與世界史的部分。埃及是一個流域，這個流域將自己的存在仰仗於河流，零散地分布於西部與南部。這三個不同的部分都分別屬於非洲，它是最初的、直接的大陸。埃及與亞洲相連。

〔二〕第二塊大陸是亞洲，是歷史上升的世界。迄今爲止，我們一直有一些更多地從反面對世界史發揮制約作用的自然條件。而在亞洲，這些條件卻變得有利，由此而來的是對自然的宏偉直觀；正如它們對於歷史是自然基礎一樣，它們對於我們的直觀也必定會是這樣。世界史是以塵世生活的元素存在的精神，所以我們也就必須在此中認識自然的事物和肉體的事物。自然的事物和精神的事物形成一個形態，而這便是歷史。亞洲構成歷史的上升。每一塊陸地對另一塊陸地都是東方，然而亞洲自身就是東方大陸，同時歐洲卻部分是世界史的中心、部分是世界史的終點。在亞洲，自我意識之光是作爲國家上升的。在那裡，首先須加以考察的是地理位置，這些位置如其直接表現的那樣，沒有給歷史構成差別；毋寧說，亞洲是蘊含對立的陸地。在這裡，各種差別必須作爲對立面的關係具體地加以設定。最初的差異性都是抽象的，不像在非洲那樣是零星地出現的。只有是在具體的差異性中才出現對歷史的關聯。

(12, 101)

(12, 102)

在亞洲，必然存在各個不同部分的關係。首先，在被阿爾泰山脈及其支脈切割的西伯利亞有完整的、向北的傾斜地。那裡表現出來的優勢在於，各條河流都注入大海，這個優勢會受氣候的影響而又被降低。所以這個地方對於世界史無任何關係。其餘的陸地分三個地區。

第一個地區如在非洲那樣，是一個奇特的高原，這個高原被極其巨大的山地，即被世界上最高的山脈喜馬拉雅山團團圍住。這座山脈有一些極高的山峰，可是這個高原卻不像仍然是自身封閉的非洲那樣，而是完全開通的，與第二個地區處於交互關聯之中。這第二個地區是一些河流地區，它們〔處在〕高原之外，應該認爲與在歐洲不一樣。這不是山谷，而是巨大的、泥沙淤積而成的峽谷平原與河流地區。各條發源於高原和穿越這些峽谷的河流，是在兩個地區之間聯結起來的一條條動脈，但它們是在穿越山脈之後才聯結起來的。在山脈內部，峽谷平原是未開發的，然而那裡也存在急流，因而叢山裡和峽谷裡的河道是開通的。這些好似瀑布的急流阻礙著地區的聯結，在非洲薩伊平原也是這種情況，它在那個地方穿過山脈，而被瀑布阻斷。那些山脈本身一般都是以水爲界限，彷彿是獨立形成一樣。可是各條河流卻穿越了如此綿延不斷的山脈。所以，當人們想把這樣的山脈當作河流的分水嶺時，不能說是很嚴格的。這些河流土地肥沃，在這些峽谷平原，肥沃程度較之在一個山區完全不一樣。在這種峽谷平原的低窪地區，肥沃程度來自淤泥積澱等等。一些大的平原主要爲亞洲和埃及所特有。儘管我們在歐洲也注意到有這種大平原，但畢竟只是次要的，像倫巴底的魏克

(12, 103)

塞爾河畔的低窪地那樣。這些大平原在亞洲都是文化的中心。第一個這樣的大流域是具有黃河——滔滔黃水——與長江——藍色河流——的中國。其南部通過一座綿延不斷的山脈，而與這兩條河流切割開。整個流域與印度河流域構成第二個峽谷。〔可是〕印度河卻沒有這樣獨特的峽谷；它的上游穿越山脈，而且土地肥沃，而在下游地帶，是流過沙漠平原的。第三個峽谷是底格里斯河和幼發拉底河的地區，它也包括了牲畜生活的地盤。第四個地區構成裏海以及注入裏海的幾條河流：東邊是奧克蘇斯河，再往下是雅克薩爾泰河，即現今流入鹹海、而早先也曾流入裏海的錫爾河，由此往西即居魯士河和阿拉克斯河。西邊也有些不那麼顯著的峽谷平原；值得注意的是，由如今阿拉克斯河形成的那些峽谷平原。

因此在亞洲，主要的對立面是一個高原與寬廣無垠的大平原。這兩個地區是必然的，也是構成人們的完全對立的素質和對立的行爲的一個起源〔和〕基礎。在這裡，獨特的事物是山區居民與峽谷地帶居民的實質性的交互作用，山區居民在自身有好動的特點，峽谷地帶居民則有其扎根本土的習性，〔他們〕都不像〔在〕埃及那樣離群索居。恰恰這些相互完全對立的素質的關係獨具特色。

亞洲的第三個地帶頗有一種混合的、沿海岸線延伸的規定性。我們在這裡可遇到阿拉伯半島和敘利亞與小亞細亞的沿海地區。

這就是亞洲的三個主要地帶。對這些地帶的差別千萬不可以抽象地加以看待，毋寧說，它們都處在交互作用之中，而以它們爲基礎的是具體的事物。在這裡可以得出兩種不同的事

(12, 104)

物：一種是人們扎根於平原；另一種是高原居民的到處漫遊。這是兩種產生支配作用的不同事物。

第一種事物是河流平原的原則；在這裡實體性的倫理生活的平靜發展過程一直占主導地位，雖然這個發展過程本身包含精神的覺醒，但是還沒有達到內在對立，還是一種父權制的王國。這主要是亞洲背部的一些領域，西部山地與它們毗連，但是平原的原則始終對高原的居民占支配地位。人們可以把這類居民稱爲蒙古人。亞洲背部就屬於這類居民。中國雖然受過滿族蒙古人的壓迫，卻依然如故。卡爾梅克人以及其他部族也屬於此列。印度人也屬於這個整體。

第二部分是亞洲中部，在那裡山地民族占優勢，那個地方彷彿是平原中的高原，我們也必須將阿拉伯人視爲山地居民。這個地方具有高原特性，可是處於平原中。這是對立的領域，〔而且〕對立在這裡達到了它的最大自由，作爲光明與黑暗，作爲東方學說，作爲華麗壯觀的景象；在這裡膜拜的是純粹精神直觀的抽象，即這個太一的抽象，是伊斯蘭教。波斯人尤其屬於此列。

關於第三個部分無可論說。這個第三部分是亞洲前部，它是各式各樣的海岸地帶，處於亞洲邊緣，它在那個地方與其他地區相互關聯，這個部分與地中海聯繫在一起。敘利亞海岸，如巴勒斯坦、約旦、圖魯斯及蘇丹，就屬於這個地帶。而伐希斯河流經的科爾基斯〔這個〕愛奧尼亞的殖民地〔以及〕頓河與伏爾加河平原，直至烏拉爾一帶——這些地區卻

(12, 105)

都是轉向歐洲的。

〔三〕至於說到歐洲，我們可以就此作扼要的敘述。在這裡一個眞正的高原地區是次要的，雖然它在西班牙也還存在，然而主要的地貌是環抱深谷的山脈，是種種交錯的丘陵、溪流、平原以及河流等等。這裡的山脈完全不同於高原地帶的山脈。我們在亞洲看到的是高原和大平原的對立；然而在歐洲卻沒有產生任何一個原則，而是一切都個別化了，比如轉向非洲的西班牙以高原爲依託，俄羅斯及其〔河流〕以峽谷平原爲依託。

在歐洲，我們必須區別以下地區：首先是朝向外部、面對其他地方、面對地中海的部分，其餘部分則是歐洲本身。第一部分在阿爾卑斯山以南，正像這條山脈將義大利與法蘭西、赫爾維蒂、德意志斷開一樣，多瑙河南部的叢山也同樣進而將那片從阿爾卑斯山再往東延伸的土地切割開，這便是海姆斯③和希臘。另一部分是構成這些山脈的北部傾斜地帶，即構成完全獨特的歐洲的部分。我們在這裡必須把東部與西部區分開；屬於西部的有：德意志、法蘭西和cum annexis〔相近的〕英格蘭；屬於東部、東北部的有：俄羅斯、波蘭、匈牙利等。在這裡占主導地位的是與亞洲的關聯。歐洲的心臟就在這個首先由尤利烏斯．凱撒開拓的西部，他穿越阿爾卑斯山，進入不列顛與日耳曼，並把這個新世界與舊世界連結在一

③ 海姆斯（Haemus）是巴爾幹山區的一個古代名稱。

(12, 106)

起。這與當年亞歷山大試圖開拓東方的那種幼稚做法相比，眞是一個男子漢的壯舉。欲將東方的生活提升至希臘的生活，只不過是一個夢想，而作爲夢想是不會得到實現的。古代世界的核心是地中海。環繞地中海建有耶路撒冷和伊斯瑪伊派控制的主要地點，如麥加，同樣還有德爾斐，有世界中心羅馬，最後還有價値很高、重要性比康斯坦丁堡更大的亞歷山大城，因爲它是亞洲與歐洲之間的聯結點。這是東方與西方的精神結合點。地中海是非常獨特的。倘若古代世界的中心不是海，世界史就會有氣無力，〔因爲〕這個中心作爲海是生機勃勃、包容萬物的地方，沒有它就不可能有世界史。如同羅馬和雅典沒有講壇、沒有街道，就不可想像能發展到這個地步一樣，古代世界假如沒有海，就會是子虛烏有。

由此可見，我們現在已經標明了世界史在地理上的三分法，即從東到西，從東南到西北，從它的上升到它的下降。世界史是在東南上升，在自身向西北下降的。精神就是這樣將自己作爲自己的世界從自身創造出來的。

這個地理基礎不應作爲歷史的一種外在場所加以看待；相反地，它具有確定的性狀和不同的類型，這種類型符合於在地理基礎上出現的各個民族的性格。各個民族由於是在這樣的基礎上出現的，因而具有特定的、與地域相關聯的性格。各個民族所在的位置是一種具有精神的位置，然而它們的原則的規定性卻符合於出現這個原則的地理基礎的自然方面。

自然與人的性格的關聯乍看起來似乎與人的意志自由相矛盾，因爲人必須使自己超越自然規定性。我們把這叫作感性事物，而且人們確實可以想像，思維是自爲的，人在自身之

(12, 107)

內擁有眞理，〔並且〕不是從自然界，而是從他自身獲得眞理。人們不應把各個民族的精神規定性看成依賴於地理基礎的自然規定性，以至於人們把精神看作抽象的事物，好像精神後來從自然獲得了它的內容；相反地，兩者的關聯在於，各個民族在歷史上都是些特殊的、確定的精神，大家必定會由精神的本性得知，特殊性不損害普遍性，而是普遍性爲了變爲眞的，必須使自己特殊化。各個民族都是特殊種類的精神，所以它們的規定性一方面是精神的規定性，而另一方面自然的規定性隨後符合於這種精神規定性，因此，兩者的關係是相互的。精神自在地具有這種特殊性，而且凡是僅僅自在的事物，只有以自然的方式現實地存在，因而是自然方面；因爲特殊的事物也必定現實地存在，並且在自然方面擁有這種現實存在。孩童作爲單純自在的事物，作爲可能性、內在性，是單純的自然存在者，單純具有天賦的自然人。

至於進一步談到自然性狀與精神存在的關聯，我們只想對各個主要形式作簡單審視。

〔一〕關於各個峽谷平原，我們需要指出，它們〔作爲〕肥沃的土地，造成向農耕的過渡。與此關聯的是作爲精神事物的操心的知性。農耕必須依季節而定。這不是對需要的〔一種〕個別的、直接的滿足，毋寧說，滿足採取一種普遍方式，即操心的方式。進而由此出現〔一種〕狀況，出現使用工具、保管物品的狀況，並帶來一種對這類特定的土地的限定。當這種土地被賦予形式，〔並且〕是一種外在的事物時，其中就包含所有制和財產權的規定。隨著個體出現這種排他的獨立性，天然的個別性、即家庭或多或少地受到破壞，而更多地出現一種普遍事物，出現這樣一種情況，這種情況要求在這種排他的個別性之外有一個能保護這種個別性的普遍事物，所以就〔產生了〕要有一位統治者，主要是要有法律的可能性。這就出現了存在一個自我的必然性，並且後來出現了存在精神的必然性。在這樣的自然條件下，一般都包含向外努力的對立面、有限化和對一個有限的確定事物的限定。這便是堅持於普遍事物的活動。

〔二〕第二，高原地區造成的結果是，〈或者〉在這裡有一片缺少河流的平原，它沒有賦予土地以任何特性，或者，〔在這裡有〕一些沒有入口的河流，有一部分正在消失，因受個別季節的影響而變得乾枯。這裡有一種單調的、在一個固定不變的圈子裡來回遊蕩的活動，但這樣〔一種〕活動僅僅是在形式上來回遊蕩，因而依然是一種限定，它只不過是事實，並不阻礙離開這塊土地的可能性，因爲此地不事耕作，也不存在財產，而只有一種在別處也可以找到的天然產物。離開原地的可能性是現實存在的。土地是沒有開墾過的，我們隨處都可以重又找到這樣的土地。所以，一個以外在的方式和內在的方式引起的衝動就可能把這樣的民族推動起來。不安寧的精神畢竟不是眞正存在於這些民族之中，他們的精神類型畢竟是和平爲懷的類型。這樣的〔一種〕來回遊蕩對於一些個人來說可能成爲搶劫。這樣的民族有一部分會被驅使去從事搶劫，不過這種情況只發生在較低的高原地區，因爲這些地區以一些安定的國家爲界，在那裡高原居民受高山峻嶺限制，而在高山峻嶺內部居住的是一個強悍而野蠻的民族；然而和平爲懷的居民也遇到一些發展水準較低的部族，跟他們發生衝

(12, 109)

突。由此可見，這些游牧民族處於與其他民族的敵對狀態，因而他們的規定性就變成一種對外的戰爭狀態，而這種狀態會使他們自身發生分裂，引起一種個別化的活動，它變爲否定性的品格，變爲難以控制、徒勞無益的獨立性，而仍然停留於抽象的自由狀態。

〔三〕第三個地區是山嶽地帶。這裡不過什麼游牧生活，而是更多地過狩獵生活。多種多樣的土地也允許從事農耕、進行狩獵等等。氣候交替，冬夏如常。在這裡有種種危險，所以好戰之徒和勇猛之輩都會襲來，以致全部生活都是一種被其所在之地封閉起來的生活。當這變得太狹隘的時候，它也只能有一條出路，那就是變成一個鎖閉的地方，並且保持不變。如果這樣〔一個〕山區民族的所在之地對它變得太狹隘，那就如峽谷平原的各個民族一樣，它需要一位引領者，而不是需要一支軍隊，並且它會投身到這些肥沃的峽谷平原。他們的出走不是抽象的出走，也不是倉促的出走，而是確定的，選擇一種舒適的生活，作爲代價。可見，亞洲的一些自然衝突是建立在這些規定性上面的，〔而且〕一直處於這樣〔一種〕對立之中。

〔四〕在歐洲的自然環境中，沒有任何個別化的自然類型，而是在這裡一種自然形態被另一種自然形態所削弱。這裡的土地具有這樣的特性，即它能帶來擺脫自然力量的自由，以至於一般人在這裡都能表現自己。人在所有地區都能生活，然而有些人擁有一種高於一般人的天賦力量，這種力量與人的共同本性相比，表現爲人本身的一種力量。所以歐洲人從天賦方面看就已經是〔一種〕自由的存在者，因爲在這裡沒有任何一個這樣的原則展現爲占支配

(12, 110)

地位的。在歐洲，眞正的主要的對立只是內陸與沿海地區之間的對立。

（五）大海對於亞洲來說沒有什麼意義，相反地，亞洲各民族對海是封閉的。原本的中國沒有任何航海業。只有那些由於山脈而與大的河流地區切割的城市才有少量航海事業。在印度，出海航行是被宗教禁止的。甚至埃及在其最繁榮昌盛的時期也沒有任何航海業，雖然那時的內河航行甚爲活躍。因此，當航海業在歐洲仍是一個重要環節的時候，它卻被亞洲的原則排除在外了。

（六）在歐洲，恰好對海的關係是重要的。這裡的差別依然存在。一些國家擁有的疆域未到達入海河口，它們與那些據有入海河口的國家有實質性差別。比如荷蘭是一個與德國不同的國家，威尼斯是一個與倫巴底不同的城市，所以入海的河流的兩邊是由一些不同於內陸河流的民族居住的。一個歐洲國家只有與大海聯結，才能成爲大國。大海雖然分割陸地，然而能把人們聯合起來：大海中包含極其獨特的外出的因素，而這是亞洲生活所缺乏的。

這是生命超越自身的一種外出。主體所抱的目的的特殊性包括我們稱之爲需求的事物。爲滿足這種需求而從事的勞作，會促使個體專心致志於這個有限範圍，這個行業圈子。大海是這樣一個方面，人在這個方面憑藉海的聯合功能也有所獲。可是滿足需要的手段在這裡有相反的作用，即財產和生命都處於危險境地，因而這種手段恰好直接包含自己的對立面。這種行業和參與這種行業變成某種勇敢的、崇高的事業。由此產生出一種對於個人的獨立、對於與行業束縛相反的更大自由的獨特意識。這種勇氣在航海業中取決於目的本身；

(12, 111)　(12, 112)

〔在這裡〕一種勇氣實質上是與理智、偉大狡計結合在一起的。因爲大海看似遼闊無涯、純潔無瑕。然而恰恰這種種成分的弱點、這種伸屈、這種柔軟是人以自己的手段抗衡的一種危險，人透過這種危險將大海以及它所推動的空氣的重要作用，用於自己的目的，造成自己的世界。船這隻天鵝，移動起來如此輕巧，簡直就是一種爲理智的膽大果敢造就最高榮譽的器械。這種理智的膽大果敢正是亞洲倫理生活的壯麗大廈所欠缺的。從事大海航行也是一門行業，可是個人卻在這裡得到了解放，在自己的生活中是自由的。個人自由的原則因而成了爲歐洲的政治生活〔奠定基礎〕的原則。

這可以說是地理環境的主要差別，是自覺生活與這種環境的關係。但是，人在這裡必定會堅持那些普遍特性，因爲自然基礎同時也是偶然性的基礎。人只有在自己的普遍特性中才是一種進行規定的、符合精神原則的存在者。但這種關係常常可以更專門地加以研究。希臘生活的特性起源於這樣的土地，即引起個體的個別化的海濱地帶。因此希臘國家是希臘生活發生分化的一種寫照。羅馬帝國本來也不可能在大陸中心產生，〔相反地〕羅馬對世界的統治也只能存在於海上，具體地說，存在於地中海這個古代世界的中心。但這畢竟只是各種關聯的輪廓，大家必須了解它們，就像在歷史方面大家總是必須了解它的主要地位一樣。迄今所述已經詳細提供了我們爲世界史奠定基礎的各項原則。我們想對這些世界史原則本身進行研究。所以從現在起，整個歷史過程的畫面就擺在我們面前。

(12, 113)

第四章　世界史的劃分

關於世界史的劃分（已經指出，正是理念本身推動自己，使它以它固有的方式創造自身和把握自身）：我們必須由以出發的事物是國家、是普遍的精神生活，在這種精神生活中，每個個體要實現他們的意志、他們的目的和他們的本質，而同時透過這種作爲特殊事物的國家維護自己，他們爲此積極活動，並在此中賦予自身以價值。

首要的問題是，國家採取什麼樣的形式，這種支援普遍目的的倫理生活是否只有一種作爲毫無反思的習俗的社會倫理，這種社會倫理對各個個體而言是否是權威，是否構成作爲各個個體的規定性的統一，現實生活是否合乎社會倫理，是否存在於信仰、信賴、習俗中。在這種直接的統一中，另一種原則是人格的反思，即自爲存在的主體性的原則。抽象地看，這種主體性是無限的形式，是能區分者與所區分者的活動，統一性的發展的活動。實體仍然奠定基礎。主體性和形式都只不過是在它們的區分中發展它們的統一罷了。

按照概念來說，我們必須由以開始的事物，是國家，這個國家在自身一般還是無對立的，在那裡，主體性還不是自爲的，主體還沒有得到應有的重視。因此，最初的國家多半過直接的倫理生活，是歷史的童年，沒有法律的倫理世界，這種世界沒有進展到主體性的個體化階段。歷史的童年又分爲兩個方面；因爲對立是在這裡存在的，對立不可或缺。只要對立在這裡還沒有在這個形態內得到發展，對立就會落到這個形態之外，因而使自己的活動不受重視。

第一個方面是國家。我們在這裡必須考察，國家是如何建立在家族關係的基礎上的——它是這樣一個組織，這個組織建立在父系操持的基礎上，透過處罰、警告、責打來維持整體。這是一個平淡的王國、一個持久的王國、一種沒有歷史的歷史，沒有在自身之內具有理想性的對立，以至於這樣〔一種〕狀態的變化不是在自身之內，而是〔僅僅〕來自外部。〔但〕眞正的變化只存在於內部，只有內部發生變化，一種外在事物才能突然來臨。這樣〔一種〕國家的形態存在於亞洲背部，主要是中國的形態。這裡存在的首先是空間上的不分軒輊的狀態。

但在第二個方面，國家的客觀性也存在於時間的形式中，以致國家在自身之內不變化，而只對外有衝突，所以，那些建立在這類原則上的國家實質上都是致力於維持自身，因而存在於持久的衰落過程中。取代已經衰落的事物的新事物也沉淪爲正在衰落的事物，陷入同樣的衰落過程。在這種無休止的變化中沒有眞正的進步，而永遠是同一種依然如故的事物。這樣一種不安定就是一種沒有歷史的歷史。

這第二個形態，即無休止的、不創造任何事物的變化的形態、時間的形態，發生於亞洲中部。若人們把第一形態稱爲童年時代一樣，我們可以把這個形態稱爲世界的少年時代，各個國家在這個時代到處廝殺。然而由於國家是被引向外部的，因此便出現對於個體原則的預想。鬥爭和爭論是一種走向個體性的自我概括，〔一種〕在自身之內的把握。但這種預想最初表現爲一些虛弱無力的個體，表現〔爲〕普遍的、無意識的原則，表現〔爲〕自然的事物、表現爲光芒，但這還不是認識自己的個人靈魂的光芒。這種預想一直擴展到青年時代；後來就在此處出現了希臘王國。

王國與國家在這裡是不一樣的；因爲希臘共同體最初並不是一個國家，而是一大批國家在這裡都具有特色。這是具有美好自由的王國。這個形態所持的原則是無偏頗的、合乎倫理的統一，然而這種統一是個體的人格。單個的人作爲個體與普遍實體的統一感到自己是自由的。所以，這是美好的王國，最有生氣、最優美的王國，但也因而是完全短暫的王國，旋即凋謝的花朵，自身最不安定的形態，因爲這個形態透過反思，必定會把它的純正性倒轉過來。這是因爲，各個對立的原則都在這種優美中統一了，而個人自由的原則恰恰是無偏頗的倫理生活的對立面。所以這裡就有永恆的不安定。對人格的反思在與直接的倫理生活的統一中只能堅持一瞬間，〔因爲〕反思會破壞直接的倫理生活。在這裡，實體只是作爲美好的個體性〔存在的〕。對人格的反思必須憑藉主體性針對無偏頗的普遍性施加的力量，將直接性提升爲所思者，提升爲普遍性。

希臘人直觀到了它們的統一，羅馬人對這種統一作了反思。這樣，我們就進入了羅馬世界，進入了擔負起艱巨工作的成年時代，這項工作服從於職責，服務於一個普遍的目的，一個推行普遍原則的國家和法律，〔並且〕既不是以統治者的隨意性進行的，也不是以他自己的美好的隨意性進行的。這裡就有個體性爲普遍性付出的犧牲，個體是毀於普遍性的。個體只有在普遍事物中才能達到他們的目的。這樣的一個王國顯得是作爲永恆狀態存在的，特別是在它把滿足於自己的眞理的主體原則與這項工作結合起來的時候，在它變成了與實體、即

(12, 116)

與宗教已調和的主體性的時候，或在它變成了神聖羅馬帝國的時候。我們在二十年前就已經看到這個帝國的毀滅。作爲抽象的普遍性，羅馬世界的工作是把各民族據爲己有，以自己的抽象普遍性壓迫各民族。

過渡到後來的原則須被視爲抽象普遍性原則反對特殊主體性原則本身的鬥爭。鬥爭的結局必定是主體的個別性取勝，因爲抽象的普遍性〔作爲〕合乎規律性在自身之內不會使自身個體化，而必定會以〔一種〕純粹隨意的主體個別性爲鬥爭的推動者。〔因此，〕這種合乎規律性作爲抽象的合乎規律性必定會毀於完全的主體性。主體作爲無限形式的原則沒有使自身實體化，所以必定表現爲隨意的統治。於是後來在這個帝國便出現對立的揚棄，出現對立在塵世的調和。然而在這期間同時也產生了精神的調和，即是說，個體的人格把自己神化爲自在自爲地存在的普遍性，神化爲自在自爲地普遍的主體性，即神聖的人格。這種人格後來就在塵世中表現出來。假如這種人格不在塵世中表現出來，它就不會是自在自爲地存在的普遍事物，因爲此中也包含特定存在的現實。〔由〕此開始，一個精神王國就會將自己擺在塵世王國的對面。這個認識自己、認識自己的本質的主體性的帝國，就是眞正精神的原則。

由此就達到了第四個帝國，我們可以把它比作老年時代。這個帝國處於自然狀態中，是語言發展的老年時期，〔但〕處於完全成熟的精神中。自然年齡已經將它發展的各個階段拋在後面；然而精神是一種已經將早先發展的各個環節保存於自身之內，從而在總體上認識自己的無限力量。這第四個帝國是日耳曼帝國，因爲日耳曼人站在了這一變化的頂峰。它開始

(12, 117)

於自在地完成的調和；但由於這種調和本身剛剛開始，所以最初表現出非常大的對立，可是這種對立後來顯得不合理，而且必須予以揚棄，因此就恰好進入了〔精神事物〕與塵世事物的最激烈的鬥爭中。

這個帝國的原則是自爲地存在的、自由的精神。〔而〕自爲地存在的精神的原則就它的特點來說即是自由。〔它〕一方面是主體性，是本然的心靈，主體應該存在於它應該承認的事物裡。另一方面，在這裡沒有隨便任何一個事物應該使自己發揮作用；相反地，應該發揮作用的事物是心靈的本質、心靈的眞理。基督在他的宗教中給我們啟示了精神的這種眞理。他的固有的眞理，即心靈的眞理，是將自己設定爲與這種客觀事物相統一。一種心靈只有當眞理在它之中生存，並使它擺脫它的直接性時，才有發揮作用的效力。這便是這個帝國的原則。這裡包含著調和，這種調和是自在自爲地完成的。精神發現了自己。

可是因爲這種調和最初是自在的，所以這個階段由於直接性而開始於自在原則的對立面，即開始於精神原則，同時與精神原則對峙的是塵世帝國。但這個塵世帝國並不是以前的塵世帝國，而是一個基督教帝國，它作爲塵世帝國承認眞理，所以作爲塵世帝國想符合於眞理。在另一方面，精神原則想知道自己是在世界中得到實現的。當兩者作爲不同的原則出現時，塵世帝國還沒有擺脫主體性，在另一方面，塵世帝國也同樣還沒有承認精神原則，因爲它們都處於開端，而且還都沒有擺脫直接性，因爲精神必須先完成主體性，而塵世生活則必須了結其自相爭鬥。

(12, 118)

(12, 119)

當這個進程尚未完成時，精神與塵世〔本身〕還處於對立狀態。所以這個進程並不是一種平靜的、無阻礙的發展，倒不如說，恰恰是兩方面的一場非同尋常的鬥爭。精神並非平靜地走向它的實現，而是精神想在它自身的現實中創造自身。但這個進程在於，兩方面都克服它們的片面性，都擺脫這些不眞的形式。因此，正是空虛的塵世生活應當符合於精神，最終被精神力量所壓倒，但〔這種情況〕現在還不存在。所以塵世生活必定會走向沒落。具有強大形態的塵世生活的力量最初還不能與精神保持統一。在另一方面，精神王國又沉沒於外在的塵世生活中，只不過是精神的而已，實則表現於直接的塵世生活。如同塵世力量在外部受到壓制一樣，精神力量沉淪於自身之內，失去了它本身的意義。兩者的這種沉淪使野蠻狀態的立足之地消失不見，而在這種狀態中，塵世原則就只直接是這種直接塵世生活的精神。由這兩者的沉淪中產生出野蠻狀態的消失，而在自身加以反思的精神則從這個立足之地發現了值得它重視的調和的更高形式。這種形式便是理性或思維。

精神原則不能停留在它的主觀直接性上，而只有當它獲得它的客觀形式，獲得思維的普遍形態時，它才能眞正把握住外在現實；這種現實只要成爲能思維的，就能成爲精神理念的眞正目的。這樣，精神事物的目的就能在塵世事物中得到實現。於是，對精神事物的思維就是以完成澈底調和的思維的形式存在的。思維的深處只能是調和的原則。思維的這個深處在這樣出現以後，將顯現於塵世生活方面。主體性本身在這裡有它的位置。現象方面是個別事物的主體性。在這方面，知識本身突然出現於這種主體性，現象突然陷於現實存在。因此

(12, 120)

思維在現象中採取這種形式，而在這裡就有更高的調和原則，即教會與國家調和的原則。由於精神生活和自由在塵世生活中擁有和發現了自己的概念和理性，對立便自在自爲地消失了。

這都是些主要環節。這種克服對立的過程構成對歷史的趣味。於是，在知識與思維裡就有潛在的調和的自爲存在的點。現實在這裡得到了改造與重建。在這種存在調和的〔點〕被發現的時候，就有實現這種調和的種種條件與抽象環節。

因此，這是當前必須予以考察的幾個環節。第一個環節是實體性的、直接的倫理生活，第二個環節是主體性與抽象普遍性的對立，第三個環節是主觀事物與普遍性的統一。

第二部分　世界史的進程

第一章 東方世界

我們從東方開始講起。精神的朝霞升起於東方，〔但是〕精神只存在於西方。因此我們從亞洲的原則開始講起。他們生活的地域是河谷平原，而不是高山和峽谷。似乎有證據顯示，在歷史上通往河谷平原的山坡上可能有過更早的部落民族生存，但是只有倫理的定在才是歷史的，只有一種倫理的民族才引起我們的興趣。這樣一種民族最早生活在河谷和河流平原上。

我們首先去領略中國的各個大河平川，從那裡再去印度的恆河和印度河流域。與此相關，我們會提到西藏人和蒙古人。第三個是位於底格里斯河和幼發拉底河谷的中亞風情，在那裡，河谷和山脈相接；在另一邊是裏海東面的河谷平原與山脈相交匯。這便是東方世界的範圍。

一、中國

首先是位於後亞細亞的東方世界，是關於中國、印度、西藏、蒙古的歷史。第一個開始

(12, 121)

的是中國。①自從歐洲人知道中國以來，它就是一個曾經讓、並仍將讓歐洲人驚嘆不已的極爲獨特的帝國。它依賴自身上升爲一種沒有和外部發生聯繫的文明。這個帝國和其他民族發生聯繫只是最近的事，而且這對它來說完全無關緊要。它是世界上唯一一個從遠古時代保持至今的帝國。前面我們已經講過它按照邊界計算的本土面積。中國本土目前的人口，根據中等估計有2億人，最低估計是1.5億，最高估計是3億。每隔幾年便進行一次人口統計，根據統計結果來制定準確的納稅名冊。統計資料因此是準確的。這個資料還不包括韃靼人以及周邊的諸多異邦，它們在中國的間接統治下治理自己的國家。中國本土數量巨大的人口處於

(12, 122)

① 黑格爾在講授「中國」一節時主要參考兩部書：一、由法國耶穌會士加布里埃爾·布萊提葉（Gabriel Bretier）、法國王家學院匈奴突厥史專家約瑟夫·德經（Joseph de Guignes）和著名東方學家安東莞·伊薩克·西爾維斯特·戴薩西（Antoine Isaac Sylvestre de Sacy）先後主編的《北京傳教士關於中國歷史、科學、藝術、風俗、習慣等的回憶錄》（簡稱《中國回憶錄》），共十六卷，一七七六—一七九一年和一八一四年在巴黎出版；二、讓·巴蒂斯特·亞歷山大·格魯賢（Jean Baptiste Alexandre Grosier）修道院長《中國概述》七卷本第三版，一八一八—一八二〇年在巴黎問世。此書起初作爲馮秉正《中國通史》第十三卷於一七八五年出版，隨後三度單獨出版法文本，一七八八年和一七八九年分別在倫敦和萊比錫出版英譯本和德譯本。《中國概述》第一卷講述中國各省地理、少數民族、屬國、自然條件、氣候物產；第二卷講述中國的政府、法律、宗教、風俗習慣、經濟生活、文學、藝術和科學，是有關當時中國情況的百科全書。

〔一個〕有高度良好秩序的政府的管理之下，這個政府極爲公正、極爲溫和、極爲睿智。有完備的法律，農業、交通運輸、工商業和科學都欣欣向榮。有多座居民達數百萬的都市。

更令人驚嘆的是，這個民族擁有自遠古以來至少長達5千年前後相連、排列有序、有據可查的歷史，記述詳盡準確，與希臘史和羅馬史不一樣，它更爲詳實可信。世界上沒有任何國家擁有這樣一部連續詳實的古老歷史。這個帝國始終保持自立，始終像它以往那樣存在著。以後，它先是在十三世紀被成吉思汗、在〔歐洲〕三十年戰爭之後的時間又被滿洲韃靼人所占領，卻從未因此而被改變。在任何情況下，它都把自己的特性一直保持下來，因爲它始終是獨立的帝國。這樣，它就是一個沒有歷史的帝國，只是自身平靜地發展著，從來沒有從外部被摧毀。其古老的原則沒有被任何外來的原則所取代，因此說它是沒有歷史的。所以，我們在談論這個帝國最古老的歷史時，並不是談論它的以往，而是談論它當今的最新形態。〔印度也是如此。〕我們只是一般地講述這個帝國的原則，它並沒有超出它的概念，讓人詫異的是，這只是一個國家的自然概念，它自身雖有發展提高，但並沒有改變這個最初的單純原則。但是我們在這裡所看到的是最高級的文明。

由此可見，在這裡不可能談論一種眞正的歷史。我們只想扼要地〔考察〕res gestae〔發生過的事情〕和對narratio rerum gestarum〔這些事情的描述〕的各個方面。

它的年代是在西元前二四〇〇年。根據通常的歷史計算，這個時代是諾亞洪水的時代。從這個時代開始，出現了一些歷史人物，更早期的人物是神話式的。約翰·馮·米勒反對通

(12, 123)

常認爲洪水發生於這個時代的看法，他和多位古代和近代的歷史學家一樣，認爲洪水發生於西元前三四七三年，而另外一些人則提出另外的年代，他們依據的是《舊約》的說法和約瑟夫在其著作第一卷及第八部分中關於七十子希臘文譯本的說法。②根據這個假說，洪水發生於亞伯拉罕之前一千年，而根據另一個假說則比這還要早三百年。這個差別的原因在於，根據一種說法，在亞伯拉罕和諾亞洪水之間只相隔三百年，但根據另一種說法則是二者之間相隔一千年。後一個假說的理由值得注意，因爲亞伯拉罕時代世界的面貌不像洪水僅僅過去三百年的樣子。世界在經歷這樣一場洪水僅三百年之後幾乎不可能形成那個樣子。

現在我們來進一步討論中國人本身，先簡略提一下在其五千年歷史上所發生一些事情，然後看一下這個民族的特性。除了最早的歷史記錄者之外，每個民族都有一些包含其神話、其直觀的古老元素的原始典籍，這些神話和元素以一種感性的方式被記述下來，發展到今天便成爲現存的情形。這樣〔一種〕原始典籍在我們這裡是《聖經》，在希臘人那裡是荷馬史詩。中國人則稱之爲「經」。第一部叫《易經》，另一部叫《書經》。這就是中國人的原始直觀的基本著作。我們必須熟悉這類原始著作，以便了解古人的表象方式。《書經》

(12, 124)

---

② 這裡指古羅馬時期歷史學家弗拉維烏斯．約瑟夫（Flavius Josephus，三七—一〇〇年）在其所著《猶太古史》一書中最先論及《舊約聖經》（七十子譯本）。

已經譯成法語，有關中國的所有資訊我們都要感謝傳教士們，尤其是法國傳教士。③而在過去，這些事物是由神父們以膚淺的方式介紹的。自十八世紀以來，一批十分博學的人致力於研究中國的知識，他們通曉中國的〔口頭〕語言和書面語言，同時在中國欽天監出任歐洲籍負責人。近二百年以來，皇家最高論壇④由基督徒所組成。直到上世紀末，這些神職人員從事翻譯事業，並從這時開始把皈依基督教的中國人送到歐洲，以便在此從事研究，從而使歐洲人了解中國的全貌。於是我們對中國的了解就頗有把握，〔因爲〕我們對中國的文獻、整個生活及其歷史都有相當精闢的知識。

關於《書經》的進一步情況，這部書從夏代的堯開始講起，據中國著名的史書《資治通鑑綱目》記載是西元前二三五六年，堯是那個朝代的第一位君主，《書經》從他開始寫起。必須說明的是，後來的中國歷史還有完全不同的有據可查的編年史。從很早的朝代開

(12, 125)

③ 黑格爾這裡大概指法國來華傳教士宋君榮（Antoine Gaubile，一六八九—一七五九年）翻譯的、一七七〇年由法國德經出版的法文版《書經》，因爲一七七〇—一八二二年間未再有新版本。不過黑格爾也提到杜赫德（Du Halde）收入法文版《中華帝國志》第二冊的法國傳教士馬若瑟（de Premara）的《書經選譯》。

④ 這裡指欽天監。清順治帝於一六四五年任命耶穌會士湯若望（Johann Adam Schall von Bell，一五九一—一六六六年）爲欽天監負責人，此後西方傳教士領導欽天監長達約一百八十年，最後一位傳教士於一八二六年從欽天監檔案中消失。

始，皇帝們就分別有一位記錄其起居行動的右史丞和一位記錄皇帝言論的左史丞，因爲很早皇宮裡就有設兩位史官的習俗，後來史官人數增加到四位。這些編年史被保存在密封的箱子裡。在中國，保存史書一般來說是國家事務，皇帝不能去讀對他自己生平的記載，有多位史官分別在這兩個機構裡共同工作。史官的撰述不受限制。關於《書經》和秦朝古代史，需要說明的是帝國的歷史在分崩離析時期陷入混亂，沒有準確地延續下去。主要是因爲第四個朝代〔秦朝〕的一位皇帝——始皇帝，在西元前二一三年下令把所有史書都焚毀。《書經》本來是孔子編訂的，也同樣遭到焚毀，但後來又根據一位年邁官員的口述重新恢復了一些片斷。此外，傳統依然存在。孔子編訂的《書經》據說有一百篇，後來只剩下五十九篇。此外，早期的中國人還擁有關於帝國最早的敘事，一部分是依據傳統，一部分是依據流傳下來的殘篇斷簡。從整體上來看，這些敘事很像近代以來對人類歷史的心理描寫。它們從人類的蠻荒狀態開始，那時的人沒有房屋，像動物一樣居住在森林裡。他們和動物的區別只在於他們擁有對這種荒蠻狀態感到厭惡的靈魂。其首領之一教他們用樹枝搭建茅屋、取火、把肉烹熟，並且觀察四季變化等等，後來，黃帝教他們用樹幹蓋房屋，這個歷史就是這樣開始的，正如大多數其他古代民族那樣。在那些首領當中，以伏羲最爲著名，他被選爲領袖，他提出的條件是讓他做主宰和皇帝。他採納了建議，實行大臣制、婚姻制等，並規定了習俗。要把他和東方印度人稱之爲「佛陀」的佛區別開，佛是一種神的形象。傳說伏羲發明了八卦，即直線條的某種組合。傳說他看到一條龍從河裡出來，龍背上馱著一塊石板，上面畫著這種直線。這是直線的一種簡單組合。伏羲發明了八卦，第一個圖形是三根直線≡，第二個圖形是上面一根直線和下面一根中間斷開的線，如此等等。這就是中國古人的智慧。這個八卦圖是《易經》的基礎，這部書就是對這些線條所做的沉思。孔子用它們寫成《易經》。這些直線的用途在於人們賦予這些線條一些思想，借助這些線條想到一些普遍的抽象的規定。直線「一」就是單一的質料，萬物是從它產生的。中間斷開的直線則不同於這種單一性。中國古人用這些直線的其他組合設想的是光、火等等。給這些作爲象徵的圖形加的是許多抽象的規定。因此，《易經》是中國人的思辨哲學。

至於《書經》的形態，它包含一些單獨的斷篇、對一些個別人物的描述、一些浪漫故事，沒有特定的歷史順序和關聯，它不是一部眞正的史書。例如，它的內容包括某位皇帝所頒布的任命某人爲大臣的諭旨，或是他對一位僕役所下的訓令，還可能是一位巫師對他的身爲年輕君主的弟子所做的教誨，或是任命一位將軍並對他所下達的指令，還有一些報告，主要是對軍事行動的反思。歷史的事物只是附帶地出現，並從其他傳說中獲得補充。這樣，這部書就不同於其他民族那些只是對各自的英雄成就的描述。這裡的內容主要是君主及大臣們的對話或警告，其目的是增進臣民們的幸福。因此這裡立即就顯露出道德的事物成爲主要因素。堯是最早的君主之一，第一章敘述他問道：「我該把預防洪水淹沒土地的任務交給誰？」大臣們推舉了一個人，〔但是〕這位君主不要他〔並且〕說：「你們錯了，此人貌似恭謹，卻十分虛妄」。一位皇帝委託一個大臣考察五種義務，父親和子女的義務、君主和臣民的義務以及子女對老人的義務等。⑤《書經》就是以這種方式連綴起來的。

關於進一步的歷史因素，我們只能對一般情況作出說明。這部古代歷史的立足點是位於黃河上游的陝西省，黃河先是向東北、然後向東奔流。這是黃河最重要的部分，中國一切最早的傳統都和這部分有關。統治力量先是向東方擴展，直到海濱，然後擴展到廣東。這個地方是第一個要注意的。第二個要注意的是揚子江，它後來在若干世紀裡曾構成邊界。這條大江多次出現洪水氾濫並形成沼澤，首都南京就位於江畔。後來北方的諸侯才渡過這條江。據說南方在晚近才出現移民。由於人們（所說的）中國歷史在古代主要與西部有關，因此很難知道它是指整個帝國還是僅指這個特定的部分。也許這個帝國是由許多彼此獨立的王國所組成的，它們相互之間戰亂不已。許多朝代就產生於父皇在他們去世時把皇位傳給兒子或其他重要人物。只是到後來，目前形態的帝國才由一位皇帝統一，但是又有幾個世紀是多位王公諸侯在相互爭鬥。

中國歷史能引起人們興趣的只是它的主要環節。中國歷史與外部的聯繫很少，因此就這種聯繫只能說些一般的內容，起初只是古老的傳說。（根據英國人的估算）歷史從夏朝的禹開始，那是（西元前）二二〇一年。從西元前十二世紀的周朝開始，歷史紀事變得比較清晰

⑤ 這裡指「五倫」，即孟子所說「父子有親、君臣有義、夫婦有別、長幼有序、朋友有信」。

和確定，收錄在《書經》第四篇當中，有更大的確定性。從禹開始的講述值得讚賞，與中國的歷史形成相吻合的是可以視爲其他一些帝國歷史開端的年代：埃及是〔西元前〕二二〇七年；亞述是〔西元前〕二二二一年；印度是〔西元前〕二二〇四年。無論是太陽曆還是太陰曆紀年，大體上也都開始於這個時期。

早在堯的時代，政府與造成洪水氾濫的各條江河展開抗爭就已經是一樁大事，抗洪搶險是這個帝國規模最大、最重要的事務之一，而且今天依舊如此，正如埃及與尼羅河的鬥爭一樣。中國人的物質生活是由種植業、尤其是水稻種植所決定的。堤壩能阻擋河流的氾濫，維護堤壩是最重要的事務；〔因爲〕決堤會造成極爲嚴重的後果，會使數百萬人喪失性命，而活下來的人則面臨饑荒。爲此，人們也十分重視開鑿水渠。從遠古時代起，人們就精心修建和維護運河水道。最大的運河是連結北京和廣州的皇家運河，⑥這條運河也連結黃河與揚子江。第三，修建運河能夠方便穀物的運輸，因此都城往往遷往運河邊，所以運河必不可少。皇帝的居住地設置在哪裡，哪裡就聚居成千上萬的人。都城主要設立在北方，在黃河上游，北京後來才成爲都城。在亞洲才出現遷移首都的事，這完全是善於征戰的亞洲民族的特點，即新王朝要建立新的都城，它要位於一個中心地帶，新的外族人在這裡定居，以便不

⑥ 這裡的「廣州」顯然應是杭州。

是作爲外族人和其他人住在一起，否則原住民族就會成爲他們的主人。由外來征服者建立新的都城似乎是必要的。目前的開羅就是埃及的第四個首都；巴比倫的情況也是如此。在中國，遷都更多是聽憑君主的好惡，一個主要情況是：一個新的王朝必須有一個新的府邸，而爲了敬奉祖先也必須修建新的宮殿，把祖先供奉在各個大殿之中。遷都因此和修建運河密切相關。

中國的另一件大事是戰爭、用兵。戰爭某種程度擴展了原來中華國家的疆域，這些合併進來的部分原來都有自己的君主統治並不斷進行征戰。中央軟弱也是發生戰爭的原因之一，因爲地方長官爭相自立。發生戰爭的第三個原因是皇位繼承〔問題〕，即由於皇位繼承者地位不穩，直到最近，皇位繼承才比較穩固。在古代，皇帝可以選定他最賞識的皇子爲繼承人，所以也經常發生這樣的事情，即皇帝被妃嬪所誘惑，剝奪皇后所生子女的繼承權。再一個原因是由於地方長官或官員對下面壓迫太甚而引起暴動。另一種是和外國即蒙古人和韃靼人發生戰爭。中國曾經被成吉思汗家族的一支所征服，兩度被蒙古人和韃靼人占領，但被統治的時間不太長。這個王朝持續了八十一年，此後又由一個中國人執掌政權。對政權變更起關鍵作用的是一場海戰，蒙古人透過此役把中華帝國完全征服，皇帝投海自盡。⑦

⑦ 指南宋朝廷最後年僅八歲的小皇帝趙昺一二七九年由丞相陸秀夫背著跳海而死。

在這個王朝期間，⑧修建了近五百公里長的運河。爲阻止韃靼人入侵，修建了近三千公里長的城牆，⑨它雖然阻擋了零星的襲擊，但是並沒有達到其本來的目的，因爲它不能阻止滿洲韃靼人的入侵和征服，中國於一六四四年淪於滿洲韃靼人的統治下，君主是順治。韃靼人過去處於中國的統治之下，因爲受壓迫太重而起兵反抗，他們自行任命自己的王公。中國的一位叛將呼籲他們施以援手。他們入了關，打敗了中國軍隊，登上了皇帝寶座。滿族執掌政權後，中國的性質沒有因此而改變。相反，一連串優秀的皇帝相繼登基，這些滿族皇帝是最佳君主，給整個國家帶來嶄新的生活。自滿族統治以來，整個大韃靼地區都被中國所控制，中國的邊界延伸到裏海，還到達尼泊爾、不丹、西藏、孟加拉，中國在這些地方現在與英屬國家接壤，直到山脈的山麓，從阿姆河平原延伸到海邊。在另外一面，帝國還延伸到西伯利亞，直到伏爾加河卡爾梅克人那裡。俄羅斯人曾經向阿莫爾河下游挺進，但是在一七七〇年被中國人趕走。中國便有了遼闊的疆域。歷史的主要部分是皇帝個人的歷史，包括其機構建制、日理萬機、與其嬪妃及子女有關的宮廷陰謀。主要是太監們導演了這些陰謀，現在他們的權勢已經消失。現在在皇宮裡還有太監，但是他們不再像過去那樣因爲擁有官職而權傾一

(12, 132)

⑧ 這裡指的應該是元朝於一二八〇—一二九三年建成由淮安到北京的運河北段。

⑨ 這裡指的應該是明朝於一三八六—一五三六年對長城進行十幾次修建。

時、爭權奪利。歷史因此是皇帝及其家族的歷史。這是中國歷史的主要因素。

和我們進一步有關的是要把這種形態視爲國家形態、視爲倫理來進一步加以規定。考察這個形態具有這個特點，一方面它和歐洲的機構建制極其相似，例如在習俗、藝術等方面，以至於東方的一極與西方的一極後來變得相同。另一方面中國是在其自身之內以一種平靜的教化進程而形成的，沒有任何事物歸功於外國人，與此相反，在歐洲各國的歷史中是一個綿延不斷的傳統的鏈條。這正是兩者不同之所在。中國人的一切都是在其自身之內完成的。中國的國家體制和我們如此截然不同，就和印度、土耳其等中等國家的體制也不同一樣。這就是說，一方面歐洲人感到在中國像在自家那樣親切，另一方面又感到比在其他任何地方都更爲陌生。因此，中國與其他地方既極爲相似，又極爲不同。

中國的國家原則完全建立在宗法關係的基礎之上。這種關係決定了一切。這是最簡單的關係，而作爲一個龐大民族的生命，在其自身中，也就是在這個龐大的帝國中保持著這樣一種教化，以便對廣大民眾實行一種井然有序的關懷。這是一種建立在家庭關係基礎上的一個國家的人爲組織。對這個國家的性質可以進一步這樣規定：它是道德的。這個形態的基本要素就是：它是一種宗法關係、家庭關係。

〔一〕必須嚴格履行的義務莫過於子女對父母的義務。子女沒有財產，他們始終是孩子，必須服侍和照料父母，對父母畢恭畢敬，在父母去世時必須守喪三年，在此期間不能擔任官職、不能婚娶、不能參加公共集會。連皇帝本人在守喪期間也不能履行統治、不能婚娶。母親也必須像父親那樣得到同樣的尊重。從父親去世那天起，皇帝必須每五天向母親請安一次，但此時他不能乘馬車直接到母后的宮殿門前，而是要在靠外面的宮廷就下車，然後冒著雨雪走到母后的住處。只是前任皇帝乾隆在他年屆六十七歲時才得到母后的恩准，可以乘車到母后宮殿的門前，這件事曾向全國上下通報。在宣布皇儲成為皇帝時，他必須首先親自尊奉他的母親為皇太后，自己才能接受群臣朝拜。在所有涉及懷德降恩的事情上，他必須首先聽取母后的意見。子女與父母的關係就是如此之高地受到重視。父母也十分操心子女的婚姻大事。中國不允許多妻制，只能有一位夫人，但是丈夫可以擁有好幾個買來的妾，她們服侍眞正的夫人，她們的孩子被視為那位合法夫人的合法子女。這些子女必須為這位合法夫人，而不是為他們的生母服喪。父親要為子女的犯罪負責，最嚴厲的處罰是〔針對〕家族之內的相互犯罪或子女對父母的犯罪。如果兒子對父母說出侮辱的話，就要被勒死；如果他動手打他們，也要被勒死；如果他打傷了他們，就要用鉗子夾死他並碎屍萬段。弟弟則要服從兄長。如果他們指控一位比自己地位高的人有罪，那麼即便是有理，他們自己也會被不公正地判為流放甚或斬首。

對於中國家庭中的父親來說，最重要的是要有後代。如果他沒有和元配生育子女，他就要納妾或收養他人的子女。父親所擁有的只是財產，而不是子女。父親有權把子女當作奴隸賣掉。這在一定程度上只是在比較低的階層得到容許。兒子也有權利把自己賣掉。優伶是一個卑賤的階層，因此禁止這種人出賣子女。父親最關心是否有子女，為的是在他死後有人料

(12, 134)

理喪事，有人掃墓上墳、照料墓地。在有身分者的墳墓旁，親屬會連續幾個月守喪。常有這樣的事情，即兒子把他父親的遺體在家中存放三至四年之久，讓自己在這麼長時間生活在極度悲痛之中。在此期間，他不在椅子上落座，而只坐在小凳子上。和安葬同樣重要的事情是修墳和每年上墳，以此表示敬畏、悲痛和感恩。

除了照料和修整墳墓之外，第三個主要義務是敬奉祖先。所以每個家族在一棟大房子裡有一個屋子供奉祖先，成半圓形排放著一排排供桌，上面立有寫著死者名字的牌位，或對傑出人物還配有死者畫像。在春季和秋季，整個家族聚在一起祭祖，人數常達六、七千之眾，年紀最高者主持儀式。年長者最爲優先，而富有者則出錢款待。皇帝如果要對某人表示褒揚，就賜給他的祖上一個封號，作爲對這位在世者的尊崇。有一位官員加入了基督教會，就不再給祖先上墳，因此受到其家族的堅決反對。由此可見祭祀祖墳之重要。

〔二〕其次需要考察的是皇帝及其權力。〔（一）〕他被視爲父親、族長，並且擁有不受限制的權力。這個帝國不像土耳其那樣把《古蘭經》作爲神的法典和人的法典，是神權統治，而是政府權力沒有任何限制。〔中國人〕也不像在希伯來人、猶太人那樣，君主所表達的只是上帝的意願。所以中國的統治不是那種神權統治。它也同樣不是各個等級自己保持尊卑有序或是農民受土地所有者控制的那種封建狀態。在這裡，很少有天生的貴族，同樣也很少有擁有財富的貴族，沒有像英國那樣的商業狀況。這些情況都不存在，而是由皇帝本人行使最高、最澈底、掌控一切的權力。存在著他依此行使統治的法律，但這些法律不是與皇帝意志相左的，而是要使全體民眾都遵照他的意志來保持秩序。政府擁有一種完全像父親那樣的聲望。皇帝作出總結，聽取各種報告，透過闡述其理由而加強或削弱有關結論。他常常向廣大民眾就他的行為發表內容十分詳盡的道德性聲明，發布在北京的朝報上。有人敦請前任皇帝指定一位繼承人，為此他發布了一篇內容詳盡的說明。他總是把自己採取各種行動的理由極其智慧、溫和、理智和深思熟慮地加以解釋。前一位英國特使抵達北京，但很快被遣回時，皇帝也為此事發布了一份聲明。這些聲明都是精心思慮、措辭典雅的。它們可作為語言修辭的典範。皇帝完全被視為中國最博學的人。

〔（二）〕第二，皇帝必然需要官署，因為他不可能單獨行使統治。這些官吏分為兩種，都被統稱為「官員」，其中一部分是文官，有一萬五千人，另一部分是武官，有兩萬人。要成為文官，需要博學多識。必須取得三種學位才能成為文官，為此需要通過三次嚴格的考試。最高級的考試在皇宮裡舉行，獲得第一名的人身穿狀元禮服，被引入只有皇帝才能進出的宮殿，接受祝賀並得到皇帝的賞賜。從這些官員中選出擔任高級官吏的人，官吏分為八品。整個帝國由各級官府進行管理。政府部門有高度的組織性，報告經過各級官員最後稟報給皇帝，報告始終從下面逐級向上呈遞，呈報給皇帝以得到確認。各級官員像皇帝那樣得到民眾的尊重，他們有權以口頭或書面的方式向皇帝上奏疏。每個官府都有一位官員任監察官，他沒有公務，也沒有發言權，但是可以列席所有會議，他不用在會議上表態，但是可以把一切向皇帝述說、報告、進行控告。這種監察官受到人們的高度尊重和敬畏，並且不能被免職。他們被稱爲「閣老」，這些「閣老」又組成一個機構，可以向皇帝舉報任何事情。有一些例子說他們以極大的熱忱履行自己的職責。唯有履行職責才是他們的準則。有例子顯示，這些「閣老」也是冒著生命危險上奏疏舉報的。他們的有些奏疏完全是義無反顧，有時甚至招致皇帝的怨恨。他們一再上殿去遞交奏疏，甚至帶著爲自己準備的棺材。有人爲此惹得皇帝惱怒並被施以酷刑，但是依然用自己的鮮血把要向皇帝說的話寫在地上。

還需要說明的是，每個官員通常每五年要呈遞一份對自己所犯錯誤的書面懺悔，他要認識到自己的罪過，然後因此而受到懲罰。官員不能在自己家庭所在的城市任職，同樣，任何人都不允許在他任職的地方獲得財物。不然，會被降級作爲懲罰，並導致官銜降低。官員在任職期間要對所發生的一切事情負責。即便他根本沒有任何罪過，也不能逃脫其責任。他們的錯誤會受到最嚴厲的懲罰，極其微小的事情可能招致極大的處罰。官員們常常把寶劍懸掛在自己頭的上方。他們經常被貶黜，而後在每次接到指令時都必須對此進一步加以說明。皇帝掌管著一切，在整個帝國，一切都被精心地安排組織。至於低級職務，不需要由官員，而是由當地各家族的族長擔任。在城市裡有十分嚴厲的員警。在全國都修建了糧倉，受到嚴格的監督管理，各糧倉相互間隔只有一小時路程。如果一個城市糧食歉收，就打開糧倉濟民。在一些遊記中常指責中國人經常殺害嬰兒，尤其是遺棄嬰兒。但是實際上，北京每天早上都有車輛到處搜尋被遺棄的嬰兒，並把他們送到育兒院，嬰兒在那裡受到良好的照顧和精心培養。拾到的嬰兒如果已經死亡，就被火化。對所有這一切，都有人精心監督管理。

(12, 138)

遺棄嬰兒的中國人一定是非常貧窮，因爲他們都非常喜歡自己的孩子。這就是政府的基本特點。

〔三〕關於公民的權利，需要說明的是，在財產方面，除了繼承權之外，中國沒有種姓制度和與生俱來的權利。如果誰想進入官僚階層，誰就必須表現得精明幹練。最高級的官員也只是有權請求讓自己的兒子得到錄用。但是實際錄用的情況很少。這就是說，不存在只由若干家族所壟斷的一種官僚階層，可見家庭出身並不具有優先權。至於私有財產制，這在中國已經實行，〔即〕私有財產制是存在的，並且對特定的權利有詳盡的法律規定。爲保護這些權利，有完善的法律和司法制度。在法律的歷史上，土地所有權的變化順序和歐洲相同：在最早的朝代，地產不是私有財產，而是國家的公共財產，國家把地產分給各個族長並每年收取什一稅或其他規定數量的捐稅。這種情況持續了三個朝代，在最後一個朝代，十個族長擁有一千摩根土地。這種情況據史書所說延續了二十個世紀。後來，在修建了長城並焚燒書籍的秦始皇統治下（西元前二三八年或西元前二二一－前二一〇年），有權勢者成爲地主，人民成爲農奴。所以他的政府激起民憤，臣民們被逼迫去修建長城，土地自由所有制很久之後才被採用，但今天財產和地產都是自由的。公民權方面的第三點情況是還存在奴隸制。每個人都可以把自己出賣爲奴，父親也可以把兒子賣爲奴隸。法院也可以把罪犯、尤其是把犯有大逆不道罪的罪犯的妻子、子女和姬妾判爲奴隸。但是妻子事先就自盡了。

現在，我們還要認識和評判國家原則。一切都基於君主一人、基於由他指揮的官員、基

(12, 139)

於從上至下對這些官員的監督。這種自下而上的官員等級〔從屬〕制維繫著團結統一，其主要事情是嚴加管束。每位下級官員都受到上級官員的監督。關鍵就在於上級官員的道德人格，因爲根本不存在獨立管理自己事務的領域，諸如各個等級，而是一切都聽命於皇帝。最高的頂端是擁有無限權力的一個人。關鍵取決於皇帝的道德品質。在長達四、五千年的皇帝序列中，中國湧現出大批傑出優秀的君主。東方式的純粹正直表現爲道德方面的優秀〔與〕尊嚴。

在我們的觀念中，都熟悉所羅門式的智慧和統治。在當今時代，有人提出理想的君主應當是什麼樣子，例如在費內隆的《忒勒馬克》⑩中，並且說人民的幸福繫於君主的個人品格。如果要舉出範例，最好從中國的歷史中，尤其是從清朝的君主中去尋找。康熙帝和乾隆帝尤爲突出，馬戛爾尼前不久曾親自拜見乾隆。在他們那裡，簡單的生活方式與最高的學術教養結合爲一體。〔他們〕自己評判政府的所作所爲，在其整個執政期間都不停地工作，充滿了正義和慈愛之心。他們是道德形象出眾的人物，就像那些古代的藝術品，和我們所設想的古人的理想相同。他們是各個方面都體現出性格統一和諧、具有尊嚴、穩健和華美的人

⑩ 弗蘭索瓦·戴薩利格納·德拉·馬瑟·費內隆（一六五一——一七一五年），法國神祕主義神學家，在其《忒勒馬克》（一六九九年）中提出限制君權、改革經濟與教會擺脫政府控制的主張。

物。這種道德形象出眾、人格單純統一是和歐洲的文化不大吻合的，因為歐洲文化更加多樣化，小邦林立顯示出其各自不同的方面和不同的〔自我〕滿足。小邦君主和其他人物在其公務範圍之外的交往舉止是以平等方式進行的，與一般人沒有區別。與此相反，道德形象出眾則是理念對人生各個方面及特性的浸透。

皇帝個性的這些特點當然有其偶然性，對皇子們的培養教育便著眼於使這種道德融入到他們的品性之中，因為一切都取決於這一點。一方面，他們生活在嚴格的秩序當中，另一方面則處於特定的恭敬肅穆的生活方式中。但他們形成這樣的品性畢竟總是偶然的。如果沒有做到這點，在核心人物裡放鬆了這種警惕，如果皇帝不去關心整個國家，〔社會〕整體就會分崩離析，因為沒有任何法定的權力存在，也沒有官員們自為形成的任何良心存在；毋寧說，法律應當是什麼，這是自上而下決定的。法律或多或少取決於皇帝的個性，不一定是一位貪婪無度的暴君身居皇位才會發生綱紀鬆懈的情況（像法國的悲劇所描繪的那樣）。只要君王貪圖某種安逸，相信或依賴那些也許本來完全不配相信的親信、大臣、廷宦、皇后、母后，就會出現綱紀鬆懈的情況。而〔他〕所接受的道德教育很容易產生這種信賴。這本身就是一種道德要求。因此，這種優良道德品質並不與那種只局限於自身、不相信其他人並監督其親信的品格力量相聯繫。這樣一來地方割據人物便各自為政。君主身邊有他自己喜愛的寵臣，因此信賴他們，然後是那些形成氣候、向政府施加影響的地方勢力，他們相互猜忌，也和更下面的分裂勢力沆瀣一氣。這樣，帝國哪怕是在完全高尚的君主統治之下也會變得烏煙

(12, 142) (12, 141)

瘴氣，官員仗勢欺人，爲所欲爲。在東方國家經常出現這種情況：在善良高尚的君主統治之下，各級官員卻都陷入貪汙腐敗，並由此引發革命。因爲整個國家都是由君王實施的嚴格監督管理才穩定的。在被滿清所推翻的明朝，腐敗看來就是以這種方式蔓延開來。尤其是，據傳明朝末代皇帝曾說，他對阿諛奉承十分反感，對基督教徒的科學和樂善好施有好感。雖然沒有人把罪責歸咎於他，但是由於下屬各級官員的欺壓作惡而引發了人民的憤怒〔和〕革命，在這個時候，他卻沒有果斷地發揮首腦的作用，而是求助於自己的大臣，最後上吊自盡。他的品格顯示出高尚和道德完美。根本不可能劃出一條界限，來標明皇帝的品格在何處能使帝國陷入腐敗境地。在道德上只要稍許軟弱，就會使一切前功盡棄。

整個宗法制原則的缺陷在於依賴皇帝的個人品格。引人注目的是沒有把法和道德區分開。一種合理的體制必須按照其必然的位置獨立創建起來，並且保持法和道德這兩者。但東方的特點恰恰在於，這兩個原則依然處於直接的統一當中，這種統一既體現在倫理之中，也體現在國家仍由倫理所支配的狀態之中。國家整體以倫理爲基礎。倫理習俗依然占主導地位，各項〈具體〉法律或者不完善，或者與倫理習俗相關聯。一旦出現反思的環節，法就會與倫理習俗相分離，而倫理習俗會部分地轉化爲道德的事物。然後，體制就建立在法的基礎之上，這個法再發布出各項〈具體〉法律。倫理的事物正如道德及宗教一樣，本來都屬於個人。但是它也必須是各項〈具體〉法律的對象，不過並非直接如此，而是間接作爲履行和實施的對象。倫理的事物應當被保留，不過是以其特有的方式。與此相反，各項〈具體〉法律則是和作爲自由意志的定在的法的事物相關，但並不是在其自身之內，而道德的事物則是自由意志的定在，並且是在其自身之內：它在自身之內按照目的、目標、意圖和表象來規定自己。法的事物是自由意志的外部定在，意志在一個外在領域賦予其自身以實存。意志使自己成爲客觀的；人只是作爲財產所有者才是自由的。財產是外在的事物。因此，人不應是奴隸。對於作爲私人的其他人的法律義務和國家法律〔在私法方面〕涉及的是一些外部規定，是那些雖然來自信念，不過也可能來自自身以外的對象和行爲。道德性則完全是另外一個領域。各項法律可以強制實施，因爲它們從外部把握個人。相反地，道德性則是內在性的領域，是按照自己的目的和目標來確定自己的觀點和規定性的領域。這種內在的事物可以採取尊重、敬畏、愛的形式。這種個體在自身之內的共同存在、這種內在性，是不能加以命令的、不能被弄成法律的直接對象。民法或城邦法涉及的是某個外部定在，但道德的事物也有其外部表現，它是人們在面對國家和個人時所採取的行爲舉止的一個源泉。這些外部表現把法作爲其內容。另一方面，也存在一些僅僅出自道德信念的外部表現，例如表示敬意、對親屬和夫妻的愛。儘管存在著一條與法律相交的界限，但是這條界限很難劃定，因爲法不能干預屬於個人的事務、法不能干預信念。如果法律中有一些道德內容，法律聽起來就會十分精彩，而且可以是充滿睿智的語言，但是也會由此出現某種專制性，而且法律聽起來愈精彩，這種專制性也就愈大。

在中國，倫理的事物被變成了法。凡是僅僅作爲信念有其價値的事物，都得算作法的對

(12, 144)

象。凡是在性質上是道德、屬於內心自我規定的事物，都是由法律來掌管的，都是由政府手中的法律予以命令的。以前我們提到家法，並看到許多例證。一大批民法涉及公民相互之間、公民對上級、官員對皇帝的行爲舉止。古代經書之一《禮經》〕只包含那些規定得十分廣泛的風俗習慣，不遵守它們便會招致嚴厲的懲罰，以至於很容易丟掉性命。至於說到外部的舉止禮節，它是必不可少和被命令的，但它作爲法律的體系則喪失了其本質意義。中國體制的基本規定是把道德設定爲嚴格的法。進行這種立法的政府取代了我的內心，主觀自由的原則因而被取消了，或者說，它是不被承認的。

人們最初理解的自由首先是這種主觀自由的原則。這種主觀自由，這個不可觸動的內在性領域，是歐洲原則所特有的一種規定。一切美和眞都出自這種形式的源泉。如果政府把道德當作其原則，它在主體的心中就不會得到承認，不再作爲特殊主體的獨特事物而存在。表面上看來，道德性無疑〔是〕整個國家的原則，但與此相聯的是不承認本來只能存在於主體內心的道德性。因此，這個制度缺少自由的靈魂，缺少以自身爲基礎的和自由的倫理、自由的科學和自由的宗教的源泉。主體自己所創造的任何事物都不能顯露出來。因爲它好像是針對政府事業的第二種事業。政府強占了道德，沒收了人們的內在領域。自由的理想事業因此不能茁壯成長。凡是內在自由的、在主體中有其定在的事物，就不允許出現在〔具體〕法律中。

主觀自由通常以下述這種形態出現在我們的表象中，即我們要求應當尊重人的這種內在

(12, 145)　(12, 146)

領域。由於我們堅持這個原則，提出這個要求就是理所當然的，它主要以尊嚴的形式表現出來。尊嚴的基礎就在於它涉及一個爲我而在的不可觸動的領域。憑藉我的意志，我服從於這個領域，透過我的意志，我生存於這個領域當中。我透過我的意志能成爲什麼事物，是屬於我的，並且不能被觸動。如果有人抱有敵意觸動這個領域，這就是對我的極大傷害。我之所以作出決斷，是我要在這個決斷中爲我自己而生存。尊嚴要以這種自爲存在及其不可觸動性爲前提，它是這種自爲存在的形式方面。在中國，這種自爲存在沒有得到尊重，〔因爲〕在道德方面我是被統治的，所以尊嚴在這裡沒有任何空間，由這種內在自由產生出來的產物也沒有任何空間。以上所說都是抽象的規定。接下來我們要從一些具體的特點來考察這個抽象的原則，儘管不能十分詳盡。

〔一〕這裡要提到的第一點是上面已經說過的中國有奴隸制。每個人都可以出賣自己，父母〔可以〕出賣子女。而且可以把賣人爲奴隸作爲一種刑罰。滿洲韃靼人把所有的人都看作是皇帝的奴隸。這就是說，人所享有的第一尊嚴，即成爲自由人，這種抽象的內在性，在這裡並沒有得到承認。

〔二〕第二點涉及刑罰。一人有罪，整個家族——妻子、子女、父母、兄弟、朋友，都要受到懲罰。這完全否認了道德的自由，否認了犯罪的歸屬，否認了道德的獨立性。例如，對於中國人來說，處死所有子女這種刑罰尤爲殘忍，因爲家庭關係是最重要的關係，祖先因此不再受到祭拜，後代不可能再對死者表示敬意，爲死者復仇。刑罰中還包括沒收財

(12, 147)

產，這些財產被視爲無主的、掠奪來的、不合法的事物，〔之所以把沒收其財產也當作懲罰，〕是因爲把那些被沒收了財產的人都視爲奴隸，而奴隸的全部所有都是要拿走的。另一種刑罰是體罰，這同樣適用於級別最高的官員。這種體罰違背我們的尊嚴感。每個官員都可以讓任何公民受到體罰，常常不分青紅皀白打人。前不久英國使團在中國拜訪一位最高官員後要返回住處時，主人爲了讓路給他們，竟然用鞭子抽打所有皇室成員。

一方面，體罰完全可以被視爲某種無關緊要的事情，因爲受到傷害的只是人的簡單的一面，即人的單純的外在性和活的定在。但正因爲這樣，體罰也最能讓人感到屈辱，因爲遭到體罰的人必定在其內心感受到強制。這裡的前提是內在和外在的事物有絕對關聯，因爲人從這種關聯中知道自己在道德上是獨立的。因此，這種屈辱感是很大的。他的一個次要方面被抓住不放，這正顯示，這個強制他的內心的方面對他是最高的方面。有教養的人擁有更爲重要的諸多方面，他根本不把這個很次要的方面看得多麼重要。對於有教養者來說，這種懲罰之所以是最高的處罰，是因爲它在法律面前宣告他的意志一文不值。也就是說，有教養者受到的如果是非肉體處罰，那就承認他是有道德、有內在性的人，承認他是認可法律有最高地位的人。出於這種原因，這種處罰變得更加具有尊嚴，因爲受懲罰者是被尊奉爲一個道德存在者。教養的程度愈高，對於體罰也愈敏感。一個承認並維護法律的官員，一旦遭受體罰便是奇恥大辱，因爲他的道德地位被剝奪了。

〔三〕另外一點是，行政當局建立在由更高級官署施行監督的基礎之上，而皇帝是最高

(12, 148)

的官署。每個最高的官署在自己的領域裡總有最高的、不受限制的權力。皇帝只有賦予各個大臣這樣的權力，他的監督才能得以實現。每個城市的行政長官同時是法院院長，可以把一個總督判處死刑。透過這種方法，官員們被賦予很大的職權，這種職權取決於他們的道德性，一旦監督有所鬆懈，壓力、隨意性就會很大。這樣，道德尊嚴的內在感就會喪失。公民在官員面前是無助的，他們自己不具有對自己的任何道德意識。

另一點涉及中國民眾的倫理習俗。民眾的倫理習俗也具有並非出自自己的內在性的特性。

中國人是作爲一個不成熟的民族被統治的，其倫理習俗也具有不獨立自主的特性。中國人是善良溫和的，極爲客氣並講究禮節，一切都有特定的禮節。他們即便或多或少抱有無所謂的態度，其舉止也由規則調教得極爲妥當。在中國，人是己外存在的，而不是己內存在的。這種己外存在主要是透過那種因爲父親或兄長受到傷害而進行的復仇出現的。他把這種傷害視爲是他在內心無法承受的絕頂大事。他以他的全部個體性對這種傷害作出反應。他十分渴望復仇，反應非常強烈，因爲他對於這種傷害感到無能爲力。在其他的亞洲民族也有這種情況。例如實行自殺，以便讓別人感到罪責，像過去我們這裡也有士兵這麼〔做〕那樣。中國經常發生這種事情，一個人與另一個人有仇，便透過自殺以引起對此事進行詳細調查，使另一個人受到拷問，因爲在中國刑訊逼供是通行的。那個人因爲對此人之死負有罪責而被處死。因爲這個罪責已經很嚴重，只要他造成別人死亡，不論是否有意，都要被處死。

(12, 149)　(12, 150)

在中國不考慮犯罪的轉嫁。假如一個人想出於報復而殺害另一個人，他就會把自己全家都毀掉，所以他就自殺，因爲這樣他就會把另外一個人及其全家都毀掉。中國人透過這種報復而成爲贏家，這樣他自己的家庭可以不受到懲罰，也不會被沒收財產。中國人的這種報復欲望延續至今。錫蘭人（斯里蘭卡）也是這樣，他們在洗浴時進行報復。此外，中國人像印度人一樣滑頭、喜歡偷竊和欺騙。（他們的四肢十分靈活，身體柔軟，手藝高明。）尤其喜歡欺騙歐洲人，因爲他們內心缺乏正義感。

下一點涉及學術、藝術和宗教。

缺少眞正的內在性也延伸到學術領域，不存在獨立自由的學術。當我們談到中國的學術時，聽到的都是對這方面很高的讚譽，學術在中國受到很高的評價和尊重。

（一）在古代，（中國人）在學術方面享有盛譽，的確很有聲望。皇帝居於學術的頂端，他受到精心的培養教育，也確實學到許多知識，尤其是在滿洲王朝。皇帝被視爲是學術價值的最終評判者。皇帝在朝報中責難官員們奏摺中的不正確表述，並且經常親自撰寫作品、文章和詩賦。宮廷裡有一個由博學鴻儒所組成的高級論壇，除了研修學術、特別是歷史之外，他們不做其他事情。皇帝依據嚴格的考試結果遴選出這個稱爲「翰林院」的論壇的成員。他們過著潛心於學術的生活，尤其在皇帝的監督之下（寫作）各種通用作品，皇帝則經常親自撰寫序言。皇帝從這些人當中挑選爲他代筆的祕書，最高的國家官員也從他們當中遴選出來。在中國，撰寫巨著及重新編書是國家的事務。乾隆皇帝在他執政的後期（從

(12, 151)

一七七二年起〕下令編纂一部新的文獻彙編，多達十六萬八千卷，⑪並規定全部著作都要準確無誤。每一卷的內容沒有我們這裡那麼多，在朝報中會公布這位或那位官員出了多少印刷錯誤，並爲此挨了多少板子。

由此看來，學術一方面受到極高的尊重，但是所有這些都缺少最主要的事物，即人的內在性和智慧的自由土壤，這種內在性和智慧能在自身中把思想財富積累起來，把所有具體存在的事物變成思想。學術的旨趣在於獲得自我滿足，能夠內在地生活和擁有一個思想的世界。中國人沒有這種土壤，他們從事學術，卻不是以科學的自由旨趣爲主導。科學與教育、知識的積累大都是經驗性的，而不是理論性的，不是爲思想而思想的自由旨趣，學術主要是爲國家的利益服務。國家把學術作爲工具掌握在自己手中，所以國家並不支持〔或〕促進純粹的學術生活、純粹爲學術而學術的旨趣。如果我們現在考察學術本身的狀況，就會看到，中國學術所享有的崇高聲望正在消失。

〔二〕關於中國的書面語言，它是中國人所特有的，是某種令人十分驚奇的事物。它有兩個方面。和我們有關的方面是必須把這種書面語言看作培育學術的一個很大的障礙，或者可以更確切地說，由於眞正的科學並不存在，所以它的工具也欠佳。這種書面語言是一種象

⑪ 指《四庫全書》，共收書三四六〇多種，七萬九千多卷，三萬六千多冊，分爲經、史、子、集四部。

形文字，而不表達聲音。在我們這裡，聲音是表象的符號，對於這些聲音我們又有符號來表示。字母因此是表象的符號的符號。在中國沒有繞這個彎路，即不是透過字母表達聲音、透過聲音表達表象。字母的符號同時是表象的符號，這促使許多偉大人物認爲這應該受到普遍歡迎。

從這個角度來看中國人的有聲語言，可以說，它是貧乏的、單音節的。我們的有聲語言是由書面語言所構成的，我們的有聲語言比書面語言多不了多少事物。中國的情況則不是這樣，他們的有聲語言是貧乏的，有聲語言的有些語詞甚至有二十五種完全不同的意思。這些不同意思的差別是靠完全不同的重音表達出來的，比如說得快或慢、輕聲或大聲。中國人的耳朵十分精細。因此這是十分不完美的。

至於書面語言本身，需要強調的是，它是阻礙學術發展的最大障礙。我們的書面語言極爲簡單。爲數不多的字母符號限制和規定了語音的數量。中國的書面語言則不像我們這樣限制語音的多樣性。一種不成熟的語言由於有中間音而不能被書寫下來。成熟的語言是由語音和書寫符號所規定的，這些很快就能被學會。其他則是語音的組合，記憶力不必再被埋沒。中國人不是只有二十六個書寫符號，而是有成千上萬個符號。他們日常所需要的字數有九三五一個，根據一些人的隨意說法，需要一萬個以上，學者需要識讀八至九萬字。然後還要學會〔語詞〕組合，這種組合一部分是象徵性的，另一部分完全是隨意的。因此，還必須自己學會連綴成詞。由於許多符號只是複合詞，因此人們學不到很多事物。有人寄望在我們這裡推廣使用象形文字，這樣各國人民便可以學習和理解同樣的符號，而不需要聽得懂有聲語言。中國人的這個優勢仍然繼續存在，因爲他們始終爲自己而保留著所有事物。

〔三〕關於學術本身，則享有很高的聲譽。最著名的學者是孔子〔孔夫子〕。他的學養主要是道德方面的。他完全是一位道德學家，而不是哲學家。因爲在他的言論中找不到關於思想作爲思想在自身之中活動的理論。他當了幾年正直的大臣，後來帶著他的學生四處周遊。他的學說聽起來像所羅門的箴言。而科學學術所要求的事物要更多。最近已經翻譯了一部他的書，根據書評，這部書與他的聲譽並不相稱。他無法和柏拉圖、亞里斯多德、蘇格拉底相比。如果我們假設梭倫是其人民的立法者，那麼他大約相當於梭倫。他的學說是道德課程的基礎，尤其是對皇子們而言。

進一步的情況只能簡單提一下。在一些具體科學領域，中國人很早就取得很大進展，但是這些也經常遭到質疑。最近人們較多了解了這種科學的狀況，因而能夠作出恰當評價。人們把物理學視爲中國最發達的科學。中國人比我們更早就發現了磁鐵和使用磁針，他們說磁鐵指向南方，這是正確的；而他們透過歐洲人才知道溫度計、氣壓計、空氣泵、擺鐘、槓桿，他們也不知道眞正的科學理論，這樣看來他們的物理學也沒有發展得太遠。

中國最著名的是天文學。德朗布林、拉普拉斯獲得了一些有關的資訊，認可中國人經過自古以來長期觀測所取得的成就，根據這些觀測，他們相當準確地計算出一年的長度，在西元前一一〇〇年觀測到一次日食，還十分準確地確定了春分秋分。他們的成就主要是十分長

(12, 154) (12, 155)

久的連續觀測，但是單單這點還不是科學。他們還做了長達兩千年之久的氣象觀測，但不是借助於氣壓計和溫度計，而僅僅是對風和雨的記述。歐洲人不可能從他們那裡學到什麼事物。不要在中國尋找什麼眞正的天文科學。原因之一在於曆法的數學部分是由歐洲傳教士近二百至三百年來作出的，他們在那裡有正式的教團，而中國人對此一無所知。曆法的天文學部分則是中國人作出來的。另一個原因是，儘管中國人自古以來就使用長管觀測星空，但是他們沒有望遠鏡和擺鐘（他們透過歐洲人才知道這些）。在北京的皇宮裡，雖然現在陳放著歐洲最漂亮的望遠鏡和擺鐘，這些是英國人送給皇帝的禮品。但是在北京的觀象臺上，人們並不把這些事物當作新的儀器來用。

其他的科學也是以經驗研究方式進行的。醫學的基礎是體液的循環，主要的療法是調整患者的身體姿勢。中國的數學乏善可陳，他們的數學主要是幾何學。有人宣稱他們知道畢達哥拉斯定理，但沒有顯示他們是否知道其證明。儘管中國人精通計算，但卻是使用器械。他們沒有代數、尤其是高等代數。他們的記數系統不是像我們這樣的十進位，而是二進位，用1和0書寫所有數目，這證明中國過去和其他民族的交往是多麼的少。關於代數還需要指出的是，他們完全不知道諸如對數、正弦、切線。他們了解化學，但是只限於直接應用方面。力學和水力學同樣是這樣，他們在發明簡單機械方面很有創造力，常常比歐洲人更爲巧妙，但這並不是科學。此外，他們對許多事物都有藝術情趣，例如飼養昆蟲、收藏銅片。

從以上情況可以得知，在美的藝術方面，理想藝術在中國是不可能繁榮昌盛的。理想的事物只能由內在的自由精神來構思，它不能是平淡乏味的，而是要同時由一個形體來裝飾。他們儘管擅長藝術創作的機械方面，但是卻缺少精神創造力，缺乏自由的內在性。在他們那裡找不到創造性。他們有優美的風景畫、有肖像畫，但沒有我們這裡使用明暗對比產生出的光線。他們擅長於細緻的工筆描繪，例如鯉魚的鱗片；工筆花鳥畫也十分精彩。所有這些繪畫都十分精細，但完全沒有理想。他們只有在園林藝術方面是出類拔萃的，他們的園林美不勝收，不是生硬死板、過於精細。

最後要談到宗教，對此的了解有難度，因爲只有歐洲的傳教士能獲得有關的了解，但正因爲他們是傳教士，由於其宗教的緣故卻不能眞正了解這一點。

在中國，國家宗教首先必須與私人宗教加以區分。根據主要情況，國家宗教一方面是宗法性宗教，但是它也有不同於這種宗法性宗教的另一方面。我們可以把這種古老、單純的宗法性宗教簡單表述爲：人向作爲天和地的統治者的上帝進行祈禱，上帝是單純、永恆、慈悲和公正的，獎勵善良和美德，懲罰邪惡與罪行。這個純潔、單純的宗教基本上就是中國人的國家宗教。由於它的抽象性，它是純粹和單純的。出於對神的本質的這種表象，就排除了自然界和精神的豐富性及深刻性。公正和善意是絕對者的行動方式，但卻沒有明確說出絕對者是什麼。這種宗法性，處於這種狀態、這種抽象中的人，其情況是：他還沒有下沉到他本人和自然界的深處，還沒有想到在神性中去化解自然界和精神的問題。這個單純的事物就是中國人的國家宗教。

（一）他們把最高存在者稱爲「天」（Tian），也稱爲「上帝」（Shangdi）即最高主宰。耶穌會士們承認，這個「天」或「上帝」就是我們的上帝，我們也是這樣認識上帝的。其他的傳教士則把中國的宗教解釋爲異教，認爲它完全不是基督教的。爭論的第二點在於，耶穌會士容許中國人叩拜死者，其他的傳教士則禁止這樣做。有的人把這些死者與聖徒等量齊觀，另一些人則只把天主教的聖徒當作代人祈禱者。大多數古代民族都是像中國人這樣祭祀死者。「天」的字面意義就是「天空」，因此，爭論的焦點在於它是指自然的天空，還是指我們所說的上帝。在所有的古代民族中都有這種爭論，例如波斯人關於光的爭論：他們所說的是自然的光，還是思想的光？還有埃及人關於奧西里斯的爭論：它是指尼羅河，還是僅僅指一個內心的象徵？（人們）問道：天、光、奧西里斯是否只是純粹精神或內心的符號，抑或只是這些符號所標示的純自然的事物本身。第三種意見認爲，在這些畫像的背後所尊奉的是死去的個人。這場有關所有神話的爭論一直持續到今天。如果嚴格區分開這些觀點，當然就是一個矛盾。但正確的觀點也許在於，人們無論談哪個民族，都不能說他們已經把感性事物唯獨作爲神聖事物來看待，因爲精神的本性必然要求不停留在自然事物上，而是要不斷進入一個內在事物中。所有純粹的宗教都是把感性事物逐漸變成思想。思想一旦深入到對象之中，就是一個被思考的事物，是普遍的事物。

現在進一步來看中國人所說的「天」，儘管我們可以列舉出很多事物，但是現在只想講下面一點：一七一一年，當時康熙帝在位，耶穌會士修建了一座教堂，皇帝親自題寫了三幅

(12, 158)

(12, 159)

匾額掛上。第一幅匾額是「萬物眞正的原理」（「萬有眞元」），第二幅是「沒有開始和終結，它創造並持有萬物」（「無始無終，允作形聲眞主宰」），第三幅是「無限、無限善良、無限公正，以最高權力統領一切」（「宜仁宜義，爰昭拯濟大權衡」）。中國人所說的他們的上帝就像我們在《舊約》中所讀到的耶和華。在多位官員爲農業歉收上疏之後，康熙帝的繼任者發布了一道諭旨。這些官員稱，在樹立著一位老將軍畫像的地方就沒有歉收出現。皇帝回答說，爲防歉收而樹立那幅畫像並不是他的意思，他的意思是在於人與天的永恆關係。如果發生了這種不幸，人們就應該反觀自我，捫心自問他們是否犯了錯誤、是什麼錯誤，從而招致這樣的懲罰。皇帝本人如果聽到這種不幸，他也會親自這樣做，問自己如何把這個不幸帶給他的帝國。如果人民行事得當，上天會降下恩典，因爲只有在人民背離正義和善良的情況下，國家才會被推翻，人民才會沉淪。如果人們不承擔自己的義務，上天就把他的意向變爲懲罰。這些就是關於最高存在者的思想，這些設想與《舊約》中的內容完全吻合。

從這個方面來說，我們可以把他們的宗教稱爲宗法性的。這個單純抽象的存在者在中國人的心目中是至高無上的。被傳教士稱爲國家宗教中無神論者的中國學者，在人們可以賦予命運的意義上，把這個抽象存在者當作理智的、原始的事物和世界的最內在本質，把自然界的規律當作產生自然界的事物。所有事物都產生於這個原始的事物。一般來說，中國人擁有自然界和人的行爲要有一位公正的統治者的觀念。需要補充說明的是，只有皇帝才稱爲天的

(12, 160)

兒子，只有他才能爲所有黎民百姓向天獻祭。只有皇帝本人才能進行獻祭，親自舉行祭神儀式。中國有許多節日，皇帝要在節日的公共活動中舉行祭祀。首要的節日是冬至，在我們的耶誕節期間，第二個是在春分日，皇帝要親自犁田，並不是爲了顯示從政治上尊重這個等級，而只是一種敬神儀式。皇后則要親自餵養絲蠶。第三個節日是在夏至日，在我們的約翰節之時。第四個節日本應在秋天，但實際上要早一些慶祝，皇帝要頒布諭旨，聲稱爲了感謝上天帶來五穀豐登，他不願意等到秋天。這些主要節日和四個季節相對應。在更早時代，皇帝要登上稱爲「岳」的高山去進行祭祀。按照天上畛域的劃分，這樣的山嶽有四座。後來，節日慶典的地點改爲在宮中舉行，皇帝在這裡向上帝下跪膜拜。一大隊浩浩蕩蕩的人馬，常常有兩千名文官和同樣數目的武官參加慶典。在發生日食或月食時的慶典也特別隆重，老百姓都要跪地磕頭。文官們則觀察日食和月食。以上所描述的一切都說明宗教直觀與自然規定性的緊密關聯。

〔二〕這個宗教的第二個特點是，儘管天是一個主宰，但並不是沒有爭議，以致只允許尊奉天，而是在這個至高的唯一位置之下還有多重的事物，所以在中國有許多教派，猶太教徒已經有一千多年歷史，此外還有很多回教徒。基督教的傳播也沒有什麼障礙，只要這個宗教看來不會煽動人們起來反抗中華帝國的典章制度。除了敬天之外，中國人還敬奉各種神——守護神，類似於希臘的樹精，即各種自然物的精靈，它們被設想爲不同於各種以它們爲自己的本質的對象。

(12, 161)

對於理性來說最重要的是：絕對者並不是這樣一個無規定的事物，而是自身特殊的事物，特殊的和被規定的事物也被設定到絕對者之中，並在其中被認識、被了解和被直觀。我們的思維著的理智在運動中把握太陽系，把它當作按照規律規定自身的。這些規律是太陽系的魂靈。因此，規律是一種普遍事物，但只是被提升到普遍事物中的特殊性。這個特殊事物由此與「太一」相關聯。這種普遍事物須在上帝中，即在一個普遍事物中加以認識，這樣我們就說，上帝把它做成這樣。我們說這種普遍事物是由一個普遍事物設定的，但認識到這種特殊事物還不存在於這個普遍事物中，因爲我們把它當作力量來理解，而這個特殊的普遍事物是外在於這個力量的。這個絕對者還沒有被理解爲這樣在自身之內規定自己。由於中國人的「天」缺少規定性，所以規定性外在於它，特殊事物上升到的這個普遍事物也外在於它。在《舊約》中，人們一方面設定了耶和華，另一方面則設定了埃洛希姆。⑫

由於普遍事物本身還沒有在其規定性中得到把握，所以下一個上升就是把靈魂賦予特殊事物中的普遍事物，正如中國的各種守護神那樣。這是各種事物的守護神。日、月、星辰、時間、年代和時辰，所有事物都有自己的守護神。這些神都愛護人，並且像官員那樣

⑫ 埃洛希姆（Elohim）是猶太教與基督教在《摩西五經》中除了耶和華之外對上帝最主要的稱呼，它概括了神或神明所具有的意思，在七十子譯本中被譯爲希臘語theos（神）。

依次分爲等級。所有城市都有自己的神，有高級的和低級的神，有樂於助人的神，也有惡神。惡的精靈稱爲「鬼」，它們和神爭鬥。有些神有許多事情做，另一些神則沒有事情做，他們就可以把自己變成一個人或動物。在變成人以後，他們就不再變壞了。皇帝作爲天的兒子，也可以指定位置、事務和官職給神，而且是透過年號。在中國歷史上，如果皇帝另行分派看不見的世界，並且改變其中所有官職，那麼，在朝代更替時就總會〔出現〕很長的故事傳說。對國家忠心耿耿的人在死後也可以被奉祀爲神。到處都建有神廟，人們在祭拜神的時候堅信一切自然事物都取決於神。如果一個城市發生了災患，與此相關的神就會遭到辱罵，並且主要官員會把這個神從下一年的曆法中刪除，以示懲罰。神本來並沒有被尊奉爲上帝，而是位於天的下面。中國人爲這些神製作了神龕偶像，在這些廟宇中，也陳放著面目醜惡的神像。神廟中有神職人員，有許多僧侶生活在數目眾多的寺廟中，他們不婚娶，此外也有尼姑庵。在北京，寺廟多達萬座，寺廟的數量快速增加，皇帝不得不加以限制。有一位皇帝讓二十五名僧侶還俗過普通市民生活，並且取消了五千座寺廟。中國人的大量迷信都與神和寺廟的這類問題有關。在每次發生災難不幸時，他們都求助於僧侶和神像。這些僧侶是固定的諮詢顧問，他們能預卜未來或做類似的事情。他們的一件主要事情是確定修建房屋、特別是修建墳塋的位置，他們確信，各家的禍福都取決於此。各個角落都用傳說中的龍來驅邪，並且由他們尋找象徵吉祥的墓地。這種迷信的前提是內在精神的不自由，正如我們在他們那裡所看到的。

（三）我們已經注意到，有一些特殊的教派。其中之一是老子的教派。在他們那裡，看來已經開始有一種完全不同的秩序觀。他們設想，透過返回自身、透過研習，達到對於神的控制。再進一步就是潛修者透過嚴格的修煉，使自己成爲神。在這裡開始有了人的事物到神的事物的上升，有了與神聖的絕對者的絕對同一。第二個教派是廣泛傳播的喇嘛教，皇帝家族、尤其是出自於滿洲部落的皇帝家族信奉喇嘛教。皇帝的私人宗教是喇嘛教，一個活人之所以被尊敬，是因爲神性在其中有自己的當下定在。這和佛陀的宗教密切相關。佛的宗教十分有名，但它（是）否和佛陀的宗教是一回事，這依然有疑問。⑬佛的宗教的一個主要觀念是靈魂轉世，所有形態，人、星辰等等都只是太一、絕對者的不同形式、顯現。此外，這個宗教的信徒把至高無上者設定爲無，因此，人只有這樣才能上升爲神，即他喪失對特殊事物的所有感知，使自己成爲抽象的直觀，達到善惡以及一切差異都消失的境地，達到（人）完全淪爲空虛性、淪爲不動者的境地。因此應當追尋那個完全空虛的事物。

我們現在從對以上第一個宗法制帝國的敘述轉到對第二個帝國——印度的敘述。

---

⑬ 漢語中的「佛」是對梵文Buddha的翻譯，西方學者在介紹中國的佛教時把「佛」音譯爲「fo」，黑格爾並不了解這一點，因此懷疑「fo」和「Buddha」是否指同一個宗教。

二、印度

這是印度河與恆河流域。這裡河流已經開始和多條山脈曲折交錯。印度緊靠著世界其他部分，因此它近乎是世界歷史鏈條中一個積極的環節，而中國則游離於這個鏈條之外，它雖然是第一個環節，卻還沒有起步，而且也沒有走出自身。與所設想的一樣，印度表明自己是一個世界歷史的民族。由此誕生了智慧、科學、教育以及自然財富。沒有什麼事物不是出自那裡。因此所有民族的眼光都轉向那裡，以尋找一條得到財富的道路。與這個財富的源泉建立聯繫是貫通所有民族的環節。沒有任何一個較大的民族不從印度那裡獲得或大或小的某種印記。

〔一〕首先我們要嘗試把握印度的那種與中國截然不同的原則。與中國相反，印度彷彿是夢幻的國度、奇蹟的國度。在中國，一切都是毫無夢幻的知性、枯燥乏味的生活，甚至連情感都是由外部來規定、設定的，並且由法律來規範的；而在印度則正相反，沒有任何對象是被確定下來，與詩和幻想相悖的，而是所有事物都和幻想有關，都被弄得充滿神奇。在中國，道德是法律的內容；在印度，儘管也有固定的規矩和法律，甚至對行為有一大堆的規定，但這些規定不是以倫理、情感、道德的事物作為其內容，而是以迷信為其內容。這是些行動，而這些行動無論從形式還是從內容看，都毫無精神和情感。印度人的生活是由這些沒有精神和情感的形式組成的。中國人一方面具有枯燥乏味的知性，另一方面他們的掌管一切的統治者具有與知性相反的永恆迷信。印度人沒有中國人那樣的迷信，他們的整體狀況可以被概括爲一種夢幻式的想入非非。理性、道德性、主體性都已經被消除、被拋棄，人只有透過充分地發揮其想像力才能返回到自身，返回到積極方面。一方面是放縱不羈的想像力連同感性享樂，另一方面是對內在性毫無生氣的抽象，印度人就在這兩個極端之間左右搖擺。因此，印度人像一個失去任何精神性，僅僅絕望地借助於鴉片來獲得一個夢幻世界的完全墮落的人，這個世界是精神錯亂的一種幸運。對於中國人來說，歷史學是一門最成熟的科學。在中國人方面，我們看到他們五千年的歷史井然有序，按照編年史方式枯燥地敘述著外在事情、行動和事件，有時加上一些說明性文字。印度人則正相反，他們根本沒有什麼歷史、編年史或對事實的敘述。對他們來說，一切當下的和現存的事物都變成彩色夢幻，而煙消雲散。因此他們不可能有眞正的歷史，他們對歷史的理解是由神經衰弱和神經過敏決定的，這阻礙了他們承受各個客觀對象，承受一種固定的、確定的定在，毋寧說，這種定在只要接觸到他們，就對他們轉變爲身體發燒時出現的一種夢幻。他們不能承受確定的現實性，只能想入非非，編造謊言。他們也不是蓄意編造謊言。不僅他們的口頭傳說，而且他們的書面文獻都很難讓人感到可信。這些是最近的特點。在想到印度這個名稱時，就感到出現一個夢幻，彌漫著一種美好的香氣。但是，在人們於不久前熟悉了印度的精神之後，這種芳香便煙消雲散了。現在的看法已經完全不同於過去對這個童話世界的幻想。

〔二〕現在更進一步去把握印度人的原則。在中國人那裡我們看到支配未成年人的宗法制原則。中國人不具有充實的內在性，他們的內在性還沒有內容。對他們來說，自我規定的內容是由外在的政府和外在的法律給定的，這些法律規定了內容。這是最抽象的內在性。下一步是一個必然的進展，即產生出一個內在性世界，因此，〔內在性的〕充實就是形成一個內在性的世界。在中國，思想世界只與國家及實用性有關。再下一步就是把迄今外在設定的規定性變成爲內在的，形成一個精神世界，使內在的事物不再單純是抽象的，使精神從自身建立起自己的世界，並把世界塑造爲一種理想主義。

我們在印度看到了上述進程，但這裡的理想主義還是一種沒有自由、缺乏理性的單純想像的理想主義，一種純粹的想入非非，眞理只是潛入其中，大量內容是抽象的想像。各種對象性的事物都表現爲精神的想像，但都表現爲沒有概念的，因而不自由的想像。印度人的生活因此是一種夢幻式的生活。在夢幻中，人不能把他的自爲存在著的現實性、他的自爲存在著的人格與那些對他來說外在的事物區分開，因此，外在性的全部關聯、外在世界的知性就不復存在了。在印度人的夢幻式生活中，沒有主體和客體的各自自由的自爲存在，沒有主體脫離客體和客體脫離主體。此外，在夢幻中，連精神的最深處也顯露出來，哪怕這是些荒唐透頂、愚蠢至極的廢話。因此，我們〔雖然〕在印度人身上看到對最高級的理念、最高尚的規定的意識，但它卻與最隨意的異想天開混雜在一起。

眾所周知，有一種特有的女性美，這種女性的氣色不是那種健康的紅暈，而是一種更加細潤的紅暈，彷彿由裡向外透著靈性的韻味，所有線條都顯露出柔美溫和。婦女在分娩若干

(12, 167)　(12, 168)

天之後出現這種溫柔之美；人們在夢遊狀態下也能看到這種柔美，像斯霍勒爾⑭這樣的大畫家把這種柔美賦予了臨死前的瑪利亞。我們在印度的人物形象中看到這種神經質之美、敏感心靈之美，它由於缺少產生於自身的自由精神而罹患衰弱之苦。

〔三〕如果說我們在進行了上述對比之後能更加有把握理解印度的狀況，那麼，印度人生活的基本理念便是外在事物和內在事物的定在的統一。印度的直觀以絕對的實體性作爲基礎，這種實體性透過知性在其自身中還沒有分離，即偶然事物的現象與本質還沒有分離。因爲這種分離需要有知性作爲條件。而在印度，我們沒有看到知性。屬於知性的應該是：主體是固定的，與多樣性是有區別的，這種多樣性同樣是自身固定的，因此與知性事物相對立。與個體相對立的多樣性處於一種知性的聯繫之中。在印度人那裡，沒有這種主體與客體的分離，也沒有各種客體與其總體聯繫的分離。

各個事物如同存在於它們的聯繫之中那樣，最初都是單個的事物，但是在更深的聯繫中擁有規律，擁有一種內在事物，一種普遍的本質性事物，它與它們的個別性是分離的。這種本質性事物中的最普遍的事物就是中國人的抽象的神，而在印度，各個事物的個別性與它們

---

⑭ 揚·凡·斯霍勒爾（一四九五—一五六二年），受到義大利文藝復興思潮影響的荷蘭藝術家，在德國時曾拜訪丟勒並受其影響，後去耶路撒冷朝聖並大量寫生，這些素材日後成爲他藝術構思的主要依據。

的聯繫、與它們的本質是不分離的。這樣，我們就看到了印度的泛神論。這不是多神論，毋寧說，他們的直觀是普遍的泛神論，不是像斯賓諾莎主義那樣的思想的泛神論，而是表象的泛神論。斯賓諾莎主義把個別事物本身看作微不足道，在其中只抓住抽象的實體，只把普遍事物設想爲實體。

在印度，人們不思考普遍事物，而是把感性材料直接地、生硬地塞到普遍事物當中，不是透過精神的力量把感性材料理想化，提升爲自由之美，從而使感性事物只是普遍事物的表現，相反地，印度人只是把感性材料吸收到普遍事物當中，只是把它擴展爲沒有尺度的事物，這種材料使神遭到奇特的扭曲，甚至變得可笑。因爲神聖的事物是以有限的形式加以把握的，而有限的事物被發散爲沒有尺度的事物。這在印度人那裡不是一個單純的遊戲；他們不是在創作童話，不是超越於想像力之上，相反地，這些夢幻構成他們的尊嚴。神聖的事物透過這樣的造型不是被變爲個體，而是透過這種低級的形態完全遭到貶低和玷汙，並且被變得十分荒唐，就像有限事物被吹噓爲珍品和精美絕倫的事物，隨即又墜入萬丈深淵那樣。這是把有限的事物神聖化，把神聖的事物有限化。這樣，上帝化身爲人的觀念就不會使我們感到突兀，而神成肉身的觀念也不會令他們突兀。這個觀念不是一個特別重要的思想，因爲一切都是上帝化爲肉身、化身爲人，例如猴子、鸚鵡、牛等等；神化身爲一切。神聖的普遍事物、內在事物都是由感性事物想像出來的，而在中國就不是這樣。

印度人具有一個表象的世界，一種充實的內在性，但這個世界並不是透過理性和概念形成的，而是透過兩個端項的生硬結合產生的。基本的思想是關於個別事物和普遍事物相統一的表象。因此，被設定爲與普遍事物統一的特殊事物是感性事物。這種統一就其自身而言構成了一切眞理的基礎，但在這裡具體來說，這種統一僅僅是爲了表象而被給予的，所以就變得怪誕、荒謬和沒有尊嚴了。

這種把上帝感性化的過程中，需要區分開兩種情況：〈其一，〉泛神論是否完全普遍地都是關於這種統一的表象，〈其二，〉堅持關於這種統一的表象的泛神論是否完全把所有的感性事物都神化，在四周被有限的事物所包圍，而這些有限事物必定被視爲神，或者，上帝的感性化是否集中起來，限制在一個直接當下存在的中心點上。這個區別構成不同民族的差別。泛神論的普遍分裂屬於信仰婆羅門教的印度人，第二種情況屬於佛教原理或者喇嘛教。信奉這種原則的民族主要是藏族人、蒙古人和卡爾梅克人，此外還有錫蘭人以及恆河對岸半島東部的民族。喇嘛教是各種宗教中傳播得最廣的。對於前者，我們談論的是原來的印度。印度也崇拜佛陀。對於印度人來說，佛陀是神第九次化爲肉身，但是從整體上來說，婆羅門教的泛神論是他們的普遍原則。

〔一〕關於原來的印度所處的位置，其基礎是恆河及印度河流域，此外還有英國人所稱的印度斯坦和德干半島。北部是恆河流域——這個地區被視爲印度婆羅門教本來的中心——以及孟加拉、喀什米爾等。另一個地區是印度河流域。南部地區主要是沙漠，其間點綴著一些綠洲。北部地方、即旁遮普由五條河流所分割，那裡的土地肥沃。亞歷山大曾抵達

(12, 171)

印度河，在他之後的兩千一百年，即一八〇五年，英國人才重新抵達那裡。印度因印度河而得名。他們自己相互之間是否這樣稱呼，抑或只是我們這樣稱謂他們，他們究竟是否有一個共同的名稱，這些都不得而知。那裡過去完全不知道印度這個名稱。在恆河與印度河之間沒有大的山脈，但是在印度河以東很遠的南方則有很大的山脈，與印度斯坦南部的山脈相連。這些山脈以南是訥爾布達河（訥爾默達河、訥爾瑪達河），是印度斯坦與德干半島的界河。向西的沿海地區像錫蘭一樣十分狹窄，在山脈和大海之間只有很窄的一條海岸。其後聳立著高高的山脈，如同我們在非洲所看到的那樣。其他地方的海岸要更加多樣。錫蘭位於科摩林角的對岸，距離它很近。印度斯坦和德干半島則和兩大河流域有很大不同。在山區生活著道地的蠻族人，諸如完全沒有文化的野蠻民族德普拉登人。目前在河流平原地區主要生活著印度人，而且是在上述原則之內信奉婆羅門教的人，儘管在他們之間也穿插生活著其他一些民族。

〔二〕關於他們的政治生活、倫理和宗教，這些方面是密切聯繫的。我們想說得更詳細點，政治生活的基本原則是：國家應當是特殊意志和普遍事物的統一，因而是普遍意志的實踐。因此，國家以自由意志的意識爲前提。客觀意志在中國是法律，但處於印度人的〔世界〕之外。在中國，道德的事物被當作民法的內容，因而把內在事物當作外在事物來對待；在印度人那裡，內在事物和外在事物〔雖然〕是統一的，但在這種統一中，自然界既不是一個可以理解的整體，精神的事物也不是作爲自由意志與自然的事物對立的，毋寧說，這還是直接的統一。所缺少的是精神返回其自身，使精神由此認識到體現自由的法律是爲精神存在的。所以，既缺少作爲自在存在的意志的自由原則，也缺少存在於主觀意志形式中的自由原則。缺少的是國家所必需的一切事物。在印度根本就沒有國家；在中國一切都是國家，在印度則只有一個民族，而沒有國家。

如果要過社會性的共同生活，而且是過將要指出的很有文化的共同生活，那麼，只要有中心，就有一種治理。由於缺少自由原則，所以對於規定在這種生活中什麼是倫理、公平和道德，根本就沒有倫理的原則，也沒有作爲良心的宗教虔誠，因爲所有這些都以作爲自由的精神爲其原則。由於這裡只有政府，所以就有一種專制主義，一種完全沒有原則、沒有法律的專制主義。在印度，產生決定作用的是澈底貶低人格的專制主義，儘管有足夠的宗教，但沒有宗教虔誠。中國、波斯、土耳其乃至整個亞洲都是專制主義的溫床。如果統治者、掌權者是一個惡人，專制主義就會變成暴政。這種暴政以後會遭到所有個人的厭惡和反對，變成一種秩序以外存在的事物。而印度沒有對自由的自信心，沒有對道德的意識，所以暴政在這裡存在於秩序之中，沒有遭到厭惡。印度人所留下的，無非是他們被剝奪的對感性事物的感覺。

〔三〕第三，印度人民是一個擁有古老文化的民族。特別是恆河平原以及訥爾默達河平原，土壤極其肥沃；由多條河流沖積而成的土地加上溫暖潮溼的氣候、各種各樣成群的動物，這些都很容易滿足人們的物質需求，很早就形成了群居生活，促進了文明的誕生。這裡產生了一種十分奇特的、對國家的概念絕對重要的規定，它和中國人的概念截然相反。中國缺少這樣一個環節，即國家的理念在分化中才是具體的、在自身得到規定的和〔作爲〕不同事物而成爲有機環節的，〔所以〕不是抽象事物，而是不同事物的自爲設定的存在，不過，不同事物是透過整體、整體又是透過不同事物而存在的。這些不同事物是普遍事物，是普遍的特殊性。國家整體是一個實體性事物，但這個實體性事物在特殊化時分爲許多特別的事務，它們構成國家的各個有機環節。我們在印度就看到這些不同的事物湧現出來。

個人、家庭是有差別的事物，它們是個別的特殊性，而不是普遍的特殊性。只要這些有差別者是個人，就有更進一步的差別，一部分個人是自由人，一部分是奴隸。個人自由的差別在印度不可能出現；個人自由的差別在印度也無從談起。我們也看不到獨立個體的那種內在的、主觀的自由，即良心。我們在中國沒有看到這個規定，在印度就更看不到。眞正的國家必須擁有道德主體，必須使其每個人具有內在的道德自由。

關於普遍的特殊性、國家事務環節的劃分，我們在中國曾經看見過它們出現。現在需要注意的是，這些環節能在什麼程度上自行組織起來。中國沒有出現這種情況，即這些有差別者在整體內部自行構成爲現實的、特殊的環節，構成爲社團。因爲在中國，這些只是國家的不同需求；在印度出現了這些普遍的特殊性，而且是種姓的獨特規定性。國家的首要事務是智慧的、精神的、宗教的和科學的生活。第二種事務是實際的生活、權力的事務、對外對內的防務、需要勇氣的事務、進行領導的事務。第三種事務是經濟性事務，以滿足需求

(12, 174)

爲目的。這種事務可以用多種方式進行劃分，在我們歐洲分爲城市和農村，城市從事加工製造，農村從事農牧業生產。第四種與服務性事務有關，這些人給從事以上事務的人提供私人服務，不能以獨立的等級出現。從事務這個概念出發產生的差別是理性所規定的。現在的問題是：在印度這些差別採取什麼樣的形式？在任何國家的一般性事務中，對個人進行區別和劃分都是必要的。這在印度是以一種特定的方式出現的。印度人的不同在於概念的這種規定性成爲自然的差別，成爲出身的差別。在我們歐洲，主觀自由在於，不管是對於什麼規定性，每個人都可以按照觀念、意見、實際狀況規定自己。但是在印度，這些有差別者完全取決於自然的規定性。

柏拉圖的國家理論也承認這些差別，但是他排除了隨意性。即使各個個體的固有福祉被排除在外，首領們也畢竟按照一種得到培養的、倫理的意志把他們確定爲各個等級。這樣，在柏拉圖那裡也有一種人的意志，它造成等級劃分。這就使得個人的主觀自由沒有得到尊重，但是這種規定性不是透過自然劃分的，像在印度那樣。在我們歐洲，等級制完全處於從屬的位置。精神、宗教、倫理和法律這些領域是更高的領域，在這裡，所有的人都擁有或可以擁有同樣的和普遍的權利。等級制只涉及市民生活狹隘的地方性。意志的普遍性就其自身而言並不取決於每個人都可以在自己家鄉生活的那樣一個地區。但是像上面所說，印度人的差別是自然差別，印度生活的整個制度都包括在其中。宗教和法律的全部清規戒律都取決於此。因此，這些差別在印度也有絕對的重要性。由於每個個體都依附於這樣一個被稱爲

(12, 175)

種姓的等級，所以在涉及歷史起源時，一種廣爲流傳的意見認爲，這種差別產生於部落的差別，因此民族差別是第一差別，與此相連的才是行業差別。這個意見在歷史上沒有得到證明，它也沒有說明問題的關鍵在哪裡。不可能存在一個僧侶民族，因爲一個民族需要擁有所有的行業。最重要的是，一種差別只有和其他差別一起才能形成。這是一種勞動的分工，這種分工是文明的標誌，是一個民族的開端。因此，種姓不能透過各民族部落間那種外在的聚合來解釋，它要以一個形成差別的整體作爲前提。其獨特之處只在於，印度的這種差別是以這種方式透過出身血統固定下來的。至於這是如何發生的，是透過無意識的直接性，還是由於外在的專制制度，則是另外一個問題。專制制度可以做到的，是使這個人不斷從事這個行業，並且讓他的後代繼承這個行業，這已經是一種自然的方式。關鍵的問題在於，這些差別只能在一個已經形成整體的內部才出現，並且固定下來，正如印度那樣的情況。在埃及也有種姓，在米底人、波斯人以及其他民族那裡也有更多種姓的遺跡。在古代波斯，若干城市必須向專制君主的王宮提供玫瑰油，另一些城市提供絲綢服裝。君主對此作出規定並且堅持實施。在印度同樣是把這種狀況固定下來。

印度的所有倫理規定和宗教規定都與種姓劃分有關。其宗教觀念的主要原則是個別事物和普遍事物的統一、感性事物和神聖事物的統一。我們是把感性事物和精神事物、把本質和偶然事物區分開，透過反思把它們統一起來。在印度，統一不是反思的結果，他們的統一是直接的。細微的差別僅僅在於：神聖事物是更多地把普遍事物作爲其出發點，還是透過由感

(12, 176)　(12, 177)

性事物出發的第一個事物，更多地把感性事物作爲其出發點，是更多地終止於普遍事物，還是從普遍事物開始，更多地過渡到感性事物。因此，印度人把太陽、月亮、山脈、河流、動物、單個的人這些直接感性的事物都當作神聖的。另一方面，印度人還具有一些已經屬於思想的表象，但沒有把它們當作思想來把握，而是直接地、感性地來把握。這樣，諸神就都成爲直接感性的。這也表現在種姓劃分方面。這種劃分是一種崇拜，其中一部分人顯現爲神聖的。由於神祇作爲支配者這時，變成了塵世間的固定的事物，種姓的差別在印度人的觀念當中也就是固定不變的。人們像對待自然事物那樣去對待神祇和其他人。人們以這樣的態度看待人和神祇的關係，使得他們的日常生活像在舉行敬神儀式。根深蒂固的迷信也表現在一句有普遍性的話當中：「神無處不在」。但是，只有不去仔細觀察才能明白這類說法的情況。印度人的倫理生活與宗教一樣，都囿於種姓差別之內。印度的宗教不僅把人和自然事物視爲對象，而且還把普遍本質視爲對象，這一點再詳細闡述於後。

如果我們進一步考察種姓，首先要說的是種姓的權利問題。最先引人矚目的是印度的四個種姓。第一個是婆羅門，第二個是剎帝利即武士，國王就出自於這個階層，不過曾任馬拉特帝國首腦的最後一位派施瓦⑮卻是婆羅門成員。第三個稱爲吠舍，這個種姓主要是地主

⑮ 派施瓦是馬拉特帝國的首相職位，在十八世紀初馬拉特帝國國王不得不服從莫臥兒的統治並成爲虛君之後，最後一位派施瓦巴吉·羅一世成爲握有君主實權的首腦。

和房產主。第四個是工人、手工業者、奴婢、僕人等，叫首陀羅。緊接著這個種姓的第五個是不可接觸的賤民種姓，稱爲「尼沙達」、「帕里亞斯」。除了這種一般的劃分之外，還有許多下一級的劃分，並且在不同地區各不相同，有人說有二十七種至三十六種之多。婆羅門和刹帝利階層是完全確定的，而手工業者的種姓，即吠舍和首陀羅，則分爲許多各不相同的，每個次一級種姓都有其特有的職業。

印度人自己爲大多數種姓給出了其歷史來源，由於某些王公諸侯的疏忽，不同種姓的男女之間相互通婚，其子女便形成特殊的種姓。因此，沒有種姓的人形成新的種姓，並被指派從事一些職業，由此產生出藝術和學術。這個說明肯定含有某些正確的事物，但是認爲藝術和各種行業因此才得以產生，這應視爲不正確的，因爲正是藝術和各個行業的規定性造成了不同種姓的規定性。存在著許多個種姓，每個種姓都有其自己的行業：漁夫、製革匠、理髮匠、吹鼓手、挑夫、轎夫、織席匠等等。任何種姓都不超出其被指定的行業之外。歐洲人對於種姓的這些差別頗感頭痛，例如，在服兵役過程中每個人本該什麼都做，但印度人不得去做超出自己種姓行業的事情。經過長期交往，這種頑固的限制已經開始有所鬆動。士兵種姓出身的士兵不得去挖戰壕，不願意挑任何事物，也不願意去拉大砲，而必須由其他人去做這些事。他們極少去從事其他的行業。在印度，一支有兩萬人的英國軍隊開赴戰場，需要有多達十萬人的輜重隊。一個少尉需要有三十人來服侍，一個上尉需要五十人，因爲每人都只做他自己的職務。一位法國將軍拉利托倫達爾——此人在〔十八世紀〕五〇年代被派往印

(12, 179)

度，後來在巴黎被斬首——在印度時曾想強迫印度人去做戰爭中的各種事情，但是印度人都跑掉了，他透過這種生硬的做法毀掉了自己的計畫。⑯

每個種姓對日常生活中哪怕最瑣碎的事情都有自己的規矩和規則。他們在吃飯之前必須沐浴，如果不沐浴就不能吃飯，而且常常幾天不吃飯，直到進行了沐浴。不同的種姓不能在一起吃飯，不過由於在戰爭期間的交往，這個規矩已大大減弱。如果一位歐洲人或者一匹馬在他們的池塘裡飲水，這個池塘就不潔淨了。印度人不能觸碰死鳥，身上不能用羽毛做裝飾，也不能穿牛皮製的衣服。人們因此必須自己安排準備給養。每個種姓都有其特定的行業，必須遵守特別的規矩，擁有完全不同的公民權利。

位於最上層的是婆羅門，他們高居於其他種姓、尤其是首陀羅之上，如同在我們歐洲這裡人類高居於動物之上。只有婆羅門允許從事學術活動，閱讀聖書《吠陀》。一名首陀羅（第四等級）不得記誦書中的段落，不得學習祈禱。如果他學會了一點兒，就會受到死刑的

(12, 180)

---

⑯ 此處指的是：在英軍和法軍於一七五八—一七六三年進行的第三次卡納蒂克戰爭期間，法軍統帥拉利伯爵不敵英軍猛烈進攻和長時間圍困，於一七六一年一月無條件投降並被俘，導致法軍被全部逐出印度。他在一七六四年獲釋回巴黎後被誣賣國，於一七六六年被判處死刑，後在伏爾泰參與辯護之下，於一七七八年最終恢復了名譽。

懲罰。根據《摩奴法論》，[17]婆羅門不得向首陀羅進行勸告和傳授如何進行祈禱。如果一個首陀羅給婆羅門帶來了麻煩，後者就可以向當局控告他，當局會判處他死刑。婆羅門觸摸了首陀羅，就會感到不潔淨。首陀羅不得觸摸婆羅門，否則就會被處死。婆羅門被當作神來看待。每個印度人都可以跪倒在一位婆羅門面前，並把他稱爲自己的神。婆羅門在脖子上圍著一件三層的針織品。一個普通的印度人看到這件針織品，就會跪倒在地上，並向他祈禱。一位婆羅門只能從其他婆羅門那裡接受事物。婆羅門被稱爲出生了兩次的人，他的地位之高，甚至到了一位國王都絕不可企及的地步，儘管國王是一躍而到其高位的。人們把有學問的婆羅門和沒有學問的婆羅門區分開，但是沒有學問的婆羅門享有同樣高的地位。對低級種姓的處罰比對高級種姓的處罰要嚴厲，只有對偷竊的處罰正相反。一首古詩中說，一位君主想使用武力成爲婆羅門。但是牛保護了婆羅門，殺死了十萬人。國王爲此而贖罪一萬年之久，但是依然不能成爲婆羅門。因爲婆羅門從一出生就已經是不同於其他各個種姓的神。在《摩奴法論》中說，婆羅門在出世後就是所有造物的首領，被設定爲民事義務和宗教義務的

(12, 181)

⑰ 傳統上被認爲最具有權威性的印度教法典。據傳此書出自人類始祖摩奴手筆。內容涉及宇宙起源、法的規定性、歷代國王之法、世俗司法、倫理與婚姻以及靈魂與地獄等宗教問題。德文譯本出版於一七九七年，魏瑪；蔣忠新從梵文譯出的中文本出版於一九八六年，北京。

守護者。凡是實存的事物，都是婆羅門的財產，他高貴的出身就使他享有這些權力。他高於其他人，處於所有種姓的頂端。其他的種姓雖然各不相同，卻都沒有這麼高的地位，雖然任何低級種姓要尊崇比他高的種姓，但所有其他種姓都要尊崇婆羅門。

種姓的區別也規定著普遍公民權，並在這裡導致出現公民權利不平等的後果。在犯有同等罪行情況下，較低的種姓依照其等級情況要比高級種姓受到更嚴厲的處罰，只有對偷盜罪才是種姓愈高，處罰愈重。處罰完全是以抽象的以牙還牙爲原則。例如，誰用舌頭傷害了別人，誰的舌頭就要受到懲罰。在《摩奴法論》中列出了對低級種姓進行懲罰的十處身體部位，它們是：舌頭、耳朵、眼睛、手、腳、頭、身體、鼻子、生殖器及財產。一個婆羅門犯下了在其他種姓中要同時受到流放和身體懲罰的罪行，他只是被罰流放，而身體不會受到傷害。相反地，如果一個首陀羅用手或腳傷害了一個婆羅門或其他比他種姓高的人，他的腳或手就要被砍下來。對於用粗言穢語傷害一位婆羅門的那種只出生一次的人，就要損壞他的舌頭；如果他用言語汙蔑整個婆羅門種姓，就要用一根燒紅的鐵棍戳進他的嘴裡。這就是說，種姓制度把差異也帶入公民權中。

如果誰沒有盡到本種姓的義務，他就可能喪失其種姓身分。這個人成了遭到唾棄的渣滓，不再受到任何法律的保護，被所有的人拒之門外。他也可以重新恢復其種姓身分，而且有多種方式。如果他只犯了比較小的過失，就很容易做到這點。他可以送一些錢給一位婆羅門，並請本種姓的若干成員吃一頓飯，然後他就重新被接納。如果他犯下的罪行比較嚴

(12, 182)

重，恢復其身分就難得多。〔處罰方式〕是：在地上栽一根木柱，上面固定一根橫木條，木條的一端用繩索懸掛一個鐵鉤，把希望被重新接納的人的背部掛在鐵鉤子上，然後把橫木條旋轉一定圈數。透過這種處罰方式使他得到赦免。贖罪者本人也要主動接受處罰。重新接納婆羅門採用的是一種特別的方式。必須用黃金製作一頭牛或一個女子，此外還必須準備許多禮品。有一位印度王子為了重新獲得王位，派兩位婆羅門出使到英國，他們由於是從海上乘船去的，尤其是他們在返回時跨越了印度河，因此被逐出本種姓。這位王子便讓人用金屬製作了一頭牛，這頭牛的子宮部分用黃金製成。他把這兩位婆羅門藏到牛的腹中，然後從子宮中重新拽出來，以此表示他們的重生。

我們所遇到的第二點是法律規定。人之所以成為人的那種抽象的自由，是一切倫理自由的基礎。在《摩奴法論》中包含了公民立法，它們散見於一些文集和彙編當中，英國人把它們翻譯出來。這些立法很不完整、不完全，也較為混亂。

〔一〕第一個極為重要的問題在於，耕種土地的人是否是土地所有者，即他們是土地所有者還是短期雇工。這個問題很難回答。英國人起初占據擁有兩千萬人口的孟加拉，最後對擁有一億人口的整個印度部分地實行直接統治，部分地實行間接統治，印度絕大多數人直接臣屬於英國，這時確定印度的農民是否是土地所有者便至關重要。但由於租稅負擔沉重以及農業產量數額巨大，回答這個問題便十分困難。〔這裡〕沒有固定的捐稅規定，因為除了繳納地租之外，還有多種其他的負擔。如果捐稅負擔占到土地產值的一半，這樣一種土地所有者就會被視爲和短期雇工一樣，因爲短期雇工是由土地所有者僅僅按照他獲得勞動工資的多少供養的。在印度許多地區的農田租稅負擔愈來愈重時，土地所有者就不願意再擁有土地，因爲短期雇工的情況要更好些。這樣就會出現土地所有者處境比雇傭勞動者更差的情況。

英國政府和議會對這個問題從各個方面加以權衡考量，但並沒有作出任何眞正的決定。事實顯示，王公領主（拉賈）在最古老的時代原初是所有土地財產的主人，但是土地耕種者們擁有長期的耕種權利，這種權利也是一種所有，這樣就有兩種所有：必須向王公領主繳納的地租，以及在繳納地租之後耕種者自己留下的部分。印度的古代手稿中包含著王公領主的土地捐獻給寺廟的銘文以及把土地出賣給私人的文書。麥肯齊上校蒐集了兩千多份文書。⑱如果王公把土地轉讓給耕種者，他只是把收取地租權轉讓出來，猶如從事出售的私人只是在出售扣除收地租權之後剩餘的權利。

每個村莊都是一個社區。在古代，所有村莊都爲相互防範及防備強盜而修築了圍牆，

⑱ 科林．麥肯齊（Colin Mackenzie，一七五四—一八二一年），英軍上校，當過印度測量局首任局長，並組織測繪多幅印度地圖；他還在印度蒐集了大量文物以及手稿文獻，並讓人譯成英文，兩卷本《東方手稿提要彙編》在他去世後於一八二八年出版。

因爲所有權並不明晰。只在最近以來，由於對英國政府的信任在增加，所有權也比以前明確，村民們才拆毀了這些圍牆。兩年前黑斯廷斯勛爵⑲在英國議會發表演講時就是這樣說的。這樣的村莊過去是一個封閉的小天地，對外界的任何政治變化都漠不關心，往往在很長時間之後才得知政府的更迭。這樣一個村莊有著自己的法官、一位婆羅門和一位星相家，後者的任務是確定吉利和不吉利的日子，還有一個人負責供水。此外，還需要有一位製陶匠、一名醫生以及麵包師、理髮師、洗衣匠、舞孃、裁縫師、樂師，最後還需要一位詩人。這些人裡的每個人都從整個收益中獲得一定比例的收入，收益的剩餘部分由農夫和政府各得一半。政府的那部分是由一位全權收稅員負責收納。這是和政府的唯一關聯。有人根據這種狀況推論，認爲政府就是地主。

英國人認可這種糟糕的體制，他們把政府收入的徵收人視爲地主，並向他徵收一定數額的稅金，這樣一來，他就有權力剝奪農民的土地所有權，使農民被完全當作雇工那樣對待，由此造成前不久印度有一百萬人死於饑荒。現在，農民的所有權重新受到重視。這種事

⑲ 沃倫．黑斯廷斯（一七三二—一八一八年），英國第一任印度總督（一七七三—一七八五年），在職期間暴戾恣睢，魚肉印度人民，回國後涉嫌腐敗，於一七八七年受到英國議會的彈劾，涉訟達七年之久，一七九五年被宣告無罪。一八一四年被任命爲樞密院成員。

情很難加以判定。

〔二〕第二點值得注意的是法庭上的證詞，即問題是誰有能力向法庭提供證詞。國王不能提供、廚師不能、公共舞蹈師和歌手不能、沒有兒子而只有女兒的有聲望的男人也不能提供，女人只能針對女人。在《摩奴法論》中允許做一次僞證，〔其前提是：〕這樣做能夠保住一名本該處死的男子的性命；一個眞實的證詞能夠導致一名重罪犯的死刑，不論他是一位婆羅門還是出身於其他階層的人；在大家都知曉國王嚴厲的情況下作僞證優先於提供眞實的證詞；僞證能夠成全一次婚姻；出於取樂的動機而向一名姑娘做了僞證；針對苦苦探求寶藏的人；最後，在許多其他有利於婆羅門的情況下。

〔三〕第三個需要提到的規定是有關放債的。値得注意的是利率的水準，一方面是利率水準本身，然後是種姓差別對此的影響。有抵押物的法定利率是有規定的：對於一位婆羅門，月息是1.25％，沒有抵押物是2％；對於第二個等級剎帝利，有抵押物是3％，沒有抵押物是3.5％；對於第三個等級是4％；〔對於〕〔第四個等級〕首陀羅，月息是5％。《摩奴法論》就是這樣規定的。至於收回債款的方式，規定要讓人對債務予以提醒。另外就是把抵押物移交給政府當局，還有債權人有權把工人的財產沒收，試探他是否要償還債務。債務人的妻子、孩子、牲畜、衣物等都可以被沒收。此外，法律規定可以對債務人使用暴力，強迫他還債，而且是用棍棒毆打。最後，還可以坐到債務人的門前，看他是否準備還債。如果債務人出身於另一個種姓，他就必須用勞役償還債務。一個奇特的例外情況是，債權人如果是一位婆羅門，就帶著短劍或毒藥到債務人那裡威脅他，他不還債就自殺。透過這樣的威脅，債務人只好被迫還債。如果債務人仍不還債，這位婆羅門就可以坐在債務人的門前，只要這位婆羅門不吃飯，債務人便也不能吃飯，因爲他在婆羅門在場的情況下不能吃飯，由此開始一場禁食比賽。如果這位婆羅門因饑餓而死亡，債務人就會以最嚴厲的方式被處死，被施以可怕的折磨，因爲他應該對這位婆羅門的亡故負責。這類事情甚至自英國統治以來也發生過，由於法庭剝奪了一位婆羅門的債權，他以這種方式提出了上訴。

在公平和個人自由方面，可以說絲毫也談不上。在遺產權利方面，女性被完全排除在外，連遺囑也不允許留下。如果沒有男性後嗣，財產就歸於王公領主。

〔四〕第四方面的法律規定是有關婚姻的。關於婦女的一般狀況，如上所述，她們不能在法庭上作證，也不能立遺囑，完全是從屬的，處於受鄙視的狀況。她們在男子面前不能吃飯，就像低級種姓在比他們高級的種姓面前不能吃飯那樣。此外，婦女或多或少是被新郎的父母買下來的。這是傳統風俗，是流傳下來的一種古老權利，儘管現在法律已經禁止。在正式的法定婚姻中，新郎必須贈送一頭母牛或公牛，作爲自古以來的購買方式。但是，關於應當送給女方父母的禮物要達成一個契約。不過就實質而言，這始終是一樁正式的買賣。

未婚女子自己沒有權利選擇男人，而是父親作出決定。把女兒嫁出去是父親的責任，而且結婚是每個印度人的責任。如果父親沒有履行自己的責任，女兒就要自己選擇一個丈

(12, 187)

夫。在〈那羅傳〉⑳詩篇裡就有這種描述。但是只有在達到出嫁年齡之後的頭三年父親沒有把女兒嫁出去，才能這樣做。如果父母親沒有為女兒找到丈夫，便可以為女兒考慮其他方式，即多妻制是允許的。

但是，女性只有在一夫一妻制中才享有權利，只有在這種制度中她才和男子平等。如果她不是這樣，其婦女權利便受到損害。在印度和西藏的一些地區，還流行多夫制，女性的地位更加糟糕，例如兄弟幾人把一名婦女當作婢女和共同洩欲的工具。在印度這種多妻制的情況下，父親可以比較容易地為女兒找到出路，即把女兒給一位有名望的婆羅門做妻子，這樣，有的婆羅門就擁有三十到四十位妻子，但是其中有一半他從來沒有見過，因為只是女方的父母告訴他把女兒送給他做妻子。所有這些情況都說明印度婦女的地位低下。

在我們讀到的有關風俗習慣方面，發現印度對婚姻的義務十分漠視，只是視之為從屬的事物。例如在重要的節日期間，婆羅門在人群當中走來走去，物色他們喜歡的婦女，把她們帶到寺廟裡，並連續數年讓她們待在那裡，直到她們變老，女人們為此而感到十分榮幸。

(12, 188)

---

⑳〈那羅傳〉是印度古代史詩《摩訶婆羅多》第三篇《森林篇》中的故事，首尾完整，可單獨成篇。故事主要是說國王那羅由天鵝傳遞消息，在公主達摩衍蒂選婿時中選，結為夫婦；由於惡神的捉弄，那羅賭輸了國土，夫婦逃入森林而失散；達摩衍蒂詐稱再度選婿，因而重見那羅；那羅贏回國土，全家團圓。它於一八一九年傳入歐洲後被譯成拉丁文、德文和英文，一八六九年改編為義大利語戲劇上演。

然後她們就被送回家。對於苦行僧而言，任何房屋、任何女子都對他們開放。他們赤身裸體，或者是單獨的，或者是聚集在一起的，最多可達一萬至一萬二千人，他們四處遊蕩，出身於各個種姓，有權獲得食物。婦女們也供他們驅使。他們被視爲神聖的，古希臘人稱之爲天衣派。除此之外，在印度馬拉巴爾海岸的一些地區，至今根本沒有婚姻關係。政治狀態的開端是承認婚姻，尤其是一夫一妻的婚姻。在印度許多地區，許多家庭居住在一起。和自己姊妹們居住在一起的兄弟們都不把自己相好的女子帶回家中。每個姑娘都可以和男子結婚，卻不必到他家裡去，這樣，姊妹們生的孩子就被當作全家的孩子。這種婚姻規定說明，印度的這種婚姻關係是多麼不完備。

〔五〕一個重要的、列爲第五方面的還有宗教習俗方面，因爲它決定著印度人的日常生活。印度人，尤其是婆羅門，受到完全徒有其表的各種習俗的制約，每天一再重複毫無意義的事情。人的倫理性在於他對物質需求方面的行爲漠然置之，漫不經心地完成這些行爲。在印度給一切與滿足需求有關的行爲都設置了一大堆清規戒律，這些規矩本身都是一些毫無意義的事物，它們把生活變成一連串毫無意義的習俗，這樣，印度人就把他們的生活變成了一種毫無意義的受奴役狀態。

在這個方面，婆羅門需要考慮的是極爲錯綜複雜的事情。他整天要忙於各種特定的儀式，甚至在起床時都必須遵循某些規矩。在剛醒來時他要禱告，必須用一隻腳站起來，用一種特殊的樹葉清潔牙齒，走到河邊把河水弄到嘴巴裡，漱三遍後吐出來，在做所有這些

(12, 189)

事情的同時口中要念念有詞；在喝水的過程中不能打噴嚏或咳嗽，如果在慢慢喝水時打了個噴嚏，就不能馬上再喝水，而是必須揪自己的右耳朵。他能把自己弄髒的事情有一大堆，例如，他在吃飯時不是穿一件衣服，而是要穿兩件；在洗澡時他不能赤身裸體；在小便時他也要注意許多事情，他不能對著正在燃燒的木頭小便、不能在河邊小便、不能對著太陽小便；在夜晚要向著南邊小便、在白天要向著北邊小便。這樣的規矩一共有八十多個，如果他忽略了一個規矩，就要打掃一次衛生。所有種姓都禁止踩踏灰燼、頭髮、繩子和陶瓷碎片。許多規矩都是這類性質的。在太陽升起來之後的幾個小時中，一位婆羅門也許就已經犯下了三、四十個錯誤。

《摩訶婆羅多》中的著名詩作〈那羅傳〉通篇講的都是發生這樣一種弄髒的事情和在犯這種錯誤之後進行的淨化工作。國王那羅要迎娶一位公主，這位公主也可以挑選夫君。她的其他求婚者都是些有天才的人，當那羅獨自站在地上時，她很機智，認出了人。那羅和公主得以成婚並過著幸福美滿的生活。一個有天才的人報復心很強，同時抱有捉弄意圖，在暗中窺伺著那羅。他窺伺了很長時間。終於這位國王犯下一樁罪孽：他在小便之後腳踩到了上面。這個戲謔的魔鬼這時擁有了捉弄他的權力。國王賭輸了他的珍寶和王國，並由於這個罪孽而澈底毀滅。這部詩篇的全部旨趣都是圍繞著這個荒誕無聊的故事。

印度人就是這樣依賴於外在的事物生活的。在這裡不可能出現內在的自由、道德性和獨特的意蘊。印度人被這種外在性所支配，內心不可能擁有倫理性。曾經有一段時間印度人

(12, 190)

被當作好人的形象。尤其是英國人威廉．瓊斯㉑使人們注意到這點，並引起一種十分有利的先入之見。不過，其他所有英國人對於各個等級的印度人在倫理上的墮落都作出了可悲的描述。這些人是可信的，因爲他們是高尚的，來自於各個等級、各個行業，例如法國人杜博瓦神父，㉒他在印度作爲傳教士生活了二十年，此外還有那些長期在印度服役的英國軍官。對於評判印度人的倫理狀況而言，最好的知識來源是法官對最高行政長官就倫理行爲質詢作出的回答。這些回答都提交給議會，所有的人評判的結果都說印度人在各個方面都生活在道德上完全墮落的狀態。這是完全可信的。這幅畫面和以往人們對印度人的印象截然相反。

這種現象一方面和上面已經說過的情況有關。對於印度人來說，最沒有意義的事物是必需的。一切基於自身的自由意志的事物都被印度的典章制度所排斥。日常的狀況與種姓原則及各個種姓的整個生活方式密切相關。印度人十分當心不殺害動物。從他們把所有病牛

(12, 191)

㉑ 威廉．瓊斯爵士（一七四六—一七九四年），英國東方學家、語言學家、法學家、翻譯家，最早正式提出印歐語假說，成爲歷史比較語言學奠基人。他還是英國第一位漢學家。一七八三年英國政府派他去印度在孟加拉最高法院任法官。他於一七八四年在加爾各答創建亞洲學會並一直任會長，積極從事東方學研究並創辦和主編刊物《亞洲研究》（*Asiatical Researches*），直到去世。

㉒ 讓．安東尼．杜博瓦（一七六五—一八四八年），法國天主教傳教士、印度學家，一七九二—一八二三年在印度傳教並深入了解和研究印度的風土人情，後寫出其主要著作《印度人的生活習俗》。

都送到醫院診治和害怕殺害動物這些方面看，本來可以得出他們對於生命有共通感、尤其是對於人的生命有同情心的結論，但這同樣只是從許多現象中得出來的外在事物。這怎麼是外在的，從他們對待他們的牲畜的殘忍性可以證明。英國人並不愛惜他們的牲畜，但對印度人虐待其牲畜的行徑怒火中燒。不過他們不殺死牲畜，並非出於同情心，而是因爲這是必需的，因此連英國人對此都怒不可遏。在飼養牲畜方面，印度人還沒有達到製作乾草料的地步。如果發生旱災，牲畜只能奄奄待斃，或是只能勉強維持其悲慘脆弱的生命，但不能引起印度人的憐憫。在一年的某一個月，印度人有義務把水送給住在茅屋中口渴的人喝。但是哪怕在這一天之後，這個需要水的人就再也得不到一口水喝，尤其是不可能從婆羅門那裡得到水喝，其他人的任何痛苦都不能引起婆羅門的感觸，因爲他們完全冷漠無情、趾高氣揚。如果父母、妻子、丈夫、親戚生病，他們就被交給懂得占星術的醫師，由他使用感應療法醫治。如果他們病得很重，就被抬到恆河或其他一條河邊，讓他們在最後時刻孤立無助，並且被遺棄。所有這些都沒有顯示出一絲一毫人的情感。

相反地，人們必定不會說，在《沙恭達羅》㉓和其他詩篇中有對人的情感及狀況的美妙

㉓ 印度古代詩人迦梨陀娑（約三八〇—約四一五年）的劇作，講述的故事是：美麗善良的少女沙恭達羅與國王豆扇陀眞誠相愛，因國王聽信讒言而遭離棄，最後與國王以及他們的兒子相聚在天堂。

絕倫的描寫，因爲人們必定知道，這些描寫的歸宿在哪裡。這些描寫涉及的是田園詩般的境界，在這裡並沒有出現任何涉及道德、倫理、自由和政治的原則的事情，例如對它們講到的遊伴的態度。至於涉及市民生活的方面，値得注意的是印度詩篇中對嫵媚迷人的描寫占有突出地位。但是，一旦有王公和宮廷生活出現，這種嫵媚迷人的情景就煙消雲散了。對於這種沒有自我、缺少自由感和自身獨立性，對於這種來自內心並決定行爲的普遍目的完全沒有意識的情況，人們只能得出結論說，根本不可能存在政治生活，即一個國家的自由，而是只有隨心所欲的專制主義——時而殘暴，時而溫和——必然進行統治。

在我們討論政治的事物之前，還需要先提一下宗教的事物。

在談到宗教篤信時，人們馬上就遇到應當相信哪種描述的尷尬，因爲印度神話一方面涉及極爲廣泛的層面，另一方面對它們的介紹也很不相同。如果看一下《摩奴法論》，就會發現那裡關於上帝和創世的內容與在各種《吠陀》及其他典籍中的描述都不相同。因此，各種描述極不相同，根本沒有一致性可言。擺脫這種混亂的唯一出路便是提煉出宗教的普遍精神。

問題在於，這樣一個完全沒有宗教的實體性、沒有獨立性的民族怎麼能意識到最高的生命和眞正的實體的事物。很快就會指出，儘管已經把太一作爲絕對的實體賦予印度人，但只是作爲存在著的世界靈魂，作爲一種存在著的物質，精神事物和物質事物都在其中消失了。這種唯一的實體性構成印度人觀念的基礎，所有規定都只是一種夢幻的事物，而絕不是任何固定的事物。基本觀念就存在於這種既是太一又是全體的事物中，〔其他〕一切都只是太一的變形和正在消逝的形式。太一倏忽即逝的啟示和顯現就是世界。這就是說，泛神論構成基礎。太一過渡到這些形態，在這些形態中顯現出來，而這些形態是不確定的、不斷解體的。在這些多樣性中並不存在任何統一。人根本沒有被設定於統一中。當人從這種不自由當中超脫出來時，這些有差別的事物首先變成某種不穩定的事物，而這種事物又蛻變爲徹頭徹尾的廢物。

對於印度人來說，不存在奇異的事物，因爲他們沒有固定的自然規律，所有的事物都是奇異的事物。基督教傳教士在講述基督的奇蹟時往往很尷尬，因爲對於印度人來說，奇蹟不過是家常便飯。他們的觀念就是永無止境的痴心妄想、想入非非，宗教最切近的旨趣是在這種夢幻之中把握住本質的事物。一方面是毫無內容的基礎，另一方面是多種多樣的事物進入宗教中。旨趣就是在這些夢幻中，在這些開始出現的形態中把握住本質的事物。但這種把握並不能講解出來，因爲那樣就會把夢想排除在外。因爲意識的眞理發生於人作爲他自身裡的無限自我意識自由地認識自己的地方，人把世界作爲自身固定不變的事物，與這個地方區分。正如他在自身中獲得自由和固定性那樣，各個對象也獲得界限和固定性，它們透過覺醒才獲得確定的根據。但印度人沒有達到這種覺醒。他們的宗教、他們努力獲得意識的嘗試，都是在和夢幻進行戰鬥，是一種夢幻式的戰鬥，是一種尋覓、一種渴望，渴望的結果只能是把自己從一種對立拋向另一種對立。

(12, 194)

在了解到上述一般特點之後，我們需要進一步考察其各種形式。我們看到夢幻的爭鬥從一個端項走向另一個端項這樣兩個不同的方面。這兩個方面又有兩個方面；一方面是對於對象的表象，另一方面是努力把自己提高到這個對象的本質性的意識，即文化教養。

第一個端項是印度宗教的面向感性世界，它是自然的宗教，把直接的自然對象當作神性來崇拜，人對待這些自然對象的態度就像對待自己的本質那樣。

屬於這些自然對象的首先是太陽。婆羅門階層最重要的祈禱就是對太陽的祈禱，在白天，他們必須經常朗誦祈禱辭，但他們在英國人面前卻保守這個極大的祕密。除此之外，星辰、山脈，尤其是恆河發源的喜馬拉雅山的那一部分，都具有神性，所有河流，首先是恆河，但還有其他河流，都是如此。印度人花很多錢去取得恆河河水，每個印度人都十分樂於看到一頭馱著恆河河水的頂級大象在前面走，後面跟著地方長官。恆河水最遠運送到西藏，運送到半島。此外，特別是一些動物受到崇拜：公牛、母牛、大象，尤其是猴子，在《羅摩衍那》㉔中，羅摩的一位偉大盟友就是猴王。這些猴子常常只是畫像，但是有一座供猴子居住的城市，有苦行僧伺候這些猴子。這些猴子十分頑劣。印度人對所有的生物都十分尊崇，不得殺害它們，儘管有許多生物已經消失。

(12, 195)

㉔ 印度古代史詩，由蟻垤用梵文所寫。羅摩爲阿逾陀王國的王儲，與他結盟的猴王是須羯哩婆。

這種對動物的尊崇與印度人所接受的靈魂轉世的觀念有關。但這並不是我們所想像的那種靈魂轉世。我們把靈魂設想爲這樣一種意識，它具有對於它是這種意識的意識。因此，我們的靈魂是具有自身等同性的意識。而印度人的靈魂轉世觀念則是這樣的：靈魂對於其前世的狀況沒有意識，它在其他的軀體中繼續生存下去。在印度人那裡，不存在靈魂在個人身上的延續，而是與普遍的靈魂合而爲一。這是一個矛盾，個體的事物先是在其他人那裡保存，然後再融合到普遍事物中，把太一當作至高無上者。這裡同樣是雜亂無章的。他們甚至還達到這個地步，即把盲人、瘸子當作似乎因爲在前生犯下過錯而遭到這種天生缺陷的處罰。

太陽、星辰等這些自然對象是崇拜的對象。至少根據某些觀念，火、空氣和太陽被視爲三個主神，他們構成了所有其他神祇的基礎。所以其他神祇都消融在這三個神靈中。所有這些都談不上有前後一貫性。屬於那些作爲神祇出現的自然對象的，還有各種普遍的自然力，尤其是生殖力，它們以極爲鄙劣的方式受到崇拜。男性生殖器和女性生殖器都被崇拜。林伽和約尼分別是男性生殖器和女性生殖力的表現形式。它們都有普遍的象徵。梅魯山就是男性生殖器，一切河流都發源於那裡；船隻的桅杆也是這樣的象徵。就這種崇拜以及這樣談論而言，印度人簡直不知羞恥和下流鄙劣，正如英國人所認定的那樣，他們的水手甚至對此感到吃驚，羞愧難當。

與這種崇拜相聯繫的是這樣一種文化教養，它從這方面看是一種放蕩不羈、縱情歡樂的

(12, 196)　(12, 197)

感性生活。神廟裡雇有一群少女，她們是唯一能享受一種教育的人，能夠激起每個來到神廟的人的感性欲望。她們被教會了喜愛藝術，部分是爲了自己，部分是爲了神廟從客人那裡獲得財富。她們也參與縱情歡樂的節慶活動，這類節慶的主要特點就是極度放蕩不羈。

儘管印度宗教是從一個端項走向另一種端項的夢幻，但我們在這裡依然看到了向最抽象的事物的提升以及自我意識對它的極爲抽象的態度。只要普遍的事物是抽象的，自我意識就不能自由地對待它，因爲自我意識只有在知道自己處在與上帝的關係中時，才知道在這種關係中包含著自己，並且〔自我意識〕是自由的。自我意識由於在印度是不自由的，因此也不能自由地對待絕對者。印度人的自我意識作爲不自由的自我意識，不具有站在上帝面前的內在性，而是只能像在上帝之中否定自己那樣去對待上帝。這種對自我意識自身的絕對否定是印度人的自我意識達到的頂點。對印度人的自我意識來說，這種全盤的否定必須算作至高無上的事情。這裡談不上把上帝視爲一個具體的事物、一種理性的具體化。一個更具體的規定至少涉及到這一點，即認定上帝是有智慧的，他按照合乎理性的天意規定了世界。對上帝的具體表象必定要以一種合乎目的地行動的人〔爲基礎〕，自我意識也必須是合乎道德的。但在印度人的意識中沒有這種根據上帝智慧的對象方面所作出的規定，或者說，沒有個體根據普遍意志的這些規律所進行的一種規定，他們的意識只是在這種抽象的否定中達到其頂峰，只能在這種不幸中透過自我放棄到達上帝那裡。由於它在這個頂峰上是表現爲否定的，因此它便被視爲不幸。

(12, 198)

在這個抽象的過程中，自我意識當然是採取思考的態度，在臨近頂點之處，出現了對表象的思辨式的贊同，但模糊混亂，人們只有認識思辨的事物才能看到這點。只有那些主要環節具有某些旨趣。關於進一步的情況，只能稍微提一下印度神話，因爲它涉及面很廣。

關於印度人對上帝的表象，我們確實看到他們對於作爲太一的上帝的表象，他們稱他爲「梵天」，他不同於「梵」，「梵天」是太一。一方面，這種對太一的表象地位很高，但在他們那裡只是與其他表象並列出現的。這個「一」不是永久存在、發揮主宰作用的事物，這一點要和一神論區別開。它不是一切都沉沒於其中的那種永久的和獨立的事物。從這種統一性出現的有差別的事物不是謂項，也不是人物，而是在他們當中重新出現了多樣性的混亂。印度人對於太一具有的表象是值得尊重的。他們說，這個太一高於一切概念、一切理智，它是看不見的、永恆的、全能的、無所不在的。在各種宗教典籍裡都是這麼說的。這個太一沒有神廟，沒有敬神的禮拜儀式。人們對於它的態度不是積極的。假如對它的崇拜確實是出於一神論，表象在這個太一中就一定是自由的，停留在它身邊。但是，梵天並沒有受到崇拜，沒有神廟，正如在天主教中那樣，受到崇拜的不是上帝，而是一個個聖徒，甚至卡諾瓦㉕也這樣說。印度的神廟都供奉著一些特別的形象。除了梵天，印度還有無窮多的神，一

(12, 199)

㉕ 安東尼奧·卡諾瓦（一七五七—一八二二年），義大利著名雕塑家，他的作品多以古希臘羅馬神話和基督教《聖經》爲題材，標誌著雕塑從戲劇化的巴洛克時期進入復興古典風格的新古典主義時期。

個英國人問一個婆羅門共有多少神，這個婆羅門回答說：有三十三類神，每類有一百組，每組有十萬個。所有這些都讓神還原爲三者。但根本跳不出這種多樣性。

毗濕奴和濕婆是在梵天之外最重要的形象。有這樣的規定，即梵天是創造神，毗濕奴是守護神，濕婆是毀滅神。但這裡又有很多派別，每個派別都以自己的神作爲最高神，而混亂始終是同樣的。主要的表象出自於毗溼奴，它也被稱爲「黑天」；其他人則崇拜濕婆，並且是相互崇拜的。佛陀也是如此，喬達摩在佛教徒那裡是神，在信婆羅門教的印度人那裡也是神。眞正的印度人都有全部這樣的諸神，其中只有一個是最高的神，而且另外一些人總是有另一個神。不能說，有一些印度人只把梵天當作唯一的神。在梵天之外，他們始終都有著一切不同的神。眞正的敬神儀式其實只是偶像崇拜儀式。神以特定的感性形象受到崇拜。正如梵天被稱爲永恆的太一那樣，其他諸神也擁有同樣的稱號。任何有差別的事物都不是固定的，而是一切都在相互流動。奇特的是，他們稱爲「梵」（也稱爲「超梵」）的太一，儘管也是至高無上者，卻不被視爲是第一位的、固定的和靜止的。這種表象的變動不居和缺乏理智的情況對印度人有好處。許多聽起來完全荒謬的觀念同時都具備這一點，即把太一、把抽象事物視爲環節，視爲進行創造的事物。在作爲精神的上帝被稱爲父親時，這本身只是環節。

透過上述回顧，我們在印度人那裡發現有許多以思辨爲基礎的事物。在他們那裡，太一、抽象事物本身不是固定的事物，而只是他們把梵天、毗濕奴和濕婆這三者稱爲整體。這三者才構成眞正的統一性，以至於印度人似乎有一種以三位一體爲基礎的預感。

因此，印度人所稱的梵天是整體的一個環節，儘管它只是部分地在十分感性的表象中出現的。在《摩奴法論》中說：「梵，第一因，不是爲感性存在的，不是感性的規定，既存在又不存在，沒有始也沒有終，永遠存在；從它產生出神聖的力量、神聖的事物、男性的事物，在所有世界中都被表象爲梵。它在水中、在卵中一動不動住了一千年，或者說是創世的一年」。㉖在這個時代的最後，他僅僅透過他的思想就把卵分成兩半，由此造出天和地。

另一個表象是：梵天是永生的，愛就寄居在他那裡。愛產生出力量。特有的梵以無限擴張的形式存在，當他這樣來回遊蕩時，卻被自己嚇了一跳。他飄蕩了一千年，擴充並測量其空間，然後他跪倒下來，那位無所不能者說：「梵，你做的很好，跪在我們面前，因爲你不能理解我。去吧，去創造世界。」梵問：「我怎能做到？」梵天回答道：「爲此我要賜予你力量！」梵自己創造出事物的理念，使事物的理念只在他的眼前閃爍，然後又在他面前消逝得無影無蹤，梵因此喊道：「我怎麼能保持這些形相？」這時從梵的口中冒出一股青煙，這股青煙說：「我願意。」這就是毗溼奴。他使梵的單純理念的事物具有實在性，但這些事物只有實在性，卻沒有知識、沒有思想，是一群大腹便便的白痴。梵天對此十分憂

㉖ 參見《摩奴法論》第一章第七—十四條。

慮，便把他們毀掉，並且從他口中造出四個人作爲代理，規定他們實行對世界的統治。但是他們不能做這些事，而是只會讚美神，因爲他們自身不具有毀滅的力量。梵天因此造出溼婆作爲毀滅者。溼婆把前兩者合而爲一，他還被稱爲：伊沙、伊斯瓦羅、樓陀羅、訶羅、桑布、大天神、摩希沙。㉗在這些表象當中含有許多美好的、與思辨事物相似的事物，有許多值得贊許的事物，但這些描述只是單個人的主觀描述，只屬於單個派別，對民族宗教來說則是陌生的。這些只是猜想。此外，這類特徵是混亂的，和那些與印度一般宗教毫無關係的感性表象混在一起。

另一點是印度人在崇拜活動中對神的態度。這只是十分普通的偶像崇拜。最有意思的是問他們在對神的態度中什麼是至高無上的事情。這個至高無上的事情就是磨難，是毀滅自然性，是透過抽象扼殺他自己，這種抽象又進一步發展爲眞正的扼殺。由此我們看到持久的獻祭，尤其是還有人祭。獻祭一方面是奉獻，另方面是認同塵世間的虛無，透過放棄對無價值之物的占有來展示對塵世間無價值之物的認可。這種獻祭只是外在的。更高級的眞正的獻祭在於人透過普遍的事物來克服其隨意性和主觀特殊性。在印度只有第一種類型的獻祭，這種

(12, 202)

㉗ 均爲濕婆（Siva、Shiva）的眾多稱號，例如樓陀羅（Rudra）意爲暴風神，訶羅（Hara）意爲世界終結時的「毀滅萬物者」。

獻祭一直發展到奉獻出全部生命感覺以及生命本身。

但是在與被思考的事物的關係方面，印度人自身只是抽象地昇華，而沒有達到他自己的自由，沒有在自由中保持自身。要達到這種昇華，當然需要對自然定在的抽象。這樣，人就必須突破單純自然自由、自然定在的否定事物，但這種立場必須是一種肯定的立場，它與純粹思想的關係必須是肯定的事物。印度人的昇華也許突破了自然的事物，但是處在這個尖端上的自然定在不能保持自身，不能使自身成爲具體的，不能實現自身。因此，這個立場只是印度教式的，它的顯現就是印度人加之於自身的那些磨難，是他們所經歷的贖罪、煩擾和痛苦。因此，這只是被動地停留於反對自然性的一種昇華，它不能返回到生活當中，它在返回中不能獲得絕對的事物。它的顯現就是那些磨難，人在其自然定在中顯得毫無價值，卻不能轉變爲肯定地去把握絕對的事物。

這些顯現是多種多樣的。印度人常常成群成群地跳入和葬身到恆河當中，他們並非出於對生活感到厭倦或患有憂鬱症，而是爲了把自己奉獻給神，向神獻祭。他們還把自己的孩子扔給鱷魚，把孩子放到籮筐裡掛在樹上。印度人常常自殺或讓別人殺死自己。在諸神的車巡遊時，他們讓這些車把自己碾壓死。在節慶活動時，常常把神像用車拉進神廟裡，例如拉進供奉濕婆的札格納特神廟。十分沉重的巨形車由幾千人拖曳著，四周插滿燈火，車上站著幾百人，要圍著神廟巡遊三天。這時往往有許多贖罪者躺到巨形車前面，讓輪子把自己碾得粉身碎骨。印度人在贖罪方面確實富有創意。一個英國人遇到這樣一個印度人，他長達二十年都堅持站著睡覺，開始時把自己綁在樹上，如此這般。還有一些人始終把雙臂舉起，雙手合十，使指甲穿過另一隻手生長。他們乞討，讓別人給自己餵食。一個印度人三十四年來在一個布滿釘子的床上睡覺；其他人一動不動地坐下，盯著自己的鼻子，等待有人給自己食物。如果沒有人施捨食物，他們就會餓死。這類嚴酷、抽象的做法簡直無窮無盡。

這就是印度人認爲使自己與梵同一的唯一方式。在印度人看來，梵是抽象的事物，這種使自己與梵的同一，同樣是純粹的否定。他們的觀念是人們透過這種嚴酷的做法可以與梵成爲一體。天生的婆羅門從一出世就與梵成爲一體。他們認爲，其他的種姓只有透過這種無休止的抽象、透過這種死亡、這種否定來成爲梵，成爲純粹的否定的事物，成爲單純事物的思想。對一切內容的抽象是達到與梵合一的手段。普遍的靈魂，沒有生命的抽象的靈魂，這是印度人最高的昇華，是一種只有否定意義的解脫。他們是從無我出發的，而無我只有透過絕對的抽象才能出現。他們不會去掌握一種實現了的價值。印度人的全部品性都集中在這個規定當中。

在我們具體看到這些基本規定，最後認清它只是一場空虛以後，現在我們就轉向下一點，即國家及其歷史。關於國家，我們把印度的原則規定爲徹底的不自由。關於自由的表象是沒有內容的、空洞的抽象。一切倫理的事物都從這個立場出發去規定其意願和行動，從那裡傳播開來。由於在印度人的具體生活中存在著這種無我和不自由，所以我們稱爲國家的事物雖然存在，卻不會有目的、整體、理性規律、倫理性。因爲印度人的自由完全是不確

(12, 204)

定的、抽象的。對於具體關係來說，剩下來的只有意願的偶然性，這種隨意性不可能產生憲法。中國人的宗法原則也不會出現，它在這裡沒有空間。它的缺陷是把道德內容當作市民法。在印度，自由只是否定的事物，是從生活和意識的所有規定中自我解脫。因此，印度國家生活的原則就是隨意性和偶然性。

當我們觀察最近的政治狀況時，它所表現出來的就是歐洲人曾經看到它時的情形。我們想從這種狀況中得出普遍的性質，然後發問：這種狀況是否始終如此，從這種狀況是否曾經產生出另一種狀況，而這種狀況只是以前的狀況的最後解體，只是過去輝煌繁榮狀況的殘山剩水。

就第一種狀況而言，它是歐洲人最先看到的狀況。他們看到它是許多大大小小的邦國，分別被伊斯蘭教的王朝和印度教的王朝所統治。這兩類邦國的內部狀況是相同的。印度教的邦主稱爲「拉惹」，伊斯蘭教的邦主稱爲「納波布」。這些邦國有邦主家族，一部分是新家族，一部分是老家族，老家族大多出自於武士種姓，但有些也出自於婆羅門家族，例如馬拉塔王國的首領。同時我們也看到，在這些家族當中，王位的繼承完全是不確定的，有很大偶然性。即便單純從經驗的角度考察王位繼承在何時是確定的和在何時是偶然的差別，也可以了解王位繼承之確定性的重要，而且只有了解東方專制政體的歷史，才能知道（特定的王位繼承順序）之重要。王位繼承的固定性不僅包括王位繼承法，而且包括倫理的及法律的狀況，只有在這種狀況存在的情況下，才能把王位的繼承確定下來。在印度的這些邦國中，我

(12, 205)　(12, 206)

們把王位繼承歸結爲偶然。子女會繼承王位，但哪些子女能繼承，則是不確定的。在私法領域也是這樣：依照《摩奴法論》，根據弟兄們各自或好或差的品行來決定其繼承權。㉘這就剝奪了法律的所有規定性。同樣在各個王朝中也沒有任何固定的事物。

因此，那些印度王國的歷史是王公家族成員之間一連串相互的反叛、陰謀、暴行以及王公們的被毒殺，也是武將和文臣的一系列陰謀。主要歷史就是由這些你爭我奪、爾虞我詐、刀光劍影和令人髮指的暴行組成的。一旦輪到一個乳臭未乾的毛孩子上臺執政，就會出現這些情況。一個公侯如果想使自己及後代能繼承王位，只能採用暴力手段，對周圍任何人都始終毫不信任，不是透過嚴厲的刑罰，而是透過殘暴無情。守規矩的品行和依法實施刑罰在這裡沒有地位。印度歷史的主要情節就是這些殘暴和無聊的事物。

至於一種國內法的進一步情況，這種國內狀況最好是與那種分布於大批小領主和出自武士種姓的元老的封建狀況加以確定和比較。武士種姓是國家的主宰；他們用反叛和暴行這類手段來相互對付和對付王公領主，而王公領主也是如此。有權勢的人構成一個貴族階層，組成王公諮議會。他們必須繳納捐稅並服兵役，但是所有行動都必須事先徵詢他們的意見，他們只有在感到畏懼或其他暴力威脅的情況下才被迫認可。因此，王公領主保持自己地位的主

(12, 207)

㉘ 見《摩奴法論》第九章第一一四—一一七條。

要手段就是自己的剛強性格或黃金的力量。只要王公領主有錢雇傭士兵，他們就有權勢。如果他們沒有這兩者，他們便沒有權勢。所有人分道揚鑣，首領們自立門戶，稱王稱霸。歐洲人剛到印度時便遇到這種情況，當時正是維繫全國統一的莫臥兒王朝衰微之時。在這個王朝衰落之後，帝國分裂爲許多邦國，它們是依靠武力存在的，是依靠陰謀或暴力建立起來的，因爲強盜依附於有權勢者。但是間或也出現其中某一位強力暴君建起一個較大帝國的情況，例如馬拉特帝國，這個帝國不久便要求其他邦國向它納貢。

因此，印度始終是干戈四起，或是與相鄰諸國進行戰爭，或是自家爭鬥。強者入侵較爲弱小的鄰邦，強迫它交出全部歲入的四分之一。其中馬拉特最爲強大。四分之一歲入往往提高到二分之一。但這不等於實現了太平，因爲壓力一旦減弱，小邦便不再繳納貢賦，爭鬥、施壓和反抗因而始終不斷。透過這種方式，政府一方面總是在宮廷內實施陰謀詭計，另一方面總是爭鬥不已，兵戎相見。

現在的問題是：這是一種古已有之的狀況，還是一個曾經盛極一時的帝國、一個曾經美好合理的狀況、一個此前有過完美整體和倫理狀況的美好幸福世界在解體時的最終狀況。

下一步面臨的是外來占領者，這樣，人們便可以把他們視爲是解體的原因。關於這一點需要說明的是：就外來占領者是作爲一個純粹外來世界入侵到這裡的穆斯林來說，他們並沒有使印度的狀況發生很大改變，不是像北歐蠻族入侵羅馬世界那樣，而是像滿族入侵中國那樣。此外，印度的許多邦國依舊保持獨立。可見外族統治並沒有造成澈底的改變。

(12, 208)

接著〔要講的〕是：我們從過去狀況的歷史進程中找到的事物，從那些著作記述的以往輝煌狀況的遺跡中看到的事物，始終表明那只是一種麻木的狀態，是戰爭和各個王朝政治爭鬥的狀況。一位十分了解印度的人說，這個對於普通觀察者似乎是天堂的美麗帝國，她的歷史卻充斥著革命、屠殺、野蠻占領、殘暴行徑。只是在詩篇中、在頌歌中還存有以往輝煌歲月的遺跡。婆羅門編造和虛構出過去在伊斯蘭人占領之前曾經存在一個純粹的印度帝國。只要稍微仔細考察一下，便暴露出這種說法是空想和虛構，完全站不住腳。

印度的史詩不是〔建立〕在歷史的基礎之上。它們完全沒有荷馬史詩與特洛伊戰爭那樣的關係。（參見《羅摩衍那》，此書第二卷和第三卷在歐洲可以讀到。）從諸多的故事中看不到歷史情況。許多邦國的關係看來都是印度過去最原初的關係，加之還有婆羅門與佛教徒之間的宗教戰爭傳統。因此，這類戰爭以及毗溼奴信徒或溼婆信徒反抗婆羅門的戰爭持續不斷，現在依然存在。在數百萬人聚集的節日慶典或市集上，動輒發生死亡數千人的流血衝突。

整體而言，當今印度的情形始終仍是一種以前的狀況。儘管若干帝國確實曾經有過美好的時代和繁榮的景象，特別是位於國土腹地的阿育蒂亞王國，但正如上面所說，這些只不過是曇花一現。這裡還顯示，君主人格的偶然性就是一切，所有事情都取決於他個人。在專制主義下通常的情況是：一位弱勢君主是產生較大內鬥的原因，但是隨後的一位強勢君主因土壤肥力增加，而使〔國家〕很快重新恢復繁榮與輝煌。如同自然界那樣，各個邦國的情況始

(12, 209)

終是在完全衰落與繁榮成長之間不斷變換，因此印度就成爲激烈對立爭鬥的舞臺。正如這種狀況總的來說是印度更早時期的狀況，過去的時代和宗教要更爲簡單。古老的經書《吠陀》主要包含各個時代向諸神的祈禱辭和對君主的頌歌。這些經書顯示那時比當今遠爲簡單素樸。不過它們還沒有更多地談及神化爲肉身。

包括政治、宗教等在內的全部狀況都取決於種姓差別，看來在亞歷山大大帝時代便已存在這種差別，儘管那時禁止不同種姓之間通婚還是例外。斯特拉波、托勒密、普林尼和阿里安都曾指出這點。印度人的這種傳統來自於一位使種姓差別確定下來的君主，但種姓的產生則經歷了漫長的歷史時代。據傳婆羅門是一個外來民族，但是現在並不存在一個僧侶民族，不同部族的一種外部聚合也無法解釋此事。因爲種姓是不同行業的差別，而這要以已經存在一個統一的國家爲前提，這些差別隨後才在這個國家裡固定下來。

如果人們看到，整個印度如何以一條原則爲基礎，使得在一種共同文化階段的某一點興起了一種倫理狀況，它容易把那些較爲野蠻落後的鄰邦改造爲開化民族展示給他們的那樣，那些種姓差別遍布於全印度的事實就很容易得到解釋，雖然我們並不知道印度全境成爲一個帝國的確切時間。這些鄰邦會很樂於接受那些在他們看來比他們更高級的事物。此外，種姓差別並沒有在印度所有邦國鋪展開來，還有許多未開化的野蠻民族沒有達到出現種姓差別的地步。這些民族還沒有開始出現文化教養。他們的對外交往僅限於鹽巴交易，除此之外他們便只棲身於山林之中，只是對外發動零星的野蠻襲擊。這就是現在所聽到的全部有關印度古代的狀況。在這方面，尼古勞斯．米勒㉙一八二二年在美茵茨出版的一部書值得關注。這位作者高度尊崇古印度人。〔但是〕他似乎完全不知道Asiatical Researches〔《亞洲研究》〕。他好像只知道威廉．瓊斯，並且認爲印度的黃金時代在這些〔古印度人〕那裡就枝繁葉茂。他似乎相當鄙視軍人和船長們的著述，但恰恰是這些人往往在其一生的大部分時間都生活在印度，並且了解印度人的風俗、語言和宗教。

現在我們想簡短地轉到歷史著述者們的情況上。我們已經談到印度人沒有歷史的觀念，沒有記述歷史的能力，這對於完成歷史著述者的畫面是最典型的。爲了使我們能夠表象這個差別，我們只需看一下《舊約》所談到的以色列祖先的情況。印度人完全不能理解〔這一點〕。印度人根本不能提出這樣一種可以理解的名稱。所有事物對印度人而言都化爲完全模糊不清的圖像。他們對知性的事物完全無能爲力。「不可能性」這個範疇在印度不會出現。

Historia rerum gestarum〔已發生的事情的歷史〕構成了一個民族形成過程中的一個必然的中間環節，因爲它的以往必定歷史地呈現在眼前。它在這些圖像中看到某種固定的和持久的事物。它會發生變化，在這個變化過程中任意性和偶然性被揚棄了。一種固定的狀況只

(12, 211)

㉙ 這部書名爲《古印度人的信仰、科技和藝術》，看來黑格爾沒有親自讀過此書，因該書作者是詳細地談到《亞洲研究》的內容的，並且他的姓名不是「尼古勞斯．米勒」（Nikolaus Müller），而是尼克拉斯．米勒（Niklas Müller）。

能以經驗方式確定自身。一個民族的某種性格只有透過歷史才固定下來，由此各個民族擁有一幅以往固定狀況的畫面，這樣，某種固定的事物也借此融入政治方面，部分地建構出、部分地繼續打造某種政治體制。由於印度人在主觀的意義上不擁有歷史，他們在客觀的意義上也就不擁有歷史。正是因爲印度人沒有historia〔歷史紀事〕，所以他們也便沒有眞正的歷史。

值得注意的是，我們在印度人那裡〔看到〕有關其歷史分期和執政年代等方面的龐大的數字。許多人名都和這些數字相關聯，但這些數字卻完全是任意的，沒有任何歷史重要性。例如一位國王統治了七萬年或另一位君主因受罰而懺悔一萬年。我們可以看到，這裡並沒有想到歷史。計算年代的數字也是如此。這些龐大的數字只具有天文學意義，但不能因數字龐大便說明印度人似乎有過古老的觀察。

爲了做一個簡短的介紹，我們可以把我們的年代與印度的數字做一個比較。當我們以一年三百六十五天零若干小時來看，爲了準確表達這類數字，我們在與一個特定單位的關聯中使用它們，如日、小時等，而且用分數表達這類比例。如果我們不用分數這樣表達，那麼數字愈精確，它也就愈長。月球圍繞地球運轉每年爲十二次稍多。但現在還有默冬法，㉚根據這種方法得出月球在十九年間圍繞地球轉二三七次，這樣，月球在我們的十九年之後重新回

(12, 212)

㉚ 默冬（Meton），西元前五世紀古希臘雅典人，數學家、天文學家，在西元前四三二年的奧林匹克運動會上宣布發現紀年法中的一種爲期十九年的週期，其中包括二三五個太陽月或朔望月，經過這一週期，月相又重現於太陽年或季節年中的同一日子。

到同一個位置。印度人試圖指明從地球上看所有行星在什麼時候集中於某一點上，並且用很大的數字來表示分數，以此對這類關係進行比較。這樣就產生了這些龐大的數字。印度人擁有不同的天文系統，其正確性取決於計算者的精確度。主要問題在於這類數字不是歷史的數字，而只具有天文學意義，〔印度人〕不是透過分數，而是透過大的整數來表示那些精確的事物。值得注意的另一點是，印度歷史最可靠的史料來源不是印度人自己，而是希臘人和穆斯林。希臘有關印度人被波斯人所征服的資訊是沒有意義的。亞歷山大只占領了一部分，他沒有進軍到恆河，而只到達旁遮普。後來的希臘諸國王也曾占有印度的領地。塞琉西王朝曾經統治巴克特里亞〔大夏〕。只是在西元一千年才有伊斯蘭教君主登上印度王位的準確敘述；加茲尼人、阿富汗人的統治以加茲尼爲中心。後來，帖木兒及其後代占領了印度，建立起一個蒙古帝國〔莫臥兒帝國〕；不過這些蒙古君主同樣變得懦弱無能並走向墮落，直至歐洲人最後幾乎征服整個帝國。

印度本國的文獻作爲歷史資料更爲重要，碑碣、銅板等上面的銘文，一部分是用類似於梵文那樣的古老字體寫成，〔並且〕給出一些特定的資料，但這些只是一些特定碑文的資料。除此之外，本國的史料就是歷代國王世紀年表彙編。尤其是威爾福德船長㉛蒐集並研究

㉛ 法蘭西斯．威爾福德（一七六一—一八二二年），英國航海家，年輕時曾遊歷阿富汗和中亞地區，一七九〇年起在印度，後爲船長，同時從事印度學研究，在《亞洲研究》上發表多篇論文及譯文。

了這些世紀年表，其中的一些享有很高聲望。雖然這些世紀年表本身在印度或多或少是可信的，但是根據威爾福德的鑑定，它們的不同版本甚至相差很大，威爾福德本人便藏有一部這樣的世紀年表。英國人在最近一段時間爲此下了很大功夫。它們作爲地理學報告與托勒密的地理學報告同樣精確。托勒密已知曉恆河的一個地區阿拉哈巴德以及其他許多地區。

　　這樣一來，不同國王的各個世紀年表彼此之間便截然不同。婆羅門僧侶在涉及他們並認爲對他們重要的地方，把年代一部分以天文星象方式，一部分以歷史方式加以安排和確定。他們往往用想像出來的國王的名字填補這裡的空缺。〔他們〕常常漏掉重要的國王，把這些國王的執政年代換上其他的國王，出於偏見或混淆把一些國王及朝代放到根本不同的另外的時代。他們慣於從年代久遠的一位祖先開始，略掉居中的人物，然後直接寫出最後一位後代。至於對這些國王所作出的說明，則完全是一堆神話。威爾福德告訴我們這些資訊。他說，一位印度的歷史編纂者告訴他，他只是根據大概情況用名字填補空缺，把帝國聯綴在一起，他這樣做的理由是因爲他的前任編年史著述家們也是這樣做的。

　　把印度歷史攪亂的另一個引人注目的情況，是印度人常常把其他民族的歷史納入自己的歷史當中。這種情況出現最多的是在超日王的世紀年表中，根據換算，他可能生活在西元前五〇年左右。但這個人是誰卻完全不能確定。英國人對此進行了仔細研究，發現有九個人擁有這個赫赫有名的名字，有時是一個小王國的國王，有時又是整個印度的國王。據說其中的某一位爲了長壽曾有一次獻出十分豐厚的祭祀品。由於他的願望沒有被滿足，他便想結束自

(12, 214)　(12, 215)

己的生命，所以神祇許諾了他實現一千年圓滿的統治。後來一個處女和一個木匠生了一個兒子，他剝奪了超日王的王位。這個孩子顯然就是基督，因爲基督所做的事情被收入這段歷史中，並依照印度方式進行了加工。

人們發現，《聖經》的外典完全被印度的方式弄得面目全非，塔木德經文也是如此。人們同樣可以發現，所羅門王的歷史被摻入到印度的歷史當中，還有穆斯林的歷史和其他伊斯蘭國王的歷史也是如此。穆罕默德的歷史也被詳細講述，而且他居然是出生於印度。至於他後來如何到了阿拉伯的故事，由於事情極爲骯髒可恥，所以在此不能講述。尤其是諾亞和他三個兒子的故事也出現在印度〔歷史〕當中，因此這三個兒子的名字便不會弄錯。印度歷史便處於這樣的相互關聯之中。對此進行了詳盡研究的本特利認爲，這位超日王只能是生活在西元後十一或十二世紀。㉜

關於天文星象文獻需要說明的是，由於這些文獻寫於棕櫚樹葉上，不能長期保存，所以便沒有古代的手抄本留存於世，而是必須要傳抄，後來發現，傳抄者們對於隨意改寫絲毫不感到臉紅。因此，從回溯的角度看〔這些史料〕也是完全靠不住的。

㉜ 參閱本特利（J. Bentley）發表於《亞洲研究》第八卷（第一九三—二四四頁）的論文〈試論印度的天文學體系及其與古代歷史和近代歷史的聯繫〉。

(12, 216)

婆羅門僧侶敢於在多大程度上造假，威爾福德本人便是一個證人。他讓一位博學的婆羅門僧侶從《往世書》[33]中把與希臘神話及埃及神話有相似之處的段落摘錄出來。在他委託這位婆羅門僧侶做此事數年之後，有一次他親自去查驗，在某些段落中卻找到其他年代的內容，這時他才發現那位僧侶把原書中的年代改成了威爾福德所希望要的年代。在被揭穿之後，這位僧侶卻信誓旦旦地發誓，而且讓另外十三位婆羅門僧侶也共同起誓，說年代是正確的。

關於在孟買附近高地的埃洛拉，尤其是在柯洛莫德爾海岸所發現的印度藝術品，現在已經對它們進行了十分詳盡的描述和研究。尼布林最先讓人注意到它們。[34]整座整座山都被掏空，神廟、圓柱、大型人物雕像以及許多其他物品都雕鑿在岩石上面，這些是靠令人讚嘆的辛苦勞作創造的作品。牆壁上有以神話爲題材的繪畫。人們認爲這些作品的年代十分久遠，但是就繪畫本身來看，其題材並沒有超出現在的神話體系，因爲這些繪畫中的人物形象與我們現在在婆羅門僧侶那裡所看到的人物形象相同。這些神廟之所以遭到遺棄，很容易用穆斯林的偏執狂加以解釋，他們汙損、褻瀆並炮擊這些神廟，以至於印度人無法再利用這些

---

[33] 印度教經典的一種，是內容龐雜的通俗著作，有五個傳統主題，即宇宙起源、輪回再造、神人和聖人的世系源流、偉大時代以及王朝歷史。成書時期早晚懸殊，起源互異。

[34] 黑格爾這裡提到的尼布林的文章現未找到出處，無從證明。

神廟。新近對這些神廟建造年代的看法是，它們建於西元元年之後，印度人主要是雇用阿比西尼亞人進行建造，而這些建造者完全是按照他們在埃及所見到的神廟進行仿製，埃及的神 (12, 217) 廟一部分源自希臘，一部分源自埃及。人們從中找到了希臘建築中的線條和比例，而只有無知的人才能如此仿製。這些阿比西尼亞人一無所知，便只能如法炮製。

兩個世界史的問題是：印度的世界作爲理念的自在進程到底擁有哪一種進步？以及印度的世界與其他世界是否有聯繫，有何種聯繫？

第一個問題在開頭已經予以考察。中國是宗法制政體，完整性和統一性是其基本規定。印度的原則是理念的第二個環節，即差別，確定的、固定的差別。這種差別作爲人的差別理當服從於統一性的精神，但這種差別始終保持著一種純粹自然的差別，並且演變爲使各個等級固定下來。由於差別完全固定不變，便只有不同事物、差別、多樣性存在，而合理性、自由、政治狀況在這裡便不可能找到地盤。這個差別因此變得固定不變，而這就是印度的原則。

從世界史的聯繫來說，這是另一個原則；但它不處於任何聯繫之中，既沒有向後與中國發生聯繫，也沒有向前與下一步的原則發生聯繫。因此，世界史進程只是自在地存在著，像 (12, 218) 動物、花卉那樣存在著，它們組成一個系統，但都是作爲自爲的個體從土壤中鑽出來，它們的種屬不是在和其他種屬的聯繫中出現的。這種聯繫不是爲了自身，而僅僅是爲了進行反思的精神存在的。這是最不合理的方式，是自然界的〔方式〕，而在這種自然性中的印度原則只是爲了概念才處於這種聯繫中，並不處於現象之中。

對於第二個問題，即印度世界是否沒有與其他世界處於一種歷史的聯繫中，必須作出肯定的回答。因爲這已經存在於差別、差異、走向外部的原則的概念中。中國的原則是自我封閉，但差別卻必須走向外部。所以印度的原則擁有一種與其他國家的外在的、世界史的聯繫，但這種聯繫只能是一種被動的關係，是一種無聲的、無所作爲的擴張；這是因爲，差別是抽象的原則，所以印度世界不具有個體性。印度世界中存在的〔個體性〕只是專制主義的任意專斷。因此，這是一種沒有個體性的聯繫。對這個方面還應簡略地加以說明。

前面已經提到了這種聯繫的一個方面，即印度始終是所有民族、尤其是西方民族覬覦的對象。因此，印度很早便開始進行貿易往來，外來民族攫取印度的財富——珍珠、寶石、香料。這類事情的細節和我們無關，這種聯繫在過去是部分地通過陸路、部分地通過海路進行的。印度人自己以往也從事航海和商貿，一個從南海來的民族造訪過〔他們〕。此事發生在希臘以前的時代。埃及人、希臘人、羅馬人都和印度保持著聯繫。繞過好望角的航行是近代歷史的一個主要環節。印度人自己從事過的這種商貿完全是無關緊要的陳年舊事，它對於整體狀況沒有產生什麼影響，印度人也很早便停止從事這種商貿，與此同時，種姓原則的形成過程和典禮儀式的奴役規章則得到進展，各個種姓無論是否純粹，都更加嚴格區別。

這就是說，印度早期就受到南海那邊外族的造訪，並與之建立起聯繫。對此需要說明的是，〔歐洲〕通往亞洲和印度的商貿長期是走陸路，經過敘利亞和埃及，直到終於發現繞過好望角的海路才開創了新的時代。人們常常以爲，繞行好望角的這條路只是應對埃及、敘利亞和阿拉伯的野蠻狀態的一種權宜之計，更近的、更自然的路線是經過埃及，同時人們還想到在必要時打通蘇伊士地峽。老的商路當然是經過這裡的。但這條商路並不絕對更容易走，顯得好像其他路線只是權宜之計。因爲從印度到蘇伊士的海上航行每年只有三個月通航，人們必須與季風搏鬥，而季風整年大部分的時間是向反方向吹。人們如果不利用好季節，便會在抵達阿拉伯灣時遇到北風，而它阻礙船隻航行。目前埃及的局勢安寧，但人們依然優先選擇海路。黑斯廷斯勛爵去年曾派出兩位船長分別走兩條路線前往英國，結果是經由好望角的那艘船要早三周抵達倫敦，而另一艘船同時也在曼德海峽，它走經由蘇伊士的路線。經由埃及的那艘船選擇了最有利的季節，但是必須走一部分陸路，所以晚到了三周。在阿拉伯灣也只有那些利用陸風的小型船隻能航行，所以這條看起來比較近的路線與新開闢的海路相比自有其缺點，因此，從這方面看印度在商貿方面有其不利的一面。

這種聯繫的第二個方面是印度的擴展。近代以來在印度與西方的關係中可以觀察到一種奇特的現象。事實上，古印度的語言——梵語，不僅是當今印度所有語言之母，它賦予這些語言很多事物，所有語言都承認梵語是源頭。《吠陀》是用梵文寫成的。迦梨陀娑的劇本《沙恭達羅》（《關鍵的指環》）的一部分也是用梵文寫就。至於說到印度斯坦語，這並不是本來的印度語，而是一種混合語。梵語不僅是印度的各種語言之母，而且是古波斯語的原始語，此外，它一方面和希臘語、拉丁語、日耳曼語有關，另一方面和埃及語有關，這些語言的根也都在梵語。不僅它們的根是相同的，而且值得驚嘆的是梵語的語法系統，特

(12, 220)

別是動詞變位都與希臘語、拉丁語及日耳曼語相同。博普教授㉟特別對此做了廣為人知的研究。這不可避免地使歐洲世界感到十分驚訝。梵語本來是印度各種聖書的語言，猶如我們這裡的拉丁語。我們在印度看到的是梵語，另一〔方面〕是波斯語、〔埃及語〕、希臘語、拉丁語、日耳曼語。它和敘利亞語及希伯來語的這種聯繫已經中斷。因此這種聯繫沒有延續下去，而是中斷了。

這種情況說明，各個民族在遠古時是從印度向外擴展的。但這並不是說可以把印度看成一個始源國家，而且古波斯語或贊德語也表明它們與梵語同樣有親緣關係，和它相近。前者並不是它的後裔，而只是顯示兩者似乎擁有一個〕古老源頭。這種贊德語在印度以北流行於巴克特里亞、喀什米爾地區、阿富汗帝國、帕羅帕米蘇斯山。它們都是所使用的語言與梵語有親緣關係的國家。在這些地區，梵語在今天比當地語言還要有生命力，而且比在印度本土講得更為地道。因此，我們看到這個同樣屬於梵語區的北方地區及其擴展，如果我們把這種擴展視為各民族的遷徙，我們便必須從北方的這個地點出發〔去思考〕，或者說，這個地點

㉟ 弗蘭茨·博普（一七九一—一八六七年），德國語言學家，發現了梵語、波斯語和歐洲主要語言之間存在的密切關係，歷史比較語言學的創始人之一。著有《梵語動詞變位與希臘語、拉丁語、波斯語、日耳曼語動詞變位的對比》（一八一六年）、《梵語語法》（一八二八年）和六卷本《梵語、贊德語、希臘語、拉丁語、立陶宛語、古斯拉夫語、哥特語和德語比較語法》（一八三三—一八五二年）等。

(12, 221)

是比擴展發生的起點更高的地點。

我們僅在語言當中看到的這次民族大遷徙本身，無聲無息地出現在歷史的所有規定性之先。這次無聲的遷徙是在還沒有任何文明產生的狀況下發生的。里特爾教授㊱在花費很多心血寫就的《通往歐洲歷史的前廳》一書中才華橫溢、妙趣橫生地集中描寫了現存的諸多歷史痕跡。但這是一個歧見叢生的領域，危險很大、證據很少，因爲往往得出一些只是從語言發音角度看待的親緣關係。可以這樣來設想這條遷徙的路線，即各個民族先遷徙到中亞，從印度以北繞過裏海，一部分人走南路，一部分人走北路，經由亞美尼亞、小亞細亞前往希臘、黑海等地。里特爾提出的這一聯繫的主要環節首先與黑海周圍的地點有關：科爾基斯、里奧尼河及亞速海。他指出與這些地點存在著的商貿聯繫，這是一條通往印度並延伸至中國的內陸商路。値得注意的是里奧尼河流域各個民族的姓名與印度的姓名之間的相似性。這就和希羅多德關於在里奧尼河河畔居住著埃及人的傳說聯繫起來了，因爲希羅多德也許是把埃及人當成了異族人。這些便是歷史的痕跡。這些民族卻沒有把印度的精神也一起

(12, 222)

㊱卡爾·里特爾（一七七九—一八五九年），亞歷山大·洪堡之後現代地理科學的另一位創始人，一八二〇年成爲柏林大學首任地理學教授，一八二二年成爲普魯士科學院院士。他的《通往歐洲歷史的前廳》出版於一八二〇年。

帶走，因爲這次遷徙發生在史前時代。他們所帶走的事物又被他們幸運地或必然地擺脫掉了。這就是印度與外界的歷史聯繫。印度人沒有去占領其他的領土，而是〔被〕他人所統治，他們過去對外沒有個體性。

如果我們把梵語和希臘語、德語、拉丁語進行比較，就會發現許多詞根和波斯語的詞根也相同。這是題材的方面；更多觀念的方面則是語法上的相似性。不僅語法系統本身十分成熟，而且還有許多研究語法的著作。在印度文學當中〔也〕可以看到在語法方面的高度修養。從這一點出發，人們通常推論印度早期的文化也高度發達。但是從語言成熟得出整個文化發達的推論是一個全然沒有根據的推論。從經驗的角度來看，我們甚至可以找到相反的情況。在歐洲，高度文明的民族卻只有一種簡單的語法。讓感性對象擁有許多種表達方式，這毋寧說是野蠻的標誌，而不是文明的標誌。德語在發音方面也有很多差別，但這是一筆不應評價過高的財富。人們更應當把語法的形成作爲一個民族形成的標誌。但這種形成往往是許多完全無足輕重的差別的多樣性。例如，英語的語法十分簡單。與此相反，我們看到野蠻民族在進入文明的過程中十分關注細小的差別。例如，我們發現阿拉伯和土耳其的語法學家十分精細而又十分吹毛求疵，這是退步或者說文化素養還不夠高的標誌。希臘人和羅馬人是在衰落的時候才開始構建語法學的。

我們還需要簡短地考察一下仍然與印度世界有親緣關係的事物，即屬於佛教的各個民族的範圍，佛教與喇嘛教相關。

我們曾經把印度精神視爲在表象中分裂爲兩個極端的夢幻的精神。它還有相近的各個形態。我們看到，這個精神在表象中想入非非、誤入歧途。這個精神的基礎是徜徉在大千自然界和精神形態中的萬有的太一，〔它〕在自身一方面還是以感性的方式包含著表現，另方面又包含著最深刻的思想。另一方面，與這種夢幻相對的現實性是一種無可奈何的受奴役狀態，在這種奴役中區分人的方式是固定的，一切教養都取決於它。面對這種夢幻生活、這種在現實性中沒有眞理性的想入非非，起初是一種毫無約束的夢幻生活，它沒有發展到那種方式差別，但是也沒有因此淪落爲奴役，而是更加粗野，但是也更加簡單地置身於現實性當中，在其表象的形態當中也更加簡單。這個形態的精神就整體而言是同一個精神，但是它更加集中於自身，因而使它的表象更趨於統一性，自己在現實性當中也更加自由，不讓種姓的差別成爲負擔。因此，種姓的差別成爲某種從屬的事物。這就是與印度相關的世界的特徵。

(12, 224)

屬於這個世界的是一批極爲不同的民族和邦國，它們的歷史部分地只限於自身，部分地像從一個模子裡鑄出來似地完全一樣，對此就不在這裡加以考察了。屬於這個世界的主要是在東面、南面、東南、東北與印度接壤的錫蘭、印度東部半島的阿瓦，這個半島上一部分是阿瓦帝國，一部分是暹羅。印度東部的半島，主要位於印度東北部的喜馬拉雅山以及在這座山北部的整個韃靼民族，向東直到亞洲的東部邊緣，所有這些民族都屬於這個世界。西藏、韃靼，尤其是其高原，居住著蒙古人、卡爾梅克人，向北直到北冰洋，所有這些民族都

(12, 225)

屬於這個世界。在講印度人時已經說過，眞正的印度可以稱爲婆羅門教印度，可以說它是和佛教的印度相對立的。

人們認爲佛陀與中文當中的佛是一回事，它在錫蘭主要叫作喬達摩，他成爲反對婆羅門的力量，他也生活在印度，而且部分地以印度爲家。對於這兩種宗教中的哪一種更爲古老和簡單，發生了很大爭論。雙方都有各自的理由，但是誰也不能明確地說出來。顯然佛教更簡樸，因此它本身可能是最古老的，但也可能是一個更早的宗教發生改革後的產物。早在希臘人那裡，人們就已經在涉及印度宗教時看到了這個區別。希臘人已經知道印度有兩類祭司，他們知道沙門、拉馬納爾和戛馬納爾，後者轉變爲在薛西斯的軍隊中待過的日耳曼人，另一方面他們也知道婆羅門或祆僧。之所以把沙門理解爲佛教徒，其原因在於沙門也叫作喬達摩。因此，佛教是更爲簡樸的宗教。㊲

在婆羅門看來，佛本人是神第九次變成爲人，他也是第一批摩爾國王的創立者，因爲區分開太陽王和太陰王是一種傳統。佛被當作王者、導師、神靈，他最後的諸弟子受到佛教徒

(12, 226)

㊲ 在黑格爾時期，有關這兩種宗教哪個更爲古老，存在許多不同的猜測。黑格爾這裡所依據的文獻來源十分混亂，因此他不可能講清楚這個問題。參閱他所援引的英國學者弗蘭西斯·布坎南（Francis Buchanan，一七六二—一八二九年）著〈論緬甸的宗教與文學〉，載《亞洲研究》第六卷第一六三—三〇八頁。

們的擁戴。這就是說，佛本人在婆羅門也是這樣出現的，反過來佛教徒也認可印度人關於多種神靈的觀念。對他們來說，其他印度婆羅門的許多聖地同樣是神聖的。在西藏，恆河同樣是聖河。在錫蘭，訪謁過這些聖地是偉大的功業。他們承認自己的智慧和學識來自於恆河邊的城市貝拿勒。這就是說，佛教徒和西藏人也都認同印度。過去兩者是統一的。這個簡單的宗教也許是因婆羅門教的一次改革而產生的，但可能性更大的是佛教更爲古老。

印度當然也有過宗教改革家。印度的若干民族因此擺脫了受奴役狀態，尤其是擺脫了種姓劃分，首先是居住在印度河以北地區的錫克族。在二百年前，伊斯蘭勢力的壓迫激起民憤，出現了一位改革家，他只是用思想觀念，而不是用暴力，試圖使他的人民擺脫兩面迷信，獲得獨立。直到這位男子的一位後代被穆斯林殺害之後，他的朋友們才起而反抗穆斯林和印度人。目前，這個民族以某種共和國的方式繼續生活著。因此，這裡就有一個透過改革來確定其宗教的民族。不過，根據各種歷史遺存，佛教徒似乎是一個更爲古老的民族。

第二是要指出這個宗教的性質，第三是要揭示它走過的歷史路徑。從各個角度看，這個宗教要更爲人性化。從關於神的觀念看，更有這樣一種情況：對他們而言，他們的最高的神一方面曾經是人，另一方面他們的神仍舊作爲人而活著，因此他們把一位活人尊奉爲神。

第一個環節是佛陀的情況。關於他在塵世生活的情況，他們擁有我們在其他印度人那裡看到的同樣怪誕的敘說。他是神的化身，而且是第九次化身，並被尊奉爲神。他達到了涅槃，即達到最高度抽象的境界，在這裡，精神沉入自身之中，不再抓住任何事物不放，而

(12, 227)

脫離我們可以稱之爲幸福的一切事物。對他們來說，死後便可以達到這種境界。誰達到涅槃，誰就成爲佛。這個喬達摩是眞正的神，他不是任何一個自然存在物，不是天、不是太陽，他在本質上就是人。與此同時，他們說他是永恆的、不朽的。他們把我們賦予最高存在者的一切特徵都賦予他。他們在寺廟中供奉他的塑像，有的是端坐，有的是站立，而且他的弟子們也被一起尊奉。一方面，佛教徒們建造了安放佛陀的寺廟，除了這些供奉他的寺廟之外，還有金字塔形的建築，例如在爪哇，它們完全是實心的，裡面存放著佛陀的遺物，有一部分是他的遺體，儘管傳說他死後的遺體用檀香木火堆火化了。我們在這裡看到了一種獨特的情況，那就是他們把神描繪爲逝去的人，他的去世就是他們的崇拜的一個環節。喬達摩是錫蘭的神，但經過西藏向上一直抵達北冰洋。

不過在這裡，與崇拜一位活人聯繫在一起的是：對他們而言，正是在最高的喇嘛（祭司）中，神是現場存在的。在印度也有神現爲肉身的情況，在孟買附近的一個家族中，一位神以世襲的方式現爲肉身，這就是甘尼許神現爲肉身，它被想像和描摹爲有大象的頭。一位英國軍官訪謁了現在活著的喇嘛，他是一位三十歲左右的人，被尊奉爲神。類似的情況存在於眞正的西藏，在那裡這樣的風氣更盛；西藏是喜馬拉雅山脈後面向東北方向延伸的一塊土地，那裡尊奉著三位這樣的喇嘛。第一位是拉薩的達賴喇嘛，第二位是箚什倫布寺的班禪喇嘛，第三位是位在喜馬拉雅山、貝加爾湖南部、高原緩坡地帶成吉思汗發跡的地方，喀爾喀

(12, 228)

部庫倫[38]的多羅那他喇嘛，也稱為「佛教徒喇嘛」。[39]他們是人，但又被崇拜為現場存在的神，他們的事業與佛教相連，與那種認為佛陀仍然活生生地現場存在的觀念相連。這方面的詳細情況是相當混亂的，但關鍵是反對印度教的那種把唯一至上者支配所有其他諸神、神魔、妖怪作為基礎〔的觀念〕。近來我們對各位喇嘛的情況了解得比較多，因為特納船長曾作為使節到過班禪喇嘛那裡。當他在那裡時，前一位喇嘛剛剛過世，或者如他們所說，他離去了，當時的喇嘛只有兩歲。

這些喇嘛是宗教的首領和世俗的首領，但僅在西藏是直接的世俗首領。他們被各個蒙古部族尊為宗教首領，在政治事務上向他們諮詢，在宗教上被奉為神。但除了喇嘛之外，現在還有許多神、佛陀或喬達摩等等。對這些地位最高的喇嘛，人們可能想到他們會趾高氣揚、狂妄得不可一世，但實際上絕不是這樣。特納船長在擔任班禪喇嘛使節期間，當今的喇嘛還只是一個兩歲的孩子，有一位攝政王輔佐他，這位英國使節要拜見的是攝政王。關於

[38] 今蒙古烏蘭巴托。

[39] 黑格爾在這裡的敘述並不準確。依照山繆．特納的表述，在西藏有兩個教派，一個是格魯派，即黃教；另一個是寧瑪派，即紅教，每個教派都有三位喇嘛作為首領，即達賴喇嘛、班禪喇嘛和多羅那他喇嘛。特納於一七八三年十二月四日拜訪班禪喇嘛，把所寫的遊記發表於《亞洲研究》第五卷第一九九—二〇五頁和《西藏班禪喇嘛宮廷供職記》（倫敦一八〇〇年），他所說的班禪喇嘛當時的年齡是十八個月。

這個孩子當然沒有太多可說的。他規規矩矩、衣著合體地坐在那裡，邊聽邊看。他的父親和母親站立一旁，小孩子很懂事，一聲不吭。壺裡注上了茶水，攝政王獨自啜飲。當壺裡的茶水喝完，小孩子發現茶壺空了，便向四周張望，示意讓人續上茶，顯示出這個孩子十分懂事和機敏。僧侶們選出最優秀的人物擔任喇嘛。關於前一位喇嘛，他被讚頌爲最高貴、最謙遜的人。他學識淵博，絲毫不狂妄傲慢，對待臣民寬厚慈善，將其恩澤施於各方，顯示出喇嘛政府是世上最爲慈父般的政府之一。所以喇嘛在這時就是這樣一個人，透過這個人，神對民眾而言就在眼前，因此神在關心著他們。這種關係十分接近於泛神論講的關係。但這不是那種認爲所有山川河流和所有婆羅門都有神性，因而梵天在那種關係中直接在場的印度式泛神論，毋寧說，這種無限擴展的泛神論在喇嘛的法事中集中於太一。這些民族和印度人的區別完全在於他們在自由中處於更高的地位。他們把神設定爲人，從而在神的身上認識到自己，並且他們對他們的神懷有友善的看法，從而達到一個更爲自由的神。

關於種姓的問題，錫蘭有種姓存在，但是並不嚴格，而且只是對手工業者而言。但他們和印度的情況部分地不相同。在印度的種姓當中，任何人都不能做其他種姓的事情，哪怕是給自己做。而這裡則允許這樣，每個人都可以爲自己做那些本來只有另一個種姓才能做的事。這裡也沒有高級種姓，沒有武士種姓。從一八一三年起，人們也就這樣了解了錫蘭的國內情況。在緬甸王國、在暹羅則沒有種姓，在西藏和蒙古人那裡就更沒有。這造成了一種自由、勇敢、更爲友好的生存的很大區別。

這些民族中都有僧侶，尤其在西藏以及在緬甸王國，僧侶們集中生活在大的寺院中。西藏一個寺院的僧侶人數超過兩千人。這些僧侶並不構成一個特殊的種姓，他們是來自整個民族的個人。西藏的規定是在每四個兒子中，必須有一個被培養爲僧侶。這些僧侶在西藏獲得土地收入，並且靠布施生活。在緬甸王國，僧侶主要靠自願的布施生活，他們清晨穿過大街小巷去向俗眾化緣。這裡他們被叫作僧伽（Rahans）。這些僧侶就其全部行爲舉止而言不同於婆羅門。在藏人，稱高級僧侶爲格隆。他們通常與婆羅門相反，毫不自傲，是謙遜、博學和對人友善的，婆羅門則冷酷無情，傲慢自負，對人不友好。西藏的僧侶們把多餘的事物分發給窮人，每位旅行者都可以在他們那裡住宿。㊵

這裡有兩個教派，其中一派可以結婚，另一派不可以。後者目前分布最廣，他們藉由服飾區別，他們分別身著紅色和黃色袈裟，彼此敵對，甚至發生流血衝突。他們虔誠、博學，既在園亭裡，也在寺院裡做法事。法事中最主要的事情是唱經，他們的嗓子訓練得可以唱最高音，使節們曾經在一座寺院中居住，對他們的高亢無比的嗓音無不感到驚訝。

關於蒙古人、西藏人目前的情況，他們被描繪爲和善、開朗、值得信任、專注和能幹，不像印度人那樣愛說謊話、膽小怯懦和卑躬屈膝。這些民族彼此信賴和友善地過著安寧的生

㊵ 黑格爾這裡所描述的藏族佛教徒的特點，原來見諸法蘭西斯·布坎南著〈論緬甸的宗教與文學〉，載《亞洲研究》第六卷第二七六頁。

活。僧侶們虔誠地對待整個國家。每位信徒都安寧平和、無憂無慮地做著自己的營生。整體上說他們不是好戰的，連西藏也很少受到戰爭的干擾。還要說的是，這些民族部分地禁食肉類，尤其是緬甸人，但這條律令多少是有限度的，尤其是要看王公貴族是否願意遵守。蒙古人和卡爾梅克人也不食肉類，他們把殺死一頭動物視爲罪惡。特別是卡爾梅克人，十分仁慈，他們甚至連自己的馴鹿都不宰殺，而是放在地上。這些蒙古人和藏族人整體上生活得很安寧，蒙古人總體上過著游牧生活，並未眞正處於宗法制狀態，所以一個人生來就有某種不確定的權力。他們的首領儘管部分地是由出身決定的，但整體上是由各個家族的長老共同商定的，政治事務或多或少是全民族的事情。這些民族目前大多處於俄羅斯統治之下，一部分處於中國統治之下。一七六九年至一七七〇年，一個有七至八萬人的俄羅斯卡爾梅克部落，逃離伏爾加河和頓河沿岸的俄羅斯地區，前往中國領土，因爲俄羅斯人想切斷他們和達賴喇嘛的關係。㊶

這些友善的民族比那些具有可愛溫柔的弱點的印度人更加嚮往自由，當然可能失去自我控制，像洪流一樣四處氾濫，整個民族（不是武士部落橫掃世界）都陷入內心的躁動，不停頓地遷往遠方，把一切都摧毀征服。不過這樣的雷陣雨在傾盆而下之後就會驟然停歇。他們

㊶ 這裡指的是，明末清初西遷至伏爾加河流域的土爾扈特部落，因爲不堪沙俄政府的壓迫，於一七七一年東歸故國。

(12, 232)

從來沒有駐足，尤其是沒有建立王國。這些洪流主要是在成吉思汗率領下出現過，一直突進到西里西亞的邊境。帖木兒這位蒙古王公，或者說，這個原來的突厥人，也是這樣一位橫掃世界的人。他原來依據的出發點，他原來傾注全力的部落，並不是蒙古人，而是突厥人。

總而言之，這部分世界屬於印度人。但印度人〔是〕一個整體，它的差異性已經固定下來，這些民族則沒有形成這種內在形態，而是更加分散，儘管他們也因此更加自由。我們現在從印度轉向亞洲第三個帝國，即波斯帝國。

(12, 233)

三、波斯

我們在這裡將會講得簡短一些，因爲一方面我們擁有的資料不多，另一方面這些資料很多都是大家熟知的。不過，有關波斯帝國的資料也極其匱乏。我們從這個帝國才開始進入眞正的世界歷史。中國處於世界歷史的關聯之外，儘管中國是一個重要的、本質性的環節，如同印度是另一個環節那樣，它只有一種默默無聲的內在關聯，不動聲色地貫穿於始終。波斯則是一種眞正的、有意識的、開放的關聯。如果說人們就中國和印度很少能談到一部向外發展的歷史，而是談到足夠多的國內事務，那麼，我們關於波斯則更充分知道它的外部狀況，而鮮少了解其國內情況。在我們的時代，中國和印度的情況是當下存在的，因此可以對它作出更多的規定；而波斯的世界是一個早已消逝的世界。我們了解的波斯世界的內部情況和它向我們展現的最古老的事物〔並不多；但〕這個環節經歷了所有歷史，並且在許多令人肅然起敬的遺跡中留存著，在最近一段時間才大白於天下。

當我們進一步考察波斯帝國時，我們會第一次發現一個帝國，它是一個統治的整體，它把各種完全異質的元素（當然只是相對而言）聚合在自身中。在這裡聚爲一體的各個民族在語言、習俗和宗教方面都極爲不同。這個帝國有著悠久光輝的歷史，它形成整體的方式應作爲比以前的環節更靠近國家理念的事物進一步加以考察。因爲這裡存在的，既不是像中國那樣的宗法倫理事物，也不是像印度人那樣的差異性固定不變；既不是蒙古人的快速四處流散的世界洪流，也不是突厥帝國實施鎮壓的否定性事物。毋寧說，人們在這裡看到的是各個民族組成的一個統一體，它們既始終保持自己的獨立性，又依賴於統一點，這個統一點使它們保持平衡，並且感到滿意。印度人和蒙古人的世界屬於後亞細亞，後亞細亞的整個自我感覺方式和歐洲人的自我感覺完全不同。與波斯相關的事物又不一樣。當今的波斯是另一個種族，是一個更優美、更接近歐洲人的人種。負責監管那些國家的英國人埃爾芬斯通㊷

(12, 234)

㊷ 芒·埃爾芬斯通（Mountstuart Elphinstone，一七七九—一八九五年），英屬印度的官員，曾任孟買總督，通曉波斯語和印地語，寫有《印度史》（倫敦一八四一年）和《喀布爾王國及其對波斯、塔塔爾和印度的依附性》（倫敦一八一五年），這裡轉述的說法即出自後一本著作第一四八頁以下。

曾經造訪喀布爾和喀什米爾王國，使我們了解了這些國家。他描述了波斯和印度的很大區別給他留下的印象，他說：歐洲人一直走到印度河都還會相信是身處歐洲，而一旦跨過印度河就會發現一切都迥然不同。我們來到波斯，會看到這個帝國是外向型的，因此它才涉及世界歷史。

在這個帝國，我們現在要指出它的原則：以前的各個原則的統一。中國的原則和印度的原則在波斯已經融爲一體。在中國，全部事情都統一到一個外在倫理意志的支配之下，它決定著人的最內在的意志。與此相反，印度的原則是絕對差異的原則，並且被自然地固定下來。而在波斯帝國，我們看到的是如同民族差異那樣的個體化差異，而且這些差異既是聽其自便的，但又是由一個統一點加以克服，維繫在一起的。在這裡，自由的個體化〔回〕歸到一個統攝它們的點上；這是第三個必然的環節。我們要更進一步考察的是這些差異，它們的統一就是整體。

如果我們從外部、從地理角度考察這些差異，我們則可以說，這裡的高原和平原、即廣闊的河谷構成衝突。在印度，我們看到的是生命在陰溼的河谷地帶傳播，與高原分隔開。在波斯，這兩個原則合爲一體，彼此衝突。整體的一部分是高原，它通稱爲波斯，山脈和相鄰的河谷也都從屬於它。而另一部分是底格里斯河、幼發拉底河、阿姆河、錫爾河的河谷地區。

爲了界定這個高原，那就要說它並不是像中國韃靼地區那樣的高原，而是通向河谷平

(12, 235)

原，相對低一些，因而具有土地肥沃的單個特徵。印度河構成印度與波斯的邊界。在這條河的西面，波斯高聳於印度河和恆河的河谷之上。在印度河源頭上面很遠處，有一座更高的山脈，通常稱爲興都庫什山，在山的東面還有更高的一段，那裡有中國人和蒙古人居住。從興都庫什山向西、向裏海方向，有一條山脈，它的北側是阿姆河，過去阿姆河流入裏海，現在流入鹹海。愈接近阿姆河的源頭，河谷就變得愈窄，並出現了另一條向北延伸的山脈。在這兩座山的深處隱藏著阿姆河的源頭，河水沿著一條峽谷順流而下。這個隱藏的角落是一處重要地點，過去稱爲巴克特里亞的巴爾赫城[43]就位於此，它是古代文化的所在地。這裡與興都斯坦、特別是與喀布爾相距不遠。在東南邊是興都庫什山，到喀布爾要翻越這幾座山。在這座山的東面是巴克特里亞，在巴爾赫以西是呼羅珊，再向西是阿雷亞、米底、伊拉克、亞塞拜然，從亞塞拜然那裡出現亞美尼亞的各條山脈。在西南方向開始有底格里斯河和幼發拉底河的河谷，它從西北通向東南。通往波斯灣有另一條山脈與波斯灣相平行。在這條山脈上主要坐落著古老的法爾錫斯坦，[44]即波斯。它繼續向印度洋方向延伸並和印度河相平行，然後

(12, 236)

㊸ 位於阿姆河流域的巴克特里亞（大夏）的首都，原名巴克特拉，因爲地處阿姆河源頭的巴爾赫河畔，後來更名爲巴爾赫城；是祆教的中心，傳說祆教的創立者瑣羅亞斯德死於此城。

㊹ 法爾錫斯坦現名法爾斯，泛指伊朗（古波斯）南部的廣闊地區，涵蓋現今法爾斯省及附近其他城市，是古波斯人最初定居的地方，亦是阿契美尼德帝國及薩珊王朝的中心所在。

與蘇萊曼山脈相連。這片高原就是名稱很不確定的伊朗，是我們要考察的中心。其北部是巴克特里亞，東部是印度，西部是巴比倫、亞述，再向西是敘利亞、亞美尼亞，再向前是小亞細亞。在這片地域上，波斯扮演著它的角色。

這個帝國的要素，一邊是巴克特里亞的贊德人，另一邊是巴比倫人、亞述人，第三個是米底人，即本來的波斯，第四個是直到地中海的敘利亞人。

贊德人這個名稱來自用贊德語寫作的書籍，法國人安可蒂爾·迪佩龍㊺在一七五〇年發現了這些書，並譯成拉丁文出版。這些書尤其包含祆教的學說，祆教毫無疑問是古代波斯人的宗教，即使不能確定是《贊德阿維斯塔》。㊻其宗師是古人已經提到的瑣羅亞斯德。贊德人毫無疑問和古波斯人有關，但是贊德人並非僅僅由居魯士領導下崛起的波斯人所組成，這

㊺安可蒂爾·迪佩龍（一七三一—一八〇五年），法國東方學家。十八世紀時歐洲人開始注意古伊朗宗教，他們獲悉移居印度西北部的帕西人仍保存伊朗人的古老宗教經典《阿維斯塔》。迪佩龍於一七五四年赴印度尋得此聖典並潛心釋讀，於一七七一年在巴黎出版了《阿維斯塔》法譯本。由約·弗·克婁克爾（J. F. Kleuker）從法文轉譯的德文本《贊德阿維斯塔》於一七七六年在里加問世，黑格爾依據的主要是這個德譯本。

㊻薩珊王朝時期的《阿維斯塔》計有三十四萬五千七百字，有關《阿維斯塔》的帕拉維語文獻統稱爲《贊德》，共二〇九萬四千二百字（包括注釋），而保存至今的《阿維斯塔》殘卷僅有八萬三千字。中文本《阿維斯塔——瑣羅亞斯德教聖書》由元文琪譯出，二〇〇五年在商務印書館出版。

同樣是不爭的事實。安可蒂爾·迪佩龍在當今帕西族人那裡發現了這些書，帕西族人作爲祆教信徒仍居住在東印度地區。在裏海南部也有一個特殊的共同體。他們處於自我封閉的狀態。這些贊德語書籍並非完整無缺，但是透過它們可以知道最重要的部分。這在當時是一個新發現。這些文獻是一個整體，與古波斯人的宗教有關，確實是一個獨特的整體。

人們起初還爭論贊德人生活的地區，根據各種研究結果似乎是位於阿姆河流域的巴克特里亞，都城是巴克特拉，這個都城本身位於巴爾赫河畔。巴克特里亞距離喀布爾不太遠，據威爾福德說大約有八天路程。在經過的地點中，值得注意的有：瑣哈斯堡（費杜西），它在古代傳說中占有重要地位；第二個是巴爾赫巴米揚（巴爾赫意爲城市），威爾福德說波斯人經常把這座城市與巴爾赫河相混。在巴爾赫巴米揚城附近，還有另一座名叫加加雷的城池的奇特廢墟。這裡的崖壁上有許多個鑿出的洞穴，大約一萬兩千個。此外還有殘垣斷壁的城牆，有兩個被穆斯林嚴重破壞的巨型塑像，這兩個塑像後來又被阿克巴用大砲猛轟，據說其中一條腿流出了血。這已經充分顯示這裡過去肯定有許多堡壘工事，而這裡的傳說可以勾起對古代英雄的很多回憶。亞歷山大沒有選擇經巴爾赫通往印度的道路，而是繞到其南邊的帕羅帕米蘇斯山，這座山位於巴克特里亞的東面，是與都庫什山的一個山峰。

毫無疑問，這個巴克特里亞是贊德人活動的舞臺，是瑣羅亞斯德生活的地方。安可蒂爾以及在他之後的德國人也認爲亞美尼亞是瑣羅亞斯德的故國，而巴克特里亞則是他活動的地方。瑣羅亞斯德生活在古斯塔斯普國王的統治下，有人認爲這位國王和大流士·希斯塔斯普

(12, 238)

是同一個人。不過瑣羅亞斯德的時代要更為久遠，這可以從《贊德阿維斯塔》所描述的整個情況看出來。透過編年史組合把大流士變成古斯塔斯普，所依據的材料是近代波斯史學家記述的。但這些材料極為可疑。《贊德書》提到一個圖蘭民族，即圖蘭人，而波斯人、米底、尼尼微、巴比倫、巴克特里亞這些名稱都沒有出現，也沒有提到與居魯士有關的事情，所提到的第一位神話傳說中的國王叫作傑姆席德。他被當作阿契美尼斯，據說居魯士就是這位國王的後代。首先極為重要的是，在《贊德書》中波斯帝國這些著名的民族和首領竟然毫無蹤影。

另一重要之處是《贊德書》向我們描繪的整個狀況，即一個具有高度文明的民族的狀況。它像印度那樣有四個等級，此外還有農業、村長、街道、行政區劃、城市、行省及諸如此類的事物，這表明他們有內部組織，並且生活的舒適程度很高，但它沒有一個帝國的規定，它本應像我們通過希臘人所了解到的波斯帝國那樣。宗教法規和市民狀況也是如此，這都表明那是一個比波斯民族要簡單得多的民族。

在《贊德書》當中，贊德民族的名稱是阿雷亞（Arier），並給阿雷亞（Aria）或阿里納（Ariene）這個國家加上別名維德吉（Vedjo）（本來的、純粹的阿里納）。這個國家的首府是巴克特拉。阿雷納（Ariena）接近於大阿里納的意思。這個伊朗就是後來的波斯。伊朗進一步擴張到高原地區，米底人、亞美尼亞人也都包括在內。《贊德書》的一部分是用贊德語寫的，贊德語和印度的梵文很相似，因此這兩種語言似乎有共同的源頭。這個國家的組成並不在印度河的南部，而是從喀布爾北部起直至伊朗中部，再向外就是呼羅珊。根據《贊德書》的描述，儘管這個民族有首領，有等級之分，但是民風簡樸。我們首先要考察的是贊德學說，即祆僧㊼學說，這種學說現在依舊存在，雖然是以更加成熟的形態存在的。

關於這種祆僧的宗教，它完全是波斯人更高的精神元素。我們在波斯宗教中看到的是一種自然崇拜，而不是偶像崇拜，它和印度的放蕩不羈完全不同，而是吹來一股高尚的氣息給我們。構成崇拜的形象的基礎的，不是諸如太陽、月亮那樣的一個個自然物。如果說印度人那裡也有思想所把握的普遍的效用性，它們在形態中被統一，那麼這類形態的意義本身又是一種感性的事物，一個純粹自然的效用性。我們把梵視爲不確定的統一性，而不是精神的眞實的具體事物。波斯人，雖然也有自然崇拜，但那只是對光明這種普遍的、簡單的物理存在物的崇拜，它像思想那樣純粹。當思想面對光明時，它馬上預感、感知到其自身。波斯人對光明的表象無疑不同於牛頓對光線的表象。他們是以崇敬的心情，而不是僅僅以感性直觀的方式祈禱光明；這是一種情思，它在這種直觀中返回自身，從而得以在自身中看到對象，然後純粹對象的、即光明的這種己內存在就直接是思想，是精神的事物。自由的思想還不是自

(12, 240)

㊼ 德文爲Magier，來自於古波斯語magus，是古波斯祭司階層的稱號，漢語中音譯爲「穆護」、「麻葛」、「麻各」，意譯爲祆僧。

由的基礎，毋寧說，直觀到的是一個感性的事物。但這是一個作爲普遍事物的感性事物，具有思想的形式，而且只要這個感性事物作爲內在事物加以認識，意義就成爲一個思想、認識、知識、善。這就是波斯人更高的立足點。這就是說，他們的靈魂已經上升到這種高度的純潔性，一種在思想的普遍形式之中的感性事物。

對所有宗教而言，首先必須看其形態，然後看其意義。對每個宗教而言，直觀是一種人格化的事物，但關鍵在於意義。在印度人，意義的形態本身又具有感性意義，而在波斯人，感性的事物具有思想的形式。與此直接相關的是波斯宗教中的對立這種偉大的二元論。

在哲學考察中，二元論是這樣一種規定，這種規定如果其內容包含眞理，就不能被視爲終極的、固定的事物，毋寧說，對立的統一是眞理的原則。我們在波斯宗教中看到了善和惡、光明與黑暗、奧爾穆茲德與阿赫里曼的絕對對立，兩者各自獨立、互不相干，從而違反了一切哲學眞理的原則，即違反了絕對的統一；因爲只有自然的事物才是這種互不相干的對立物。印度人有絕對的泛神論。波斯人則把感性事物的無限多樣性歸結爲這種二元論，這裡要說的是，這正是波斯人直觀的偉大之處，因爲這種二元論是比喻意義上的善和惡等等。這就顯示，正是在波斯人那裡，思想的需要如旭日上升那樣顯現出來，因爲印度人的多種多樣的混亂事物已經重合在一起，消解在對立的更爲簡單的規定中。因此，正是這種東方的二元論證明了贊德宗教的簡化自身的思想的偉大之處。

我們要區分兩種對立：一種是光明與黑暗的抽象對立，另一種是它們的具體對立。

(12, 241)

〔一〕我們如果看第一種對立，則可以為波斯人開脫，儘管他們停留在作為終極事物的這種對立中，但他們還有統一性，光明與黑暗皆出自這種統一性。這種統一性，即第一種統一性，稱為佐爾文，㊽不受造化的時間是那兩者的創造者。光明之王兼世界創造者奧爾穆茲德就是由這個時間創造出來的。如果需要把《贊德書》從二元論的非難中解脫出來，那就該達到這種統一性。但這種統一性在這裡並不重要，而是後來更具體的宗教才更有意思。因為不受造化的時間本身只是一種抽象的統一，是一種溫和的事物，它不曾有過絕對的重要性，也不享有光明所享有的尊重，光明應該是太一，而阿赫里曼、即黑暗和邪惡應該永遠被光明克服。

因此，奧爾穆茲德是光明。這個名稱來自「奧爾」——主宰，大主宰來源於「穆茲德」、「穆茲」、「馬格魯斯」——偉大，以及「道」、Deus〔上帝〕。奧爾穆茲德的意思就是偉大的大主宰。它是光明的主宰，是萬物的創造者、善的創造者。但奧爾穆茲德並不是太陽和火，而是火的流動，正如太陽是火的外殼一樣。火和太陽是奧爾穆茲德的身體。哪

㊽ 佐爾文（Zurvan），永恆時間之神，佐爾文教派信奉的主神，在較晚的典籍中以阿胡拉·馬茲達（即奧爾穆茲德）和阿赫里曼的父親身分出現。關於這種統一性的思想發端，見諸德譯本《贊德—阿維斯塔》第一部分第四條：「無限者從永恆的、神聖的種子裡育出無開端者奧爾穆茲德與阿赫里曼。」

(12, 242)

裡有光明，哪裡就有奧爾穆茲德，它完全是一切造物中的最出類拔萃者；而哪裡有邪惡，哪裡有黑暗，哪裡就有阿赫里曼。

在簡單的《贊德書》中還有關於奧爾穆茲德更爲深刻的形而上學的規定。瑣羅亞斯德的學說大多是以向奧爾穆茲德提問的方式予以闡述的。例如瑣羅亞斯德問他：「你叫什麼？」他答曰：「愛，一切善行之根基，學問之贈禮，美妙並奉獻出美妙，現實性與可能性之根據，豐裕和極樂，善行之純粹意志。」[49]因此，來自奧爾穆茲德的一切都是生機勃勃的，與此相連的是一大批事物都作爲奧爾穆茲德的顯現而受到崇拜。受到崇拜的有話語，活生生的話語，還有學說的話語，驅魔書《萬迪達德》[50]的話語，祈禱的話語。所有這些都或多或少地被擬人化了，但是在所有這些擬人化當中，奧爾穆茲德的統一性是最重要的事情。

受到崇拜的還有太陽、月亮和其他五個星辰。現在無法查明這五個星辰是否是行星，以

(12, 243)

㊾ 見德譯本《贊德阿維斯塔》，第二部分，第一八四條。

㊿ 《贊德阿維斯塔》中的一卷。卷名爲Wendidad，是阿維斯塔語Vidaēva Dāta 的訛音，意思是驅除妖魔的法規。大部分內容是講教徒在個人和集體生活中應遵守的教規、戒律和對教徒行爲的獎懲制度。參閱中譯本第四卷第五章。

及是哪些行星，但是其中有光明之神密特拉，[51]不過它只是這些光明諸神之一，還沒有採用後來流行的名稱。它時而以男性、時而以女性身分出現。以後這個形象得到提升，在羅馬帝國時期的西方受到崇拜，給它賦予能溝通調解的規定。它的這一功能也被羅馬軍團帶到了德國，但是在《贊德書》中只是把它作爲諸神之一。在善與惡的對立上情形也相同，直到後來才比在《贊德書》中更加突出出來。鑒於這種情況，必須清楚地看到，一個形象在某個時代有這種規定，在另一個時代有另一種規定。近來圍繞密特拉發生很多爭論，至於今後的時代從這個形象中會得出什麼，人們一定不會相信它能包含古代最初的事物。

在奧爾穆茲德之外和之下受到崇拜的其他諸神是阿梅沙·斯彭塔諸神。[52]它們不是太陽和月亮之外的五個星辰，而是整個世界的保護神。奧爾穆茲德是第一個，太陽是第二個。

---

[51] 米特拉（Mithra）是古代印度與波斯神話中的光明之神。《吠陀》首次提到他的時間可追溯到西元前一四〇〇年。波斯人對他的崇拜，見德譯本《贊德阿維斯塔》第一部分第十六條。在亞歷山大大帝擊敗波斯人後，這種崇拜傳遍整個古代希臘世界。人們常常把他與希臘的太陽神赫利俄斯和羅馬的不可戰勝的日神聯繫在一起。

[52] 在瑣羅亞斯德教中，光明之神奧爾穆茲德爲了與黑暗之神阿赫里曼進行鬥爭，更有效地統治宇宙，創造了六位神靈，這些神靈都叫作阿梅沙·斯彭塔。它們簇擁在奧爾穆茨德周圍，各占世界的一個地位，各分一個時間。見德譯本《贊德阿維斯塔》第一部分第十五條以下：在光明世界中，「神靈的數目是七」，「所有的月和每月所有的日都是在阿梅沙·斯彭塔和主神當中分配的」。後者即光明之神。

這種多樣性並不影響實體的統一，作爲光明的奧爾穆茲德就是這個實體。還有其他的擬人化，例如有七位阿梅沙．斯彭塔神，但它們始終作爲奧爾穆茲德的助手出現，一周七天的名稱也來自它們。這是一個主要觀念。與光明相對立的是黑暗，即阿赫里曼的王國，一切邪惡、死亡、不淨都屬於它。這是一個很大的對立。

〔二〕還有另外一個具體的對立値得注意。在《贊德書》中談到奧爾穆茲德的兩個純粹世界，其中一個是整個的塵世，是直接感性的世界，人的感性生命的定在。與這個有生命的現實世界不同，某種幽靈世界被設置起來。個別事物、樹木、河流、山巒、人都被賦予某種幽靈世界，即某種由鬼神組成的世界，它們無處不在，以極樂王國爲歸宿。凡是有行動、有生命的地方，就有鬼神。[53]〔有人〕說它們是最初開端的事物，無處不在。這只是一種設想，正如我們把柏拉圖的理念設想爲與現實世界相分離的靈魂。這是一個與善的現實世界相對立的自爲的表象王國、精神王國。這些是贊德宗教的主要觀念。

現在還要談到贊德民族的崇拜，它在法律、習俗、宗教等方面應有的舉止如何。人們對奧爾穆茲德頂禮膜拜，並透過種植樹木和農作物對光明表示尊崇。整個律法可以歸結爲一句話：贊德民族的每位公民都是奧爾穆茲德王國的公民，因而有義務傳播善和生命，〔並且人

(12, 245)

---

[53] 參閱德譯本《贊德阿維斯塔》，第一部分，第十二條以下。

們）應當防止不淨，這種不淨在東方宗教看來是多重的。一條死狗就是不淨的。有許多律法都是用於解除這種不淨的。

（一）首先加以規定的是奧爾穆茲德的信徒們要透過思想的神聖性來保持自己的純潔，要透過言語的神聖性和祈禱奧爾穆茲德的行動、也就是做禮拜的行動來進行修煉，並且要遵守律法。[54]這有一部分是民事（律法），其中也包括道德規範。這被理解爲是活的精神、上帝的啟示。

贊德民族有三種律法。第一種涉及個人安全、刑法，例如傷害別人。誰把別人打出血或做出打人的動作，誰就會受到懲處，主要是鞭打。死刑是不存在的。在許多方面都有對犯罪的活人的懲罰。奇怪的是這裡根本沒有提及謀殺和打死人的罪犯，儘管包含律法的那些書籍看來是完整的。後來在更爲成熟的狀況下當然採用了懲罰，不過對於弒父母則沒有懲罰，因爲這種罪行過於殘忍，以至於不可能發生。

第二種律法主要是宗教性規章，與不淨有關。首先，如果有誰對一位聖人說了輕蔑的話語，並固執己見地不依照奧爾穆茲德的律法去生活，他就要受到懲罰。

(12, 246)

第三種包含密特拉治罪律法，主要是道德方面的律法。密特拉神以人內心的高級首領出

[54] 參閱德譯本《贊德阿維斯塔》，第一部分，第二十七條。

現。道德律法受到更高的尊崇，對違反道德的行爲的懲罰也嚴厲得多。其中也包含法律性的要求。特別是對背信棄義要處以三百下鞭笞的懲罰。偷竊金錢者除此之外還要被判處到另一個世界受三百年地獄懲罰。這些就是密特拉律法。民事法律顯示出文明教化的極大簡潔性，其中有許多主要是道德戒律，例如不得在自己工作領域怠忽職守。

〔二〕其次該提到的是祭祀。它們與其他民族的意義不同，即每個人奉獻出自己的部分財產，宣布自己或自己的財產在神性面前是無足輕重的，因此〔不是〕把財產的一部分就是把無用的財產奉獻給神。在印度人方面，這種獻祭的最高峰是把生命奉獻給神，以至於〔一個印度人〕在這種絕對的否定性中只能試圖獲得某種價值。贊德民族親自獻祭，要求用動物祭祀，並且都這樣做了。不是把牲畜燒成灰燼，或把某種無用的事物丟掉，相反地，獻祭主要在於，祭司在宰殺牲畜時誦讀某些禱文。因此，舉行的只是奉獻牲畜的禮儀，而且只有在節慶的場合宰殺牲畜時才這樣做。在做日常禮儀時要求明確的禱文，但這種禮儀並不被視爲祭祀。因此，那種爲證明自己尊崇奧爾穆茲德而作出否定自身的事情，並不會發生。

〔三〕眞正的宗教行爲是賜予面餅和聖露的儀式，這是爲了紀念和尊奉這種宗教眞正的創始人胡姆，[55]而瑣羅亞斯德則是這種宗教的革新者。爲了對胡姆表示尊崇，要舉行一個

(12, 247)

---

[55] 胡姆，亦稱贊德（Zend），瑣羅亞斯德教的始祖，對他的界定見德譯本《贊德阿維斯塔》第三部分第二〇六條以下。

特別的儀式，把未發酵的麵包神聖化並享用，同樣還遞上並享用一杯胡姆汁飲料。胡姆既是一位啟示者，也是一種其汁液能夠飲用的植物（肉珊瑚）。這和我們基督徒的晚餐儀式異曲同工。正是教父們在羅馬時代密特拉神的崇拜儀式中發現了這種慶典，在基督教時代也如此，他們說惡魔想透過這種儀式披上善的外衣，以此嘲諷基督教。瑣羅亞斯德借胡姆之口說：「誰一邊吟誦感恩禱詞，一邊將我作為祭品吃我，誰就將從我這裡得到世界的財富。」[56]這種紀念胡姆的儀式在宰殺牲畜獻祭時也要舉行。

這就是贊德民族的古老宗教，是滲透到波斯人和米底人的一種基礎。這是最為純粹的自然宗教，它崇拜的對象是光明，祭禮的整個關係就像對象本身那樣保持著純粹。這是純而又純的自然宗教。這就是波斯帝國的精神元素，其所在地位於東部地區。

另一種較為興盛的、豐富的和感性的元素，即外部財富的元素，我們可以在西部位於幼發拉底河和底格里斯河流域的巴比倫和亞述那裡找到。在這裡，我們擁有的幾乎只是歷史的資訊，精神方面的資訊則很少。這些光輝民族的傳說涉及最古老的歷史，但極為晦暗不清、相互矛盾和多種多樣，以至於歷任國王的姓名、歷代帝國的紀年都出現很多難題，對此尤其需要進行考證。不過〔我們〕無法窺探這些民族的內在性格，因此只能滿足於了解主要

[56] 見德譯本《贊德阿維斯塔》，第一部分，第九十二條。

環節。

第一是亞述，這是個極不確定的名稱。也許它是底格里斯河中部的、主要是河東的一個地區。再向東是米底，北部是亞美尼亞，南部是美索不達米亞，後者時而屬於亞述，時而屬於巴比倫。亞述是今日庫爾德斯坦的一部分。希臘人把亞述稱爲巴比倫和美索不達米亞。亞述的兩座古城稱爲亞述爾和尼尼微（即尼努斯[57]建造的一座大城）。前者位於肥沃的土地上，但是這裡的文明似乎沒有達到巴比倫那樣的高度。尼尼微位於何處，已無法準確地確定，但是它的位置在今日摩蘇爾地區。

南部地區是巴比倫尼亞。巴比倫，〔簡稱〕巴比，是和尼尼微齊名的城垣。它位於幼發拉底河畔，而尼尼微位於底格里斯河畔。它是貝勒之城、太陽之城、科爾河之城。在巴比倫尼亞和尼尼微，我們看到雙重的需求，即告別游牧生活、單純飼養牲畜，轉向農耕、手工業和商業，開始一種有法律的市民生活，其次還要保護自己不受停留在游牧生活的那些民族的襲擾。古老的傳說提到過去游牧民族曾橫掃這裡的河谷地區，他們排斥城市生活。亞伯拉罕

---

[57] 尼努斯，希臘神話中的亞述國王。據說他是帕洛斯的兒子，在阿拉伯國王阿里阿歐斯的幫助下，用十七年時間征服了整個亞洲西部。在圍攻巴克特拉時，他遇到一名下屬軍官昂湟斯的妻子塞米勒米斯，從這位軍官手中把她奪走，並且與她結婚。關於他的傳說，見狄奧多羅斯《歷史叢書》（德文版，美茵河畔法蘭克福一七八二年）第一卷第四章和第二卷第四章、第七至十七章。

從幼發拉底河地區來到迦南，進入多山的巴勒斯坦。據說這裡的土地比河谷地區的土地還要肥沃；此外，位於幼發拉底和底格游斯河畔的巴比倫十分有利於商業。這兩條河流藉由運河相聯通，既可以航運，也可以灌溉農田。船舶可以從這裡駛往波斯灣。

這兩座城市使我們尤爲感到獨特的是它們的巨大規模，同樣著名的是它們的神廟和城牆等宏偉建築，堪稱人間奇蹟，這些古代建築至今仍有一部分保留下來，或至少還能看到一些遺跡。塞米勒米斯女王的華麗建築尤爲著名。至於這些華麗建築的年代，從嚴格的歷史角度看，是無法確定的。塞米勒米斯曾是一個受到普遍讚頌的名字，許多宏圖偉業都歸功於她。巴比倫在西元前七〇〇年時還處於輝煌的時期，因此不能確定這些建築是否是在其最後時期才建成的。

我們對這些民族的精神、習俗和性格都知之甚少。我們已經提到最漂亮的建築是貝勒神廟。人們崇拜太陽。此外也供奉代表普遍的自然現象的米利塔。在整個前亞細亞都崇拜普遍的自然現象。自然是希臘愛奧尼亞哲學的主題。

只有希羅多德向我們介紹了巴比倫的若干習俗特點。(58) 一個習俗特點是，據說巴比倫每

(12, 250)

(58) 關於巴比倫的這三個習俗特點，見希羅多德：《歷史》，第一卷，第一九六—一九七節；參閱王以鑄譯本（北京，二〇〇七年）的相應章節。其中提到的阿斯塔蒂（Astarte）是古代閃米特神話中司生育和愛情的女神。

位將要結婚的姑娘都要到神廟裡去，〔以〕委身於給神廟捐款的陌生人。不能把這種習俗看成是陌生人像神廟那樣受到惠顧，毋寧說這是一種自然崇拜，是崇拜阿斯塔蒂，這是一個宗教特點。第二個特點涉及同一個事情，即女孩子每年都透過競拍而出嫁，因此最漂亮的女孩會得到大筆錢，而這些錢補貼給相貌醜陋和年紀較大的女孩。這裡我們看到對女性不夠尊重，因爲不去詢問女孩們自己的感受。不過女孩在選擇夫婿時有發言權，這絕不是東方的習俗，而完全是歐洲的習俗。這裡所看到的是共同生活、習俗的相同和關心眾人。第三，希羅多德還提到，如果一個家庭有病人，就把他帶到市場上，以便能讓過往的行人給他出好主意。這也證明了共同生活和普遍友誼的存在。

現在要講明我們此時所處的立足點的歷史環節。最著名的名字是尼努斯。他是尼尼微城的建造者、亞述帝國的拯救者，據說生活於西元前二〇五〇年。關於他的傳說也流傳到很遠的地方，例如傳到中國。《聖經》中關於寧錄拯救了巴比倫的傳說大概也屬於同一個時期。有關尼努斯的傳說是他征服了巴比倫，最後又征服了東北部的巴克特里亞和米底。這些傳說出自居魯士年輕時在波斯宮廷任御醫的克特西亞斯之口。他主要談到發生在尼努斯和巴克特里亞之間的一場戰爭，後者據說給前者帶來很大麻煩。他特別講到對巴克特拉的包圍，當時身爲一位統帥夫人的塞米勒米斯出謀劃策，巴克特拉才被攻下。這裡所說的地點與今日阿姆河畔的巴爾赫不大吻合，反而與巴爾赫巴米安更吻合。據說爲占領該城，塞米勒米斯給他提供了一七〇萬步兵、十萬騎兵、一萬輛戰車。這位塞米勒米斯後來就成爲尼努

(12, 251)

斯的妻子，再後來自己成爲統治者，並且始終搖擺於神話的規定與歷史的規定之間。神話人物、漁婦德爾切托據說是塞米勒米斯的母親。正是這位塞米勒米斯既建造又擴建了巴比倫，並把它選定爲首都，建造了貝勒神廟（太陽神廟），她讓人立起三尊金像：朱庇特、朱諾和密涅瓦。克特西亞斯本人據說還親眼見過一尊朱庇特神像。不過這些名字大概只能出自於希臘史學家之手，因爲希臘人在所有神話中都塞入他們自己的諸神，從而給他們的描述剽竊到一部分價值。此外還講述了塞米勒米斯征戰衣索比亞、埃及和印度。據說在征戰印度時她遭到失敗，而把她打敗的那位國王未被允許跨過印度河繼續追擊她。當我們聆聽她的征戰時，彷彿是在閱讀類似狄奧尼索斯和塞索斯特里斯參加的向印度的征戰。不過現在只能假設，這些征戰如果還包含有一點歷史意義，那也是完全微不足道的。如果在這些敘述中還有一點歷史意義，那它也只屬於一個還沒有固定的規定性的時代，因此，透過這些征戰並不能取得進步；不過同樣十分可能的是這些征戰原本只是想像，是東方民族的純粹的虛構。因爲東方人的特點在於，當他們與陌生國家相識的時候，就把其英雄傳說和成果擴展到新地區所結識的人們那裡。我們到處都能看到這種現象。

尼努斯和塞米勒米斯是這個時期的主要人物。繼他們之後，克特西亞斯和其他人提供了一長串歷任國王名單，但它的一部分不相吻合，據說這個帝國延續了一千年，甚至也許是一千三百年。出現的主要人物是薩丹納帕路斯，[59]他在西元前八二〇年下臺。早先被征服的各個行省起而反抗。後來薩丹納帕路斯完全成爲一個象徵，一個沉迷於聲色犬馬的君主的〔象徵〕。不過，據說他在尼尼微被圍困三年之後，帶著他的全家和他的金銀財寶一起在柴堆上自焚了。這顯示東方貴族的一個特點，即以東方式的無能來承認自己的失敗。

史料記載，在亞述帝國滅亡之後，許多獨立的國家紛紛成立，它們這時獲得了更多的歷史意義。此時米底和巴比倫尼亞崛起，在後來的巴比倫帝國中，更多提到的是尼托克里斯女王，人們把許多成果都歸功於她，而其中一部分本來是塞米勒米斯女王完成的。人們往往傾向於認爲出現了一個新的獨立的亞述帝國，這是依據猶太人的傳聞。有人一再試圖把這個時代的不同傳聞與更早時代的不同傳聞整合，卻往往徒勞無功，因爲各種史料來源都顯示，一種澈底的整合是不可能實現的。

我們這裡的史料來源主要是希臘人。最主要的史料來源是狄奧多羅斯、希羅多德和後來的克特西亞斯，後者據說取自本地的檔案館。希羅多德和克特西亞斯本身就不一致。第二個

[59] 薩丹納帕路斯，傳說中的亞述國王，以生活奢侈聞名。據傳說，他曾三次擊敗叛軍，最後在被圍困的都城爲幼發拉底河洪水淹沒時，停止了戰鬥。他在宮中堆起巨大的柴垛，命人將他本人與奴僕和妃嬪一起燒死。這個傳說，見狄奧多羅斯：《歷史叢書》：第二卷：第二十三—二十七章。

史料來源是猶太人的聖書，因爲猶太人的兩個帝國都與亞述帝國及巴比倫帝國有關。第三個史料來源是波斯作家的，即後來的作家們的傳說和記錄，這些是最重要的史料。著名的主要是菲爾多西的史詩《王書》。[60]他所講述的歷史也被其他人幾乎同樣加以匯總。菲爾多西生活在十一世紀加茲尼王朝馬哈茂德國王的宮中，他的詩篇以伊朗古代英雄傳說爲題材。格雷斯出版了一個選譯本，並力圖使〔他〕與希臘人的記載達到吻合。不過這只能轟動一時，仔細加以考察，就會發現徒有虛名。

在這些英雄傳說中，可以看到在其他史料中也有的一種情況。希臘的史料涉及距離他們比較近的米底，而猶太人的史料涉及巴比倫。菲爾多西的史詩本應當考察波斯的歷史，但是他所敘述的情節的範圍似乎與其他史料所敘述的範圍不同。我們必須看到，他已經是穆斯林，而不再是波斯人。他所談到的古代英雄宗教對後世只有微弱的影響。他已經不再有民族的靈魂。在他看來，主要的對立是位於高原的伊朗與位於阿姆河以北至裡海之間的圖蘭的對立。這個地區對他而言是主要地區。或者可能在那裡確實發生過他所講述的事件、成果，或

[60] 菲爾多西（Ferdowsi，九三五—一〇二〇年），波斯最著名的詩人，他的長詩《王書》被認爲是伊朗的民族史詩。黑格爾提到的選譯本是格雷斯（一七七六—一八四八年）完成的《伊朗英雄傳——選自菲爾多西的王書》，兩卷本，柏林一八二〇年。

者可能只是他熟悉這個地區，〔這樣〕在他的眼中就只有這個地區。他來自於米底以東那座向阿姆河谷緩緩下降的山脈，來自於呼羅珊。加茲尼人是科爾河之地的呼羅珊的主人，這裡的民族曾經與圖蘭人交戰。他的多位蘇丹王曾向這裡進行征戰。無論對於他的想像力還是對於他所生活的王朝而言，這個地區都是至關重要的，因此他把自己的敘述全部放在這個地區。約翰．馮．米勒也曾潛心研究這些史料傳說，並想把它們梳理爲嚴格的編年史，不過都徒勞無功，正如按照前面的敘述所解釋的那樣。

不過，菲爾多西及東方人對待歷史的方式，我們在其他人對待歷史的方式那裡也可以看到。在印度根本無法找到有關亞歷山大的任何線索。〔但〕亞歷山大在前亞細亞廣大地區以斯坎德而聞名。我們現在可以看到，歷史本身是如何被人隨意擺弄的。菲爾多西講述了伊朗的一位君主和魯姆的菲力浦斯交戰，把他打敗並強迫他納貢。後來這位伊朗君主娶了菲力浦斯的一個女兒，但因爲她有口臭，於是又把她休了，在父親那裡她生下了斯坎德，[61]這樣一來，亞歷山大就變成一位波斯君主的祖先。對斯坎德事蹟的描寫也充滿了冒險色彩。

這時崛起的民族是米底人。其國土一部分在南部，一部分在裏海的西南部，在山地上，這些山脈向裏海方向和底格里斯河方向緩慢降低高度。我們看到他們在古時與亞美尼亞

[61] 菲爾多西的這段描述出自他的《王書》第三五五節。此中出現的斯坎德本來是古代印度神話中戰神的名稱。

人、敘利亞人、巴克特里亞人、薩迪斯人以及住在阿姆河北部平原，通常稱爲圖蘭人的居民進行戰鬥、戰爭。他們擁有祆僧。他們的都城據說是位於今日哈馬丹的埃克巴塔納。他們有時是在述及反抗薩丹納帕路斯的起義首領阿巴克斯時提到的，有時是由希羅多德在論及米底國王迪約克斯時提到的，這位國王最先發動起米底人建造城池、創立法律和選舉國王，正如他自己〔也是〕被選出來擔任國王的。我們在米底人這裡看到的主要事情是：他們的文明時代在他們這個山地民族比巴克特里亞人和巴比倫尼亞人衰落得要晚。米底人作爲山地民族是一個主要民族。

另一方面是迦勒底巴比倫尼亞帝國的崛起，這是迦勒底人聯合巴比倫尼亞組成的帝國。迦勒底人是個山地民族，他們一部分居住在他們的山區，一部分作爲統治民族住在巴比倫尼亞。在《居魯士的教育》一書中，提格蘭向居魯士介紹了他們是山地民族，居魯士與他們交往並結爲盟友。[62]透過猶太人的記述，我們主要了解到在迦勒底人的巴比倫尼亞那裡有一種高度教養的狀況。但以理本人曾是巴比倫的總督，他列出的那些機構證明存在著一種龐大的公務組織。我們還看到存在著多重祆僧階層，他們有一部分是文字、即象形文字的解讀者，〔有一部分〕是占星家和占卜者，迦勒底人又組成一個特殊的占卜者階層。這個帝國

[62] 見色諾芬：《居魯士的教育》：第三卷：第二章。

以其商業、公安管理及觀測星象而聞名於當時。毋庸置疑，他們在整個天文學領域的知識僅限於經過長期認眞觀測所得到的事物。第一位國王納布納薩爾的曆法十分著名，不過可以相信，它肯定沒有在民眾當中使用，是後來才被史學家所採用的。此外，這個帝國是前亞細亞文明的一個主要帝國。

我們在考察了波斯帝國各個要素之後，現在要看一下居魯士對此所做的總結。波斯帝國是居魯士創立的，他是來自波斯阿契美尼德家族的波斯人，這個家族與米底國王家族是近親。我們不知道這個帝國的東部邊界。此時還出現了一位蘇薩國王，他站在巴比倫尼亞人一邊。

居魯士(63)所做的第一件事是成爲米底王國的統治者。據希羅多德所說，他打敗的那位米底國王是他的祖父。米底人和波斯人一樣是山地民族，當時還相當原始，文明程度不高。在阿斯蒂亞格斯的歷史中我們看到十分艱苦的征戰。例如他曾經讓斯基泰人服勞役，當後者找不到獵物時，就把獵人的男孩當作獵物屠殺，然後把他們的肉送給身爲國王的阿斯蒂亞格斯

(63) 由此往下，關於居魯士進行的三次征戰，分別見希羅多德：《歷史》，第一卷，第七十五節與第一二七節以下；第七十三節、第一一九節與第一二七節以下；第七十三節以下、第一七〇節、第二一四節和第二一五節。其中講到的哈爾帕戈斯是米底的武將，倒戈到居魯士一邊，屢建戰功，後任總督；克羅伊斯（Croesus）爲呂底亞末代國王；薩迪斯爲呂底亞王國都城。

吃。另一方面也講到，這位國王讓人把哈爾帕戈斯的兒子殺死並放在這位父親面前，因爲他曾經救過居魯士。出於報復，哈爾帕戈斯把軍隊提供給居魯士用於攻城，這樣我們便看到殘忍的征戰。

居魯士的第二次征戰是打敗克羅伊斯。希羅多德說，克羅伊斯之所以受到攻擊，是因爲阿斯蒂亞格斯娶了克羅伊斯的一個姊妹爲妻，所以克羅伊斯趕來援助他。阿斯蒂亞格斯王國的疆域一直延伸到哈里斯。在此之前，克羅伊斯與米底人進行了一場戰爭，在歷經五年的戰爭後雙方締結了和平協議，其條件就是由一位巴比倫國王居間撮合的這樁婚事。我們由此可以看到這幾個王國之間的外交關係。我們可以轉向戰爭的歷史。居魯士占領了薩迪斯，從此波斯人開始暴富，事物多得用不完。據說波斯人由此才開始學會過舒適奢侈的生活。以後居魯士同樣征服了小亞細亞沿岸諸國，占領了許多希臘殖民城邦。據說比厄斯勸這些愛奧尼亞希臘人乘船離開，再去尋找新的家鄉。但是他們沒有離開故國的勇氣。透過此次征服，波斯人接觸到了希臘人。

居魯士的第三場戰爭是占領巴比倫和敘利亞，直至地中海沿岸。最後一次是居魯士進攻阿姆河對岸的斯基泰民族的一支，即馬薩革特人，在波斯史料中稱之爲圖蘭人。希羅多德說，居魯士便死於這裡。此外他還說，馬薩革特人擁有金和銅，但沒有銀和鐵。在波羅的海的史前石塚中，同樣是沒有鐵，而只有銅，與馬薩革特人的情況相同。居魯士是在與馬薩革特人作戰中陣亡的。因此，他是在履行自己的使命時死亡，他致力於把前亞細亞統一在

(12, 258)

自己的統治之下，除此沒有其他目的。他的所作所爲是從西方統一前亞細亞諸民族。除此之外，這種大一統並沒有什麼政治意義和宗教意義。

我們特別強調了這個波斯帝國的一系列征戰。這既不是一種形態，也不是把這麼多民族結成一個紐帶。這是一種獨特的事物，是一種多民族的自由聯盟的類型，它在一個中心點上反射出所有民族的光芒。它不是一個擁有共同習俗和共同法律的政治整體，而是許多民族都保留著其本來的個體性。所有民族都保留其獨特性，並沒有被融合爲一個整體。這個帝國的偉大正在於，允許它的每個部分都保留其特殊的形態，例如猶太人也是如此，這些民族只是在一點上集中。居魯士允許猶太人重新建立其特有的民族生活，允許個體性的存在正是居魯士的一個偉大之處。王公首領們依然部分地保留對本部族的統治，居魯士甚至贈予他們土地，使他們的領地得到擴大。我們對許多民族的特性只能略知一二。

不過從猶太人和其他若干民族那裡，我們卻看到他們陷於僵死的個體性而不能自拔，不能夠在普遍思想和法律的基礎上聯合起來，而是每個民族都有其完全特有的本性，不過他們並非彼此孤立、互不往來，而是有著千絲萬縷的糾葛，進而相互敵視、互不忍讓，只有波斯的鐵腕強權才能把他們維繫在一起，強行阻止他們以相互敵對的態度對外擴張。我們只須讀一下猶太人的先知們對猶太王國和以色列王國之間的爭端以及反對埃及的抱怨，就很容易理解爲什麼先知們如此仇恨異族。我們從中可以領略居魯士實行大一統對前亞細亞而言是多麼大的福祉。我們後來看到，替代這種鐵腕強權的是伊斯蘭教的狂熱派，它帶來的是完全相反的情形，它摧毀了所有的個體性，使之相互對抗。羅馬人和希臘人同樣曾經作爲外來強權統治過這些民族。不過伊斯蘭教狂熱派出自於前亞細亞本土，他們摧毀這些民族的所有個體性，消滅所有差異，而那條一切都相同的原則，馬上證明自己並沒有能力建立起一種政治聯繫。由此可見，前亞細亞唯一合理的聯繫就是透過鐵腕強權，迫使這些民族免於自我毀滅。

關於波斯人統治的進一步情況，我們看到，波斯人是一個尚未獲得教化的山地民族。波斯人只不過是一個對其他民族實施統治的核心，這些民族與波斯人截然不同，並不與之相融合，而是保留著自己的統治權。波斯人儘管從山區來到河谷地帶，卻依然只是一隻腳站在這裡，另一隻腳則在山上，正如今日滿族人儘管在中國實施統治，但也有所保留，始終還是一個尚武民族，皇帝每年都有一段時間到長城以外住在帳篷裡，練習騎射，熱衷於狩獵。在英國人統治的印度也是如此，不過那是爲了休閒享樂，不至於被降格到印度的原則，這樣他們就不會沉淪於被統治民族的原則，他們的根基在其他地方。所以，波斯人在一段時間內一直努力保持自身的獨特性，儘管他們未能長久堅持。我們在波斯人身上看到他們具有獨立、勇敢和自由的品格，具有某種冒險和大無畏的精神，他們的那種作爲習俗只有在野蠻狀態下才能存在的主導思想，一旦生活的特殊性坍塌，便敗下陣來，在豐富多彩的生活面前變得軟弱無力。所以，波斯人曾經力圖保持其特色。他們的基本體制是眾多不同的民族簡單地關聯到一起。

(12, 260)

波斯君主身邊有許多名流耆宿，他接受這些祆僧的培養教育，被希臘人稱爲「大王」，居於首領地位，富有教養並接受了科學教育。他小時候由閹宦照料陪侍，從七歲開始到十七歲學習各種體育科目，培育各種武藝技巧。然後有四名老師教導他，其中的一位，即σωφός（智者）傳授瑣羅亞斯德的學說給他。我們早就說過，《贊德書》的民法和宗教法不可能停留在一個已開化的世界民族那裡。我們看到，在國王身邊圍著王國的名流耆宿，他們大多是波斯人。我們看到在他們的治理下光明王國得到模仿的跡象。因爲正如贊德民族尊奉七位阿梅沙·斯彭塔神那樣，我們在談到波斯王國的名流和法官時經常讀到數字七，國王被同樣比作奧爾穆茲德。不過從歷史角度無法證明這一觀念是如何確切形成的。

從歷史上來看，波斯的名流耆宿們表現出一種愛國主義的信念，這樣，維護王國的安危就是比自私自利和個人利益更爲崇高的利益。陰謀詭計主要發生在王室貴冑之間。在岡比西斯國王死後，祆僧們攫取了王位，一度執掌政權。王國的名流耆宿們則聯合起來，使阿契美尼德家族恢復王位，維護了波斯王朝。王國的信念、王國的維護是他們的利益所在。在把祆僧們趕下臺之後，我們看到，正如希羅多德所描述的，[64]他們狂熱地爭論，哪種無人能謀取私利的政體對於王國來說是最佳的。在他們確定了君主制政體之後，這一選擇的決定便堅持

(12, 261)　(12, 262)

[64] 希羅多德：《歷史》，第三卷，第八〇節以下。

御馬理應最先朝著初升的太陽嘶鳴。在這些名流當中，我們看到有一千五百（人）之多是軍隊指揮官。爲了養活這些人和國王，各個行省要繳納捐稅，每個行省總督要操勞四個月。色諾芬講到，[65]在一次慶典時，以國王爲首的騎兵全都從國王的城堡中魚貫而出。色諾芬講述了許多事情，例如居魯士給他的軍隊制定制度，紀律十分嚴明，必須嚴格聽從命令。色諾芬的《居魯士的教育》儘管只是一部小說，但其中講到的一些普遍特徵的確是眞實的。被征服的各個民族由各個行省總督加以治理，這種治理更像是一種普遍的監視，各個民族則依舊保留其特有的習俗。

波斯君王是一切財產的主人。無論他到哪裡，都獻給他貢品，以此作爲萬物本來都歸於他，經他的恩准人們才擁有這一切的標誌。在一些波斯人中，國王甚至發放賞賜。在這種統治之下，許多個人都擁有大量財富。每個人都要向國王及行省總督作出某種奉獻。薛西斯因此要求希臘人奉獻土地和河流。各個行省只將美味佳餚作爲貢品，阿拉伯人進貢香料，推羅人進貢紫紅染料，如此等等。每個省都把最珍貴的物產奉獻給國王。

我們現在可以看到，波斯王國是許多民族的聯合體，他們的主人就是波斯王國。我們從針對希臘的戰爭中看到這種民族多樣性，這個聯合體的特點並不是劃分爲各個軍團，而是

(12, 263)

---

[65] 色諾芬：《居魯士的教育》，第八卷，第三章與第四章。

在各個民族中兵力配置、服飾、武器、軍風軍紀和舉止方式都不相同。這樣的行軍就是一種民族大遷徙，對此希羅多德也說，那些和武士居家時住在一起的人們也願意隨他們一同出征。我們看到後亞細亞人在東方處於徹底的閉關鎖國狀態，與此相反，亞洲的西部則是開放的，分裂爲許多特殊的個體。我們看到，這些個體首先是在波斯王國中聯合起來，這使得個體之間不再相互敵視。波斯人作爲光明和純潔的崇拜者，不抱任何仇恨，也沒有敵視態度，寬宏大量地超然於整體之上。

希羅多德歷史中談到大流士·胡斯塔普斯與岡比西斯完全相反，從中可以得出，波斯人具有這種寬宏大量的意識。希羅多德援引大流士·胡斯塔普斯的原話，說明他使希臘人與印度人走到了一起。大流士詢問希臘人，他們是否不願吃掉他們死去的父母。結果是許多人心生畏懼，退避三舍。他又轉而詢問印度人，他們是否願意把死者燒掉，他們對此十分反感，因爲其他民族才有此習俗，這時大流士表示，每個人都要保持自己的習俗。我們現在無法把一系列特殊性都羅列出來。之所以特別強調若干這樣的特殊性，是因爲它們包含的元素表明它們正趨向於成熟的狀態，我們可以稱這種狀態爲更人道的狀態。

首先，我們想再把敘利亞沿海的這些元素放在前面，其次，〔也就在講東方世界的〕第四〔部分〕，再轉向埃及。敘利亞的元素是腓尼基貿易、阿斯塔蒂宗教、阿多尼斯宗教以及猶太教。

腓尼基貿易坐落在腓尼基沿海一條狹窄的、寬度往往只有兩個小時行程的海岸線上，背

(12, 264)

靠東方與黎巴嫩接壤，從而可以防範來自內陸地區方面的威脅。在這個沿海地區，在這條海岸線上，形成了一系列城市，如推羅等等，這些城市的貿易有自己的特點和特色，具體地說，是彼此孤立的，不是作爲整體、作爲國家的環節，而是抽象地自爲存在著。我們看到，這裡的商貿一部分通往內陸，延伸至內陸深處，甚至到達紅海，但更主要的是從事地中海貿易。腓尼基人顯示出富有創造力，善於發明，例如紫紅染料、玻璃等都證明了這點。他們的最傑出的、特別引人注目的地方是他們在地中海上和大西洋上向南向北大無畏的遠洋航行，他們向著地中海的各個方面，到處建立殖民地，如羅得斯、賽普勒斯、薩索斯島等等，那裡有金礦。更遠的是在薩丁島和西班牙，在馬拉加和加的斯，同樣建立起發源於推羅的殖民地。他們在南面、在非洲建立起尤蒂卡、迦太基等殖民地。他們從加的斯出發向大西洋航行，從非洲沿岸向南遠航，他們甚至從阿拉伯海出發，完成了環繞非洲的航行。他們的帆船向北遠航，抵達不列顛群島，在康沃爾買到錫，在波羅的海沿岸、在荷蘭買到琥珀。

這樣，我們就看到一個民族，只是以它的方式經商，在這個時代成爲一個發現世界的民族，〔而且〕我們就在這裡看到一個截至當時在亞洲看不到的特點：人依靠自身面對大自然，成爲主宰自然的首領，征服最狂野的力量、即大海，在中亞地區，人把這種力量當作支配自己的力量來崇拜，但在這裡，人卻努力爲拯救自己、保護自己而與這種力量抗爭。這裡出現一種與亞洲的自然崇拜不相容的元素，即從這種力量當中解放出來。處於這種危險之下的人擺脫許多十分瑣細、謹小慎微、反復權衡和難以理解的敬神儀式。人的內心生活喚

(12, 265)

醒人相信自己，促使人擺脫這種依賴性和繁瑣的禮儀。這是一個與迄今爲止的事情不同的地方。

第二個元素是宗教上的差異性。在這個沿海地區，大自然作爲一種普遍的事物在阿斯塔蒂、西布莉等名義下受到崇拜。一方面，這種敬神儀式同樣還是十分感性的和放蕩的，但不像印度的敬神儀式那樣，是沒有生氣的和冷冰冰的，而是充滿熱情的，在慶典儀式中歡欣鼓舞。印度人只是在無意識狀態中向上昇華，在精神的死亡、無意識或無自然的死亡中，人才獲得價值。而在這裡，在這種宗教中，我們看到激情元素的出現，它無疑也會發展爲放蕩，可以稱之爲縱欲，不過與印度人相反，這裡的向上昇華超越了敵對的事物，超越了有限性，保留了自我感受，〔並且這種保留〕還獲得自我意識。

這裡要提及的是對比布羅斯的阿多尼斯[66]所做的敬神儀式，西布莉或埃皮斯能與他和諧相處。對阿多尼斯所做的禮儀分爲兩個部分。第一個環節是紀念阿多尼斯的死亡，第二個環節是他的復活。第一個環節是一次葬禮，女子哀悼死去的主人，哀悼死去的神靈，爲此而放聲哀號。這個特點在弗里吉亞也有，在埃及則更顯著，但對於東方精神是陌生的。在印

---

[66] 阿多尼斯（Adonis），希臘神話中的美少年。一般被視爲植物的精靈，表示自然事物的生死循環。每年在比布羅斯等地爲他舉行慶節，以紀念他的死亡與復活。

度，印度人折磨自己，並沒有哀號，婦女們投身到恆河之中，也毫無哀號，她們自焚卻不覺悲痛，意味深長地甘受折磨；這一切事情的發生都毫無悲痛、沒有哀號，對於哀號漠然置之。這種昇華體現爲麻木不仁的英雄主義。

哀號的含義是否定的事物不應該存在。在印度人，哀號本來具有與其本義相反的事物，因爲在這裡否定的事物是應該存在的。但在敘利亞沿岸，在弗里吉亞、腓尼基和埃及，悲痛受到尊重，是得到允許的。人們的悲痛在這裡受到明確的尊重，最深切的悲痛就是最爲感性的事物。人在悲痛當中感受到自己的存在，感受到他的極樂心態、他的特殊性、他的這一個、他的現實性，他可以在這裡認知這種感受，可以作爲這一個人在這裡現場存在。這是合乎人性的。悲痛是對否定的事物的感受。但其中同時也包含著無限的肯定，不是純粹抽象的否定性，而同時是自我感覺，是肯定的事物，它與這種否定的事物發生關係。這裡我們看到出現了人的感受。

第三點要提及的是猶太教的出現，它的原則在這裡還是孤立的、單方面的。這個原則是：上帝不是自然存在物，不是可見的事物、感性的事物，這裡是把存在者當作思想來把握的。

猶太人的上帝只是爲思想而存在的；波斯人的光明在這裡則已綻放爲思想，完全精神化了，但仍然是抽象的。人們可以在印度人的世界靈魂當中，或在印度人自我皈依的梵天當中，重新認識思想的原則。不過已經說明，梵天作爲開端是僅僅現存的物質基礎。內容並不是思想本身，而是普遍的、現存的實體性，是普遍的自然存在。印度人在昇華時面對的梵天

(12, 267)

並未受到他們的尊崇。毋寧說，正是印度人自己畢恭畢敬地去追求空洞的直觀。倘若印度人如此尊崇梵天，他們就會自我禱告，因爲對他們而言這種向抽象性的昇華就是梵天。但在猶太教當中，純粹的思想在本質上是客觀的，如同加以把握的上帝一般，在它的純粹性中就是人尊崇的對象，是人的上帝，因此人與這個對象發生關聯，與它有積極的關聯，並在這種關聯中保存自己，與此相反，印度人也與思想有關聯，但在沉淪中自暴自棄，把自己掏空。

由此可見，在這裡開始了東方原則轉變的環節，從自然轉爲精神的環節。東方人說，自然是基礎，是開端和永恆，他們從這裡出發繼續向前。不過現在我們在這裡看到，猶太人與他們相反，首先是把精神的事物當作基礎。但這個宗教還沒有使它的原則、即精神性具有普遍性。它還不是自由的思想，毋寧說是與地域緊密相連的。它是純粹抽象的思想，但還不是具體的思想，因爲除了抽象性之外，它還只是猶太民族自己的上帝。我們在這三個環節中所看到的，是人超越於自然之上，自爲地需要自然元素，是純粹思想作爲抽象的事物得到承認，悲痛獲得其有效的元素。正是在一種新自我意識的各個元素中，人面臨著一個全新的、不同的課題需要解決。應被視爲〔受到託付〕解決這個課題的國家的，就是埃及。

四、埃及

不過，這個課題的解決看來是這樣的：在這個民族的個體性中，提出了謎語而沒有解開謎底。埃及首先能使人們想到的是獅身人面像，還有巨龍、半人半馬怪和巨人，都能使人想到東方。在東方普遍流行過扭曲動物形象的做法。獅身人面像是埃及的象徵，這是個半獸、半人，而且是女人的形象。和動物事物脫離開，正是人的精神，人把自己從動物當中解脫出來，他環顧四周，但還沒有鎮定自若，還沒有自由，還不能獨立自主。

埃及的大型建築物就是這樣，例如迷宮一半在地下，一半在地上，整個王國被劃分為生命國度和死亡國度，奉獻給〈眾神之王〉阿蒙。門農石柱矗立在那裡，清晨的光芒照射在這個建築物上面，並使它發出聲響。門農在明亮的朝霞中放聲歌唱。但精神的自由之光是從自身發出聲音的，而它還不能從門農石柱裡放聲歌唱，因為埃及的語言仍然是象形文字，還不是語詞本身，還不是文字。只有當我們把它們作為象形文字去把握時，我們才能理解它們，還有埃及所特有的性格就是成為獅身人面像、象形文字和謎語。埃及顯得是、並且始終是一個奇蹟的國度。

希羅多德看到了埃及的一切，與它的祭司們熟識，卻隻字未提他們深刻的宗教思想；謎語的故事對他始終是個謎。[67]狄奧多羅斯在奧古斯都時代同樣訪問了埃及。他向我們提供

---

[67] 見希羅多德：《歷史》，第二卷，第三節。

了許多關於埃及宗教的資料；[68]但在古人那裡，儘管有這種知識、儘管有進行詳細了解的機會，但在埃及宗教問題上已經存在著與他的觀點針鋒相對、相互矛盾的觀點。近來，最近二十五年以來，法國人爲我們重新發現並展示了這個國度，新的介紹層出不窮。[69]不過我們始終還沒有深入探究這些發現的關鍵何在，這個關鍵就是一部埃及語的作品，但我們並沒有這樣一部作品。

這點似乎是偶然的，但對於埃及的立場而言，他們沒有任何一本語言的書籍是有道理的，毋寧說，他們只是部分地懂得使用象形文字，或在雕刻作品上，也透過建築藝術作品，進行表達，〔所以他們〕沒有像書面語言這樣的符號。精神的符號在這裡仍處於直接性之中。史學家們沒有提到埃及的荷馬，沒有提到劇作家。雖然希羅多德和狄奧多羅斯曾經到過埃及，但他們沒有介紹過任何書籍。甚至後來，在一位埃及國王的敦促下在亞歷山大翻譯希伯來文聖經時，埃及人拿出的是一部希臘文作品；沒有人提到過埃及文的書面作品。儘管托勒密曾經委託一位名爲曼內托的祭司撰寫一部埃及史，並且這部埃及史也已經在當時問

⑱ 見狄奧多羅斯：《歷史叢書》，第二卷，第一節。

⑲ 這裡指的是法國歷史學家和埃及學奠基人讓·弗朗索瓦·商博良（Jean-François Champollion, 1790-1832）。他是破解埃及象形文字結構的第一位學者，於一八二一—一八二二年發表這方面的研究論文多篇。

世，但遺留下來的只是目錄清單，似乎並不是一部著作，而它本來完全可以是一部民族作品。由此可見，埃及沒有一部能表達出其精神的固有語文作品，毋寧說只有外文作品，因此，我們不得不從外國人的報導中和無聲的建築藝術作品中去推斷其生活情況。

關於主要歷史環節，需要提到的是埃及與波斯帝國的關係。正是岡比西斯，而不是居魯士征服了埃及人。我們可以依照希羅多德的史料來敘述這次征服的緣由。希羅多德說，⑺⓪岡比西斯在一位埃及眼醫的慫恿下要厄梅西斯的女兒做妻子，因爲眼疾在埃及十分常見。這位醫生是出於報復才這樣做的，因爲厄梅西斯恰恰把他派到國外居魯士那裡。厄梅西斯出於懼怕不敢拒絕，因此不敢不把他的女兒送給岡比西斯。但他擔心岡比西斯只把他女兒作爲妃子，所以他就把他親自推翻的前國王的女兒送過去。我們看到這種伎倆是埃及國王的一個特點。這個姑娘到岡比西斯那裡之後，揭穿了這個騙局，後者勃然大怒，向埃及宣戰，據說岡比西斯多次在戰鬥中把厄梅西斯的兒子（厄梅西斯在此期間已去世）薩梅尼特打敗。希羅多德在講這一事情時談到若干感人的情節。岡比西斯命令其高貴的女兒去做一些粗活、打水，同時讓一批人去監視這位國王。在此期間，薩梅尼特對一切屈辱都淡然處之，哪怕是岡比西斯把他的兒子處以死刑。但是最後，他在一位老者、他父親的一位朋友被處死時號啕

⑺⓪ 見希羅多德：《歷史》，第三卷，第一節。

大哭。岡比西斯十分奇怪，問這位國王爲什麼這樣，他回答說，他女兒和兒子的不幸都太大、太殘酷了，使他完全麻木；後者的不幸雖然要小一些，但也引起了他的同情心，使他號啕大哭。岡比西斯馬上下令收回處死他兒子的命令，要停止執行，但是命令已經執行。岡比西斯此時便把國王的女兒還給他，把他和他的女兒奉爲上賓，而且如果他不惱怒的話，還要他重新在政府中任職。居魯士以同樣方法對待克羅伊斯，而且岡比西斯也會把埃及國王留在身邊，假如他受之無愧的話。這些情節都很有趣，可以證明波斯人的性格。

關於埃及更早的歷史，只能提到一些主要環節。〔我們首先〕要說的，是它可以追溯到十分久遠。眾所周知，祭司們向希羅多德保證他們是最古老的民族，是第一批人類。[71]人們實行高度的共同生活，這是合乎歷史的和可信的。在尼羅河上游河谷地帶，在歷史上出現了第一個國家，這是第一個國家的誕生：位於上游的底比斯是出現共同生活最早的地點。隨著時間的推移，商貿活動不斷向埃及中部轉移，位於尼羅河支流分叉地方的孟菲斯成爲商貿中心。後來商貿中心又轉移到位於三角洲的塞易斯。這種從尼羅河上游向下游的推移是〔埃及的〕第一個歷史特點。到了羅馬時代，商貿中心又轉移到厄姆波利斯，哈德良在那裡爲紀念安提努斯而建立了安提努斯城。

(12, 272)

[71] 見希羅多德：《歷史》，第二卷，第十五節以下。

第二個歷史特點是埃及時而分裂（νομοι）爲若干個政權，時而又統一爲一個政權。據說塞索斯特里斯在西元前一四〇〇年最先把所有國家統一起來；第二次統一則要歸功於普薩美提克。關於處於分裂時的情況，希羅多德指出，[72]在早期處於分裂狀態時，他們本來願意保留某種共同的聯繫，這也是爲什麼在埃及中部靠西的麥羅埃湖畔修建迷宮的原因。

第三個主要特點是我們很早就看到王公、法老和與他們相連的祭司階層，兩者有時聯合成爲一體，有時各不相同、彼此分離。

當今時代一個受到青睞的觀念是有關祭司國家、祭司殖民地的觀念，認爲大祭司同時兼任將軍，如此等等。這是一個空虛的觀念。埃及確實在歷史上有一個祭司階層，但同時也有世俗王侯。因爲一個眞正的國家在本質上始終同時也是一個世俗國家；宗教事務與王侯事務是不同的，必須區分開。他們可以是同一批個人，但是依照概念是要分開的。

從歷史上我們看到埃及的祭司和王公兩者在國家裡是常常統一的，但有時也是對立的、並截然分開的。那些修建了最高金字塔的王公，即基奧普斯、基夫倫，他們拆了祭司臺，是祭司階層的敵人。於是，祭司們求助於衣索比亞人，反抗他們認爲壓制他們的國王，〔這樣〕祭司們就重新奪回了政權。他們自己成爲國王，並且正是這樣的祭司國王，逼迫武士們

(12, 273)

[72] 見希羅多德：《歷史》，第二卷，第一〇二—一〇四節以及第一五三節。

退回到麥羅埃。祭司與國王的這兩個方面需要加以說明。

第四個特點是從整體上說埃及人在反對外敵時保持團結一致。古老的傳說談到塞索斯特里斯曾向亞細亞數次大規模遠征，據說他自己說，他在亞細亞縱橫馳騁，所向披靡。倘若在歷史上確實有這種事，倘若巴思沙斯人與底比斯就此發生了關聯，那麼這也是發生在古代，而這時的古代沒有產生持久的影響，沒有留下任何遺跡。

在之後的時代中，埃及不擁有海上力量，從海岸一側對外封鎖，保護國土。這種閉關鎖國的狀況曾經長期是埃及社會生活的一個基本特徵。埃及國家只是在其歷史的最後階段才重新與外國人、與其他民族建立聯繫，從這時起，其歷史才變得更爲確定。

這個階段大約從岡比西斯占領之前一百二十年開始，由此埃及開始衰落。普薩美提克把首都遷往塞易斯，統一許多邦國，向外與其他民族建立聯繫。這有時是希臘人，有時是小亞細亞的卡里亞人，後者常常派出多達三萬人的軍隊，成爲埃及軍隊的主力。這個時期發生了與敘利亞人、猶太人及巴比倫人的戰爭。不過根據史料看，這些戰爭沒有什麼意義。後來的幾位國王主要是與昔蘭尼進行戰爭。其他與南部非洲、與喜克索人建立的關係主要是短暫的，屬於更早的時代，有一部分無足輕重。

(12, 274)

至於埃及人的生活情況，這肯定會讓我們更感興趣。埃及是一道難題。希羅多德，⑬〔還有〕西西里的狄奧多羅斯⑭以及談論過埃及的那些古人，給他們的情況提供了最出色的證據。希羅多德說，埃及人是他所訪問過的、所看到過的所有民族中最爲理性的民族（λογιώτατοι）。使我們感到驚異的〔一個方面〕是他們的非洲式的呆頭呆腦，另一個方面則是他們的善於反思的理智、精神，他們的合乎理智的秩序、出色的機構以及令人嘆爲觀止的優美藝術作品，尤其是建築藝術。

首先要說的是埃及的地理狀況。眾所周知，埃及由尼羅河谷組成，河流全長超過一千英里，作爲河谷地區，它又很狹窄。它從南部約七點五度向北延伸，三角洲是平原，沒有山丘，那裡只有約一點五度。有河谷的地方只有五至六小時行程那麼寬。這個河谷就是尼羅河谷。尼羅河及其與太陽有關的氾濫，構成埃及人一切的一切。埃及人的全部生活都取決於此。埃及的土地受到尼羅河的滋潤，它提供水源他們。幾乎從來沒有降雨，或者降雨只是作爲一種預兆，例如岡比西斯時期的一次降雨。尼羅河水也被人飲用。人口聚居在一起，沒

(12, 275)

---

⑬ 見希羅多德：《歷史》，第二卷，第四節以下：「他們所談的關於他們的國家的事情，在我看來完全是入情入理的」。

⑭ 見狄奧多羅斯：《歷史叢書》，第一卷，第七〇節。

有什麼差異，〔而且連〕廣闊的尼羅河三角洲也幾乎沒有什麼差異。在三角洲，在尼羅河的淤泥中，主要是種植農作物。有少數地方是沼澤地，但大部分地方極爲單一。河流與太陽有關，太陽在某些位置時河水便氾濫，因此，與太陽有關的尼羅河是地理狀況的全部條件。

這塊國土被外部所包圍，它的一面是海洋，另一面是炙熱的沙漠，透過尼羅河向南方的聯繫則因爲有許多瀑布而成爲不可能。不存在天氣的變化，只有比較大或比較小的氾濫在數量上的差異。可見，這個如此封閉的國家在相當固定、相當確定的過程中都遭受尼羅河水的氾濫，因爲連續幾年沒有降雨。豐收或歉收取決於尼羅河水位很高或不太高。希羅多德把這個國度與愛琴海相比，[75]當河水氾濫時，這裡的村莊像愛琴海的島嶼那樣浮出水面。村莊被堤壩所保護。在河水退卻後便播下種子，然後很快就能收穫，一年兩熟。河水氾濫後馬上湧現出各種動物：不計其數的蛙類和昆蟲類。一位占領埃及的阿拉伯將軍在給哈里發的信中稱：埃及是一個泥土的海洋，它先是變成淡水的海洋，然後變成鮮花的海洋。這是整個自然性狀。種植農作物的原則構成埃及人生活的主要對象。種植的水準很高，埃及人是最聰明的種植者。

要考慮的第二點是我們在這裡遇到像印度那樣的種姓，不同的著作家對此作出不同的描

(12, 276)

---

⑮ 見希羅多德：《歷史》，第二卷，第九十七節。

述。最主要的是祭司種姓和武士種姓。（狄奧多羅斯還提到一個國王種姓，[76]不過這只能是一個階級。）後來希羅多德[77]還提到其他種姓，第三個和第四個種姓是牧牛者和牧豬者，第五個是商人，第六個是口譯者和船員。沒有提到農民。狄奧多羅斯把農民和藝術家當作第三個種姓。由此可以認爲，也許是農業與多個種姓有關，尤其是還包括武士種姓，他們也獲得一塊土地去種植，這主要是在下埃及。可見我們在這裡看到許多不同的種姓，他們似乎並不像在印度那樣有固定的區別。例如，厄梅西斯就出身於較爲低級的等級，一種較低級的種姓。當武士們拒絕對桑海里泊打仗的時候，出身於祭司等級的國王塞索斯便率領一支由農夫和臨時拼湊起來的手工業者所組成的軍隊打敗了敵人。

關於埃及人與其他民族相隔絕，可以舉出這個例子爲證：士兵們和武士們常常拒絕向外出兵征戰，除非是發生邊界爭端，例如在阿普里斯統治時期。當厄梅西斯的祖先阿普里斯派武士們向昔蘭尼人發動戰爭時，武士們起來造反，擁立厄梅西斯爲王，這說明他們寧願守在自己的田地上。這個民族顯得完全是和平的，並熱衷於耕作，而由希臘諸民族幫他們去打仗。此外，人們也察覺到埃及人不去全力應對外來侵略。衣索比亞曾多次占領這個國家，岡

(12, 277)

[76] 見狄奧多羅斯：《歷史叢書》，第一卷，第七十節。
[77] 見希羅多德：《歷史》，第二卷，第一六四節。

比西斯輕而易舉地占領了它。

第三點是埃及人的日常生活方式和治安機構等。按照希羅多德和狄奧多羅斯的記述，他們的日常生活引起希臘人的極大驚異。希羅多德和狄奧多羅斯向我們報告了他們的簡樸特徵，因爲這兩位著作家對於在極爲細小的事物中找到他們的獨特之處感到驚訝。希羅多德說埃及人做事和其他民族相反，並且爲那些想認識他們的內在事物的外來人舉出許多例證。⑺⑻這些例證包括：婦女站著小便，男人坐著小便，男人有兩件衣服，婦女只有一件。在這裡，愛清潔蔚然成風，常常反復清洗，這與印度人完全不同，印度人只是出於迷信才清洗身體，其他事物都不清洗，埃及人則還要清洗衣服。埃及人用理智注意保持身體健康。埃及的醫生以高明而著稱，特別是針對不同的疾病。有不同的醫生去治療不同的病患。

更爲重要的是維護秩序的治安機構。這裡的秩序井井有條。每個埃及人每年都必須把自己的名字寫出來交給長官，並註明他依靠什麼爲生。在處以死刑時這件事必須做正確。國土定期加以劃分，與此有關的地面測量學十分成熟。有三十位法官組成若干法庭，由一位庭長來領導。法律訴訟都要經過認眞審理，並記錄在案，直至duplicatio〔被告對原告的反辯作出抗辯〕，以便使雙方的各種辯護和外貌不會造成混亂，迷惑視聽。狄奧多羅斯認爲這有利

⑺⑻見希羅多德：《歷史》，第二卷，第三十五節；狄奧多羅斯：《歷史叢書》，第一卷，第六十九節。

(12, 278)

於抵消辯護的口才和法官的同情心。⑲庭長的脖子上掛有一個裝飾物，標誌著忠於眞相。確認所述內容是否眞實，不是使用話語，而是用法官脖子上的這個裝飾物，這個裝飾物被轉向哪一方，哪一方便應被承認爲勝訴。除了這些特點之外，還規定了歷任國王的生活都應循規蹈矩。清晨起床、進行禱告、公開出席法庭審判和休閒娛樂等等，都是在祭司在場的情況下進行的；賦稅事宜也得到精心管理。

此外我們還知道，埃及人作出了許多發明，擁有許多技能。他們對年份的劃分與我們相同，他們把一年分爲三百六十五天，其中插入五天閏日。關於婚姻情況，在埃及的一部分地區，即下埃及，實行一夫一妻制，在其他地區實行一夫多妻制。希羅多德說，男人們守在家裡，女人們則在外做事情，而不是像東方那樣閉門在家。所有這些都可以說明：只要看到埃及人將其整個國土都變成爲一件藝術作品，那就理當推翻溫克爾曼⑳認爲埃及人懶惰的責難。狄奧多羅斯說，㉑埃及人也許是這樣的民族唯一的一個，這個民族的公民不關心國家的事務，而只關心自己的事情，默默地爲自己而生活。他生活在奧古斯都時期，所以大概沒有

⑲ 見狄奧多羅斯：《歷史叢書》，第一卷，第七十五節。

⑳ 約．約．溫克爾曼（Johann Joachim Winckelmann，一七一七－一七六八年）：《古代藝術史》，德累斯頓，一七六四年，第一部分第二章。

㉑ 見狄奧多羅斯：《歷史叢書》，第一卷，第七十四節。

想到一個共同體。正如希羅多德所說，[82]每個人都明確地、獨立地做自己的事情，所以我們看到，所有階級直至國王都是如此，國王是透過法律來規定自己的事務的。

由此可見，埃及的一切都有固定的秩序，甚至連國王也不能隨意進行統治。這是一種秩序井然、合乎治安管理的狀況，任何事情都不能隨心所欲。所以我們看到一種井井有條、有章可循的狀況，直至地方基層當局。

從表面上看，針對這種狀況理當有一種同樣平和安寧的宗教作爲補充，以便使那種追求某種更高的事物的衝動可以透過宗教中同樣安寧的方式得到滿足。但是當我們轉向這個對象時，卻會出人意料地看到完全相反、極爲奇特的現象，詳細地說，政治狀況只是一個方面，而我們這裡遇到的是一種內部活躍的衝動和一種充滿欲望、樂於行動和勤於勞作的精神，是一個在封閉情況下內心裡激動、發熱和燃燒的非洲民族，它極度偏狹，始終自我封閉，不與外界發生關係，而是透過極爲獨特的產品使自己的巨大勞作在自己的範圍內產生行動結果。

我們從宗教方面來說明這種特點：在自身範圍內抱有欲望和從事勞作，在自身內擁有客觀化的無限渴望，這並不能達到精神的自由的自我意識。有一個鐵箍蒙在精神的眼睛上，它

(12, 280)

---

[82] 見希羅多德：《歷史》，第二卷，第三十五節。

尚未表現出對精神的自由把握，毋寧說，精神仍受到一道鐵箍的纏繞，以至於只有我們稱之爲謎語的事物被編撰出來。這樣，埃及謎語就是一種具體的個體性，它在其自身中握緊和統一了多樣性，但這種統一性並不能發展爲精神自身的自由意識。

當我們聽說畢達哥拉斯爲其學說而模仿過埃及的狀況時，我們根本不能作出相反的推論。因爲從宗教出發可以看出，畢達哥拉斯只是片面地從祭司種姓那裡得到一幅本身並沒有根據的畫面，他根本沒有考慮到人們的活動、激情和反思。他的小團體解體是理所當然的。他的小團體儘管存在過一段時間，但並非是原來的形態。讓一群人保持原狀不變，這很快就被證明是空虛的設想，由此可以明瞭，人本不該自我封閉，靜止不變。

如果我們進一步去考察埃及宗教的性質，我們就必定會堅持，我們在這裡仍舊處於一種自然宗教的範圍內。在埃及，我們仍舊處於自然直觀的範圍內。當我們說「神」時，我們直接位於思想的基地上，我們表象的是一個思想的存在物，我們從這個抽象的思想出發，然後達到各種進一步的規定，並且只是過渡到各種屬性。但是在埃及這裡，我們必須把這個立場完全放到一旁，必須堅持自然的直觀，必須放棄我們那種思維一個在地上和天上的存在物的習慣，而僅僅睜開感性的眼睛，讓感性的想像力活躍起來。

在這種自然直觀中，我們沒有看到中國的普遍的天，沒有看到印度人的普遍的自然基礎，即印度的自然靈魂，也沒有看到波斯人的純粹的光明；我們不必思考或回憶道成肉身。埃及的諸神也不是以人的本性爲基礎的群雄。我們這裡所面對的不是一種普遍的自然直

(12, 281)

觀，而是一種特別的、確定的自然直觀。埃及人生活於一個封閉的世界中，這個世界也就〔是〕埃及人宗教中的基本直觀，是他們視爲他們的實體、他們的本質的事物。

由於這個封閉的、特別的世界成爲宗教的，它就不再是感性的，而是被擠入一種表象。但是，在埃及人同時對外開放，內心活躍起來時，這種直觀的內在事物被轉變爲更進一步的直觀，因爲想到的是其中的更進一步的意義，並且它特別被規定爲象徵。這樣，我們就在埃及的宗教中完完全全處於象徵性事物的領域。因此，直接的直觀具有一種意義，但這種意義並沒有上升爲思想，毋寧說，這種意義又只是以往那種本身是象徵的事物的圖像或象徵。各個畫面和側面用一個紐帶聯繫起來，但這個紐帶在這裡並沒有作爲思想而出現，毋寧說，這個個體性的、內在的點仍然存在，它把各個表象聯繫和連接起來，但自身並未在思想中顯現出來。

由此可見，我們在這裡得到的是把不同現象穩固地聯繫起來的個體性，這些現象有一個基礎，但這個基礎不是思想的普遍基礎。因此，整體還是一個幻想的事物，因爲它聯繫起來的是有很多種類的、很多方面的事物。這個內在事物的一項內容以這樣一種事物爲基礎，這種事物是被幻想的聯繫加以暗示的，並沒有得到眞正的解釋，而被交付給了猜測。因此幻想就有把握這個內在事物的課題，但這個內在事物並沒有被把握，而只是象徵性地得到暗示。至於象徵是什麼，則悉聽尊便——它是另一個事物，它本身只是另一個事物的象徵。

至於進一步的情況，我們一般至少必須就此深究一個表象。我們首先遇到那個對埃及人而言是一切的一切的封閉的有形自然界。尼羅河、土地、太陽，這對於埃及人來說是一個封閉的整體，以至於希羅多德從埃及的祭司們那裡竟無從得知尼羅河源頭何在，而是在昔蘭尼才從昔蘭尼人那裡得知。[83]祭司們的知識僅僅局限於這個地域。這樣一來，埃及人的表象也是有局限性的，並由此頌揚一種特殊的當下存在。

這個封閉的整體是埃及人的〔最高〕存在者、主神。伊西斯和奧西里斯這一對就是〔這裡的〕兩個主神。奧西里斯是與尼羅河息息相關的太陽，伊西斯是大地，它在與太陽相關的情況下同時又是月亮。這是埃及人的基本神祇，是他們的獨特的事物和他們的宗教的最寶貴事物。伊西斯和奧西里斯本身是被造物，它們本身又是對立的，因爲凡是宗教起始於自然界的地方，神便是作爲結果而產生出來的事物，而不是像在一種思想的宗教中那樣是絕對第一位的事物。男性的奧西里斯和女性的伊西斯便是埃及主要的神祇。

不過這種自然直觀還是一個故事、一個過程：太陽漸行漸遠又重新返回；尼羅河在這塊土地上、在伊西斯上氾濫，使其變得肥沃，又從伊西斯退水，它和太陽作對，被太陽烤乾，它的敵人百頭巨怪堤豐站在太陽一邊。熱浪、熱風像堤豐那樣充滿敵意，尼羅河此後也在大海中消失、死亡。這個過程轉化爲諸神的規定，這一對神祇也有其故事。太陽奧西里斯

(12, 283)

[83] 見希羅多德：《歷史》，第二卷，第十九—三十一節。

出世了。它在漸行漸遠之後，又重新返回，正如在我們這裡，在那些最短的白晝那樣。奧西里斯出生於春天，正如在所有民族那裡，在我們這裡，都有一種時間關聯，上帝基督是在最短的白晝之後誕生的。奧西里斯在出生之後便成為給人帶來喜悅、豐收和福祉的人，據說他曾周遊世界，如同狄奧尼索斯在希臘人那裡曾周遊世界一樣。所以，每當尼羅河氾濫時，就是奧西里斯給人帶來喜悅的週期。

不過相反的情況也隨之而來：太陽返回來，又重新離去；土地被遺棄在那裡，水都用完了；尼羅河在大海中死去；在奧西里斯不在時，伊西斯便單獨統治一切。堤豐製造了一個陰謀，殺死了奧西里斯。這時伊西斯開始哀訴，她尋找被肢解的夫君，收集他的肢體；整個埃及都唱起悼念這位死去的神的哀歌〈曼內羅斯〉，據希羅多德說，[84]埃及人始終唱這首歌，這也是他們擁有的唯一的一首歌。雖然人們關於埃及的音樂談論很多，人們發現有許多樂器被仿製，聽到埃及的歌曲在敘說，但這些都和希羅多德所說的不同。不過希羅多德說，這首哀歌是埃及人唯一的歌曲，希臘人把這首歌曲稱為「里諾斯」，埃及人過去沒有詩歌，沒有歌曲。

(12, 284)

---

[84] 這首哀歌的名稱可能出自埃及語的一個疊句：ma-n-hra，意思是「回到我們這裡來吧」。見希羅多德：《歷史》，第二卷，第七十九節。

這裡一個主要環節是對神的哀怨，這與對美少年阿多尼斯的哀怨是一致的。人性的悲痛得到尊重。而後伊西斯埋葬了奧西里斯，在埃及許多地方有多座奧西裡斯的聖墓。對此要說明的是：在印度的婆羅門那裡沒有發現類似的事物，但是在佛陀的祭司那裡，在每座佛廟裡，都有一座存放佛陀遺物的金字塔。可見這種情況與佛教是一致的。

伊西斯讓人給奧西里斯的肢體塗油防腐，這件事是由赫爾墨斯來做的。給屍體塗油這個做法使埃及人根本有別於印度人，埃及人甚至也給動物屍體塗油防腐。印度人對死者的軀體未表現出任何尊重，都拋到恆河裡。而埃及人最早把人的靈魂稱爲不朽的，對死者表示尊重也與這樣的情況有關，即人的品格的個體性在這裡獲得了另一種完全不同於在印度人那裡的意義和價值。所以，奧西里斯入土安葬後，成爲冥府的主人，成爲不可見王國即陰間的法官。同時還可以指出，在以後的時代，即在亞歷山大時代和後來的羅馬，塞拉皮斯神取代奧西里斯，承擔了這個職能，正如思想的基地、不可見的世界、ἀίδιον〈陰間〉獲得比可見的世界更爲重要的地位那樣。人的個體的歷史就存在於宗教歷史的這種進程當中：他的出生、活動、塵世享用和他的死亡。

實行農耕這個善舉是與埃及的具體的想像力、與伊西斯和奧西里斯息息相關的。尼羅河、太陽和土地是最有用的事物，是一個滿足需求的主要資源。伊西斯和奧西里斯因此獲得了給人類施善的品質，提供了可資使用的資源。伊西斯發明了穀物，即斯佩爾特麥，這不是小麥，而是大麥。耕犁、雙齒耙、耕畜、讓公牛拉套則歸功於奧西里斯，此外，他還引入了

(12, 285)

婚姻、法律、敬神儀式和市民制度。奧西里斯同時還是被埋在土裡、死去和又發芽的種子本身的形象。由此可見，一切規定都集中於伊西斯和奧西里斯。因此，埃及的神不是一個一般的施善者，不是一個抽象物。思想不是產生於這些規定，毋寧說，在一個節點中連接了對自然的許多直觀，〔諸如〕尼羅河、太陽、種子、人的活動等等。這是一類幻想的事物，在這裡被連結爲一體。這個伊西斯和奧西里斯把所有表象、所有規定都連結到其自身中，一個象徵成爲他物的象徵。奧西里斯是尼羅河和太陽的象徵，這同一個象徵又是人的生命的象徵，反過來，後者又是太陽、尼羅河等等的象徵。由此可見，每個象徵都是對立面，都是他物的象徵。

但是，它們中的普遍事物還沒有自爲地突現出來。如果我們談論象徵，我們就是透過一個普遍的表象、透過一個形象表達表象。例如，戰神瑪爾斯作爲形象是對戰爭的普遍的、抽象的表象。不過伊西斯和奧西里斯這兩者，並不是我們在一個形象中，在一個普遍的、抽象的表象中得到的，毋寧說是一組象徵，它們本身是一個感性表象的另一個象徵，而不是一個抽象表象的另一個象徵。這些埃及的基本觀念是他們所特有的。

此外，埃及人也有更爲抽象的諸神，總起來說是三類神；如希羅多德所說，[85]有八位古

(12, 286)

---

[85] 見希羅多德：《歷史》，第二卷，第四十三節。

老的神、十二位中間代的神和若干位新近的神。這些抽象的諸神正是那些主要被希臘人所接受的神，例如海神Ποσειδων〔波塞冬〕。關於這些獨特的埃及諸神、對他們的崇拜和他們的獨特意義，我們只有很少的、模糊的資料。最古老的神祇奈夫，即克洛諾斯，是時間之神，布塔是火神。對於行星及星宿的表象是與這些神祇、也與伊西斯和奥西里斯聯繫在一起的。與奥西里斯相連的是對於四季變化及其規定的表象，出現了一年的劃分，在這方面埃及人的各個節日是某種完全依照曆法確定的節日。太陽神奥西里斯成爲天上牧群的首領，他統領著它們，被稱爲牧人，主要是黃道帶的牧人。所有這些都積澱在這些象徵性表象當中。

還要談一下關於把動物當作神來敬奉；我們已經講過埃及人敬奉的普遍的、無機的自然事物，這個普遍的基礎。另一個極爲奇特的地方在於：埃及人並沒有停留於崇拜無機的自然事物，而是過渡到把動物生命作爲某種神聖事物加以崇拜。在埃及大自然的普遍形象是：在尼羅河水退水之後，陪伴著人類勤奮勞作的是生機勃勃的動物世界。隨著土地恢復生機，小動物也重新甦醒，埃及人的存在便轉向這個方面，但是精神對他們依舊是封閉的。我們這時看到，思想、精神的自爲存在對埃及人而言始終是封閉的事物，他們並不同情自由的、精神的靈魂，而是同情依然能封閉於生命中的靈魂，這恰恰是因爲，他們單純從封閉於生命中的靈魂出發，進行象徵性的幻想。我們必須考察這種崇拜動物生命的方式。

如果我們想理解這點，我們就必須完全忘掉我們的這樣一種習慣：在思想中尋找更高的事物，在考察更高事物的過程中在思想和表象的基地上尋找這種事物，在面對感性的、當

(12, 287)

下的和現實的事物時閉上眼睛。埃及人則停留於感性直觀，他們已經把握住了有生命的事物、動物的本能和這種出自本能而行動的神奇事物，並且已經面向這些事物。這種以保持生命力為目的的動物性的聰明靈巧，我們可以稱為一種對我們而言不可思議的事物。因為人固然可以觀察動物，可以想像自己成為動物，但他不能表象動物靈魂裡的情況如何。人不可能眞正幻想自己進入一個狗或貓的本性中；這對人來說始終是某種陌生的事物、不可思議的事物。

倘若我們這時想把神聖的事物當作一種更高的和不可思議的事物來把握，這種不可思議性與我們相遇就有兩條道路：第一是動物中的生命力，我們本身具有生命力，但我們的生命力是由精神性規定的；第二是表象、反思、思想的基礎。近來特別形成了一種把神稱為不可思議的事物的時髦看法，人們只要用思想從存在著的一切中去尋找存在者的基礎，就會遇到不可思議的事物。一方面是自然事物的生命力，然後是反思的方面，在反思中不可思議的事物推動我們。因此，我們把不可思議的事物規定為遠比我們高級的事物，而問題在於，在哪裡這個不可思議的事物有更高的權利與我們相遇，是在第一條道路上還是第二條道路上。顯而易見，在第一〔條路〕上不可思議的事物有更大的權利與我們相遇，這就是在自然事物一邊，在自然界；因為精神是理解自己的、停留在自身的和自由的事物。希臘人的看法是解放精神、理解精神的本質和了解神的本質如何得到規定，不僅如此，基督徒都知道上帝是什麼。對於基督徒來說，對於希臘人的清澈目光來說，不可思議性已經消失在精神世界一邊，並且逃離到沒有精神的、外在的事物一邊，僅僅還存在於沒有精神的事物、非精神的事物一邊。倘若我們把不可思議性規定爲更高的事物，那麼，當埃及人把抽象物視爲他們的彼岸，視爲動物生命之謎的時候，我們就必須承認他們是正確的。如果確實是這樣，他們就有一種比我們〔所認爲〕的更大的權利，認爲在動物生命中找到了這種不可思議的事物，在精神中保存了不可思議性方面。

對埃及人而言，眞的事物依然是個課題，是個謎，儘管他們擁有了這種事物，它在對動物的直觀中得到了規定。那些在每個方面都認爲眞的事物不可思議的人必然被指向自然的事物，因爲精神是自身清楚的、自由的，向精神顯現自身〔是〕這樣的：在自身之中沒有任何異己的事物。但自然界藏而不露。埃及人須在思想的不自由中與某個不可思議的事物相糾纏，他們在動物生命的自然性中得到這個不可思議的事物。他們藉由偏愛動物，把這個不可思議的事物規定爲他們的彼岸世界，規定爲一個更高的事物，而精神的這個彼岸世界就是單純的生命，無精神性的事物、動物性的事物。這就是我們在埃及人那裡所看到的傑出的一面。

我們看到的這一面，即在動物生命中所直觀到的不是一種更低的，而是一種更高的生命，並非唯獨存在於埃及人中，而且也存在於印度人中，甚至存在於希臘人和羅馬人中，他們把鳥類視爲能知曉一切和洞察一切者，彷彿它們能給人揭示未來，因而能提供神諭。主要的規定是：人由於沒有達到精神的自由，便把不可思議的事物當作更高的事物，並堅持不懈地在動物生命中，而不是在精神中一邊去尋找〔這種事物〕。埃及人把動物生命直觀成了更高的事物，在這裡達到了極爲麻木不仁、極其不講人道的迷信地步，如對阿匹斯神牛的崇拜。除阿匹斯之外，他們還崇拜另外兩頭公牛。當岡比西斯來到埃及時，他作爲高貴的波斯人把這些公牛神稱爲拙劣的頭顱。他甚至打傷了阿匹斯神牛，讓人把它殺死。這種迷信在埃及人那裡轉變成了野蠻的愚昧無知。阿匹斯神牛尤其在一個城市受到崇拜，其他的城市和地區崇拜其他個體性動物：貓、朱鷺、鱷魚。這些動物被飼養在房舍內，有大規模的捐贈來供養它們。它們死後就像對人那樣被做成木乃伊安葬。沒有做成木乃伊的，則把骨殖收集、保存起來，對所有貓的骨殖也是如此，它們被用船運到布巴斯蒂斯島安葬。它們的遺骨被放入很大的墓穴當中。獻給阿匹斯神牛的是富麗堂皇的墓碑。貝爾佐尼[86]在幾千年後打開的第二座金字塔的一個主墓穴中，找到了一個雪花石膏製成的棺槨，裡面放著公牛的骨殖，顯示這裡安葬的是阿匹斯神牛。

值得注意的還有，對於殺死這樣一個受到崇拜的動物是處以死刑的，在有些情況下，確

---

[86] 喬凡尼．巴蒂斯塔．貝爾佐尼（Giovanni Battista Belzoni，一七七八—一八二三年），義大利人，埃及古跡的早期發掘者；黑格爾援引的是他在一八一九年返回英國後發表的《埃及和努比亞考古發掘記》，倫敦，一八二一年，第一六五頁。

實僅僅是因爲故意這樣做才處以死刑，但在其他情況下，即便這樣做是出於無意，也處以死刑。狄奧多羅斯講，[87]在一次民眾起義中有人無意間殺死了一隻貓，他便因此而丟掉性命。在發生饑荒時也不能碰這些動物，即便讓人餓死，也不能屠宰這些受到崇拜的動物。由此更加表現出對動物偉大生命力的尊崇，動物的偉大生命是無限崇高的事物。單純的生命力本身就受到埃及人如此高度的尊崇。受到尊崇的不僅是某些動物的特殊的生命力，而且還有它們的抽象的生命力。在埃及人這裡，崇拜男根也成爲一個主要對象，按照希羅多德的說法，[88]這個習俗也從他們那裡傳到了希臘，希臘人也模仿這種崇拜儀式。像雞姦等這樣的惡習在他們那裡也司空見慣。也就是說，對生命力的崇拜是一個方面。

正如生命力本身是崇高的事物那樣，出現了這種情況，即動物的形態不再絕對是崇拜的對象，而是重新成爲某種事物的象徵，這種事物不得自己表象自己，而是要由此暗指另外一種事物。這個方面同樣是一個熟知的和本質的事物，在這個方面看可以讓人想起隼、雀鷹、蜣螂、金龜子，它們自爲地受到崇拜，但也被貶低，須在自身中擁有一種它們只是加以展現的意義。人們不知道它們意味著什麼，各種象徵的更詳盡的規定性並沒有得到說明。據

(12, 291)

[87] 見狄奧多羅斯：《歷史叢書》，第一卷，第八十三節。

[88] 見希羅多德：《歷史》，第二卷，第四十九節。

說蜣螂意味著生殖能力，也意味著太陽運行。對我們來說這完全不可理解。不過我們對這些象徵性的表象不必設想這樣一個過程，即先存在著普遍的表象，再爲這個表象尋找出一個象徵，毋寧說，第一步是對這樣一個動物的直觀，然後再在這個直觀中想像一個普遍的事物，一個普遍的表象，而不是相反。種類〈概念〉試圖從這種動物的形態中提煉出表象的普遍性事物。我們在所有古老民族那裡都可以找到敬畏生命力的痕跡，正因爲如此，《舊約》當中規定禁止嗜血，因爲人們認爲血裡有動物的靈魂、生命。

這就是敬畏生命的痕跡。對於不自由的精神而言，神聖事物是一個彼岸。不自由的精神只是把眞的事物當作一個彼岸；自由的精神是個自爲的精神，而不是在某個他物那裡。不過，東方人作爲不自由者對待精神就像對待某個他物，對待某種特殊化的、特定的生命力那樣，將自己的本質事物設定到這種生命力中。這個特殊的有生命的事物對精神來說是他物，是一個不可思議的事物；在不可思議的事物中擁有自己的本質，正是精神的不自由。普遍的生命、人的生命、普遍的生命力是很好理解的。但特殊化的、動物的生命正像人的沒有概念的隨意性那樣是不可理解的。對不自由的隨意性的把握就如同對動物生命力的把握。不自由的精神、表面的意志不願再把自己與特殊性等量齊觀，而對各種特殊性都感到滿足。這樣，我們就看到一些能和動物很好相處的人們，例如有些老處女和貓、狗能相互理解溝通，把它們當作有同樣思想的靈魂，與它們一起生活。不過，對於更爲深刻的精神來說，這樣的一種特殊性是一個他物，如果這種精神感到自己作爲精神有必要停留在這種特殊性

(12, 292)

裡，就顯示自己還完全是不自由的。

此外現在需要指出，埃及人堅決反對這種固執的偏見，反對動物直觀的規定性，因此他們把這種偏見貶低爲某種應當表象他物的事物。也就是說，他們把動物變爲象徵，而象徵就是這樣一種事物，對這種事物進行解釋並非爲了它自身，而是在它之中還存有一個不同於它本身的直接存在的他物。這樣，在埃及，我們就看到動物形態被當作象徵，並且被貶低爲一種表象和意義的單純表面的實在性，這些表象和意義與這種動物的直接形象完全不同。所以，蜣螂、雀鷹都是象徵，但一個象徵總是某種模糊不清的事物。在語言中才有自由的清晰表達；而在象徵當中，表象是透過人、透過感性的事物被模糊地表達出來的。表象不是完全清晰的，它只是在借用象徵。所以，生殖能力和太陽運行是透過蜣螂的象徵被表達出來的。這就是把一個普遍的意義移入有生命的事物的自然直觀。表象從單純間接的表象出發繼續前行。我們有充分理由把這些形態當作象徵。但它們除了明確地被設定爲這樣的象徵，在動物形態被顚倒、被扭曲，不得像直接展示的那樣保持原狀的地方，也還存在。這包括動物形態的組合，例如蛇身公牛首和蛇身公羊首、獅身鱷魚尾和獅身公羊首，諸如此類。

不過更爲明確的是，動物形態在眞實的獅身人面和動物軀體中被貶低爲象徵，從這些獅身人面、動物軀體中幻化出人的形態：獅身女人首和獅身男人首。它們也有幻化出人的雀鷹。動物圖像就像頭盔，人的面孔從中向外窺視，因此動物的事物更像是裝飾，是附屬品。其中表象的是從動物身上表露出一種精神的事物。但是，深入到動物內部的人仍始終具

(12, 293)

有人的感受。在這種雙重存在物當中，普遍的事物開始凸顯：精神的事物還是不自由的，所以就宣布了自己的課題，那就是要使自身成爲自由的，脫離開動物事物。這時還相反地存在著其他的文明，它們以人的形態表象了精神的事物。人的事物、人的形態絕不再是象徵，而是精神事物直接的、感性的表達和本來的形態。人的形態出現了，面部蘊含著精神的靈魂。這就是說，精神事物的感性形態就是人的形態。埃及人的出發點是把精神事物以這種形態顯現出來，但他們又用動物的形態、動物的面孔改變和醜化了這種形態，因爲把人的形態變爲一種品性的自由的、特定的表現，則需要更高級的藝術。埃及人還不能做到這一點，爲了使形態具有地方特點，他們又採用了那些動物的事物、動物的形態，把人表象爲具有公羊頭、雀鷹頭、公牛頭、獅子頭、猴子頭的。希臘藝術懂得用優美本身達到特殊的、精神的表達，以至於人的面貌本身對他們來說是可以理解的，而在埃及人，只有透過動物形態才能達到這種可理解性。埃及人也許是把動物面具放到人的軀體上，因爲祭司們也必須戴上這種動物面具，以表明、顯示他們所侍奉的是哪個神祇。

埃及人對〔最高〕存在者進行直觀的方式是：在被自然的事物束縛住以後，依賴自然直觀，打破這種束縛，轉向〔自相〕矛盾，把精神的事物變爲動物的事物，與此相反，精神的任務則是使自己意識到自身。但對人來說，精神的事物也有一種獨特的現實存在，有其自身的發明和聰明技巧的精神力量。埃及人的意識、精神的衝動和力量並沒有忽視精神的事物，而是像對待自然力量那樣，把它作爲一個必須加以崇拜的本質的和主要的事物樹立起來，而這就構成了埃及人的宗教的另一面。人的聰明技巧就這樣被實體化了，被當作重要的事物、有尊嚴的事物。於是精神的事物也就不是作爲自由的精神、作爲普遍的事物變成對象，而是僅僅作爲一種特殊的力量與自然力量並列出現，是一種符合於特殊內容的特殊事物。埃及人也有許多神祇，但它們的存在、精神上的效用和活動也局限於獨特的特殊性，並且被貶低、被降格爲象徵，與自然的事物相結合。對我們來說，這種精神性的方面主要保存在赫爾墨斯中，也保持在推特或托特（如希羅多德所說）中。這就是埃及的阿努比斯神，奧西里斯的朋友和陪伴者，他的功績是發明了象形文字、測繪術、天文學、音樂、醫學、宗教以及關於聖物的學說等等。埃及人說，揚布里庫斯[89]把他們的所有習俗、祭司的所有發明都冠以赫爾墨斯之名。

這個精神是各項獨特的、特殊的發明的發明者，而不是自由思想的發明者。正如已經說明的那樣，這個神聖事物的內容是人類藝術和發明的特殊性，它在這裡融入到了一種共同的事物中，不是作爲純粹的精神性，而是在其特殊的本質中被把握的。它再次被貶低爲自然的象徵物，與自然形態相連接。它是百頭之神。除了這個自然的、感性的面具之外，它在另一

(12, 295)

[89] 關於赫爾墨斯，見希羅多德：《歷史》，第二卷，第九十五節。——關於新柏拉圖派揚布里庫斯（Iamblichus, c.250-330），黑格爾也許是指他寫的《論埃及的祕密宗教儀式》。

方面也與一個自然物、與天狼星相連接。如同這個精神活動的內容完全受到限制那樣，它的顯現的方式、它的定在也受到限制。在動物象徵中所做的混合，正如獅身人面像所顯示的那樣，在其他情況下也是部分地以十分醒目的方式存在的。例如，人的目的和旨趣的範圍，人如何行動、如何對待自然的事物，由此自己規定自己，這又成爲一種混合的事物，首先是他的行動，而後受到自然力量的限制。

例如在醫學中，有關人體疾病的醫囑是與各式各樣的迷信說法混在一起的，並且與占星術的、月相術的影響，與天人感應的、魔法式的智慧相結合。同樣，凡是在人面對其他事物想決定自身的地方，如建房、出遊，作出這類決策都遵從星象的擺布，埃及人在所有這類偶然的事物上都乞靈於神諭，尤其是詢問阿蒙神，並以極爲獨特的方式全力以赴：這是自身理智和意見與相信外部影響的混合。外部偶然性發生作用的情況，在這裡只集中到很少的事物上。阿蒙神的神諭極爲著名。在一個城市的市徽上鑲有寶石，用它在有車輛駛過時是否受到震動，宣示神諭。

在埃及，找不到精神的事物和自由的學術，它們達到意識，受到很大限制，因此不能解開謎底，不能達到自由的意識。以爲希臘的智者和哲人是從埃及獲得其思想和智慧，這是十分可笑的看法。畢達哥拉斯曾經到過埃及，但我們不知道他從那裡帶回了什麼。不過，如果我們看到他教給他們根據影子來測量金字塔的高度，那就可以確信他們在幾何學方面相當欠缺。他從他們那裡獲取的事物不會太多。倘若我們假設畢達哥拉斯帶回了哲學命題，我們就

(12, 296)

看到他自己還沒有達到自由的思想，而只是達到數，他以數的抽象性把握精神的事物。而且即使我們假設埃及人擁有這類哲學命題，他們也依然沒有達到純粹的思想。埃及的祭司們也許已經可以進行思辨，不過反觀其他人從他們那裡所獲得的事物，這些並不是純粹的思想，而且連這些也始終與民眾的立場不同。

這就是埃及宗教的主要特徵，其主要環節是精神渴望從自然直觀中解脫出來。這種迷信對他們自身而言是一個嚴酷的命運，精神在這裡還處於嚴厲的、殘酷的被奴役狀態，力求和渴望擺脫這種狀態，但除了鬥爭之外別無他法。印度人也想力圖解脫出來，不過他們始終停留於否定性，停留於以自身為目的。但這正是非洲精神的原則，即忍受並克服這種殘酷性，而印度人則是實行自戕。埃及人能承受住這種渴望，生活在這種渴望中。埃及宗教的內容在於，它不僅是表象的一種主觀內容，而且這個內容是巨大的渴望本身，並且由於內容是這種頑強的渴望，它就不得不跳出主觀性而變為客觀的，展現自身，揚棄片面性，克服偏見。所以，埃及宗教一方面是表象的這個內容，〔另一方面〕是揚棄表象的單純主觀事物，使之成為對象的渴望。

這樣，我們所看到的埃及精神就是工匠，是偉大的製作大師，他創造出的奇蹟作品在三千年後依然令人讚嘆不已。

藝術是埃及人的一個主要方面，它主要體現在埃及宗教中。藝術不可能在崇拜抽象太一的宗教中出現，原因正在於對象只是一個不確定的、不可見的事物。藝術在這裡甚至是一種

(12, 297)

罪孽，因爲應該排除對抽象的太一、對不確定的事物的表象。在更高的精神宗教中，在基督教中，藝術是一個從屬的事物，不是這樣一種絕對的方式，透過這種方式，理解的需要向精神的內容提出訴求，精神能夠由此使自己成爲表象。相反，在我們於埃及看到的這種形式中，在被束縛於自然事物的精神中，精神是一種渴望，卻不能返回到自身，站在這個立場上，藝術才是一種認識自身，使自己達到意識和成爲表象的必要方式。向精神這樣訴求的事物正是我們所看到的內容本身。

內容在材料中使自己成爲表象，而這種材料不可能是思想，它只能是感性的自然材料，是天然性的材料。在這裡，精神就是把自己鑿入石頭、鐫刻到石頭上並只擁有這種材料的工藝大師。這時，精神使之成爲自己意識的對象的事物，精神創造出來的事物，精神要使自己認識的事物，只能是這個渴望、這個課題、這個謎語本身：象形文字。象形文字就是這個渴望創造出來的。我們在這些藝術珍品中，在力學中，讚嘆這種巨大渴望的力量，埃及人征服和移動了天然巨石，把精神想要認識的形式鐫刻在巨石之上。理解力學的能力在他們那裡高度發達。不久前，人們爲方尖碑運往羅馬和獅身人面像的頭運往英國而轟動，並爲埃及的力學而歡欣鼓舞，因爲我們的所有這類藝術品在製作工藝和規模方面與埃及的製作相比，是小巫見大巫。最堅硬無比的事物都能被加工出來。

一方面，他們在堅硬無比的石料上鐫刻出的形式是眞正的象形文字，巨大的牆壁上都寫滿了象形文字，以至於看起來像是印製的印花布。這些象形文字與主觀表象有很大關聯。另

(12, 299)　(12, 298)

一方面，這些藝術品是石製的，有雕塑或繪畫，也還有或多或少的象形文字。這些象形文字至今尚未破譯。大多數表象是宗教方面的，像謎一般，或多或少只表達出破解謎語的課題和渴望。透過新近的偉大發現，我們在理解埃及象形文字方面依然還沒有走多遠。希望獲得語言方面的眞正作品對我們來說還不是多餘的，但即便是語言的眞正作品，它們的內容也始終只是藝術作品所顯示給我們的事物。埃及精神所提出的謎語對我們而言始終是謎語，不可能完全清晰。這些建築藝術和雕塑藝術的作品是埃及人的主要事業。其他民族所致力的事業是征服和統治其他民族。相反，埃及人偉大的、豐富的成果領域在於他們的藝術巨作。

那些滅絕的作品存在於記憶當中。我們依然有埃及人的作品，即便只在廢墟中。在特洛伊戰爭中有十萬人活動了十年時間，他們的所作所爲，特洛伊戰爭的努力，是摧毀特洛伊城。主要結果是攻擊者和戰敗者雙方的無謂爭鬥。埃及人所顯示和遺留下的事物，是一種很高級的和有意義的作品，是一種雖有損壞，但或多或少不可摧毀的、永恆的事物。這些作品偉大無比，早在希羅多德的眼中，⑼希臘人的藝術品與埃及人的相比，尤其是與地上有三千房間、地下有三千房間的迷宮相比，已經相形見絀。城牆的情況也一樣。這些作品既宏偉壯麗，又高雅美觀。建築藝術所追求的目標既有宏偉，也有美觀，這與希臘相同。因此，埃及

(12, 300)

⑼ 見希羅多德：《歷史》，第二卷，第一四八節以下。

精神就是這些工匠，這是埃及的主要特徵。

在這些作品中，供奉給死者的新的方面也十分重要。在這些放在地下，供奉給死者的作品中，有很大一部分是多餘的，這並非只是出於偶然，而是這些放在地下的作品在埃及人勞作的意向中占很大的、根本的一部分。有無數的神廟已經消失，尤其是在作爲希臘人和阿拉伯人遊戲場地的三角洲地帶。在底比斯，依傍著河谷的山丘建有許多陵墓，大多數保存至今，尤其是那些供奉給死者的藝術品和河谷山丘旁的墓穴。金字塔也是供奉給死者的，正如貝爾佐尼⑼所確認的那樣。它們在不久前被打開。貝爾佐尼打開了第二座金字塔，考察了城牆，發現了多面體水晶棺。這些水晶棺相當大，它們不是天然的，而是人工的、邊緣爲直線形的器具，裡面只放有屍骸。國王們的陵墓令人驚嘆。貝爾佐尼打開了一座建在山陵內的國王陵墓，進行考察。但是他沒有挖掘到墓穴的另一端，這也許位於山脈的另一側。這顯示出埃及人是如何重視〈眾神之王〉阿蒙的王國、冥府和看不見的事物的王國，以及埃及人把這與哪個觀念相連。這與他們關於人的本質本身的觀念有關，因爲陰間王國的這一面與人的個體性事物有關。這裡顯露出人關於那種解除了一切偶然性和時間性的人的觀念，由此可以看出他們對於靈魂不朽是怎麼想的。

⑼ 見貝爾佐尼：《埃及和努比亞考古發掘記》，第四頁。

關於陰間王國的這方面，需要考察那些與埃及人對於靈魂不朽的想法有關的特點。

首先，值得注意的是希羅多德說：[92]埃及人最先相信並傳授人的靈魂是不朽的。中國人敬奉祖先，印度人相信靈魂轉世（印度人幻想靈魂經過許多自然事物而進行漫長遊歷），這使我們相信，希羅多德是出於不了解和無知才這樣說，他說錯了。不過，單單爲了理解他做的報導、他講的話的意義，我們也必須清楚地知道相信靈魂不朽意味著什麼。所有民族都有靈魂不朽的觀念，但對這個觀念可以作出十分不同的規定，以至於必須考察我們這麼稱呼的事物是否與此一致。這並不是像對死者表示敬意那樣的單純的觀念。

在東方的觀念中，不承認個體擁有自由。〔所以〕我們看到，主體並沒有被承認爲一個無限自由者、自爲存在者，而只是正在消逝者。印度的斯賓諾莎主義不允許主觀性擁有一種無限的、自由的自爲存在，而是許可實體在某一點上修改，但這只是一種表面的修改。在中國人那裡，我們看到對死者表示出很大的敬意，兒子把他所做的一切都歸功於他的祖先。被封爲貴族的不是他，而是他的祖先。因此我們在這裡看到一種觀念，即祖先是永恆的，不過這並不足以使人相信靈魂不朽，而是相反。倘若皇帝把該享有榮譽的父親晉升一級，人們就可能會認爲這是相信靈魂不朽的一個證明。不過靈魂不朽的意思是靈魂這種內在的事物是無

(12, 301) (12, 302)

[92] 見希羅多德：《歷史》，第二卷，第一二三節。

限自爲存在的。這個內在的、個體的、隱祕的事物理應是一種不朽性，它不能再接受和顯示任何時間性的榮耀，它已經消除了時間性。皇帝加官晉爵並不能給它以任何榮耀，中國人這種情況表明這裡並沒有靈魂不朽，沒有靈魂的這種絕對自由的、內在的自爲存在。這樣，時間中的加官晉爵就不再有任何意義，相反，靈魂居住在那些任何世俗的榮耀達不到的地方，倘若它依然達到這裡，那就顯示這裡並沒有稱爲不朽靈魂的事物。

在東方的特性中，靈魂的這種絕對自由的、內在的自爲存在是個陌生的事物。甚至在《舊約》中，在猶太教中，也只有十分微弱的靈魂不朽的痕跡，我們看不到靈魂不朽占支配地位，在這裡看不到它的存在。如果我們在東方人那裡看不到這點，那便要問能否在埃及人那裡找到它，他們是否把靈魂視爲一種自爲存在的事物，宣布它擺脫了時間性。在我們這裡，靈魂不朽的觀念在本質上有這樣一個規定：人被規定爲具有永恆性，精神、靈魂具有一種永恆目的，與他們的有限目的和時間性完全不同。那裡沒有提到這種靈魂深處的事物，那種能作爲持續存在出現的事物便軟弱無力，令人興味索然。這個在信仰中附加給人的生命的更高規定構成信仰持續存在的眞正興趣。在埃及人那裡，還沒有意識到這種更高目的的存在。

如果他們說過靈魂是不朽的，那就要詳細了解這是哪種觀念。希羅多德說的[93]是他們開始意識到某種更高的規定。對靈魂不朽的直觀在他們那裡只是處於開始階段，精神還在兩個方面沒有得到滿足，即：精神有一個更高的、永恆的目的，精神在自身中反思，在自身中是無限的。靈魂不朽在他們那裡只是在抽象的太一、在原子的意義上設想的。但這對於規定精神的概念來說是不夠的。他們把這個太一、這個原子設想為綿延不絕的、不朽的，但不是設想為具有永恆普遍的實存，而是設想為具有一種特殊化的實存，所以認為靈魂要轉移到動物的軀體中。他們並沒有把靈魂設想為自在自為地無限的。這個自我、這個太一以及設想靈魂的實在性的方式，都有差別。

精神的客觀性是永恆的規定。倘若靈魂不〔被設想〕為這種精神，這個規定便只是一個特殊的事物，儘管靈魂作為原子是綿延不斷的，但只是在特殊的實存中四處遊蕩。

另一個屬於這裡的觀念、〔另一個〕特點是：奧西里斯死後被埋葬，長眠不醒，沒有重新復活。這樣他就有許多墳墓。另一點是，埃及人藉由給屍體塗油，透過製作木乃伊，使死者持續存在，這樣，軀體便被保存至今。靠這種努力，人們認為獲得了信仰眞正靈魂不

(12, 303)

---

[93] 這裡說的是製作木乃伊，讓靈魂隨著不朽的軀體而永遠存在。見希羅多德：《歷史》，第二卷，第八十六節以下。

朽的證明，因爲民眾的信仰理應在於靈魂隨著這樣完好保存的軀體會持續存在，而不會在這種軀體中腐爛。但這並不是歷史所證明的事物。這種最新的、現代的解釋方式是不符合歷史的，是一種愚蠢的觀念。恰恰在他們力圖使軀體持續存在的情況中，暴露出他們並沒有眞正的靈魂不朽觀念，因爲正是軀體、軀體的事物才是更不重要的事物，只配獲得外在的榮譽。這種給屍體塗油的做法，更加證明了他們無限尊重那種會死的、特殊的、有限的、軀體的事物，把靈魂作爲軀體。因爲就眞正的靈魂不朽而言，保存軀體是完全無關緊要的。因此，製作木乃伊並沒有顯示靈魂不朽的眞正意義。

另一種情況是我們在文獻中、在他們所遺留下來的繪畫以及史學家那裡所發現的對死者的審判。在歷史上，一位個人和一位國王安葬之前，要舉行一場公開的審判，並且致安葬辭，敘述其生平和褒揚其美德，在集會上每人都可以提出反對意見。在場的人們如果不贊成，可以去控告死者。因此，死者的審判會並不像希臘人想像的那樣是在冥間舉行的（米諾斯等），更不像我們的末日審判。總而言之，如果我們在這種表象中想起我們的末日審判，我們是沒有這麼想的任何合法理由的；因爲審判死者的正是生者，而不是什麼彼岸的法官。這些審判應被視爲生者對死者所做的審判。

還有一種情況，是希羅多德說的，[94]在宴會上由死者的親屬豎起死者畫像，上面提醒

(12, 304)

⑭ 見希羅多德：《歷史》，第二卷，第七十八節。

說：「吃吧，喝吧，因爲你也會這樣」。這就是說，對死亡的提醒並不是要提醒生者去了解生活中有一個更高的使命，而是用死者的畫像提醒人們去把握當下，享樂人生。也就是說，看到這個畫像並不是提醒人們想到有一個更高的使命，而是激勵人們去享樂人生。這就是我們從埃及人對人和靈魂的表象中看到的事物。

這個方向是指向當下的生命力的方向，我們一方面在其中看到，埃及人以自身堅強有力的理智對抗自然界的做法，〔這個理智〕完全相信自己，人在國家機器中對它表示讚嘆，如同對建築物的構造和技術表示讚嘆那樣。另一方面我們在這種生命力中也看到那個轉變特殊事物和有限事物的力量。我們看到這樣的特性，即把天然的特殊事物〔轉變爲〕象徵的事物，以另一個表象設想一個表象，以至於埃及人以另一個表象設想一個感性表象，以至於這一個象徵成爲另一個象徵的象徵。〔這裡有〕特殊事物的力量，有改變和轉變它的精神力量——深思熟慮的審慎與堅定不移的態度，即理智性，這種理智性一方面沉入感性的事物、沉入特殊性，並被牢牢束縛住，但另一方面也依然具有跳出這種特殊性，轉變感性事物的力量，但它沒有繼續走向精神的事物、普遍的事物和自由地作爲這樣的事物出現的事物，沒有繼續走至思想，而是陷入其他的特殊性，這種特殊性只是把一種理智表象轉變爲另一種理智表象，以至於普遍的事物始終仍是一個他物、一個內在事物，這就是我們在這裡所看到的。這裡有束縛於特殊性的特性，也有想要突破這種束縛的力量。

我們如果把這用於考察埃及人的人格、通常的行爲方式，就會看到國王厄梅西斯的舉止

(12, 305)

(12, 306)

行爲是一種符合於深思熟慮的審愼態度的舉止行爲，但也看到他的恣意妄爲和膽大包天，他把前任國王的女兒送給岡比西斯。他一方面堅持以保護前任國王的女兒的名譽爲目的，另一方面卻膽大妄爲地用被殺的前國王的女兒替換自己的女兒。

惹人注意（和）同樣奇特的，還有希羅多德所講的一個故事。⑮他談到一位叫拉姆普希尼托的國王。國王拉姆普希尼托在他宮殿的石製穹頂裡藏有許多黃金。宮殿建築師臨死前向他的兒子們披露說，他爲他們準備好了一種富有的生活，那就是在穹頂上有一塊石頭可以從安放的位置上不被察覺地抽出來。（爲供養自己的兒子這個特殊目的而深謀遠慮，確實是埃及所特有的。）兩個兒子用這個辦法竊得黃金。國王丟失了黃金，感到奇怪，他設置了圈套；一個竊賊再次作案時，落入了圈套。這個竊賊把一個兄弟喊來，命令他把自己的頭砍下來，因爲他對拯救自己的生命感到絕望，而爲另一位兄弟擔心，就讓這位兄弟把他的頭砍下來。（這是一種肆無忌憚的理智所作出的一系列可怕的、連貫的設想，這種理智看到必須做的事情，肆無忌憚地實施它，以導致有限的目的。）國王只找到軀幹，便愈發好奇，下令把無頭屍體公開示眾，派看守在旁邊站著，留心觀察過往行人的舉止表情。兒子們的母親對屍體示眾勃然大怒，命令活下來的兒子把屍體取下來，以免兄弟的屍體繼續受辱，她

---

⑮ 見希羅多德：《歷史》，第二卷，第一二一節。

威脅說，否則，她要把一切都向國王和盤托出。這位兒子、即死者的弟兄，是這樣執行命令的：他讓一頭驢駝著酒囊，在靠近看守時把酒囊剪開，這些看守便跑過來啜酒、喝酒，興高采烈，直至喝得酩酊大醉。這位兄弟趁機把屍體取下來，把看守們的右臉頰都削光。國王很生氣，滿腹狐疑，感到失望，於是他獻出他的女兒，條件是：每個人必須向她講述什麼是他一生中最理智、最明智同時又最罪惡、最瀆神的事情。〔在黑夜裡〕這位強盜也被吸引過來，向她講述了偷竊的故事，國王的女兒想據此抓獲他。然而他把從自己兄弟的軀體上砍下來的手遞給她，然後便離開了。這時國王便許諾赦免他，答應自己的女兒與這位勇敢的強盜成婚。他前來自首，迎娶她爲妻子。

這裡我們便看到眞正的性格得到澈底表現，各種目的的特殊性被完全堅持下來。我讀這則故事時相信，它是出自《一千零一夜》：它一方面充滿想像力，另一方面又完全局限於對特殊性的激情，而沒有進一步的反思和限制，沒有內在事物可能有的改變。這與普遍缺少任何合法性、普遍缺少任何倫理性有關，因爲激情的特殊性完全是一個特殊的目的、終極的事物，它是以一種無所顧忌的、始終停留在當下的理智，以一種當下的表象加以追求和實現的。這種與阿拉伯童話的相似性值得讚賞，馮·哈默先生說，[96]《一千零一夜》根本不是阿

(12, 307)

(12, 308)

---

[96] 約瑟夫·馮·哈默（Joseph von Hammer），古代文化研究家；黑格爾在此援引的，出自他的《波斯人雄辯術紀事》（維也納，一八一八年），第六頁。

拉伯的，而是完完全全起源於埃及；因爲在這裡，在他講的有趣的事情中，沒有任何包含各種簡單的激情的阿拉伯性格，即勇猛、駿馬、寶劍、愛情、女人。在這些故事中，我們清楚地看到埃及的性格得到充分展現，這裡也許包含著埃及的事物。

如果我們把埃及人的這種個體性的性格與他們的宗教、國家生活以及對勞作的無限渴望相比較，我們便會發現其中有同一類規定性，即這種抽象的不朽事物、個體性的節日、這種原子，但是還沒有發現具體事物，沒有發現具體的個體性，並且由於這種事物要形成，沉入特殊的事物，因而彷彿在動物性上固定下來，所以我們便會發現固定的理智，它活動於目的與直觀的特殊事物中，但同樣是一種無限的渴望，是一種很有特色的深思熟慮和辛勤努力，它爲了特殊目的，冒著一切風險，轉變一切事物，並且不受任何束縛。這時我們看到，埃及靈魂的這種厚重、這種力量還沒有指向普遍的事物，還沒有把普遍事物作爲普遍事物加以認識，因此還沒有自己認識自己；因爲靈魂是這種自爲地單純的、普遍的事物。把握一個普遍事物是與下述事情直接同一的，即這個脆弱的太一、這個自我，自己把握自己，它對這個普遍事物、抽象事物的態度就如同對待自己一樣。靈魂認識自己，就在於它把自己變成內容。埃及的理智、精神這時處於特殊性中，還沒有返回其內部，還沒有使自己上升到將自己作爲普遍的事物加以把握，自爲地變易的階段。這個精神在它的這種受束縛的狀態中，表明、證明自己同時是自由的、快活的、勇敢的。〔它〕使其自然直觀象徵化，成爲一個普遍事物的工具，但這個普遍的事物並未作爲這樣一個事物顯露出來。這是一種束縛和

(12, 309)

（一種）反抗束縛的鬥爭，自在的鬥爭，它熟練地掌握著特殊性，但還不是作爲理想的特殊性，還不是自爲的。它本身已經自在地是如此，因爲埃及的精神揚棄了束縛，把它用於另一種束縛。埃及的精神還沒有把積極的結果、把普遍的自我自爲地作爲目的。這個特殊性就自身而言也應當是理想的，這是這時作爲快活、自由、開朗的精神必然出現的結局，而這就是希臘的精神。

一位埃及祭司對希羅多德說，希臘人永遠是孩子。但我們可以更準確地說，埃及人是有強烈渴望的男孩，他們缺少成爲青少年的理想性，他們只有透過理想的形式才成爲青少年。

東方的精神是沉入自然界、停留於自然界的精神，是沉入自然界的純正的統一性。我們在埃及看到精神被束縛住，但它不可能把自己保持在這種受束縛的狀態中，而是有破壞這種束縛的衝動。印度人的態度僅僅是消極的，逃避這種狀態；埃及人卻孜孜不倦地在這種狀態中工作。這裡是鬥爭的國度、辯證法的國度、課題的國度。這種課題高於那種毫無旨趣的同一性，沒有課題便沒有解決的辦法；如果課題已經被發現並且被確定下來，解決的辦法也就會同時被給出來。埃及的精神是解脫，是普遍的內在事物。特殊性已經被制服，只有普遍性的形式必須突出出來、凸顯出來。研究歷史的暗示，考察埃及人的意識怎樣以一種課題的形式表象他們的精神，這可能會很有趣。

在這方面會使人回想起位於塞易斯的希臘文女神銘文（女神在埃及文中叫作內特，在希臘文中叫作παλαζ〔帕拉斯〕）：「我現在和過去都是這樣，沒有任何一個俗人曾揭開過我

(12, 310)

的衣衫、〔我的〕面紗」。這裡說出了這種一無所知，說出了對一個更高的事物的預感和猜測，並且補充了還沒有被發現的存在。這句銘文就是這樣引用了普魯塔克的話，⑰並且普羅克洛斯在其《蒂邁歐評述》⑱中引用了這句銘文後補充說：我生下的嬰孩是太陽赫利俄斯。赫利俄斯是精神的太陽。這位著名的光明之君後來在〔內特（帕拉斯）的〕塞易斯用燈節加以慶祝，與我們的聖燭節和中國的元宵節一致。內特生下的嬰孩是光明，不過她所賦予嬰孩的特徵、屬性同樣可以用來指黑夜，與黑夜有關，這並不是在特定意義上的（完全希臘化的）帕拉斯、雅典娜，因為內特在英格蘭稱為「night」，即黑夜。黑夜也生育了太陽。

這位蒙面女神所生育的太陽赫利俄斯是希臘的精神，是希臘的光明，是把太陽當作自己餘響的福玻斯．阿波羅。從希臘的阿波羅這個光明之神那裡，我們得知其神廟的銘文：「人啊，認識你自己！」阿波羅是求知之神。認識自己在這裡並不是指人的知識中的那種平庸的、心理的事物，而是表達了一個最高的事物、絕對的律令，即精神應該在其本質中認識自己，把握自己。這是首要的事情，是塵世中的勞作和所有宗教的追求的所指，而絕不〔存在〕什麼更崇高的銘文。希臘精神的更確切的表達是不存在的，希臘人與埃及精神的對

---

⑰ 見普魯塔克：《道德論叢》，「伊西德與奧西禮德」，第三四五頁。

⑱ 見普羅克洛斯：《柏拉圖蒂邁歐篇述評》，21E。

立就被完全表達出來了。

這個特定的過渡是透過這些重要的特徵表達出來的，儘管我們還可以更明確地想到一個著名的故事。在忒拜，一個埃及的怪物斯芬克斯出了一個謎語，問誰早上用四隻腳、中午用兩隻腳、晚上用三隻腳走路，由於沒有任何人能解開這個謎，這便給人民、給國家帶來毀滅和不幸。卡德邁歐人俄狄浦斯解開了這個謎語，說這個事物就是人，斯芬克斯便從一個懸崖上跳了下去。埃及精神的課題在於，思想應當站出來，人在思想中把握自身。只要思想被把握了，人便被把握了。我們在進一步考察這個故事時，便發現俄狄浦斯這種精神上的清晰明瞭是和對自己一無所知密不可分的。精神的清晰明瞭在這個王宮中不斷增長，但是依然與極端一無所知密切相關。這是最初的統治，是古老的宗法式統治，對它而言，知識是一個異質的原則，統治因此會被知識所消解。東方的事物必須讓出位置。只有透過政治上的自由，這種古老的知識才變得清晰明瞭。這種知識只能透過政治法則才能得到淨化，因此也會直接帶來危害。最初的知識是一種帶來危害的事物，必定會首先發展爲我們在希臘那裡所看到的事物。這就是過渡到希臘精神的使命和神話暗示。

與此同時我們必須想到，埃及曾經是龐大的波斯帝國的一個行省，面對著希臘的不只有埃及，而且還有波斯帝國。在波斯帝國中，政治上的統一點在於波斯人部族這個山地民族的實力。在宗教方面，這個點以純粹光明的形式規定自身，作爲絕對者的知識，以純粹知識的定在規定自身。他們把這種有形的太一，把不同民族多種多樣的語言、習俗和其他特殊性當作他們的對象及內容。一方面，這是一個抽象的、固定的統一點，不過是內在的；它所維繫的只是各種特殊性的無機多樣性，這些特殊性已經列舉過了。一方面是波斯人對光明的直觀，另一方面是幸福生活、勤勞勇敢，此外還有埃及人的渴望。這就是與希臘相對立的波斯人的全面情況。希臘是這樣一個國度，在這個國度裡，這些在波斯只是無機的、拼湊在一起的元素透過精神在自身的深化，保持了它們的眞正的穿透能力，使得各個特殊性相互連結，提升爲最高的統一性，因爲精神理想化了這些特殊性。一切材料、一切元素都已經存在於波斯這裡，所缺少的只是精神的統一性和這些材料在精神中的再生。從這些材料中實現精神的再生是希臘所特有的。

就波斯而言，還要提到山地民族所具有的新鮮力量。在承認被征服者有其獨特性時，這種新鮮力量顯示自身是一種美好的、高尚的關係，不過這種關係就其純潔性而言只是短暫的，因爲單純的勇猛突然陷入了亞洲的原始性，這種勇猛無法抵擋亞洲的放縱無度，也不知道如何制止它。波斯人單純的思想突然進入到亞洲的繁榮華美當中，它自身沒有任何抵制力。波斯宗教沒有狂熱性，對光明的直觀是絕對的基本直觀，是一種還很單純的自然本質，也許只有狂熱的盲目信仰才能夠保持自身，抵禦繁榮華美這個多樣性原則，但如果這樣，這種信仰便無法證明自己思想高尚、寬容豁達。波斯人的單純性在置身於亞洲的多樣性以後，便被它所泯滅殆盡，因爲他們並沒有帶來政治方面的理智及組織完善的制度，以團結這些民族，使不同的特殊性在這個制度中能有其恰當的位置。他們沒有找到組織完善的政治

(12, 313)

狀況，並且由於他們遇到的是一種無限的多樣性（具體地說不像滿洲人那樣遇到的是一種完全成形的狀況，而這種狀況是他們能接受的），這樣，他們便只是保持著對這些民族的統治關係，這已經使這些野蠻民族感到滿足。他們在幅員遼闊的亞洲擴張時依然是一個孤立的、獨特的自爲民族，去應對這種多樣性。

例如，希羅多德談到，[99]在袄僧被推翻之後，在八大王公當中，奧塔諾斯想建立民主制、梅伽畢佐斯想建立貴族制、大流士想建立君主制。這就顯示，完全沒有考慮如何統治如此眾多的民族，如何擴展如此眾多的國家；我們這裡所看到的，無論如何是只考慮波斯民族。每個人都是僅僅關心保持自我封閉的波斯人本身。不存在任何一個與其他民族共處的法律和權利的共同體，正如波斯人表明自己不是這些民族的特殊官吏那樣；毋寧說，只有進貢和服兵役才是維持這種關聯的主要環節。這樣，波斯的統治在這些民族中就沒有達到內在的合法性，也就是說，與被統治者沒有共同的權利和法律。波斯人如此封閉地規定自身，這使他們始終只是抽象的主人，這樣一種關係必然伴隨著暴力橫行、無法無天和進行鎮壓。

這種關係隨後引發波斯強權的內部削弱，希臘人所遇到的便是這個強權。希臘人和波斯人這兩個民族的相遇是一個偉大的交匯點，是希羅多德所稱的米底戰爭時代。從這裡開始，我們直接轉向希臘，並去考察到這個交匯點爲止的這個國家的文明。

(12, 314)

---

[99] 見希羅多德：《歷史》，第一卷第二節與第三卷第八十節。

第二章　希臘世界

我們在前面已經將希臘精神與人的青年時代進行了比較。浮現在希臘精神面前的最高形象要算《荷馬史詩》中的青年阿喀琉斯了。特洛伊戰爭是希臘整體的現實統一的開始，荷馬則描述了表象這一現實性的過程。所以荷馬史詩是一部記載開始有精神的表象活動的典籍，一部記載這個民族從事的直觀的典籍，澤被後世達幾千年之久。它是母親的乳汁，養育了希臘民族。荷馬筆下的青年阿喀琉斯，詩人的愛子，表象中的愛子，是希臘精神的開端，但仍然要聽命於眾王之王阿伽門農，俯首於他。在這種初始狀態下，阿喀琉斯不能有任何狂想，不能成爲首領，也不能以首領的形象出現。

希臘世界中的第二個青年的形象亞歷山大大帝是一位眞正的青年，他處於完全成熟的青年時代的頂峰，抉擇萬事，是眞正的希臘世界的巔峰時代。我們把希臘人的生活與青年時代相比較，要把握的並不是人的青年時期的特定形態，而是概念。青年時期尚不成熟，沒有發展完成，其目標在自身之外，如果此時的他認爲自身之中已經擁有正確目標，並將自己的行事方式看作終極目標，那他就錯了，就會出現錯誤的事物。

涉及到希臘人的生活時，我們要說的是，此時的希臘人還不具備抽象的理智或知性的活動，這種抽象的理智給自己設定普遍性的目標，並爲此而勞作。這裡只有具體的、依然感性的生命力，它出自精神的事物，卻只有感性的當下在場，——這種統一性是精神的事物與感性的事物的相互滲透，融爲一體，我們在亞洲人那裡也看到過這種統一性，不過，這種統一性現在不再是存在著的、直接的，而是展現自己脫胎於精神，成爲精神化的感性，爲精神而存在。於是，我們在這裡就有了東方人的那種感性精神的直觀，但這種直觀也脫胎於個體性，產生自個體的精神。因此，希臘人的世界以東方世界爲基奠，發端於神的自然性，但又重建了這種神的自然性，賦予這種自然性以精神的事物作爲其內在靈魂。這就是希臘原則。

一、希臘史的各個時期

希臘世界分爲三個時期，從此時開始，每個民族的歷史發展都可分爲三個時期。本節要詳細闡述各時期的區別，因爲此時的各民族開始了世界歷史上的特定聯繫。第一個階段是開始時期。第二個階段是與那些更早開始世界史的民族發生接觸的階段，就是希臘人與波斯人之間的接觸。第三個階段是與較晚開始世界史的帝國發生接觸的歷史，就是希臘人與羅馬人之間的接觸。

在第一個時代中，第一個時期開始了，這就是開端時期，直至走向內在的完美，走向自身之內的內在完美，這種內在完美足以使一個民族與更早進入世界歷史的民族一爭高下。這個時期包含了一個民族的初步形成，直至它的眞正成熟，在此期間它能與更早形成的民族進行接觸，而亞洲人在相應的形成階段中只能從自然、從直接事物開始。而當一個民族具備了一定的前提時，在它的開初時期便有外來文化的進入，於是，這個民族從開始起就在自身有兩種因素，使它一方面既能自身成長，另一方面又能從外來文化和刺激中成長，而且這個民族的教化致力於使內外兩種因素統一爲一體。因爲一個民族必須消化外來因素，摒棄不能消化的因素。也就是說，第一個時期終結於這個民族內部的、實在的和特有的力量的凝聚，這種力量又進展爲其自身發展的前提。

第二個時期是這個民族的勝利和幸運的時期。它轉向外界，使自己精疲力竭，因而放鬆了對自身內部的規定，於是，在它內部紛爭四起，整個民族陷入彼此不和、相互爭鬥的狀態。此時民族內部同外界的緊張關係已可忽略不計。當民族內部的發展達到頂峰、與外部征戰旗開得勝之時，這種緊張關係就轉向民族內部，使內部分崩離析，分裂爲現實的實存和理念的實存，〔以便〕以思想的這種方式成爲客觀的，就像它在藝術和科學中顯示的那樣。這裡就是它的衰落之點。

此時，第三個時期開始了，這是這個民族的衰退和沒落的時期，也是它和緊隨其後進入世界史的民族開始接觸的時期。這個後來的民族肩負著歷史使命，要構造世界精神的更高階段，在這個民族中將產生更高級的精神。在希臘民族那裡也可以區分這三個時期，現在讓我們走向歐洲。

太陽每天晨升暮落，因此，我們在本書中也從亞洲再轉向歐洲——日落的世界。我們首先考察希臘的地形。我們在這裡會看到第四種地區，它俯瞰大海，面向我們，這就是愛琴海的眾多島嶼和一塊同樣帶有島嶼性質的陸地，這塊陸地一部分是半島，一部分則由大量

(12, 317)

的狹窄沙嘴組成，沙嘴之間由海灣間隔開來。陸地內部的地形豐富多彩：丘陵、山嶽和狹長的平原、山谷交替呈現，山谷中有小河穿過。這裡沒有大河和大河衝擊而成的平原，沒有平原上的肥沃土地來養育一個獨特的族群，上蒼只賜予這個族群一種依賴性。在希臘這塊土地上，這種在許多方面分開的局部彼此聯繫鬆散，這就是希臘地區性和希臘精神的基本特徵：自為地存在著的個體性，並沒有一開始便被一個宗法制的國家所統一，而是獨立地、單獨地存在的，必然要在一個更高的中介——即在法律和精神習俗中融合起來。

(12, 318)

二、希臘民族精神的起源

現在我們來仔細考察希臘民族時，會碰到一個難題：從本源來看，希臘民族到底是什麼；因為正是遠古希倫的民族發展成為希臘民族。我們首先遇到的是這個民族內部的陌異性，但也正是這種陌異性和對陌異性的超越才能產生希臘的自由的、美好的精神。希臘精神由以發端的這種陌異性並不澈底，並不深刻，否則，希臘精神會成為比它實際所是的更高的精神。因此，陌異性是一個必要的原則。然而，另有觀點認為，透過同質事物的單純的、獨特的發展，能夠形成一種完美的倫理整體，這種同質事物就是由歃血結盟、家族親緣關係維繫的種族；這種觀點是膚淺且愚蠢的，因為連植物都需要陌異的事物，要利用陌異元素，如陽光、空氣等等。人們如果考察精神的發展，就一定會摒棄這類關於完美自然狀態的平靜發

(12, 319)

展無須外來因素的觀念，因爲這類觀念與概念相違背，許多歷史經驗都顯示情況相反。

希臘生活的開端向我們展示了各個部落和民族之間相互遷移和交叉融合的圖景，對於這些部落和民族，我們並不了解他們具有多少希臘人的本性，我們知道有些部落完全沒有希臘人的本性。雅典——希臘精神的頂峰，曾經是不同部落、家族、民族的個人逃亡之地，由此產生了雅典民族。波斯的情況也一樣，這個眞正的亞洲帝國也是形形色色的不同外來部落的集合體，羅馬人也是不同民族的colluvies〔融合體〕，他們不是由家族關係，而是純粹由搶掠的興趣維繫在一起的。在歐洲，所有民族都是在民族融合過程中產生的。也就是說，異質性這個因素對於進入世界史的民族來說，是至關重要的。希臘人、羅馬人、日耳曼人都是由異質因素融合為一體的。一個民族要想具有世界史意義，這是一個必要條件。

如果我們進一步談到希臘民族，我們便無法斷言，希臘的各個起源民族具有哪些希臘特質。在稍後時代裡，許多地區都被稱作希臘民族的，它們都被希臘人居住，如義大利南部、黑海、小亞細亞沿岸、西西里島等。而且希臘人的殖民地已經達到了如今的法國，如馬賽，以及非洲沿岸的昔勒尼。如果我們再繼續追溯更古老的民族聯繫，我們就不知道小亞細亞的內陸地區和希臘處於什麼樣的聯繫之中。我們也不知道其他民族，比如弗里吉亞人和卡里亞人，在多大程度上可算作希臘民族。（近來，在弗里吉亞發現了彌達斯國王的墓，上面有古希臘文的墓銘。）關於弗里吉亞人，希羅多德說道，他不知道他們是否比埃及人更古

(12, 320)

老。①同樣，荷馬把卡里亞人視爲蠻族，他說，卡里亞人不懂希臘語。②修昔底德卻認爲希臘島嶼的原住民是卡里亞人。③

由此可見，這裡無法確定當時的自然聯繫，不論從學術的角度還是從事情的本質來看，這種聯繫都很模糊。但有一點非常重要：我們之所以不能撥開歷史的迷霧，原因在於這種自然聯繫的本質就是一團迷霧。這些民族、部落的名稱顯示出他們經常發生改變的特點。其中一個主要的民族是佩拉斯吉人，他們始終在遷移，如遷往義大利、伯羅奔尼撒半島、小亞細亞。他們的名稱已經消失，如今也無從得知他們都到過哪裡。他們與其他民族融合在一起，因此，他們有很多名稱，而一旦與其他民族融合，這些名稱便消失了，他們與其他民族共同組成了一個形態。佩拉斯吉人與遠古希倫的原則融合在一起，並且消失了，就像希羅多德所言，佩拉斯吉人曾經來到雅典，並且成爲古希臘人。④

我們不僅看到部落四處遷移，而且還能看到他們一個個的文化中心出現後又消失。比

---

① 見希羅多德：《歷史》，第二卷，第一五四節。參閱王以鑄譯本的相應章節。

② 見荷馬：《伊利亞特》，第二卷，第八六七行。參閱羅念生、王煥生譯本（北京，一九九七年）的相應詩行。

③ 見修昔底德：《伯羅奔尼撒戰爭史》，第一卷，第二至四段。參閱謝德風譯本（北京，一九七八年）的相應段落。

④ 見希羅多德：《歷史》，第二卷，第五十節。

如，色雷斯被稱爲早期的文化中心，奧菲斯和其他神都曾在此生活過。然而，就是這樣一個地區後來卻從希臘世界中消失了，它不再被視爲希臘的一個組成部分。帖撒利地區的命運也是如此：丟卡利翁是古希臘的一位名人，從他身上我們同樣能看到希臘起源的斷續性。傳說丟卡利翁來自伯羅奔尼撒半島，後來遷往洛可里斯，並把特爾欽人帶到那裡。他讓特爾欽人與洛可里斯的當地人融合，在帕尼斯山邊建起固定的居住地。這裡發生了第二次大洪水，這讓他震驚不已，於是他遷往帖撒利聖地，戰勝佩拉斯吉人，在福西俄提斯建立了一個城邦。他的一個兒子叫希倫，一個孫子叫埃俄羅斯，另一個孫子叫多魯斯。

修昔底德曾經指出，《荷馬史詩》中「Hellenen」（希臘人）不是作爲民族總稱，而是作爲一支民族部落的名稱出現的。⑤由於我們在這裡處於精神的基礎之上，因此自然的聯繫就只是一種從屬的聯繫。希臘精神的獨特之處就是外來要素的統一，這種外來要素的質料造成了斷續性和多變性，在這種造成變動不居的局面的質料中我們還看到進入一種元素，它比由這種質料產生的元素更加陌生、更加相異。這就是出現了很多的外族人，他們來到希臘並居留下來，（老伊納科是俄刻阿諾的兒子，這是有雙關意義的，意思是他從海上來。）來自小亞細亞的移住民，被叫作來自高加索地區的丟卡利翁族人，還有來自腓尼基的外族。也有

(12, 321)

⑤ 見修昔底德：《伯羅奔尼撒戰爭史》，第一卷，第三段。

遷居者從埃及來到雅典，如凱克洛普斯。佩拉斯吉人在多多納神殿中進行的神諭活動也是從埃及傳入的，據說是一個婦女從埃及來，她發起了這一活動。還有一些古老事物也被歸功於外族人。玻俄提亞地區底比斯城的創建人卡德摩斯是推羅國王阿革諾耳的兒子，他來自腓尼基，從那裡帶來拼音文字。阿戈斯的達那俄斯王同樣來自底比斯。阿特里德人的祖先珀羅普斯從呂底亞來到伯羅奔尼撒。這些就是希臘人追憶歷史時總會提到的幾個主要方面。凱克洛普斯將埃及人引向雅典。我們曾經談到奈特，在雅典的衛城之巔，在神廟之上，人們能看到雅典娜女神騎著鱷魚的形象。

我們稱爲希臘民族的群體，是一個由許多外來部落彙集而成的融合體。從這些外來的部落中產生了一些著名的王室，由此形成了一些比較穩定的統治中心、偉人中心、特定的形態。這些統治部族把一些內部的小群體集合在一起。而在此之前，這些小群體對那些尚未聯合起來的群落都自詡爲統治者或英雄。同時形成的還有一些比較穩定的外部中心，它們以城邦的形式出現，或者擴展成爲城邦。建立山巔衛城是一個重要因素，它促使那些四處遷移、居無定所的人們駐留下來。修昔底德在其歷史著作的前言中寫道，農耕活動在很長時間裡因接連不斷的搶劫活動而變得很不穩定，它是很晚才被引進的。不過，即便是肥沃的土地也沒有使居住點穩定下來，恰恰相反，居住點在不斷地變換，或者被置於新的統治權力之下，因爲每個人都想占有它，雅典的貧瘠土地卻成爲很多外來者的庇護所。⑥於是，我們能看到一座座山巔衛城相繼建成，看到制高點上的軍事要塞。這些可謂建築藝術的初期作品。

這些早期的建築藝術作品設計獨特，被稱爲獨眼巨人風格。最近，有人前去考察，發現這些建築是由巨大的不規則石材和岩石建造的。石頭的各面被加工成平面，以便互相嵌接，構成堅實的連體。巨型建築都以這種方法築造而成，尤其是玻俄提亞國王的一個寶庫、梯林斯和邁錫尼衛城的圍牆、阿特柔斯的寶庫，這都是保薩尼亞斯（Pausanias）描述過的建築。⑦如今，這些建築圍牆殘留的廢墟只比保薩尼亞斯生活的時期略爲破落。它們的獨特之處——它說明了一種更廣泛的聯繫——在於：當人們進一步考察這種圍牆形式時，人們不斷在其他地方發現同樣的遺跡，如克里特島、恩利哥、彌羅斯和士麥那，還有小亞細亞、義大利的某些城市，還有薩丁島和西班牙。也就是說，這些衛城是那些最古老方式的固定中心，據說，它歸因於獨眼巨人。至於這些部落之間的聯繫的更詳細的情況，我們將完全不談。

(12, 323)

---

⑥ 見修昔底德：《伯羅奔尼撒戰爭史》，第一卷，第二段。

⑦ 見保薩尼亞斯：《希臘志》，第一卷，第四、五與十六節。

這些中心是我們首先遇見的事物。修昔底德從古老的城邦和衛城建築中發現，它們最初並非依海而建，因爲海岸缺乏安全保障，那些令人畏懼的海盜劫奪人畜，掠人爲奴。修昔底德認爲，這些城邦後來才移建至海邊，尤其是在適合登陸的地方，稍後人們才密集在海邊定居。⑧在希臘，文明中心所處的位置或位於海邊，或者靠近海岸，向內陸延伸，它們完全不同於埃及和印度的那些中心，後者都位於陸地中部，與海沒有任何聯繫。而第二類中心位於敘利亞的沿海地區，緊靠海邊，如腓尼基。這些地區面向海岸，沒有機會向內陸擴展，其部分原因在於受地域的天然條件的限制，比如迦太基地區。小亞細亞的希臘人仍然居住在沿海地區，沒有向內陸移居，例如米利都曾在海外建立了六十至七十個殖民城邦。〔它們〕無法向內地擴展，因爲那裡已有許多民族定居。但是，在希臘土地上的各部族都有固定的落腳之地，希臘人的性格特徵在於，他們既是陸地的農民，又不封閉自己，割裂與大海的聯繫。不自我封閉，這就是希臘人的性格特徵。

也就是說，這些中心首先具有特定的地域性。這些中心的另一方面是政治方面，即王室對民眾的統治。在此我們見到一些英雄，他們對民眾進行統治，也見到一些家族，他們的屬民沒有因種姓關係與他們相分離。這裡也沒有宗法制關係，相反地，英雄、諸侯是一些特殊

⑧ 見修昔底德：《伯羅奔尼撒戰爭史》，第一卷，第七段。

的人，大多是外來家族。屬民們也不受壓迫，不像後來我們在暴君統治時看到的情況。這種社會關係並不包括法權聯繫的那種需要，而是一種完全鬆散、輕鬆的私人關係。備受尊重的家族成爲統治者，他們既因社會階層、出身而具有天然的特殊性，也因其勇敢精神而有別於他人。他們習慣於根據秩序安排者和首要人物的需要而發號施令。他們是規定秩序的人。這種建立秩序的需要使他們超越於眾人之上。不過當時還有另一種優越性。這種狀況與後來的君主政體完全不能同日而語。

一方面，王權屬於某個家族，另一方面，它也依靠了優秀的個人品質，如勇敢，或者能夠理解神與人的事物。涅斯托耳便表現出這樣的見識。阿喀琉斯死後，涅斯托耳將憤怒的大海比作阿喀琉斯的母親，向希臘人解釋大海爲何如此激憤，那是因爲阿喀琉斯的母親忒提斯對兒子的死傷心不已。對神與人的這類理解力是王室家族具有的優勢。一方面王者因其出身而擁有至高的尊嚴，但〔另一方面〕王者之所以能夠實施和保持王權，還因其個人特徵，因而大多是依靠王者個人的力量的，這種能分辨開的事物是與當時的那種狀況相符合的。

在《荷馬史詩》中我們能最確定地看到這種狀況的圖像，比如阿伽門農與其他國王的關係，又如這些國王與其民眾的關係。阿伽門農是眾王之首。沒有眾王，他也不會有任何重要作爲。他在軍營中與眾王商議要事，每個國王都能使自身的個性發揮作用，他們不單純表示自己是否贊同，而且提出自己的意見，一方面每個國王都可以按自己的意見行事，另一方面，他也可以判定根據眾王意願會發生什麼事情。各個部族的民眾與其國王一起參與戰

(12, 325)

爭，一方面是出於順服王令，另一方面，也多少出於對國王的信任和尊重，諸王與阿伽門農之間就是這樣的。他們對阿伽門農滿懷信任，俯首聽命。如果有哪位統帥對眾王之王產生不滿，他就會像阿喀琉斯一樣抽身隱退，他的隨從和民眾會追隨他而去。在這種戰爭中，各國民眾、士兵參與得很少，大多數事情是國王做的，國王必須親自上場作戰。民眾不是愚鈍的獸群，不會像印度的某個種姓那樣捲入戰鬥，他們也不會爲自己的事情而戰，而只是陪伴在威風的統領左右，作爲他的成果和榮譽的見證人，他透過自身的力量來提高他的成果與榮譽。以這種方式進行戰爭，有一種十分獨特的事物。我們看見那些首領們，即那些國王們，乘戰車長驅而來，後面是行進的步兵，沒有騎兵。這些靠雙腳前進的民眾很少參戰，而〔讓〕其首領〔奮勇拚殺〕，這與我們的戰爭狀況截然相反。只有當首領戰死時，這些民眾才會搶回武器，抬走首領的屍體，他們參與戰鬥，是要防止失去戰爭首領的屍體和武器的恥辱。

由此可見，當時的社會關係在總體上是鬆散的，民眾很少把首領的事情看作他們自己的事情，猶如全部戰爭都不是民眾的事情。整個特洛伊戰爭也只是王者之間的事情，其各自的民眾只是出於對首領的信任而參戰，他們幾乎不會爲這些事情犧牲自己。首領與民眾之間沒有任何不和諧處，既無懷疑也無暴亂。荷馬筆下的人物是永恆的，因爲這類人物是自在自爲地存在著的。儘管在希臘的軍營中，忒耳西忒斯這個不斷重生的永恆人物是個慣常誹謗他人的人，他在軍營裡指責和誹謗國王，但他卻是唯一一個現實在場的人物。他身材矮小、駝

(12, 326)

背，曾在眾人哄笑中被奧德賽棒打。同時，他又喜歡四處遊蕩，蠱惑人心，他聒噪饒舌，常遭捶打，卻鎮定自若，——他用自己的固執和惡作劇讓時光飛快流逝，他號啕大哭，又馬上恢復平靜。這個人物是作爲唯一一個個體出現的，這幅圖像與其他圖像是相匹配的。

在家鄉，奧德賽身邊不乏身分顯赫的大人物。他不在時，年輕的忒勒瑪科不被人放在眼裡，於是眾多自由民和王公在他的宮殿裡按照自己的愛好任意處理和管理事情。已在陰間的阿喀琉斯也向奧德賽詢問自己的老父親珀琉斯的情況，他父親年事已高，不再受人尊重了。這清楚地表明，王權本身並不能獲得尊重，也就是說，王位的尊嚴本身並不是自在自爲地有效的。

宙斯與其他神祇的關係猶如阿伽門農與眾王的關係。在奧林匹亞山上，眾神也都反對宙斯，但是他們必須表現出堅定如一，不能使統攝一切事物的眾神聯盟分崩離析。當宙斯威脅和發怒時，他們會再次平息下來，因爲畢竟宙斯是最有權力的，其他神祇都處於他的權力之下，他的意志在發揮作用。整體上看來有這樣一種情況：一方面，英雄的出生、家族是關鍵因素；但另一方面，英雄必須藉由個性來獲得權威。國王的尊嚴以這種方式給民眾創造和保證的事物很少，一旦民眾習慣於彼此商議，作出約定，國王便無足重輕，顯得多餘了，因爲共同體中經驗豐富的成員可以裁定事情，戰爭中最英勇、最出色的戰將可以指揮戰爭，祭祀和立法時可以由最聰明、最智慧的人來〔辦理〕人和神的事情。社會聯合體的發展在當時還不存在，王公的尊嚴和持續雖然與其出身相關，但在上述狀況下還不是必要的。

(12, 327)

(12, 328)

極其重要的是，在君主制絕對必要的地方認識和把握這些區別和條件。在希臘，開始時的社會狀況是這樣的：國王的尊嚴在完成自己的使命之後，便由自己把自己變成了多餘的。希臘的獨特之處在於，國王沒有被驅逐，王室在不受憎恨、沒有紛爭的情況下自然沒落，自然衰亡，一部分原因在於王室成員之間相互消耗實力，一部分則是因王室內部腐敗或成員淪落爲民。凱克洛普斯王族曾長期統治雅典，科林斯的克里斯提尼去世時沒有男性繼承人，他女兒攜財產遷往雅典，與那裡的一個公民結婚。由此可見，希臘的國王不是像羅馬王政時代那樣被驅逐的，是自然消亡的，人們對他們的懷念永遠是充滿尊敬和愛戴的懷念。

歷史告訴我們，我們首先看到的是大量的殘暴行爲和犯罪行爲，它們在王室內發生，王室的衰亡正是源起於宮廷內亂和殘暴行爲、源起於令人髮指的內部傾軋。王室的顚覆類似於古法蘭克王室。意志的狂熱和肆意妄爲不受任何限制，帶來了毀滅性的後果。沒有任何良知的內在性可言，不必懼怕任何法律和教會的威懾，法律在這裡對人的情緒沒有任何威力。民眾對暴行毫無興趣，他們根本不參與這些行動，這些行動與他們毫不相干。民眾參與表演悲劇歌舞合唱，他們對於命運的反思，就是他們對於感受的反思。但是他們讓國王們自己解決問題。民眾表達感受，卻不參與那些行動。他們只是在一旁冷眼旁觀，只是一群無所事事的旁觀者。他們向神靈求助，卻沒有能夠統攝這些個體的力量，既沒有外在的法律，也沒有內在的良知，沒有內在的情緒。因此，這些個體的激情是毀滅性的，但這只是對王室而言，這種激情並沒有傷害民眾。因此，王室對於秩序的建立是多餘的，是自己使自己沒落的。

於是，在這些統治中心興起之後，其多樣性必然令我們驚奇。這些城邦在各個民族的兩次分裂和融合中有了自己進一步的根基。在這樣的關係中不存在任何專制的暴力，它像在亞洲那樣，會統一這些城邦。個體作爲個體在這些城邦中不再毫無權利，〔不再〕被湮沒在整體當中，這裡也沒有其他目的原則，沒有抽象目的，沒有能讓個體臣服的普遍性原則。我們看到，希臘民族只在其形成過程中在阿伽門農時期統一過，年少的阿喀琉斯是最爲出色的人物。阿伽門農以自身的威望和威力，特別是透過自身駕馭大海的優勢——正如修昔底德所言，鼓動各個王公和民眾參與到戰爭中來。⑨也就是說，這只是一種偶然的統一，是依靠他的個性的。即便在特洛伊戰爭中，阿卡納尼亞人也沒有被捲入戰爭，而且後來在與波斯人的戰爭中，完全不再是一個整體。只是在衰落過程中，在城邦解體時，馬其頓的亞歷山大這位既可算希臘人又不算希臘人的第二個青年英雄才再次統一希臘，使希臘成爲一個整體。希臘在特洛伊戰爭中的統一也沒有產生任何政治結果，沒有給整個希臘和希臘的政治生活帶來任何後果。從現實性來看，希臘的統一只是曇花一現，但詩人爲民眾的觀念創造了這種統一，以此作爲希臘精神和更高德性的畫像，它永遠呈現在民眾的〔眼前〕。

我們可能會想到近鄰城邦的同盟，〔但〕透過近鄰城邦同盟形成的統一仍然虛弱無力，

---

⑨ 見修昔底德：《伯羅奔尼撒戰爭史》，第一卷，第九段。

不論在現實性中還是在民眾的觀念中都沒有眞正存在過。更強有力的統一要算神諭、體育競技會和節日。從政治觀點看的統一，意味著某個很有教化的希臘城邦被視爲神聖之邦和受尊敬之邦。同盟性的規定沒有使任何一個城邦受到保護，透過盟約形成的眞正統一從來就沒有實現，而始終只是一種令人敬畏的和神聖的觀念，這種觀念曾支持這樣一個民族。拉棲代蒙人做的事情很不光彩，他們統治了一個自由的民族麥西尼亞人，使他們淪爲奴隸，幾百年以後，埃帕米農達才消除了這種惡行和不公。不光彩的事還有，在普拉提亞被占領之後，普拉提亞的公民們在第一次伯羅奔尼撒戰爭中被處死，其中的男人被一個個殺害。

然而，我們必須在一種事物中把希臘人視爲一個統一的、有世界歷史意義的民族，而這就是希臘人的教化。它使希臘人成爲具有世界歷史意義的民族，使希臘人與其他民族脫離開，稱其他民族爲「野蠻人」。在希臘人中能引起人們興趣的只有那些理當得到希臘教化的人們。這種教化包括希臘的藝術和科學，在這個領域裡，我們每個人都覺得如歸故土，在其中增進了自己的享受。它是一種永恆在場的事物，它給我們教化，每個人都想獲得它，它是一種優美的享受。在希臘人的教化中，教化傳統的鏈條開始有意識地聯結在一起。

我們受過羅馬人的教化，而羅馬人又受過希臘人的教化。我們接受的事物對我們同時又是一種陌異的事物。我們爲自己創造了它，我們也就構成了一種新的事物。這是所有民族的教化的本質關係。希臘人的教化也有一種已構成的前提。一個民族和它的構成活動就是在這樣的前提下教化自己的，因此，它要對接受的事物進行大量改造。

談到希臘人的教化，有兩個體系讓我們提出一個問題：希臘人是從外部還是從其自身獲得他們的藝術和科學的呢？從歷史上看，似乎希臘人完全是從自身獲得了這種教化，並且自己創造了所有進步的階段。我們看到一個毫無跳躍的、前後連貫的序列，看到一個從不間斷的、逐級遞進的教化過程，而無須向外行進。這種眞正希臘特質的事物確實在他處無跡可尋，它只存在於希臘。但是，希臘人的教化始於外來事物，這也是史實，而且是必然的。機械的和知性的進步過程能夠保留下來，人們接受了這些事物，還有知性的科學，如石頭加工、幾何學、數學等等。這種缺乏精神的事物像傳統的那樣，得以保留下來。羅馬的法律假如現在仍然沿用，也是一些缺乏精神的事物。精神的事物產生於並發展於自身內部，經歷各個獨立的階段，希臘人的教化有它的前提。一種前提，作爲一種外來的事物，與改造這種事物一樣，是必要的，改造的過程會經歷自身的各個獨立的階段。

我們再來看看涉及希臘教化的核心的事物，這裡只能提到最傑出的事物，首推優美的藝術。希臘人既沒有採取主動的征服方式，也沒有採取被動的征服方式，維護自己的藝術，前者如羅馬人，後者如高盧人。我們德意志人一方面是透過被動的征服方式接受了藝術的，也被部分地征服過；另一方面則是透過認眞的學習。而希臘人既沒有被征服過，也沒有征服過其他民族。我們看到，希臘人對於保留的教化發展的最初幾個階段，對於最古老的文化充滿感激的回憶，所有這些階段對他們而言都是神聖的。他們將初始階段奉若神賜，從中汲取了神話，加以慶祝，而且認可了其中講的法律、婚姻、農耕。所以他們慶祝農耕和婚姻的引進，而這些不僅是透過歷史，也是透過神話實現的。即便是火，他們也是抱著尊敬的態度歸功於普羅米修斯。馬曾經爲他們帶來了涅普頓、橄欖樹之宮。惡也保留在神話裡，即關於潘朵拉的神話。在某種程度上，這些開始階段的事物始終是某種歸於外來事物的事物，卻是受到尊崇的事物。

希臘的所有歷史聯繫都指明，很多藝術和很多崇拜的元素都是從海上來到他們那裡的，其中也包括技藝和其他規定。希臘東部是得到最充分發展的一個部分，而西部——阿卡尼亞、埃托利亞、埃皮魯斯卻未積極參與到這種教化中。西部的民族始終奔放驍勇，充滿原始野性。所以，即便在羅馬時代，埃托利亞同盟也更多地是一個強盜同盟，與其說它是一個正義同盟，毋寧說是一個非正義同盟。即使在今天，仍有奮勇粗放的阿爾巴尼亞人。伯羅奔尼撒半島是中心，阿卡狄亞同樣遠離教化，西部的艾理斯則成爲神聖之地。希臘教化中的抽象環節就存在於此，競賽和祭祀在這裡積澱下來，他們一直固守著這種片面性。而希臘東部則是教化之鄉。

希臘教化的另一個條件在於希臘土地上和平的狀態。它的形成部分地歸功於諸王，部分地則歸功於英雄（如赫丘利），它是透過共同體中的協議奠定的。必須消除的敵意與敵對關係主要是在陸海領域的劫掠行爲。修昔底德認爲，海上的和平狀態是由米諾斯建立的，而陸

(12, 333)

上的和平狀態在此後很久才形成，〔比如〕洛克里人很長時間裡都在劫掠。[10] 然而，陸上的一些城邦中心和英雄人物在不斷抗擊著這些已形成的劫掠行徑。

在未受教化的民族中間則沒有敵對關係的主要環節，也就是說沒有部落敵對關係。在希臘人中沒有發生過部落之間的復仇戰爭，因爲他們之間的聯繫不是建立在家族關係的基礎上的。我們看到，有教化的城邦在形成了穩固的聯繫之後，才有征服性的戰爭。復仇式的戰爭在那裡沒有位置，因爲希臘人不是由若干個部落合併而成，而是由諸多部落和民族混合而成。

大部分的聯合都吸收了極其不同的要素，而這正是聯合的第二個條件，即在希臘人內部形成聯合的區別性。因此，希臘沒有出現任何宗法制的家族關係，如果有了宗法制的家族關係，人便不會如此精明能幹。因爲在宗法制狀態的家庭中，雖然人的價值是由其出身決定，每一個體都有其特定的等級，他因其出身而得到承認，但正因爲如此沒有什麼事物是自爲地有價值的，而是只有在家族之內，只有透過家族才有價值。希臘未曾出現這樣的情況，就此而言，它與北美類似。它和人口龐大的亞洲比鄰而居，在許多方面感受到他們的滲透、觸動和融合。它也和北美能作一番比較，在北美也發生了各種形式的融合與遷居。在希臘較偏遠的西部，各個民族定居的情況比較穩定，各個部落之間的界限更加分明。但在這樣

---

⑩ 見修昔底德：《伯羅奔尼撒戰爭史》，第一卷，第四段。

的遷移過程中，在各個民族的領域裡，個體費盡辛苦才能擁有立足之地，因此，達成協議成爲一種極爲重要的且受到珍視和推崇的事情，人們必須根據協定處理一切事務，個體也必須根據協定行事，因爲個體不是因其出身而身處這種協議領域，而且只有在這種統一中，單一的事物才能表現爲個體的和獨立的。

除了以上這些要素，還發生了許多來自異鄉的精神激勵。希臘人的觀念受到東部的激發，也有的來自埃及、小亞細亞和克里特島。那些四處遷移的部族的命運，那些奇特的古老的四處漫遊，都是自然的和精神的酵素，它們在和平共處狀態下，在內心的安寧中，都能發酵生長，必然呈現爲人的教化。雅典人率先在和平狀態中放下手中的武器，以區別於野蠻人，由此宣示了最早的教化。他們是最早形成的民族之一，後來則是最有教化的民族。這是由最豐富的因素構成的整體。他們對外呈現的和平狀態，是由早期形成的聯邦建立的，並在戰爭只宜適當進行的限度內一直發揮著影響。

在這樣的和平狀態下，我們看到個體的無限衝動油然而生：展示自己、表現自己，讓人看到每個人自身做了什麼、並且能做什麼，以期由此在他人中表明自己的價值，靠這種價值欣賞自己。希臘人的生活與和平的基礎不是感性享受，因此也不是迷信、依賴性和愚鈍。野蠻人也要展現自己，但他們只停留在裝扮自己的層面。我們也在其他野蠻人那裡看到裝飾自己、吸引他人注意的衝動。在這裡，身體想透過外在的事物獲得他人青睞。一方面，他們的身體由此看起來更加漂亮，但另一方面，這種裝飾、這種外表並沒有自爲地展現什麼，而只是爲他人存在的，爲另一種人服務的。希臘人則具有太強的個體性，我們看到，希臘的個體太過激動，把自己束縛在外表裝飾上，會使自己在此裹足不前。他們很早便受到指點，要相信自己的直覺，即尊重自己。然而個體爲什麼首先是僅僅自爲地存在的，這一點他們必須證明，必須向他人展示，並使它得到承認。這一點很早便作爲一種和平的競賽，體現在希臘人身上，所以我們既看不到他們受到迷信的奴役，也看不到他們受到虛榮心的奴役，愛慕虛榮是很久以後才出現的，這是因爲，必須在初期先拿出實質性的事物。

這種追求快樂的自我感覺的衝動，展示自己，反對粗放的自我感覺和單純的感性事物，這就是希臘人的主要規定，這種衝動在希臘人那裡發展成爲優美的藝術。優美的藝術發端於一種滿足感，這種滿足感不是要消除困難，而是催生出蘊含在人的沒有萎縮的天然本性中的事物。希臘藝術的開端是一個主觀性的開端。它從一個並非滿足自身需求的勞作的環節開始，它在於個體使自己成爲某物，這個某物讓他方滿意，並向他方顯現自己身上刻有普遍性和普遍有效性的特徵。這第一個主觀性的開端就是：希臘人把自己的身體變成某種事物，變成自由的活動性。希臘人塑造著自己的身體，把身體刻畫成爲一個藝術作品。我們把它視爲最古老的藝術品。

在荷馬的作品裡我們看不到藝術作品，荷馬筆下特洛伊城中的雅典娜神像不屬於造型藝術作品。我們在希臘的營地裡看不到歌唱者（歌唱者首先出現在斐亞克人中間），卻能看到華麗的節日盛裝和服飾。同樣，英雄的武器就是首飾。阿喀琉斯的盾牌非比尋常，而作爲裝飾性的武器，它便顯得非常重要。然而，這也說明，它還不是一件獨立的藝術作品，不是自身具有獨立價值的藝術作品。這個盾牌之所以重要，是因爲它表現了古希臘生命的輪回。儘管盾牌上有金質戰神瑪斯和智慧女神密涅瓦的形象，但重要的是，希臘人在塑造這些形象和美麗圖像之前，已經將自己的身體塑造成爲優美的形體和藝術作品。所以我們看到，希臘很早便有競技比賽，例如派特洛克羅斯墓碑上的比賽場面。因此，競技比賽有著古老的歷史：摔角、擲矛和鐵餅。與這些體育運動結合起來的是歌唱與舞蹈，舞蹈爲主，歌唱爲輔，兩者是未經任何雕飾的明快心境的外在表達。阿喀琉斯的盾牌上描繪了這樣的舞蹈，這些舞蹈本身便是藝術作品。這種舞蹈也體現在代達羅斯的盾牌上，只以心情歡樂爲目的，與祭神節慶則沒有任何關係。兩者的存在僅僅是爲了展現自我，以讓人賞慕形態靈活機巧。後來，歌唱演變成一種獨立的藝術形式，有樂器伴奏，於是，這種歌唱要求一種出自觀念的內容。就像觀念的圖像在歌唱時變得完全自由那樣，觀念自身也變成了一個應得到展現的事物，就像人們最初在其優美的技巧性中所展現的那樣，觀念也完全在外部變成了一種優美的、自由的形態。

歌唱本身是那個能自我展示的、開朗的、個體性的主體的一種直接表露。〔發出〕歌聲這種官能不僅是一種感性的表達、不僅是存在者的一種直接顯現，而且是觀念的〔顯現〕。歌唱的內容本應從屬於觀念，由觀念而來，因此可以被規定爲這樣：它應包含本質的事物。存在之物已被精神浸透，爲精神所塑造。這種經由精神塑造的內容會有多種多樣的方式；但是，由於它是由精神塑造的，感性的內容就昇華爲普遍的事物，那種感性的、直接的定在就被作爲一種普遍事物保留下來。這種普遍事物成爲宗教的內容，應該在其最高的意義上加以理解。

宗教的內容是精神的主要內容，它是一個由精神在自身之內產生的事物。問題在於，希臘人是如何創建這種宗教內容的？對他們來說，本質的事物必須如何顯現？我們看到，這種本質的事物在希臘人那裡不是表現爲外在的事物和自然的事物，而是內在的事物和人的事物，它首先被塑造成一種屬於人的形態，一種形態的美，使得人在其中是自由的。人尊崇自己，這種受到尊崇的事物成爲他的最早內容，他的運動、他的形態、他的表達、他的作品和行動：經過塑造的人。如果我們從主觀方面來看，我們就可以看到人的自我意識把自己置於〔何等〕高度。我們覺得這在當時是必然的，人的自我意識必須將這理解爲本質的事物。對人來說，神是人的本質，人這樣去理解神：認爲神與自己有著積極的關係，把神看作人的直接偶然性和有限性的他方，是人的本質和人的實體性的事物。也就是說，眞正的事物一方面是人的他方，但〔另一方面〕這個他方是人的眞正的事物，因而是人的內在事物。然而，人本身這種眞正的事物，這種本質的事物，在希臘人看來就是優美的事物，是在感性事物的顯現中蘊含的精神。如果這種感性事物僅僅是精神事物的顯現，那麼，感性事物中的有限性、偶然性和外在性便被剔除了。在希臘人看來，在感性事物和自在自爲的精神事物所形成的這種統一性中就存在優美的事物，它對於神性而言是自由之美。希臘人知道自己是自由

(12, 338)

的，這是他們的立足點，也是他們自身的規定。自由的個體性的這種規定構成他們的根本原則。這種自由的原則、思維的原則，還沒有自爲地用思維加以理解、思考、強調和承認，毋寧說這種自身自由的知識還與自然的事物結合在一起。

現實性實質上包含了概念和實在性。希臘人還沒有把精神的自由當作一種對象，而是將它與人的自然事物結合在一起。這就是使自身外現。如果我們從兩方面進行考察，一方面，考察希臘人爲什麼尚未在精神和眞理中敬拜絕對的事物，爲什麼對於精神來說，精神尚未在精神中顯現，另一方面，考察希臘人的神在他們那裡還未在肉身中顯現——儘管他們在人的事物的統一性和人的形態中有那種自在自爲存在著的事物，那種神的事物——我們就會得出希臘人據以直觀普遍事物的基礎的規定。

〔一、理念的實在性的或神的事物的方面〕——對第一個方面，答案可以是，精神和神對於希臘人而言還沒有成爲純粹的思想，還沒有顯現爲不可見的、精神的、非感性的事物；因爲希臘人的原則緊接東方人之後，東方人的根本直觀是精神與自然的實質性的統一。希臘人超越了對這種統一的直觀。實體與自然的統一、這種實質性的統一在希臘人那裡被貶爲理念的實在性方面，貶爲理念性的事物，與之相對的另一方面則是主觀性、個體性的事物。主觀性原則和個體的精神性顯露出來，但這種主觀性也只是顯現出來，它有兩個方面：一方面，它是有靈性的事物，另一方面，它是自然的事物。對於自然的事物來說，有靈性的事物是想像出來的，但它也是自爲存在的，與那種顯現爲生命的想像的事物相對

(12, 339)

立。在這種顯現中，有靈性的事物與自然的事物是以直接統一的方式存在的。這個方面是〔典型的〕東方式直觀。而〔在希臘人的直觀中〕，主觀性的事物只把這個方面作爲定在的方式。於是精神的事物出現了兩次：當它與自然的事物合一時，它是一種主觀性的自爲存在。同樣，動物與人相比，也有一種靈魂，這種靈魂也使人具有生命。但在人這裡，有靈性的事物本身與那種單純自然的、想像的有靈性的事物形成對比。人是有生命的事物，有一種靈魂；但人的靈魂還透過第二種方式自在地存在，與那種沉陷在自然性中的靈魂形成對比。希臘的事物與東方的事物的關係也同樣如此。東方的直觀在希臘人那裡僅僅是實在性。在希臘人看來，精神事物和自然事物的內在性僅僅依據實在性方面才是〔當下存在的〕，精神事物和那種單純沉陷在物質中的事物相對立，就像精神事物相對於自然事物是內在的那樣。這是超越單純有靈性的事物的第一個階段。

但是這樣一來，精神還不是思維中的一個自爲事物。「精神思維自身」、「神在精神中作爲非感性事物受到崇拜」，這只意味著：神在思維要素中，僅僅爲了思維被設定起來。在思維中，神也只有一種顯現方式，它爲一個他物而顯現，但這種顯現的方面就是思維本身。

這是實在性的方面。在希臘人那裡，自由的事物雖然是一個方面，但在其中這種自由的事物顯現出來，此外還有一種沉陷在物質中的、內在的精神性。因此，神還不能在精神中受到崇拜。精神還不是精神的知識。它的實在性的方面只是自然性的顯現。根據這一方面，我

(12, 340)　(12, 341)

們不得不說，希臘人的原則尚未形成和昇華爲思維的世界，毋寧說，能思維的事物、個體性的原則以精神事物與有形事物的實質性統一作爲自己的客體。更高的、非感性的世界還沒有超越感性世界。

〔二、理念概念或精神概念或神性概念的方面〕——第二個方面的答案是這樣：希臘人在個體中擁有精神的事物，將精神提升爲主觀性，其結果是主體成爲本質方面，而自然的事物被降貶爲現象方面。這種自然的事物只是表達主觀精神的現象，因此，這種自然的事物只能是人的自然事物、只能有人的形態，因爲只有人的形態才可以表達精神，只有在這種形態中，精神才可以作爲精神顯現出來。由於希臘人把本質展現爲人的，人們就不禁要問，爲什麼神對他們來說沒有作爲人，沒有在肉身中，沒有在現實的存在中顯現呢？爲什麼希臘人只在雕刻的大理石中，或只有在幻想的圖像中才有神呢？這種規定需要與下面的規定結合：人只有使自己成爲優美事物的顯現，也就是使自己昇華爲優美的形態，才有自己的價值、才有自己的尊嚴。

這就是說，神的事物是由主體創造的，因而屈服於個體的偶然性。只有這樣造就自己的希臘人是以這種方式生存的，其他民族則是野蠻人。甚至在希臘人中間也有眞正的希臘人和奴隸之分。即使生爲希臘人，也得先將自己培養爲希臘人。精神的一個根本規定是使精神自身成爲精神所是的事物。

精神使其自身成其爲精神，這只是一個方面；另一個方面則是，精神自身根本是原始的

(12, 342)

自由事物。這是精神的概念，希臘人還沒有把握這個概念，因爲他們還沒有成爲思維者。他們還沒有從精神的普遍性和概念的方面，而只是從精神在個體性中萌發和生長的方面，將精神理解爲自在的事物。他們還沒有想到，人是按照神的肖像造成的，本身是自由的事物。因此，他們不可能擁有神和人的本性同一的基督教思想和理念。因爲在希臘人看來，人的本性本身和符合於自己的概念的人都還不足以吸納神性，而只有經過雕琢、自我創造、昇華和理想化的人才能夠吸納神性。只有精神在自身內創造出它的內在世界，它才能認識個體中的現實存在的解放和神性，才能接受自然事物在自身直接想像精神事物。只有這種在自身成熟爲總體的精神才不再需要把自然事物想像爲精神的。思想如果是獨立自由的，便會對外在事物進行思維，並且在思維它時，讓它如實地擁有它的直接性和直接的現實存在。如果外在事物尚未加以思維，而只在關係中被直觀，〔如在希臘人那裡〕，它就無從在它的直接性中得到把握。如果要設想和思維神的事物，它就必須得到加工和改造，以表達精神事物。但如果〔如基督教中的〕思想是獨立自由的，進行思維的，自然事物便無須被塑造成型，而是思想賦予感性事物以自由，感性事物成爲一種**這一個**，〔思想〕在這種**這一個**中把握神的事物。理念的總體要求思想和感性這兩方面已經由理念完成，使得它們已經向個體化分化。只有這樣的無限對立才能達到理念的深處，理念有力量在這個深處整合對立。這正是內部包含著無限對立的深邃的理念。

人們也許可以將希臘的宗教指責爲人神同形同性論，但希臘宗教的缺陷或過錯在於，它

(12, 343)

還沒有足夠的人神同形同性論，在人神同形同性方面還不充分，所以它不知道神的直接現實存在。希臘人也有英雄，但是在荷馬筆下，這些英雄還沒有被當作神來崇拜，崇拜英雄是後來才出現的，具有別樣的意義（比如，羅馬人的皇帝）。因此，希臘人的人神同形同性論還沒有得到充足的發展。席勒作過一首非常重要的詩，這首題爲《希臘諸神》⑪的詩使人看到作者從高到低，心情激動不已，但他的理念有一部分是誤入歧途的。因爲在他說「諸神還更加具有人性」之時，他所說的基督教和希臘宗教之間的對立是錯誤的。基督教的上帝要更具有人性。對此，這裡只能思辨地談談。

另外，有一點要說明的是，在希臘宗教觀所採取的方式中直接包含了多神論。只有上帝的唯一存在才直接地與神成肉身連接在一起。人們雖然說，「神顯現在自然界中，顯現在人類中」，但他們在此仍然停留在神的外在化，止步於外在的現象，因爲神在自然界不是作爲神顯現的。神在作爲精神顯現時，就揚棄了外在化，這種外在化被表述爲聖子，一個聖子。希臘宗教還處在外在化中，必然是一種多神論，這就是神聖事物如何向希臘人顯現的方式。

在這個闡述中，我們是從主觀的人的事物出發的，另一個方面則是自然。希臘人的神是

⑪ 席勒：《希臘諸神》（一七八八年）。參閱張玉樹選編：《席勒文集》，北京，二〇〇五年，第一卷，第三十八—四十四頁。

被理想化爲優美的人，感性的人正像他在他的外表方面被理想化和得到昇華那樣，在內心和精神方面也必然如此。這包含著知識、正義、眞理和善。這四個特點就其得到昇華的本質事物而言，被稱爲至善等等，但這類事物只是一種量的提升、一種量的區別。眞正的昇華應該是揚棄這類事物的有限性的昇華。經過昇華的精神是同時掌控自然的力量，這種力量首先是作爲他物顯現的。精神作爲本質的事物，作爲非有限性的事物，同樣也使自己與自然的對立消除，也就是說，精神本身是天然力量。

近些時期，人們常說，赫利俄斯是太陽的神，瑞亞是大地的女神。希臘人並沒有這些觀念，好像太陽與一位神是同一個事物，毋寧說，他們從本質性上將太陽理解爲神的事物。波塞頓不是海的神，而是海神本身，海即爲神。人們說：「凌駕於自然之上的神」，表達的關係完全不同於在希臘諸神中所包含的關係。希臘諸神不僅是自然力量，而且本質上是精神性的個體性，這種個體性同時也是本質的事物、更高的事物，不過還沒有被確立爲自由的個體性。精神還沒有在精神中得到把握。希臘人是自由的個體性，但這種自由的個體性還處在其實體性中。精神的事物還不是自由個體性的對象。這種自由個體性是自由的精神。這就是說，希臘人是自由的，但也正因爲如此，仍處於自然性的規定中。在希臘諸神那裡，這種自然性、自然力量不再是基礎，這就是希臘人與東方人之間的區別。現在我們要仔細考察一下兩者之間的區別。

在希臘人，首要事物是精神的主觀性。自然力量雖然一方面作爲自然神得到維護，但另一方面，它只被規定爲萬物的開端，它在精神的發展和進一步的規定中被揚棄。因此希臘人有克洛諾斯和塞勒涅等神。但這些神是一個完全不同於宙斯神族的神族，即泰坦神。新老神的區別是希臘觀念中的一個本質性環節。希臘人將老的神與和宙斯一起進行統治的新神區分開，是一個本質性環節。泰坦神住在萬物清朗的大地以外，他們有一部分被打敗，另一部分被排斥在有自我意識的精神之外。他們仍然威力巨大，卻受制於一個更強大的神族。所以，他們中的一部分作爲自然神保留下來，另一部分則作爲與自然力量類似的神仍然在新的神族中保留下來——但他們只是類似於自然力量，只是一個環節。比如阿波羅是能知的神，因此他也類似於光神。波塞頓有時是光神，但有時又類似於自然神俄刻阿諾，類似於依然基本的自然力量。對於阿波羅是否爲太陽神的問題有很多爭論。但應當以已經給出的方式來理解神族的序列。

(12, 346)

在埃及人那裡也有這種區別。埃及有三個神，伊西斯和俄西里斯屬於第三次創造、第三個神族、第三個等級，有更豐富的精神；因此，他們有最豐富的規定，因爲他們以前的諸神只是自然性的規定。考慮到這點，可以說，希臘人在自然的基礎的方面吸收了東方的元素。自然是基礎，這種觀念是從東方逐漸傳到希臘的，泉眼、樹木、波浪和河流也都是以神的形式加以表象的。他們把這種觀念保留在赫利俄斯、俄瑞阿德斯、河神等等的形象中。有人說，希臘人抱著友善的態度使他們周圍的全部自然獲得生命和靈魂。然而他們賦予自然以生命的方式是東方式的。在東方，河神中那種單純自然的事物是神的意義之所在。而在希

(12, 347)

臘，單純自然的事物，比如泉眼，就是神。當然，希臘人的想像比東方人的想像力更加美妙、可愛，原因在於，希臘人抓緊了人的事物，崇敬人的事物，將它作爲神的事物啟示自己的形式，因爲只有神的事物才有能力成爲精神事物的感性顯現。希臘人用人的事物的方式崇敬有限事物，使知識的形態的形成成爲人的，不像東方人那樣扭曲。因此，希臘人始終未受東方的荒誕事物的浸染。神的形象中那些荒誕的事物正是偏離人的事物。希臘人一方面吸收了東方的事物，予以補充和創造，另一方面改造它，創建了神的一種更高的秩序。

從歷史上來看，有兩套體系、兩類觀點占主流，一派認爲，希臘人是從亞洲和埃及搬來那些神，另一派則認爲，希臘人是在希臘本土創造出這些神。希羅多德本人說到這兩種觀點，他說，荷馬和赫西奧德給希臘提供了這些神；後來他又說，荷馬和赫西奧德在多多納（靠近伊奧尼亞）求神諭，從埃及人那裡接受了那些名字和神。⑫他們在多多納詢問，他們是否可以接受這些新近拜訪過的神。近來的爭執就是圍繞著這兩種觀點展開的。如何將兩者統一起來，前面已經指出。希臘人不論接受教化，還是接受這類外來的事物，當然都是將它們作爲滯留在自然界中的事物，但他們的工作、他們的教化，是改造這類外來事物。所以他們接受了亞洲的原則。於是，亞洲原則在希臘人那裡生存下來，但希臘人沒有像他們接受它

(12, 348)

⑫ 見希羅多德：《歷史》，第二卷，第五十二節以下。

時那樣原封不變，〔而是將它〕昇華。

希臘人接受的陌異事物、古老事物主要是希臘的神祕宗教儀式，獨特的祭神儀式，它在數百年裡都激起人們的好奇，直到今天還引起無數的爭論。從上述內容可以直接得知，希臘人對此持什麼立場。那是些古老的祭神儀式（這有明確的記載），其中某些部分是接受了外來的事物。如果我們問及內容，史實（本身就）會指明，這些神祕宗教儀式包含了一種古老的原始宗教的特徵。這些儀式只包含這種特徵，不包含任何其他特徵，這是必然的。

人們把一種觀念與這些神祕宗教儀式結合起來，這種觀念認爲，民族精神在其中不再有生命力的古老事物作爲歷史的開端，作爲後事的源頭，會沉淪爲一種不爲人知的事物、令人敬畏的事物，這樣，一切進程就都可以透過這些初始元素得到解釋、得到認識。如果後來形成的事物、較新的事物成爲一種通行的事物、神聖的事物，成爲一種由以往的狀態產生的事物（如政治體制），那麼，這種古老的事物儘管作爲後事的源頭，令人敬畏，但也會與新形成的事物相矛盾。把作爲源頭的舊事物當作某種給新事物準備滅亡的事物加以認識，猶如一種危險的和必須禁止的事情，因爲人們會知道事情的眞相是什麼，因爲人們承認，如果了解了舊事物，就會了解新事物有什麼合理之處，因爲這種新事物後來顯得是某種沒有任何合理依據的事物。這就是早先有過的事物和隨後出現的事物的自然關係，它看起來是這樣的：人們如果要認識新事物，便必須借助於舊事物。神祕宗教儀式與民族宗教就有這樣的關係，人們通常會由此想到並相信，這種早期的神祕事物有很多智慧，因爲較新的事物是能讓人認

(12, 349)

識的。因此，這也有合乎道理的部分，在這個部分，有人認爲，古老的、發霉的羊皮紙書作爲作出合理論證的眞正根據，是認識當前的事物的眞正源頭，那些羊皮紙書之所以變得神祕，是因爲這種古老的事物不同於後續的事物，如果有人向人們指出新事物的本質，這些後來盛行的事物就會受到威脅。人們也這樣設想神祕宗教儀式和民族宗教的關係。

各種神祕宗教儀式從古老的自然宗教中獲得了各種必然具備的特徵和祭神儀式的表達。但是，後來出現的宗教才是眞正更有精神的事物，所以，民族宗教比古老的、抽象的宗教更前進一步。但這些事物與我們的知性相悖。比如，有人要求對希臘諸神作出解釋，後來把抽象的自然元素稱爲解釋，說是從這種元素中產生了那種眞正更有精神的事物。比如，有人說，波塞頓就是海，而實際上，海是某種低於波塞頓的事物。這樣一種自然元素僅僅是開端，在神祕宗教儀式中無更多智慧可言。神祕宗教儀式不是單純的祕密，神祕也根本不意味著「祕密」，因爲神祕的意義是思辨的事物，對知性來說當然是一種祕密的事物。在雅典，每個人都被拉去參加埃勒夫西斯的神祕宗教儀式，只有蘇格拉底沒去。他不受誘導，因爲他不想插手其他事情，以免遭到別人的指責。結果，當他用思維論證某個事情的時候，卻不免帶出了埃勒夫西斯的祕密。希羅多德在歷史中常常說到埃及，他不能說祭司已經告訴他的事，[13]但在祭司那裡，他聽到了希臘諸神產生的基礎、抽象的開端，那就是舊神與新神的

(12, 350)

⑬ 見希羅多德：《歷史》，第二卷，第三節。

關係。希臘神話本身也保留了老神向新神的這種過渡；因爲神祇之間的戰爭聞名天下。宙斯及其姐妹是後來出現的新神祇；同時從中可以看出，希臘諸神也是一種產生出來的事物。類似於自然開端的事物是存在的，但只有發端於思維的神才是永恆的，這種神才不可能有任何其他神譜。以上是基本概況。

在我們考察了希臘諸神的本性時，我們在他們那裡看到精神是自由的。這種精神不再沉陷於自然事物（儘管現在的人們認爲這種統一性是非常完美的），因此也不存在於迷信中。如果精神還存在於這種自然的統一性中，它就會在它的他方中受到束縛，受到奴役，存在於迷信中。（不過，希臘宗教（從本質上）說是沒有迷信成分的。）精神雖然擺脫了自然的束縛，卻仍然有一方面是受迷信統治的，因爲人的主觀性的無限斷裂尚未在自身之內發生，無限的對立尚未當下存在，善與惡的對立尚未現實存在，這種對立干擾了希臘人的美妙的開朗氣質，是人自身內的主體性的無限斷裂，由此而來的是「這一個」與普遍事物的無限對立。所以，從這個方面看，希臘宗教還是有迷信性質的，它表現爲神諭。已經說過，對於思維而言，作爲**這一個**的個體與普遍事物的對立尚未當下存在，因此尚未加以解決。但無限的主觀性的規定畢竟已經存在於現實性中，因爲每個個體都是**這一個**。不過，「這一個」的這個規定尚未獲得宗教角度的理解，被吸納到宗教中，因此對立還沒有得到調和，主觀性仍然受到約束。因此，在希臘人中間仍然存在迷信。

基督教徒相信，命運的特殊性和他們的福祉從時間上來說永遠是上帝關心的對象。基督徒的生命之旅都是爲了自己的福祉服務於上帝。具有自己的特殊性的基督徒根據自己的特殊目的，向上帝祈禱，這時他們就是上帝的對象和目的，是絕對合理的。每個「這一個」都會獲得救贖，成爲永享天福的。希臘人還沒有這樣的觀念，也還沒有能力這樣做；因爲只有在基督教裡，神才變成一個**這一個**，**這一個**的規定才被吸收到神的概念的規定中。

我們可以看到，在一些特殊事件中，希臘人會去求神諭。希臘有很多地方以前是神諭之地，除德爾斐和多多納外還有許多這樣的地方。同樣，在神諭的普遍規定下可以把握一些自然現象。向神諭諮詢的並不是倫理或律法的事情，而僅僅是特殊的事件。我們說過，在我們考察與希臘宗教相反的基督教的情況時，我們發現基督徒的上帝被規定爲**這一個**，被規定爲一個眞實的人，他成了**這一個**。基督教的上帝作爲**這一個**，有一個兒子，他是眞實的人，在這種規定或性質中列入了這一個的規定，蘊含著基督徒對上帝的這種如同家人般的信任，這恰恰是因爲，上帝也有人的這類痛苦的感覺，因而那些特別的事件都會受到上帝的關照。在這種思想和信任中，個體、人可以自己作出決定和判斷。一方面，人們可以認爲，自我規定的決斷對於人來說是多餘的，因爲上帝會把事情辦得合乎人意。只有懶惰和遲鈍之人才會說，他們沒有預設人必須行動這個前提。但如果預設了行動前提，就只剩一個問題，即人的自我規定可能從何而來呢？懶人不會提出行動前提。於是問題在於：主體是從自身還是從外在事物中獲得這個規定？此時的無限主觀性，即「我要」，因爲這種意志的規定尚未在神那裡形成，尚未被吸收到神的理念中，就只具有抽象的意願、抽象的決心，主體的這個「我

(12, 352)

要」還沒有任何權利。主體還無法從自身對作爲「這一個」的意願進行規定。人還沒有把這種決斷者理解爲他自身。如果他是決斷者，他就沒有合法權利。一旦人做決斷，這種決斷就更多地採取一種任意妄爲的形式，一種褻瀆神靈、自以爲是的形式。因爲只有具備某種特質的人在神的本性中認識了**這一個**，人才被絕對賦予合理權利。也就是說，希臘人在自身之內還沒有形成決定自己的特殊事件的主張，而不得不從外部引進這種主張。於是產生了一個現象：這個無限自由、精神豐富的民族還是給這類迷信留有餘地。

基督徒在**這一個**中看到了神的本性，相信上帝把**這一個**的事情當成他預先操心的目的。希臘人迷信神諭活動，這是一個很重要的情況。當人們——例如貴族出身的保薩尼亞斯在普拉提亞戰役前——用祭祀牲畜不停地折磨自己時，有必要提問，這個情況與自由的希臘精神如何聯繫得起來呢？這個顯得怪異的情況與希臘人的精神概念密切相關，關於祭司騙人等等的說法都是些思想膚淺的空談。正是這個情況，讓人能夠洞察到希臘宗教與基督教的區別。

與神諭直接相關的是希臘人的另一種觀念，即對命運的觀念。已經說過，希臘人還沒有在自身把握自己對某些特殊事情作決定的絕對原則。他們還（沒有）把這一最終的規定設定於自身。與此相關的是，希臘人在客觀性的形式中已經把握規定特殊的事物的原則，但他們在自身對於事件中的特殊事物還沒有對策。在基督徒那裡的天意的規定或信仰，正好與我們在希臘人那裡稱爲命運的事物形成對立。另外，從特殊性方面看，特殊事物與普遍事

(12, 353)

物的聯繫對於基督徒和希臘人而言都是不可思議、不可理解的。因爲命運發生在人間大地上，人間大地從特殊目的的角度看必定被稱爲偶然的，因爲這裡只涉及特殊性，它沒有權利反對自在自爲的事物，反對特有的事物。在希臘人和基督徒看來，個體的生涯的種種境遇的特殊性是一種不可思議的事物。但基督徒有一種觀念認爲所有這些特殊性都服務於獲得他們的福祉，上帝引領所有這些偶然性，導致他們獲得福祉。這意味著，基督徒將他們的福祉預先設定爲神的對象。希臘人卻沒有這樣的觀念，這恰恰是因爲，特殊的事物、個體的目的沒有被接納到神裡。他們接受了像他們發現的那樣發生的種種單個的事情，〔但〕他們沒有形成一種想法，認爲他們的福祉是一個最終目的，他們作爲「這一個」在這裡是目的。也就是說，他們只有一個想法：現實情況就是如此，他們僅僅停留在單純的存在上，「我，這時我就是目的」，希臘人沒有想到這一點。他們只想到：「現實情況就是如此，人必須順應。」這就是他們最後的結論。

我們在這裡必須立即說，這樣一個「現實情況就是如此」，這樣一個命運再次表明，希臘人的這個觀念與神諭的觀念不一樣，沒有任何迷信，而在神諭觀念中人是不自由的。在命運的觀念中是有自由的，但還僅僅是形式的自由。原因在於，人接受了現存的事物，能夠容忍它，於是，在人與現存事物之間，在人希求的事物與現存事物之間就不存在任何齟齬。只有當外部事物不符合人的目的，偏離了他們的願望時，人才產生不滿。但是，當人認爲自己沒有合理權利這樣做時，他就不會爲自己設定目的，而把一切都沉於「現實情況就是如

(12, 354)

此」這個簡單的觀念。因此，在人、他的觀念和現存事物之間就出現了統一。於是，人處在統一的、和平的狀態中。由於他沒有特別的目的，他內心中就揚棄了他物，出現了和平與自由。但這並不意味著慰藉，因爲慰藉有個前提：我有一個目的，而且我有一種觀念，認爲這個目的已經達到。這樣的慰藉卻沒有出現，因爲這種觀念、這種順應態度不需要慰藉，因爲它們還沒有主觀性的更深層次的需要，因爲個體在其特殊性中沒有把自己當作目的。主觀性中更深層次的要求此時沒有得到滿足，但這種情況並不是什麼不合理的情況。如果人們把命運視爲凌駕於法權和倫理之上的盲目力量，如近來一些悲劇所表現的那樣，這便會是一種最缺乏精神的事物，一種不合理性的方式。然而，希臘人說的命運不是這樣。神聖的公正不同於命運的輪回。

下面我們要轉向希臘的體制。希臘人的體制與希臘人的宗教直接相關。前面已經講過希臘體制的開端，並且提到那種國王的權力被其他家族架空，會不斷式微，最終如同贅物，但我們在此要詳細考察積極的事物，希臘體制是民主制，它只有在此時此地能達到這種發展程度，並且只有在此時此地能這麼令人欽佩，與此同時，東方世界則把專制主義發展得輝煌燦爛。羅馬世界建立了貴族政體，日耳曼世界建立了君主制。

東方的專制主義沒有在希臘出現，因爲希臘社會的狀態不是由宗法制發展而來。（在宗法制下），兩個個體從來都是相互陌生地被混合爲一體的。與此相反，希臘人是作爲理性的個體聯合在一起，不是由天然事物聯合在一起的人，而是相互聯合起來的人。但在另一方

(12, 355)

面，主體、主觀性在自身中還沒有〔形成〕無限的反思，還沒有〔形成〕思想的完全自由的觀念性，不是一種包含良心的無限主觀性。也就是說，他們這時還沒有對良心之中的特殊事物進行絕對規定。人們〔還〕沒有要求在自己的內在性面前對一切進行合理論證。能夠合理論證人自身的事物沒有出現。這種突破還沒有在這樣的地方發生，在這樣的地方，獨立的內在性使自己得到發展，力圖在思想中給自己規定法權的和倫理的事物，只承認這種如此得到合理論證的事物，不承認那種沒有給思想的洞見作出合理論證的事物。

由於這種突破還沒有出現，這樣一個內心世界還沒有構建起來，那種特殊意志就還不是自由的，人的信念和意見的特殊性還無法發揮作用。人的各種熱情因而還沒有參與到國家的事務中。精神和意志的這種內在性和特殊力量想要在內部獲得解放，與這種內在性和特殊力量相反，後來在基督教—日耳曼世界中，恰恰國家是一種普遍關切的事物，它作為某種外在的事物顯現出來，並且由於國家被規定為一種外在的事物，主觀的自由的意志卻在主觀上不受這種事物的束縛，所以國家必須擁有它的獨特的加固方式，擁有它的獨特的維穩紐帶，因為只有精神、良心是固定不變的事物。在人心中，只有個體的信念是穩固不變的，而國家由於是外在的事物，就不得不為自己立另一種支撐，對付那種內在性，對付那種意見。

如果需要這樣一種維繫，那便是建立君主政體的時機。因此，君主政體出現的環節是外在的秩序，這種秩序必須為自己設立一個中心，以穩固自身。這個中心只能是一個以自然方式形成的、當下存在的結合點，因此，倫理秩序吸納了自然性的環節。於是，這個穩固的秩序就可以允許，在沒有個人的信仰和信念、甚至與它們根本對立的情況下維持國家，因爲個人的信仰和信念是最無法確定的事物，它們會促使人形成自己的意見。

我們在希臘人那裡還沒有看到上述情況和所有這些規定。但如果要詳細說明希臘的體制，就須先掌握上述原理，熟悉這些概念，無論在抽象本質方面，還是在外在顯現方面。只有獲得了體制概念，才可以對這個概念進行討論。內在性已經十分接近希臘人的精神，不久就會在這種精神中產生，到那時主體的精神與隨之形成的意見都顯現出來。不過這種顯現只會以衰退的形式出現，原因在於，他們的體制還沒有發展到這個方面，使得那條原則顯現爲在他們的體制中只起干擾作用，因爲主體自由的原則對這種體制來說還是異質的。

在希臘的體制中，我們還是從主觀意志與客觀意志的統一出發，而東方的體制是基於宗法制的原則，後來的新世界才基於主體的自由。由於主體自由的原則和宗法制原則在希臘還不存在，兩者的中項在這裡就是優美，從政治角度來看，這種優美導致希臘的體制的產生，而這種體制可謂希臘世界的傑作。希臘體制是優美的，而且在不斷改善。優美還不是眞理，這種優美的中項介於倫理與律法之間，它爲自由的個體、自由的個體性所把握和追求，但尚未成爲道德性的規定，而是作爲一種倫理習俗，作爲意志的客觀性方面存在的。意志還沒有深化爲自爲存在的理想性，沒有成爲自爲存在的內在性。倫理性與律法性的事物以意志自由爲基石，並使這種自由眞正得以實現。這就是說，自由的法則規定了內容，這種內容是理性的。意志在本質上不再受束縛，它不再像在東方世界裡那樣處於與自然性的統一之

(12, 358)

中。內容是自由的事物、理性的事物。至於體制的形式，可以說它具有直接性。在這裡發揮作用的是倫理法則，因爲具有直接性的倫理法則是希臘人的本土法則，不是因爲他們覺得這個法則好，並且相信它，而是因爲它就是習俗，我們以它爲準則生活。發號施令的自然事物存在著，它就必須發生並且實現。此時，它是一種簡單的反思，是作爲生活習慣的簡單的倫理性。在這裡沒有更高的根據可以解釋希臘人爲何遵循這個準則。在優美本身，理念還在感性的表象中，並且是爲了感性的表象而得到表達的。優美將神性的事物在感性的事物中表達出來，因此，這裡的倫理性還不包含道德性，作爲這樣的倫理性，它的規定性在於，它遵循著自然和必然性的方式作爲習俗和習慣而存在。

由此可見，法則在這裡具有直接性的形式，意志的特殊性還沒有出現。整個共同體的利益、整個共同體的事務可以由個體、公民來決定，公民的意志必須成爲體制的基礎，因爲沒有任何一個原則可能阻礙現存倫理性的實現。民主的體制是一種絕對必然採取的形式。意志在此時還是客觀的意志，並且雅典娜女神還是雅典衛城，還是民眾的精神，還是公民的現實精神。只有客體和主體分離之後，這種情況才不再繼續。這種直接性的形式就是民主體制的合理性和必然性，除此之外，沒有其他形式是可能的。民主體制以這種內在的倫理性形式爲基礎。只有當意志回退爲內心的良知，主客體分離之後，這種民主體制才會成爲過往的歷史環節。

我們再來看一些促成民主體制產生的原理。談到民主體制，在我們經歷的若干個時代

(12, 359)

裡，這種體制可謂想像之中的最佳體制。人們可以說，國家利益、有關國家的決議、條令是所有公民的事情，這是千眞萬確的，而且非常重要。這裡要指明的第二個原理是，個體、公民作爲個人必須有權商議和決定他們的那些與國家相關的事情，因爲這些事情在這個世界上都是他們自己的事情，最爲重要的事情。人們可以說，公民將擁有要選擇他們自己的最佳事物的意志，於是他們也會最好地理解這些事物，所以，他們對此應有合理權利。

不過，要問的重要事情是：這些必須要對幸福作決定的個人是誰，這些應當理解自己的事情的個人身在何方？他們是些個人、個體、公民，關於他們，必定有這樣的說法：只有他們的意志還是絕對的、客觀的意志，沒有向兩個方面分裂，沒有分裂爲主體性的內在性和普遍的事物、客觀的事物，因而只有他們的意志還是實體性的意志的簡單統一，他們才具有這種絕對權利。這大概就是希臘人的立足點，但不再是現代世界的立足點。在現代世界，基督有言：「我的國不屬於這個世界」，[14]這個世界裡有這種分裂，有精神在自身的內在性和永恆性。客觀的、實體性的意志不可以稱爲善良意志，因爲善良意志不同於客觀意志。善良意志是道德的意志，它按照一種內在的理性規定來行動，按照作爲一種內在的理念和對義務的知識的善來行動，對個體和國家應有何爲作出評價。這種善良意志不再是實體性的、客觀

(12, 360)

⑭ 見《新約聖經》〈約翰福音〉，第十八章，第三十六段。

的意志。可以表現爲人類的奇妙命運的是：一旦人類進入主體的內在性，進入這種自由的宗教，進入精神性，人類的主體自由的更高立場就會從人類那裡奪走人們常常稱爲民眾自由的事物——民主——得以存在的可能性。這就是出自概念的最深處的基本規定，人們必須了解這些規定，〔以〕拒絕那些關於體制的空談。

關於希臘人的民主政體，有三個狀況可以接著加以討論。

第一個是神諭。在實行民主政體的較早的時期，較純樸的時期，神諭與民主不可分割地聯繫在一起，因此，伴隨著民主政體出現了這種狀況：神諭不再是就最重要的情況和事情詢問。這樣的過渡很快便促使公民進行協商，而不再詢問神諭。當公民很快集合起來，共議公事的時候，我們在雅典看到，民主政體在那裡發展得完善，民眾自己作出決定。在這個時期，自主決定達到了頂峰。此時，蘇格拉底獲得了他的不可抗拒的力量，但他還沒有把這種力量看作自己的內在性，而是把它看作一種陌生的事物，他在其中獲得自己的使命、自己的神諭。他還未把它稱爲主體性。

荷馬在描述阿喀琉斯與阿伽門農爭論是否收回利劍時，把他們在內心中作出決定的過程還歸因於帕拉斯。⑮如果這樣的決定在整個城邦中由公民作出，那就要由多數人同意才行。

(12, 361)

⑮ 見荷馬：《伊利亞特》，第一卷，第一九〇行。

在較早的時期，在起初，表決意見從不細細過數，而是論批計算，取其大概，很不精確。有修昔底德的描述爲證，他寫道：在斯巴達，監察長官在公民表決是否參戰時，沒有讓大家舉手，而是讓持不同意見的派別站到不同的地方。⑯最終，這種表決形式發展到由數字準確計數。但也正是隨著計數表決，出現了最高的規定性，而且一種意識也隨之形成，那就是：這種決定顯得是偶然的，而且參與表決的人數越多，這種決定便愈顯得是偶然的。人們在表決中隨即追求多數票，從而貶低了少數人投的票，這類人這時覺得自己微不足道，於是，這種表決就變成了令人惱火的事情。由於參與表決的人增多，有人便說，個人的表決意見微不足道。結果，個人覺得自己的表決意見沒有多大價值，因而十分輕率地表態。在這裡出現了多種方式的偶然性：有的人因爲某些原因很久都不參加表決，〔有的人〕則口若懸河。此時，表決就呈現爲偶然性的形態，〔比如〕意見對立的雙方各有六百人，最後只要無足輕重的一票就能作決定，這樣，參加表決的很多人會氣憤不已。如果表決眞的進展到需要精確計算最後一票，這個決定就更顯得是偶然性；尤其是在內在的信念、對意志的反思再摻雜進來時，事情就更讓人氣憤不已了。意志此時意識到，種種這樣的權利、種種這樣被決定的事情會導致城邦的沒落。這種信念的力量是透過文化產生的。於是，對這些決議和所有表決方

⑯ 見修昔底德：《伯羅奔尼撒戰爭史》，第一卷，第八十六段以下。

式的尊重與敬意消失殆盡。透過蘇格拉底的不可抗拒的力量、透過這種內在性，我們看到雅典進入了這種δαίμονο的時期，即沒落的時期。如果說，神諭是決定者的外在性的第一種形式，它還具有外在的事物以神性顯現的形態出現的優點，那麼，這種形式〈在後來〉就轉變成了由多數人決定、由數字決定的第二種形式，神諭〈只不過〉具有獲得一種神聖事物的合理性的優點。

我們看到希臘歷史上的第二個狀況，即奴隸制，它與希臘的這種倫理性、民主政體密切關聯，而且是必然的。因爲倫理性作爲一種習俗，作爲一種習慣，在這一方面具有定在的特殊性。只有當人知道自己不是物，而是自主的人；知道自己無限地獨立自由的時候，只有當人的概念被理解爲自由的人的時候，才不會出現奴隸制，這幾個前提還包括主體性的無限內在性。在希臘人眼中，他們擁有自由，只因爲他們是希臘人，是這些特殊的公民。所以，我們只看到雅典人、斯巴達人是自由的，因爲自由還沒有被理解爲普遍的事物，而是被理解爲特殊的事物。只有自由的事物經過思考，人才會成爲自由的，因爲他是自由的。這種自由以思想回到其自身爲前提。因此，奴隸制在希臘出現是必然的。

第三個狀況是，民主體制只能在小規模的城邦裡產生，這在歷史上也不是純粹偶然的事情，一個民主的城邦反而不能再擴張。人們也可以對此另作抽象思考，但這是一幅僵化呆板、毫無生氣的圖景。民主的特徵是一個本質上可塑的特徵，處在一種有根底的統一性中。正是可塑的特徵要求不能定於一尊，而是要綜觀整個事情，包括所有的環境條件和利

(12, 363)

益、所有的方面和根據，最後作出決定。因此，公民必須出現在表決現場，必須讓他們看到利益的生動圖像，而這只有在小型城邦裡才有可能。

三、希臘精神的成熟

按照前文中對一個民族的歷史進行的劃分，精神原則的形成屬於第一階段。第二階段則是這種精神原則表現出來，成熟的希臘精神大放異彩。

這裡先要給出第二階段中的幾個主要環節。我們至此所述的完全屬於希臘民族的第一階段，屬於構成他們的力量、他們的文化的事物。在第二階段，這些已經形成的事物展示了自身：內在的事物進入定在，綻放出耀眼光芒，變得舉世聞名，不是唯獨存在於自身內，而是出現在許多作品中，這些作品是爲世界而作的。這構成希臘世界的第二階段。

一個這樣的第二階段開始的時代，構成了與一個在以前進入世界歷史的民族的接觸。〔希臘人〕第二階段開始的時代是與波斯人進行交往。希臘人已完成的個體性必然向外延展，然後回歸自身。首要的事情是希臘人與波斯人的接觸，是那些被希羅多德稱爲美地亞人之戰的歷史情況。美地亞之戰的歷史同樣光輝璀璨，這裡不能詳加考察。它是世界聞名的，這裡只提到下列情況。

我們只需回憶一下史實：並不是所有希臘人都曾參戰，一大部分希臘人曾與波斯人結盟，他們甚至站在波斯人一邊倒戈反擊希臘人。甚至在這樣的情況下，在最崇高的事物遇到危險時，最終還是分離性贏得了上風。因爲自身完成的個體性在重新回歸自身之前，對外表現爲獨立的人，我們僅僅看到希臘人聯合過一次。他們的分離是一個必然的環節，分離性必然戰勝強調共同體的希臘精神，雅典和斯巴達尤其如此。第一場戰爭是抗擊大流士，馬拉松戰役是其中的決定性一戰，這場戰爭是由雅典人獨自進行並獲勝的。在隨後的一場戰爭中，薛西斯爲波斯主帥，他領著整個亞洲襲擊希臘人，玻俄提亞、帖撒利，甚至阿戈斯都臣服於波斯人。在伯羅奔尼撒半島，阿戈斯沒有參與保衛其他島嶼，西西里島和克里特島都置身波斯保護之下，因此只有很少幾個民族站在希臘一邊。只有少數城邦挺過了這場大戰。

這裡還要注意命運的眷顧。馬拉松、薩拉米斯島和溫泉關成爲不朽的名稱，將永遠留在人們的記憶中。在馬拉松參與戰鬥的少數雅典人、在溫泉關接受萊奧尼達斯指揮的三百個斯巴達人和出海抗擊波斯人的雅典人，都成爲勇敢無畏的楷模。自那些戰役之後，從那個時代以來，不知又有多少以千百計的人英勇犧牲。沒有一個民族沒有譜寫過英雄的歷史，沒有一個民族沒有產生過眾多保家衛國的勇士，所有故土家園都受到英勇的保衛，然而這些不計其數的戰役，那些在戰役中戰死疆場的男人們和英雄們卻沒有像德摩比利峽谷或者三百個斯巴達人那樣，處在不朽的光環下。乍看，這一切似乎是運氣使然，但是，名譽是根據事物的本性決定的。人們必須觀察，名譽是如何分配花環的。名譽不是根據道德的、主觀的價值，不是根據功績的主觀性方面，而是根據客觀價值、根據事物的本性加以表彰和決定的。保衛希臘是唯一的普遍性本質。在戰時，西部和東部相互敵視，使得世界精神的利益被置於天平之上。所有其他的利益，包括通常得到捍衛的利益，都成了有限的。伯里克利在伯羅奔尼撒戰爭期間悼念陣亡者的演講中，有一段特別讚頌雅典有不少男人為保衛他們的城邦而戰死。他說：「為了這樣一個城邦，那些男人奮戰疆場，英勇獻身。」伯里克利認為這種犧牲行為的傑出之處在於事業之偉大。⑰也就是說，英名因事業而偉大。

另外還有一種列強和希臘相對立，即東方的專制主義，它把整個東方世界統一在一人之下，並且因為當地人口眾多和個人統治方便而具有巨大力量，因而處於優勢地位。這些波斯人，這些東方人，尤其是薛西斯，既不能被看作柔弱的，也不容被人嘲笑。希羅多德對他們有另一幅完全不同的圖像，他說，即便有些民族被削弱了力量，但也有很多民族，可以說有大部分民族，都呈現出相反的情況，他們強悍好鬥，甚至粗魯野蠻。其中一部分驍勇善戰的民族集合在一人之下，與他們對峙的則是一些裝備寥寥、具有自由個體性的民族群體。在世界史上大概從來沒有過高貴的精神性力量相對於數量眾多的人群占優勢的情況，況且這個人群又是不可小看並光芒四射的群體。在近代的個別戰役中大概常常出現以少勝多的情況，比如某場戰役中四百個法國人戰勝了六萬印度人。但是，一場持續長久的戰爭則是另一種情

⑰ 見修昔底德：《伯羅奔尼撒戰爭史》，第二，第四十一段。

(12, 366)

況，它是一種持久性的事物，而戰役則是個別的事物，具有更多的偶然情況。波希戰爭是希臘歷史上最爲耀眼的，它使希羅多德這個歷史描述之父成爲記載這場戰爭的作者。這場戰爭造就了一個偉大的時代。戰爭也導致了緊張關係，一旦這些（民族）在與外部世界的緊張關係中受到強烈打擊，這種緊張關係便會轉向內部，因爲希臘人還沒有能力征服波斯。希臘民族群情激昂，對外卻不再有什麼行動客體，於是，他們必然轉向內部尋找這樣的客體，必然會陷入內部傾軋和內部鬥爭之中。我們能看到希臘中心地帶的城邦之間紛爭四起，其中一部分是個別城邦之間你爭我鬥，一部分則是一個城邦內部的不同派系相爭。

最嚴重的城邦對立要算雅典和斯巴達，其他城邦的利益都圍著這種對立展開。它是專題歷史的重要素材，是敘述所有島嶼城邦及其內部的各派和個體的重要素材。其他城邦的特殊性就存在於其形形色色的體制中。城邦之間、城邦內部經年累月發生著各式各樣的動亂，但各城邦的主要關注點還是集中在雅典和斯巴達。所有的爭鬥都圍繞著雅典和斯巴達之間的對立，其他城邦之間和各城邦內部的對立都受雅典和斯巴達之間的對立的影響。因爲在爭鬥開始，就出現了民主政體與貴族政體之間的對立，羅馬澈底消除了這種對立，這種對立在羅馬實現了統一。發生的事情是，天平便時而向雅典傾斜，時而又向斯巴達傾斜。對這兩個城邦的民族特點應當更仔細地加以考察。

我們來看看雅典，前面已經講過，它很早便處於一種相當平和的狀態，成爲其他地區居民和希臘其他民族的避難所。因此，它形成一個混合的民族體：一部分是希臘人、島民，另

(12, 367)　(12, 368)

一部分是外族人，如亞洲人、非洲人。

要強調的第二點是，雅典主要面向大海，目的是發展手工業、航海貿易，同時，農耕、種植橄欖樹、買賣土地也與此有密切聯繫。縱觀歷史，我們知道，那裡很早就形成了不同派系的對立。

我們在這裡要跳過較早的（或）更古的歷史，比如忒修斯同盟；值得注意的僅僅在於，人們認爲，忒修斯把一些自治的社區在雅典城邦裡聯合起來，而且將把一切屬於城邦的事務都置於一個代表共同體的行政權當局和一個居於中心地位的法庭的管轄之下。在玻俄提亞和拉棲代蒙，我們則看到相反的情況，在那裡，一切都分散在整個地區。

（梭倫立法：一種具有貴族政體成分的民主政體）——也就是說，雅典較早就有了城邦和地區的聯合，但很早也出現了三個派別，它們主要與人的地域性以及與此相關的生活方式有關：沿海居民、船夫，山地居民與平原居民。如果從生活方式的區別來解釋三派人形成的原因，這三派人可被稱爲三個等級。這幾個等級處於一種並不安穩平靜的狀態，當這種狀態構成一個整體，形成一種聯合、一種城邦狀態時，在貴族政體和民主政體之間就結束了一種不穩定的局面。梭倫立法確立了這種狀態。（梭倫爲七賢人之一，其他六賢人各有稱謂。七賢人代表了文化發展的一個階段，在這個階段中，出現了意識，出現了對於普遍觀念，比如對於普遍幸福的觀念需要。這也是爲什麼產生對法律的需要的所在。這幾位賢人首先是立法者，其中幾位被稱爲統治者、僭主，他們位處至尊，也是最有智慧的人。）梭倫給他的公民制訂了法律。一個個體能爲這樣的民族立法，如同少數俗人能夠抽到彩票，這眞可謂曠世奇運。

這裡要講明，如果人們說民主政體是一種本質的事物，在民主政體中民眾必須自己立法，那麼，在這裡一個個體制訂了規定體制的法律，就會顯得惹人注目。因爲梭倫也確定了私法。但是，如果人們說民主體制應當賦予民眾以立法權，在民主政體中立法應當由民眾掌握，那麼，這是一種很膚淺的說法。因爲民主就是體制，就是一種法治狀態的完成，在這裡那些重大的法律已經成型，這樣，繼續進行規定就只是非本質的事情。只要體制是體制，在每個體制裡那些重要的、眞正的法律便已經得到確定。梭倫爲雅典人創立了一種民主體制，不過，貴族政體也是其中的一個環節。梭倫的法律儘管規定了公民平等，但是富人依然享有優先權，尤其是在城邦機構的管理方面。所以說，在梭倫立法裡有一種貴族政體的環節。

〔克利斯提尼改革和阿雷奧帕古斯對改革的廢除〕——像人們認爲的那樣，民主與貴族統治之間的差別在隨後的時期因爲下述情況的更迭而有所縮小，這些更迭就是：克利斯提尼推行改革，使體制更加民主；但直到伯里克利時代開始爲止，〔關於〕一切事務都是由阿雷奧帕古斯作出決定，民眾對此無任何發言權；從伯里克利時代開始，阿雷奧帕古斯擁有的權力被取消了，因此，在伯里克利主政的時代才眞正出現了民主體制。

〔作爲私法關係的奴隸制〕——關於私人生活方面，我們要說，奴隸制是一個主要條件。但與斯巴達不同，在雅典奴隸只是偶然的私人占有，它是透過購買實現的。沒有任何一個自由的希臘部族會被雅典人當作奴隸。我們必須看到這個重要環節。

〔彬彬有禮與教養〕——忙碌的勞作，在倫理與法律上的平等，這些在希臘是根本性的，與此同時，個體性的差異性、性格的多樣性都能夠得到最好的發展，並發揮作用。在雅典城邦，我們看到個人之間的交往舉止都顯示出習俗和自由的彬彬有禮，這種特點滲透在細枝末節中，相當成熟。從內容方面看，彬彬有禮是一種禮貌，而不額外強調形式，我們通常也把這些形式算作彬彬有禮，如某些言辭表述或者禮貌表示。一切在我們看來是形式的事物，在希臘人的彬彬有禮中都是事物的實質要求使然。另一方面，這種彬彬有禮有始終承認他人的權利的意思，也有這樣的意思：我的表現體現了對他人發表意見的權利的尊重和對他是否願意聽從我的意見的尊重。如果我講話，而不管他是否願意聽我講話，我就冒犯了他的權利。即便考慮到講話的內容，也同樣如此。在我所說的這一切中，都有一種非分的要求，因為我說出的，也是按照聽者的意思說的，所以我彷彿要求他回答「是的」。這樣一種凌駕於他人自由之上的非分要求，必定不會以彬彬有禮的形式出現。在柏拉圖對話篇中就能看到那種對他人不斷表示的體諒，這種彬彬有禮已發展到最高層次。按照彬彬有禮，我一定不能做那些任何標榜自己、損害他人的事情。由此可見，彬彬有禮就是在一個人的言行中始終承認他人的權利。

更進一步說，雅典人的教化、他們的行為的形式是那些使他們在舉止方面優秀傑出的事物，從而使他們的勞動和活動都顯示出體諒他人的普遍性形式，使得他們從中獲得他們之間的協調一致。這種教養的素材一方面來自城邦，另一方面來自宗教中的崇拜，其主要方面是各種節慶。偉大的政治人物是由獨特的、民主的體制培養而成的，他們尤其存在於雅典，那裡的每個個體都被要求並且必須發揮自己的才能，而這只有在懂得滿足一個極有教養的民族的內心要求和輕快心境的情況下，才是可能的。

〔宗教中的崇拜：藝術的起源〕——宗教給予人們的才智最高的刺激，去創造藝術，因爲神是優美的、昇華爲理念性的個體性，是體現在感性因素中的精神理念的原則，因此，感性因素是服務於精神的。崇拜不是內心祈禱，因此，在各種節慶活動中，人們都是透過外在形式，而不是以內心情感來崇拜神。正因爲希臘人當時還沒有內在性，所以人們就用外顯形式來尊崇他們的神。因爲他們還沒有這種內在性，所以對神的崇拜就在於他們用優美來塡充他們的外在性。比如，雅典上演了一個城邦的戲劇，這個城邦爲優美而生存，對於公共生活以及全部生活的進程都具有一種意識，而且表現出從事實踐的精明才幹。

〔在伯里克利爲陣亡戰士所作的悼詞中雅典的自我意識的表現〕——在修昔底德的著作第二卷中，伯里克利爲陣亡戰士所作的悼詞給出了希臘精神的最佳概念。⑱他表達了自己對

(12, 372)

⑱ 見修昔底德：《伯羅奔尼撒戰爭史》，第二，第四十段。

雅典是什麼的意識，以及他對所屬城邦的理解比其他任何一個政治家都更加深刻。在悼詞中，他尤其說道：「我們愛優美的事物，不求豪華、不講享樂、不思高貴、不以此炫耀自己，我們只是爲了優美。我們做哲學思考，不因此而漫不經心、變得懶散，也就是說，我們對自己在做什麼具有意識。」這番話十分獨特。雅典人知道自己在做什麼，但這還沒有進展到純粹沉思的狀態，從而使精神從實踐中分離出來。他們熱愛的只是對自己的行爲和存在的意識，不對實踐性的事物造成損害。「我們勇敢，」伯里克利繼續說道，「不是因爲精神的粗糙原始，不是因爲ἀμαθία，即缺少教養，在這樣的情況下，精神什麼事也堅持不了，它放任自流，因爲它自身內空虛無物，因爲它還沒有內容。我們的心靈是有教養的，我們知道愜意的事情與艱難的事情，但如果我們不顧及這種認識，我們便無法避免危險。」

斯巴達的景象與雅典形成了對比。就起源而言，斯巴達人是多立斯人。這種區別如同這兩個部族之間的區別那樣在荷馬史詩中還未見到，所以這種區別是後來才形成的。

斯巴達的興起完全不同於雅典的興起。斯巴達人原先是多立斯人，從色薩利來到伯羅奔尼撒半島；他們是征服者，把在半島上見到的當地人變成奴隸，後來麥西尼亞人也遭此厄運。因此，斯巴達人和麥西尼亞人的關係就像現在土耳其人和希臘人的關係，而希臘人和征服者的權利是不一樣的。不過，土耳其人和希臘人的關係還沒有那樣緊張。那些奴隸的生存狀況要更加糟糕，因爲他們是奴隸，不像希臘人那樣是自由人，自由人則只承受賦稅，偶爾也遭受一些屈辱。斯巴達人以這種方式生活在長期戰爭狀態中，斯巴達人在其內部不斷進行戰爭演練，於是那些年輕的斯巴達人不斷地迫害奴隸，連和平時期也不例外，因爲愈來愈多的奴隸要逃跑。這在那時是一種符合國法的狀況，而現在在土耳其人那裡只有當他們暴怒時才會發生這種迫害。在戰爭時期，奴隸們還常常被武裝起來，但在戰後，這些勇敢的人卻被毫無信義地處死，被成批地屠殺。所以，即便在和平時期，斯巴達人也總是處於戰爭和自由的狀態。

第二個環節是利康爾戈斯立法。所有土地被分成三萬份，一部分分給亞該亞人，一部分分給眞正的拉棲代蒙人，他們內部是相互平等的，其目的是透過這種辦法使財產平等得以維持和建立。不過，這種安排和其他一些安排遠不足以達到上述目的，因爲實際情況違背了利康爾戈斯的目的和意願，土地落在少數人手中，我們看到最終造成了極不平等的情況。後來，利康爾戈斯禁止除鐵以外的任何金屬交易，由此切斷了對外貿易和城邦內的活躍商業活動。爲了保持習俗和人們之間的平等，公民們要按規定共同進餐，而這是一種備受稱讚的情況，它尤其得到高度重視。〔但〕對此不必評價過重，公民們一起吃飯，不是什麼偉大的事情，因爲飽食的人不會想到有人在享受更高級的佳餚美味。飲食原本就是私事，這件私事的本性在於，它〔理當〕在每個家庭中進行。共同進餐沒有什麼美德可言。共同進餐的費用由每個進食者本人承擔，太窮的公民負擔不起這個費用，就被排除在外。克里特人共同進餐，費用由共同體負擔。不過，舉世皆知，克里特人聲名狼藉。《新約》稱他們爲

(12, 374)

ἀγαθηρία，⑲即大腹便便的腐朽之徒。因此，共同進餐談不上是什麼平等，雅典人儘管沒有共同進餐，但他們以精神的方式生活在體育運動場上。

在體制方面，斯巴達是有國王的民主政體。不過，國王只是位列第一的高官、管理公務的首腦和戰爭的統率。後來，斯巴達出現了從貴族中選出的監察長官五人，他們在各處都被視爲是舉足輕重的人物，所以，斯巴達只是名爲民主政體，實爲貴族政體或寡頭政治。斯巴達民眾的精神是愚鈍的，致使統治及政府落到少數人手裡。在這樣的情況下，科學和藝術被冷落，個體性只能呆滯地湮沒在城邦氛圍中，無法透過自由的、精神的意識與城邦親近，無法了解百家觀點。於是，科學完全被排斥，法律與倫理的普遍性思想和原則都不可能在這裡出現，這是因爲，與一個無教養的城邦之間形成的緊張關係壓制了一切普遍的事物，它們不能規定斯巴達人的行爲方式。即使斯巴達人在內部也實行法治，那麼眾所周知，他們對於外來者也毫無誠信，普遍性的原則根本不能指導他們。

這裡還要提到一點：很多高貴的雅典人偏愛斯巴達。

在近代，有不少思想深刻的偉人，例如盧梭回過頭去尋找更好的事物，例如，與有文化的歐洲國家的狀態相比，他們更偏愛北美的原始野蠻狀態，因爲他們認爲，更好的事物存在

⑲ 見《新約聖經》〈提多書〉，第一章，第十二段。

於文化產生之前，但事實並非如此，更好的事物存在於向前發展的年代。所以，〔雖然〕我們永遠為希臘所吸引——那種希臘的生活、倫理性、體制，我們看到它的形態美好可愛，引人神往，但精神本身不能在其中獲得自己最大的滿足，客觀的絕對者還缺少一個主要環節，這個環節是美的，即眞理，而且法權、倫理性也還缺少那種來自自我意識的主觀統一性的高度自由。

與以往的更低的事物相比，更高的原則總是以衰落的形態出現在世界中。以往的事物已經將其法權和倫理發展為當下的世界和現實。更高的原則與這個世界和現實相對立，是作為另一種原則，作為摧毀這個世界的原則顯現出來的，它不承認這個世界，反而否定這個世界。這種否定首先構成了更高的原則，將會剝奪國家的存在，剝奪個體的美德。因此，這個更高的原則呈現為革命和禮崩樂壞。

(12, 376)

四、衰退與沒落

我們還要考察這個作為第三時期剩下來的衰落方面。這裡令人感興趣的又是斯巴達和雅典的區別。至於與此相關的外部歷史，伯羅奔尼撒戰爭則可算是一個重大歷史事件。

戰爭之始，伯里克利統治著雅典城邦，因為在人口眾多之地必須由一個個體來統治，必須有一個人始終處於最高地位。在共和時期，這個最高統治地位由一個獨特的人物占據

(12, 377)

著，此人必須能發號施令，並且只在給予他的許可權內履行職能。伯里克利可謂至賢之人，其自由、美德的個體性已達完美至極。雅典在這個時期擁有大量的盟友，它與一些島嶼結成同盟，友好地往來。這些盟友往同盟基金捐獻資金，雅典管理資金，裝備海軍。所以色諾芬說：「有誰不需要雅典呢？所有的富庶之地，所有那些充滿理智和精神的個體，他們理解政治和宗教中的值得眼觀耳聞之事，難道都不需要雅典嗎？」⑳在所有盟友中，雅典處於中心地位，因爲雅典同時還管理著同盟基金。即便有人指責雅典橫徵暴斂，將錢挪爲己用，以修建神廟和雕像，但也絲毫沒有浪費金錢。所有這些行動都有盟友的參與，色諾芬說，伯里克利誠心誠意地爲雅典城邦操勞。

在這樣的城邦聯合中，不是哪一個共同體有具體的強權，而是應當有一個抽象的中心。但在希臘，還沒有任何一種普遍的秩序，沒有任何一個抽象的中心，這一切在羅馬時期才變爲現實；相反地，希臘的每個共同體都想統管整個希臘。對戰爭的需要總是促使作這樣的聯合，並產生了暫時性的霸權，因爲沒有哪個成員願意作爲整體的某個部分。雅典和斯巴達之間的爭鬥就是起源於無法建立這樣一個中心，起源於對成爲這樣一個中心的渴求。

在伯羅奔尼撒戰爭中，雅典被敵軍拉棲代蒙打敗，後者與波斯結盟，而斯巴達使出卑劣

⑳ 見色諾芬：《會飲篇》，第八章，第三十九段。

手段出賣希臘，請求波斯給予幫助。斯巴達人需要錢，這迫使他們尋求外援，並最後求助於最卑鄙的手段。在拉棲代蒙與希臘的戰爭中，斯巴達再次做了叛徒和卑鄙小人。它向希臘的一些城邦和島嶼作出承諾，使它們擺脫對雅典的依賴，但又把它們變成自己的附庸，將所有城邦的民主政體轉變成寡頭政治。斯巴達還第三次做了叛徒，拉棲代蒙人、斯巴達人在安塔爾基達斯和平時期將小亞細亞的希臘城邦拱手讓給了波斯人。

接著，以底比斯為首的城邦揭竿而起：它們反抗斯巴達的奴役，這時斯巴達沒落了。我們看見麥西尼亞和阿卡狄亞又恢復了生氣，成為城邦。底比斯在派洛皮德和伊巴密濃達的領導下，孤軍奮起，此後卻再次陷入以往的境地。派洛皮德和伊巴密濃達死後，底比斯幾乎又恢復了以前的狀態。但是，希臘各邦之間以各種方式形成了友好或敵對的關係，如果沒有這樣的關係，就沒有一個城邦能夠存在，沒有權威，就不能鞏固各城邦之間的和平和安寧。這樣一個權威必須來自外部。

這樣的情況造成了希臘對外在政治上的衰敗。因為不僅各個城邦之間分崩離析，而且每個城邦內部還派系林立，所以總是有一部分公民顛沛流離，很快又回歸故土，其他一些人又被迫逃亡。

但是，希臘民族此時經歷的主要形態，即〔被稱為〕變化的另一〔環節〕，在一種自己把握自己的思維的開始階段有它的基礎。它是由思想而來的，處於內在事物的原則之中，處於主體自我意識的自由的原則之中。

我們看到希臘人的藝術、哲學，並讚嘆這些作品，它們永遠是我們的楷模。儘管如此，在希臘全部的本質中仍然存在著原則方面的局限性。希臘世界缺少的事物不是一種具體的立法，不在於法律有什麼樣的缺陷，也不是各個個體的熱情，毋寧說，這種事情必須就其本質加以考察。希臘人的宗教，他們對於絕對者的意識，是優美，就是說，是一種具有感性環節的精神事物。所以，他們的宗教和崇拜就是藝術。他們的神是優美的個體性、神是優美的，卻還不是眞實的。他們的體制、他們的法律、律法事物和倫理事物都只是一種習慣。他們沿用的生活方式還是習俗和習慣的直接方式，他們的意識還缺少對主體性原則的認識，缺少對良知的認識；這是思想在自身內的這樣一種反思：在這裡應該被視爲眞的事物，是透過**我的**理性、透過**我的**精神的見證、或透過**我的**感受得到確認的。由此可見，他們還缺乏精神的無限性，這種精神是一個內在法庭，一切當前發揮作用的事物都應在這個法庭面前給自己作出合理論證。

我們可以看到，這種內在性在希臘是逐漸透過兩種方式產生的。那種優美的宗教會受到思想的理想性的威脅，這種理想性與美的理想性完全不同。同一條原則也威脅著法律和國家體制，但同時也與這種理想性併存，各種激情威脅著各個個體，任意性威脅著這種特殊的主體性。這種內在性是雙重的：一是普遍的內在性，是眞理的理念，由這種理念中產生眞的原則；另一個主體性是特殊的事物，是總括了各種激情和任意性的心願。在希臘的自由原則中已經有思想本身也得變得自由的含義，所以，隨著藝術、宗教和體制的充分發展，思想也開

(12, 380)

始同時充分發展。思想的發展與藝術的發展齊頭並進，而現實的對立面也隨之發展。我們看到，從泰勒斯開始，哲學家們在創造著這一個個進步，而這只能發生在希臘。

首先，科學是作爲對一切對象進行論證的理智出現的。這一番在人的觀念王國中進行的勤奮勞作爲世人所誇讚。那些科學家、那些致力於改變思想的大師，被稱爲智者，一個現在在我們看來有些負面意義的稱謂。希臘人的思想在變得強大，敢於攻克一切，開始感受到自己的力量時，就把握了一切對象，把握了倫理、律法、信仰和信念，滲透到了這一切對象中，使它們成爲精神性事物，並把它們剖析至微；思想的力量顯示自己是這些對象的主人。但是，智者起初在一切對象的這種可變性中還沒有把握自己，還沒有找到自己的中心地位。所以，智者的事業、學問一直是「雄辯的」藝術，它必須尋找和承認某種作爲固定目的的事物。它在人身上設定了這種固定目的，於是具有特殊性的人變成了一切事物的目標、目的，功利性變成了最高的事物。這樣，心願就被弄成了最終目的。這種「雄辯術」是暢行各方的，如今也還在發揮作用。客觀眞理由此遭到否定，在主觀性的心願面前，思想使一切變得搖擺不定。

在伯羅奔尼撒戰爭初期和整個戰爭中間，在蘇格拉底那裡發生了這樣的事情：思想的獨立性站穩了腳跟，自在自爲地存在的事物被認爲是普遍的事物，思維被認爲是最終目標，被認爲是在當前發揮作用的事物，人須從自身出發，不是從他的心願出發，而是從作爲普遍者和思考者的人自身出發，發現並認識什麼是眞與善，並且一切應該在當前發揮作用的事物

(12, 381)

均須在思想的這個內在法庭面前給自己作出合理論證。蘇格拉底由此發現了本眞的事物，也就是被稱爲道德原則的事物。蘇格拉底常被稱爲道德導師。不過，他更多的是感受到道德，而不是傳授道德，因爲希臘人都知道什麼是倫理的事物。倫理原則從它的整個客觀內容方面看，是一直當下存在的，而且在各種關係中都爲人所知。但是，人應該在自身之內尋找它，從自身出發發現它，從信念和動機出發規定它，這是蘇格拉底特有的立場。他不是一個單純的宣傳家、教育家，毋寧說，他所說的事物是他的眞正的原則。

這個原則說出了世界的分裂，一個內在世界由此找到了它的基礎，它和至此唯一的客觀世界分開了。以前那個眞實的世界現在被規定爲一個與內在世界對立的外在世界。人在自己的內在世界中發現了自己的法庭，於是，各個個體就能從此開始在內部強化自身，以理想方式滿足自己，獨立地參與城邦生活，不讓自己受城邦的束縛。此時，思想也開始讓一切應當發揮作用的事物在自己面前作出合理論證。這時出現了ῥαθυμία〔希望〕，並提出一個問題：是否存在著諸神，這些神是什麼？此時，柏拉圖將詩人荷馬和赫西奧德從他的城邦中趕了出去，他要求用思想來代替關於絕對者的感性觀念。㉑因此，思想、主體性的這個更高原則就在這裡降臨了。

(12, 382)

㉑見柏拉圖：《理想國》，326c。

蘇格拉底的命運是一部最卓絕的悲劇的命運，他在法庭上被當眾譴責，他的死被視爲最大的不公，因爲他完滿地履行了他對家鄉的義務，給他的民眾開啟了一個內在世界。他獨立地論證了思想的權利；但從另一方面來講，雅典民眾也是完全有道理的，他們必定已經深刻地意識到，這樣一個包含正確內容的原則會削弱城邦法律的聲譽、會摧毀雅典城邦。就是說，蘇格拉底的學說是完全正確地作爲一場最高的革命出現在民眾面前的，所以，民眾詛咒他死，蘇格拉底的死是最高的公正。

希臘人的生活中有一點是獨特的：城邦的形式是習俗，直接發揮作用的是主觀事物和客觀事物的統一。我們現在的國家生活被安排得完全不同於雅典民族，可以把對待宗教的主觀信念和內在生活更多地視爲無關緊要的。內在事物、道德生活不是國家的對象。在雅典的城邦生活中，還有一些類似於亞洲的國家生活中的事物，因爲客體性和主體性存在於沒有分離的統一性中。阿里斯托芬極其澈底地洞察到了存在於蘇格拉底原則中的事物。雅典民眾爲他們曾經詛咒蘇格拉底而後悔也是必然的，因爲他們必然會感到，自己詛咒的事物已經沁入他們的心房。因此，他們詛咒了自己的事物。蘇格拉底之死也並非無辜，他的死或許不算悲劇，而只是感動人心。悲劇性的偉大人物就是那些並非無辜地死去的人。在蘇格拉底身上，更高的原則是以其最純粹的、自由的方式，以思想的形式表現出來的。在這裡出現了現實和思想之間的分裂。

思想不僅構成自己與現實的分裂，而且還構成純粹在自身內的存在、自身與自身的同

(12, 383)

一和在自己的理想性中的和平。思想已經與現實分裂，人們可以說：世界的心臟必須先破裂，然後才會在精神中實現和解。前者透過蘇格拉底實現了。在蘇格拉底身上，這種分裂還是抽象地與現實相對立，和解也呈現爲抽象的思想。

此時，正是藝術自身破壞了優美的宗教。藝術使一切感性事物成爲能啟示的。如果素材本身不超越和離開自然這個藝術理念，如果藝術是完全自生出來的，使素材達到了完善境地，那麼，一切感性事物就都是能啟示的，人們的興趣也逃離開了對象。啟示能陳述的，僅僅是精神能承載的內容，這種內容在被啟示出來後，對理智和感性事物來說同時仍然是祕密的。這樣的理智是思辨宗教的更高內容，它不沉醉於外在性中。不過，在希臘宗教中已不再〔發生〕這樣的情況。雅典民眾做到了將藝術發展到頂峰，這就使藝術的內容失去了興趣。藝術的原則不再有趣，不再是宗教內容。可笑的是，有人說柏拉圖要排除藝術和詩。有人說，由藝術表象爲至高無上的事物應當被承認爲絕對者，這正是柏拉圖所排除的，他並沒有排除藝術和詩。柏拉圖沒有排除藝術，而只是不再把它看作神。

政治方面的民主政體也遇到類似的情況。民主政體超越了自身，自己使自己陷入了矛盾：個體性爲了成爲現實的，必然會被推到頂峰，同時民眾應該實施統治。爲了實施各項決議，民主政體必然將個體性的發展推向頂峰，因而自相矛盾，這是因爲，要執行多數人的決定，就必然需要個體性。所以，民主政體如果不是一個粗野民族的體制，而是已經發展得完美，就必然是短命的。伯里克利犧牲了希臘人的個體性。在他的個體性裡，普遍性就是

(12, 384)

這個至高無上的頂峰，它在這個美的、清晰的整體中眞實存在著，民眾也同時在這個整體中實行統治。不過，這樣的情況只可能出現一次。伯里克利之後，城邦便被貢獻給了特殊的個體性，就像以前個體性獻身於城邦一樣。我們講過：內在性、主體性可以是普遍事物，是思維，如蘇格拉底身上展現的那樣；另一方面，內在性、主體性也可以是特殊性、激情、個體的貪欲，這個主要是衰退的方面；但在雅典人，這個方面也表現得更加理想化、更加溫和。所以，這樣的個體性還歸屬於城邦，因此，即使是這個原則的模糊面，即特殊性，雅典人表現得也比斯巴達人更有節制。在斯巴達，特殊性表現爲單純的城邦衰落，表現爲單純的主體自爲存在的特殊性原則，或內心意願的特殊性原則，也表現爲統治欲和貪欲。這些情況我們在雅典人身上也能看到，他們認識到自己的衰落，不停地嘲笑自己的錯誤和惡習，斥責他們，也嘲弄自己。民眾們嘲笑自己、譏諷自己，這種情況我們在任何其他族群中都看不到。羅馬人不會出現自我嘲諷的情況，而只有士兵嘲諷將官。羅馬的民眾看到凱旋的尤利烏斯．凱撒遭到嘲笑，就像自己遭人嘲笑一樣。

這裡還要提到希臘社會生活的結局。雅典受辱之後，斯巴達占據統治地位，但也爲時不長，它被底比斯人打壓下去，然而底比斯人占統治地位之後不久，就被福基斯人打敗，福基斯人擺出一副不信神的姿態，劫掠和摧毀了德爾斐的阿波羅神廟。

阿波羅神廟的毀壞造成的整個結果是：在這些神廟中被摧毀的作出決斷的意志不再在理念中得到保護，免受其他意志的威脅，〔相反地〕這種作出決斷的意志在這時必定是來自外

(12, 385)

部，以現實的方式保護自己。由於這種意志不再是作爲神諭存在的，所以必須有一個外來的國王透過現實的意志作決斷，成爲希臘的統治者。這就是說，在希臘必定發生了從神諭決斷到由眞正的國王作出決斷的過渡。這種過渡的本性是以極其幼稚的方式表現出來的。外來的國王腓力在希臘建立起他的政權、他的權力，同時也承受了人們對這種權力的憎恨。他的兒子接管了他的權力，以期自由地運用這種權力。

希臘的第二個青年亞歷山大，將這樣一塊依靠各種各樣的技藝發育成熟的土地整合到自己的新麾之下，但這塊土地已經不再名副其實，它在自身經過充分發展以後，喪失了自己的政治生命。〔亞歷山大〕成了作出決斷的意志，他對內平抑了依然存在的騷動和希臘社會生活的內在不安，〔對外〕征戰希臘的母邦——東方，一舉結束了東方與西方由來已久的戰爭，這場戰爭很久以後才再次爆發。他的這一舉動一方面爲希臘過去遭受的禍害向東方報了多年之仇，但另一方面也千百倍地回報了希臘透過文明的起源從東方所接受的一切美好事物，因爲他讓東方這時分享了希臘過去從那些起源作出的成果，使東方上升到發育成熟並獲得幸福的階段。亞歷山大完成的偉大事業和不朽成果，是他把這個前亞細亞地區發展成一個希臘。

大家一定不要人云亦云，像一個歷史編纂者說的：如果沒有流血成河，亞歷山大才算偉大。人們只要看一下世界史，肯定不會再指責流血和戰爭，因爲它們是世界精神用以推動自己不斷前進的工具，概念才是決定性的。人們也一定不要說，亞歷山大死後，他的帝國便開

(12, 386)

(12, 387)

始衰落、四分五裂了。儘管他的王朝不復存在，不再繼續進行統治，但希臘人的統治仍然存在，雖然他的兒子、他的妻子羅克珊娜和遺腹子被殺死了。亞歷山大的偉大和名望體現了希臘個體性發展的頂峰，他能建立起一個希臘的世界帝國，但沒有建立起家族統治，這正是因爲，他是一個堅定完美的個體。要完成這樣的天職、要建立這樣的家族統治，時代還沒有到來，——〔這需要〕家族統治成爲國家統治的一個根本環節。構成一個抽象的統一體，建立一個獨一無二的帝國，這不再是希臘的原則，毋寧說，對羅馬人才是敞開的。

亞歷山大的帝國包括現在的土耳其，將這片土地納入了希臘版圖。人們還可以發現希臘與土耳其有一種更親近的聯繫。亞歷山大從巴克特里亞的粟特娶回羅克珊娜爲妻，她是亞洲最美的女人，粟特是土耳其部落最初的所在地。因此也許可以說，〔在那裡〕以前是男性主政的民族進行統治和擁有土地的，這時則是女性主政的民族進行統治。亞歷山大在巴克特里亞生活了兩年，到過斯基泰人居住地，與斯基泰人打過仗。假如我們有像希羅多德那樣的歷史學家記述這些活動，我們就會從中獲得很多啟發，了解一些生活在那裡的民族彼此之間的關係，了解這些民族和我們看到後來在歐洲出現的那些民族，即匈奴人的整體關係。巴克特里亞王國持續了兩百年，羅馬人來了以後，它便衰落了。希臘帝國在小亞細亞、亞美尼亞和埃及及繁榮昌盛達幾世紀之久，這些地區都根據自身的特點建立起王國。

在希臘本身依然存在原來的舊關係和對外的政治關係。希臘的各個國王都敬重這些小城邦的共和政體，對自己起源於這些城邦倍感榮幸。他們甚至在一些城市中有一些財產，

(12, 388)

他們在這些城市中認爲，由於他們爲維護城市所起的〔作用〕，自己受到了尊崇。「解放希臘」特別被視爲巨大的榮譽，〔「希臘解放者」〕在當時成了一個光榮稱號。兩者成了時髦口號，但實際上只意味著，保持希臘的各個城邦和共同體的軟弱，把每個城邦都孤立起來，把整個希臘瓦解和分散成無數微不足道的城邦和共同體。所以，羅馬也起來反對希臘，羅馬原則使希臘原則走向沒落。

如果我們對比一下這些城邦的前後狀況，便可以說，亞歷山大的個體性正處於前後狀況的中點。希臘城邦引起人們對歷史的主要興趣，個體之所以受到褒獎，是因爲他們爲城邦而勞作。城邦對這種功勞的褒獎在民主政體中必然引起個體的羨慕，就像對這種功勞的報酬激勵他們去勞動一樣。〔不過〕，正是主體的人格激勵自己作出這種重要貢獻，反之，在亞歷山大之後，構成重要興趣的不再是城邦的命運，而是個體的興趣造成幸福與不幸，城邦的命運取決於個體。在亞歷山大統治時期，民眾的力量與個體的力量是平衡的。事業是個體的人格力量。個體正是屬於這樣一種事業的事物。事業既是必然要完成的，也同樣是只能由這種個體著手的。整個過渡期都圍繞著這個樞紐，圍繞著亞歷山大個人運轉。

亞歷山大的父親腓力二世曾不得不利用一些政治小伎倆，利用一些聰明小手段，創造和積累資金。他的兒子則不必再使用這些小手段，因爲父親已經鑄就了權力這個工具。他將齊備的工具交到兒子手中。一方面，亞歷山大是由古代學識最豐富、思想最深邃的哲學家亞里斯多德教育成人的，這位哲學家運用他的最深刻的哲學和形而上學引領亞歷山大理解歷

(12, 389)

史，他的形而上學連現在的很多形而上學領域的教授也不理解。他沒有用教育王儲的方法教育亞歷山大，沒有用遊戲的方法教給亞歷山大那些有知識價值的事物。因此，亞歷山大的情感和深厚天賦能夠得到釋放，成爲思想的要素，所以他不再受偏見的束縛，而能夠完全投身於行動。亞歷山大的偉大統治天才讓他揮灑出大手筆，使亞洲成爲希臘的榮耀，並建成輝煌幾世紀之久的世界之城亞歷山大里亞。

他與他的士兵的關係同樣值得稱道，作爲王侯與統帥，他有尊嚴地統領他們；他也確實胸懷遠大目標，懂得要像伯里克利對雅典人那樣，對士兵們談話。他在給士兵施加重任的同時，也擴大了他們的生活圈。但他與他父親的老臣們的關係就不那麼輕鬆了。這些老臣都是些經驗豐富的大丈夫，他們把自己的豐富經歷和已有功績看得至高無上，對參與政事的青年一代心懷忌妒。要他們承認一個青年的行動更加偉大，承認這個青年做的事情比他們所經歷的、所思考的和所成就的事情更加偉大，這對他們而言實在是奇恥大辱。這種忌妒在巴克特里亞的克里托身上發展成暴怒、發展成進行反抗的盲目暴怒，這種暴怒畢竟得到了全面回應，也許從總體上看是有貢獻的，但結果卻很不幸。亞歷山大生性勇敢，遠近聞名，不論在戰場上還是險境中，他總是衝鋒在前。同樣偉大的還有他的死，臨終前，他在床上坐直，對軍隊講話，向他的朋友們告別。與阿喀琉斯一樣，亞歷山大也是功成而亡，死當其時。他的事業完成了，他的圖像也畫完了，他爲我們留下了成熟的事物。他的個體性中所內涵的最偉大的、完滿的直觀成爲一種形態，這種形態常常被一些短淺的反思弄得黯淡無光。亞歷山大的個體性只能產生在希臘，只能在這裡引人注目。不過，希臘的體制不能接受和容忍這樣一種個體性。柏拉圖的深刻眼光對這一點理解得非常好，十分確切。他對體制的構想只是理解和展示了希臘倫理生活的現實，沒有理想性，他所說出的是希臘倫理生活的現實本性。但他洞察到，來源於主體性的衰落威脅著希臘的原則，所以他要從家庭和私有財產中排除和驅逐主體性，於是他描述了一種只有實體性倫理原則應占支配地位的狀態。但在這種個性、這種人格中就蘊藏著精神的更高自由的萌芽和原則，這種自由精神從此將會進入世界歷史。如同個體的特殊人格這時已經成爲自由的，不能忍受希臘的社會生活，特殊的獨特性在此時也規定了各個形態，這些形態使希臘的各個城邦相互有別。這是優美的諸神，城邦形態的差別沒有給他們的神性造成任何損害。但是，假如由此取消了把他們結合起來的聯繫，這時就只有醜陋乏味的抽象特殊性還存在，這種特殊性固執己見，矜持地自我封閉，與其他特殊性發生衝突。給我們提供了這場面的，就是在亞歷山大死後，直到西元前一四六年爲止，還持續了一百五十年的希臘歷史。在此期間，希臘的狀況令人哀嘆，一方面，城邦之間的關係是講權謀的，以致只有各個不同的城邦聯盟十分高明地編造的謊言和進行的博弈才能維護住城邦。這一時代的另一環節是一些特殊的個體性，它們決定著城邦命運，由於自己的特殊利益和特殊激情，將城邦從內部分裂成林立的幫派，每個幫派都試圖獨占鰲頭，以乞求國王的恩寵，並把這種恩寵拉扯到城邦的關係當中。雅典還保持著平穩的狀況：在各門科學中，雅典直到最後都令人崇敬。埃托利亞同盟是一個強盜同盟。亞該亞同盟和伯羅奔尼撒同盟起初有很長一段時間都聲名在外，受人景仰，後來也因同盟首領的惡劣行徑而衰敗沒落，它們後來在羅馬人那裡找到了支援。

在這段時期中還能引起我們興趣的，是這樣一些偉大的個體，這些個體是偉大的悲劇人物，但他們只能反對和抵制惡的事物，他們借助他們的管理工作和藝術暫時維繫自己的母邦，尤其在對外方面；但他們卻無法營造出穩定健康的社會狀況，而在這種努力和戰鬥中不斷走向沒落，不能合理合法地給他們的母邦帶來寧靜與安全，所以他們是否一直舉止得當和純潔，依然懸而未決。這段時期中普盧塔克和波利比奧斯對社會生活的描寫，對我們來說很有意思。波利比奧斯給我們講述了這個時期的城邦歷史，此時的城邦歷史已不太吸引人了，因爲現在是個體才偉大。普盧塔克的對生活的描述享有偉大文明的美名。對更古老的傳說人物的生活，如對忒修斯的生活的描寫，一方面帶有神話性質，另一方面這些傳說人物的生活與城邦的生活恰好在同一個時期。（至少在以前，這兩位作家是最受讀者歡迎的。）在我們當今所處的時代，有了最佳的歷史描述。斯巴達和亞該亞同盟這兩類城邦給歷史描述提供了最好的素材。在這裡，忒修斯的故國的朋友們同樣不得不與城邦內部的派系抗爭，而這些派系總是在城邦外部尋找朋友，與自己的城邦爲敵。亞吉和萊奧尼達斯這兩位國王試圖遏制罪孽，但很不幸，因爲他們必須內外樹敵。亞該亞同盟提供了美妙景象，透過波利比奧斯描述的歷史，人們從這些景象中看到，講求實際的善良本性在這樣的狀態中或者感到疑惑，或者在徒勞無功的嘗試之後不得不退縮。這樣的狀態在這些個體那裡必然導致他們最終

(12, 392)

遭受的一種暴力，一種懲罰和揭示舊事物的軟弱無力的暴力。在所有的特殊性都在城邦和個體中把自己弄得固定不變的地方，針對這種特殊性和這種有限性的固定作用，就有一種命運，這種命運只是以否定性的方式反對它們，既盲目又冷酷，並且抽象。體現這種命運的角色就是羅馬帝國。

(12, 393)

第三章　羅馬世界

拿破崙曾對哥德說，悲劇的要旨是命運，在我們這裡既然我們不再可能有古人的這種命運，政治就可以取代命運的地位。①單純的特殊性和個體性必須屈服於兩種情況的不可抗拒的權力——國家的目的和權力就是這種不可抗拒的事物——並且政治作爲力量，不可能聽任個體，而是必須犧牲個體。

這就是羅馬帝國的行爲，是作爲單純抽象的普遍性的力量，由此命運這抽象的普遍事物邁進世界之中。特殊性的生命在羅馬帝國被套上枷鎖。羅馬將所有的神靈彙集和禁錮到表現它的世界統治的萬神廟裡，也將所有的不幸和所有的傷痛積聚到這裡。羅馬撕碎了世界的心，但只有從世界的感覺到自己不幸的心中、從精神的自然性的這種不幸遭遇中，自由的精神才能發展和提升。

我們在希臘世界有個體性，在羅馬〔帝國〕則有抽象的普遍性。在這種普遍性中，具體的事物僅僅是自私自利，是乏味的、實踐的統治。所以，在羅馬人這裡我們不會涉及任何本身精神性的、自由的生活，這種生活沒〔有〕對一種理論直觀的愉悅，而僅僅是一種沒有活力的生活，一種僅僅以實踐的知性爲其目的的活力，這個目的就是要確立以實踐的方式維持

---

① 參閱哥德「一八〇八年十月二日與拿破崙的交談」。見弗・馮・畢德曼（F.von Biedermann）編：《歌德談話錄選輯》，第二二四頁。

自身的、僵化的普遍事物。我們可以簡要地進行闡述，因爲這些規定是形形色色的材料歸納而成的。

對此必須談到的首要事物，〔是〕一般的羅馬精神。

就地域性而言，世界歷史更多地移向西方。但它〈這時〉還處在阿爾卑斯山脈的另一邊，即地中海地區，只有到了後來才行至北方。羅馬是依河而建的，但這條河流不再像在東方那樣有溫暖、悶熱的成分，也沒有形成任何亞洲式的流域平原，而是因其與海洋的關聯而饒有趣味。同時，羅馬在陸地上擁有牢固的基地，並向海洋延伸，而推羅馬和迦太基不得不單純地向著海洋形成起來。但假如我們問羅馬帝國發源於哪塊陸地，則無可告知，可以說，羅馬是在陸地以外形成的。因爲在這裡，與希臘的情況相反，中心點就是最初的地方，遠方地區〔是〕這個中心的延伸。拉丁人、薩賓人和埃特魯斯坎人居住的這三個地區都在這個中心點銜接，至於羅馬更多地屬於哪個地區則無關緊要。在這個地方，羅馬最初呈現出來。

羅馬不是起源於一個家族或一種家長制形式，也不是一種以和平生活爲目的的聯合體和混合體，毋寧說，這塊開放的土地是一夥匪徒的目的地，甚至羅慕路斯、埃涅阿斯和努米托爾等人也跟匪徒差不多。說羅慕路斯和雷穆斯在這裡建立了一個新的、歷史的中心點——即帝國，是有歷史根據的。〈羅馬〉與特洛伊的一種古老聯繫在傳統裡變成某種非常普遍的事物，後來成了義大利人的一種眞正的、正式的偏好，即〈認爲自己〉起源於特洛伊。

(12, 394)　(12, 395)

李維曾指出稱爲特洛伊的許多地方，所以李維認爲他的故鄉是安特諾爾的一個殖民地，②而我們在古德意志的諺語中也找到一種相同的偏好。可見在編年史中，古德意志人也是起源於特洛伊的；但在精神上我們起源於希臘人，而不是起源於特洛伊人。羅馬不論是否像李維所意願的那樣與特洛伊存在關聯，都是牧人與劫匪的結盟產物，是羅慕路斯和雷穆斯建立起來的。這個最初的群體擴展成colluvies〔烏合之眾〕，由此變成一個容納所有聚集的民眾的自由場所，變成供給獲釋的奴隸、無家可歸者和罪犯的一座urbs omnis asyle〔整個避難的城市〕。

一個同樣確定的傳統是，最初的羅馬人是沒有女性的。沒有女性，他們就邀請鄰近的一些民族來舉行祭神的慶典。在這裡，羅馬人與這些民族結合，他們甚至在後來的一些時代都不是透過婚姻結合的，他們從這類民族——埃特魯斯坎人和拉丁人不會去〔參加慶典〕，只有薩賓人的山區居民會去——劫掠婦女，由此表明，他們是把祭神當做藉口加以利用的。在此，羅馬宗教的主要特點已經表現出來，即它有實現政治的目的。這就是這樣一種共同體的形成過程，這種共同體是羅馬後來的整個歷史的典型特徵。我們看到積極的排斥和消極的排斥這樣兩種情況，即一種是排他的地域性，另一種是共同體由以得到擴展的劫掠方式。

② 見李維：《羅馬史》，第一卷，第一節、第二節。

尚須說明的第三點是這種結合緊接著產生的後果：羅馬人的婚姻關係。在希臘人那裡，雖然國家形成以前沒有家長制關係，但畢竟還有家庭關係。他們也聯合起來實現各種和平的目的，與劫掠的羅馬人相反，他們以培養捍衛領土的意識爲條件，因爲海盜的滅絕才是他們繁盛的條件。相反地，羅慕路斯和雷穆斯恰恰是從家庭中被驅逐出去的，所以羅馬人甚至不是合法地透過求婚，而是透過暴力和掠奪獲得他們的妻子的。因此，羅馬遠離天然倫理生活的情感。這樣一來，天然倫理生活的缺失立即就表現出來，從這種缺失中產生了對家庭的嚴酷，以致對家庭情感的嚴酷從那時起就一直保留下來。

女性在羅馬人那裡尤其以兩種方式出現在婚姻中。第一種方式是透過confarreatio〈共食婚〉建立的完整婚姻，她由此進入in manum〈夫權主宰的〉婚姻，成爲mancipium〈獲得的所有〉，成爲女奴兼mater familias〈家庭主婦〉，即filiae loco〈嫁出的女兒〉：婚姻出現在關於女兒的法律中。丈夫成爲妻子的事物、包括她的dos〈嫁資〉和她以前擁有的其他事物的完全所有者，在更遠的年代〔丈夫〕本人甚至主宰妻子的生死〈丈夫由於酒醉和通姦可以對妻子生殺予奪〉。這就是婚姻的最古老形式。

另一種方式是透過對女性的usus〈使用〉、奪取、占有、利用，透過usucapio〈時效〉建立的婚姻。也就是說，女方一旦與男方生活一年整，沒有分開三個晚上，無須具體的儀式就成了男方的in manu〈夫權主宰的〉妻子。但她只能稱作matrona〈已婚主婦〉，男方也不是她的財物與財產的所有者。他們的兒子沒有in sacris〈祭神〉權，像mater familiae

〔家庭主婦〕一樣。女方在外滯留三個晚上，就不是奴僕了，會獲得尊重和尊嚴。因此，不依附於丈夫就在於，擁有透過擺脫丈夫的權力而反對丈夫的權利，與我們的時代相比，情況是相反的。在我們這裡，妻子在與丈夫的統一中獲得尊重。

第三種方式是透過買賣，後來取代了第一種方式。

在父親的mancipio〔所有〕當中，妻子是奴僕，或者說，是全然依附性的，子女們也處於同樣的關係中，他們沒有財產和自己的權力，甚至不能由於想要尊嚴而擺脫父親的權力。只有flamen dialis——即朱庇特的祭司和維斯太廟的女祭司是脫離父權的，因爲他們成了廟宇的mancipio〔所有〕和祭司。同樣，〔後來〕立遺囑的隨意性也達到了無以復加的地步。因此，我們看到，這種倫理生活是完全剝奪公民權利的，而且對於家庭，丈夫被賦予一種僵化的原則。

與丈夫的這種積極的嚴酷對應的是他的消極的嚴酷，羅馬人在面對國家時就處於這種消極的嚴酷中，因爲抽象的命令同時導致抽象的服從。他們一方面是專制者，另一方面自己又受到統治。羅馬人就這樣透過犧牲一切天然的、具體的倫理生活而處於國家共同體中，這是羅馬人的偉大。這種與國家的抽象統一、這種對國家的全然順從，構成羅馬人的偉大；這在我們這裡大概在軍隊中才會有，儘管我們對此仍要區分出軍人的公民關係。但在羅馬人，公民關係也充滿著這種嚴格性。

想要對這種關係有進一步的直觀，就必須把爲人處事的羅馬人當作戰士。羅馬人毫無動

(12, 397)

搖、毫無屈服地將國家和國家命令擺在面前，這表現爲一種偉大。這種特徵一方面表現爲羅馬人的美德，另一方面又必須被視爲一種強硬，羅馬得將自身的維繫歸功於這種強硬——這就是這一品性不僅向羅馬的外部，而且在它的內部表現出來的情形。在平民與元老院之間形成並發展至起義的民眾紛爭中，在國家的秩序和對法律的尊重遭到揚棄、法律的統一遭到毀壞的地方，對形式的尊重幾乎始終存在，以致對秩序的崇敬促使平民重新達成秩序，化解了他們的各種正當的和不正當的要求。即使沒有戰爭，〔羅馬〕通常也會委任一位獨裁官，然後這位獨裁官就徵召公民入伍，迫使他們作爲戰士離開城市。李錫尼烏斯頒布的法律對平民與貴族的關係具有至關重要的意義。這些法律的實施可能需要十年的時間，由於一些護民官之間的矛盾，追隨李錫尼烏斯的民眾在這些法律得到採納和實施之前得等待十年以上。不看到對國家命令的這種順從和這種尊重，就無法理解這種紛爭的歷史。羅馬人起初的狀況已經有了萌芽，也就是說，在自身蘊含著能夠實現這種狀況、這種順從的條件，因爲唯有透過嚴格性才能將無家可歸者團結起來。

進一步的內容應是揭示這樣一種紐帶的嚴厲和這些戰爭的嚴酷得以產生的具體的、內在的、自然的發展過程，而這種自然的可能性應到古義大利各個民族——這些民族的彙集形成了羅馬的共同體的——生活中去尋找〔和〕發現。但我們對這些民族知之甚少，因爲羅馬的歷史學家平庸淺薄，不像希臘的歷史學家那樣描寫敵對民族的生活。

已經一般地得到說明的是，我們是從東方移向西方的，並且開始於那種東方的一切有限

(12, 398)　(12, 399)

性的無限往復，開始於個體沒有能力知道自己是獨立個體的狀況，同樣也開始於自然對象的規定性向無尺度的事物的回復。所以，〈在世界史中〉存在的首先是這種無尺度性，其次是靈魂和界限在希臘被賦予優美的個體性。希臘人尊重有界限的事物，同時賦予它靈魂。第三，有限性的意識和對有限性的堅持向我們表現出來。在這個時期，相對於希臘人在不確定的事物與確定的事物之間和諧悠揚的詩歌，相對於確定的事物，出現了生活的散文、有限事物的因素，即作爲一種終極事物的知性的抽象物，顯示這種散文、這種抽象的事物就是終極的事物。

家庭由於有易碎性就沒有擴展開，而始終是堅硬的統一體。

埃特魯斯坎的藝術也顯示出這一原則。就埃特魯斯坎的藝術作品被視爲道地的、不是出自一種發展程度較高的藝術而言，我們對這種藝術所知道的是完善性，是機械的技藝與製作的上乘之作，但沒有希臘的理想主義的優美，缺乏希臘藝術的理想性。它是對肖像的特定、平淡和枯燥的模仿。因此，外在的平淡和內在的抽象是〈它的〉一種基本規定性。

生活環境也呈現出這種枯燥性和這種知性的規定性，並且被置於它們之中。家庭的分離不屬於這種情況，家庭是不存在的，因爲缺乏愛；我們反而在這種規定性中還得述及gens〈氏族〉的分離。這樣〔一種〕gens〈氏族〉從政治特點來看也是一種自身固定的事物，這些gentes〈氏族〉數世紀都在信念和稟賦方面保持著它們的獨特品性。任何gens〈氏族〉都有它自己的Lares〈保護神〉、Penates〈守護神〉、Sacra〈聖物〉，已經成爲一種絕對

(12, 400)

固定的事物，以致這種固定性有了一種宗教事物、一種絕對固定事物的形態。在希臘人那裡，家庭也有它們的家神和獨特的Sacra〔聖物〕，但更多的是祭神和侍奉一位神的神職人員，而這位神是整個民族都信奉的。但在羅馬，任何家庭都有自己固定的祭神儀式。

在羅馬人這裡，與這種固定性相關聯的是禁止貴族與平民之間的通婚以及如何處置遺產等方面的局限性和排他性。這樣，一塊耕地的limites〔界線〕（例如在西塞羅的演說Pro domo sua〔《爲家園辯護》中〕）③也就變成一種神聖的、固定的事物。某些同樣微不足道的瑣碎事物也變得同樣神聖。在這一點上要看到的不是虔誠，而是虔誠的反面；當某種非神聖的事物被變成一種絕對的事物，這些本身平庸淺薄的、有差別的事物被變成神聖的事物時，這裡就沒有任何必然的、神聖的事物了。

與這種固守知性差別的做法相關聯的是羅馬法的發展。

正是自爲的抽象人格在這裡變成了固定的事物。我們將法律的發展歸功於羅馬人的非自由的、無情感的知性，歸功於非自由的、無情感的羅馬世界。這是一筆巨大的饋贈，但不能將這樣的法律視爲智慧或理性的最終成就。例如，以前我們曾在東方國家看到，倫理、道德和宗教都被變成法律，甚至在希臘人也是這樣。因此，這樣一來體制就存在於習俗之中，因

(12, 401)

---

③ 見西塞羅：《爲家園辯護》，第一一六節。

而後來甚至存在於各種易變的內在事物之中，存在於主體性的內心之中。羅馬人完成了重大的分離。他們由於創造和發展了法律這種抽象人格性的無情之物，而理應獲得榮譽。但他們自己卻成了這無情之物的犧牲品，這樣就爲後來的族類預先做了些事情，由此激發了精神的自由，免去了〔人們去做〕一項不甚愉快的工作。但他們還沒有同時擁有精神、情感和宗教。他們沒有將精神、情感和宗教與形式的法律分離開；但〔他們〕單獨發展了後者，前者由此脫離了後者，因而完全與後者分離開。

這樣一來，藝術也有了技藝的一面。人們一旦有了技藝，就可以在自由的優美中隨心所欲，優美的藝術就可以自由地發展自己。但那些認爲藝術的本質就在於這種技藝，主張在這種技藝中就能找到至高無上者的人，是不幸的、可悲的。手藝在藝術中並不是開端，而不過是週邊的外在方面。

在近代各個時期，啟蒙的知性同樣強占了宗教的內容，它起初一意孤行，以爲可以在知性中獲得全部宗教，但相反，必然發生的事情是宗教和哲學的更高事物與知性分離開了，儘管宗教和哲學知道感激知性，因爲知性透過宗教與知性的融合，揚棄了單純有限的、狹隘的事物與理性的那種融合，並使有限的事物發展到一個特殊的領域。

所以，羅馬人本身絕不單單有法學家，宗教在這裡已經能夠從他們身上邁向定在。

我們現在就要過渡到羅馬人的宗教。我們已經看到羅馬人仍然相信有限性的知性，我們看到他們被連接於知性的規定性。他們的宗教也表現出知性的規定性的特點。西塞羅從

(12, 402)

religare〔連接〕推演出religio〔宗教〕，並在這方面爲majorum〔前輩〕的眞理感到高興。④在羅馬人，事實上有一種被連接的存在；而在希臘人，宗教是自由的想像產物、美好的自由；在基督徒，則是精神的自由。希臘宗教和羅馬宗教不是相同的宗教，儘管〔諸神的〕名字都保留了下來。借助羅馬人的自身不一致的原則，借助這種分裂，局限性和特殊性在整個羅馬國家同時得到了發展和規定。

這種否定的事物、這種界限在一般的精神中，進一步地說，在精神的意願中，是一種有限的、有局限的目的。對羅馬的精神而言，一種有限的目的就是最終的規定。在羅馬人，沒有倫理生活的自由享受；我們在他們這裡看不到自由的、倫理的生活，而是看到他們在自己的目的中對有局限的利益所抱的極其認眞的態度；在希臘人，則有著深刻的嚴肅認眞。因此，羅馬人是全然實踐性的：他們是一定要實現目的的〔人〕，他們在〔確立目的的過程〕中不是理論性的，因爲這種理論要求針對客觀事物採取無關利害的活動和方向，需要一種自由的客觀性。

因此，羅馬人秉持的神性和篤信不是任何自由的事物，而是一種自身有局限的事物；相對於這種有局限的事物，神性和篤信自身就是一種不自由的事物，而相對於神性和篤信，這

(12, 403)

④ 見西塞羅：《爲家園辯護》，第一四一節。

種有局限的事物也是一種不自由的事物。

但從這種局限性開始，也進而在羅馬人身上有了一種內在性，有了這種事物的一種在自己內部的、對自我的堅持。這是一種分離，即這種事物在自身之內的、由目的的局限性造成的規定性，因此內在性自身帶著這種局限性走了進來。可見，羅馬人是這種抱著有局限的目的的認眞的和實踐的人，因爲這種有局限的事物就是他們的最終事物。東方人沉淪於寧靜的懶散、沉淪於實質的自相統一、沉淪於自身，而不關心特殊的事物。希臘人是無限地活動的，具有輕鬆愉快的意識，這種意識毫無目的，僅僅是由暫時有局限的目的推動的，因爲精神就其爲自身確立一個目的而言，已經在自身以自己的堅定性直接超越了有局限的目的。但羅馬人被束縛於迷信之中，並且十分認眞。他們視之爲絕對的事物，本身就是一種被束縛的事物，沒有從特殊目的的局限性中擺脫出來。

雖然我們在羅馬宗教裡看到很多希臘神祇和其他曾被希臘人接受的事物，但即便是這種被接受的事物，聽起來也是衰弱乏力的。這給我們的感覺是，好像羅馬人在談論一種外在的事物，我們要對此保持冷靜態度。但此外，羅馬人也有一些帶有鄉村質樸氣息的、本土的和自然形成的宗教節日，這些節日同時產生一種明快的事物，其中包括一種明快的、比較深沉的祈禱。但它們的主要特點仍是某種特定的意志和目的的堅定性，羅馬人從他們的神祇那裡渴求這種意志和目的，並且是爲了這種意志和目的而崇拜這些神祇的。由此可見，羅馬宗教是一種具有合目的性、有用性和局限性的宗教。

(12, 404)

我們看到大量乏味的神靈，他們涉及生存狀況、粗俗技藝和各種感覺，出於對有用技藝和類似規定的考慮，他們被羅馬人的枯燥想像力提升爲一種威力，羅馬人把這些神靈當作一種威力，〔當作〕一種終極的事物加以崇拜。爲瘟疫女神、饑饉女神設立了祭壇，福納克斯女神也受到崇拜，諸如此類。其他的神靈是主宰和平、〔**恬靜**〕、憂傷以及許多這樣的枯燥狀況和技藝的神靈。他們把朱諾當作莫內塔女神、當作鑄幣女神，而赫拉是普通生活的女神。可見，鑄幣業在羅馬人眼裡成了某種神聖的事物。我們看到，進一步的情形是，在危難關頭，諸神受到乞求，羅馬人在危難之時作出承諾和宣誓，這樣諸神就能從外邦趕來解圍，以致羅馬人的所有節日都是對各種事件的紀念。幾乎他們的所有節日都是出於特定的動機，幾乎他們的所有廟宇都是出於處境的危急，透過宣誓建造而成的。實用的事物、有局限的目的是他們的節日和廟宇的基礎。不存在對更高事物的任何無關利害的普遍感激、讚頌和朝拜，而是只存在特定的合乎目的的事物。

我們看到，希臘人是出於對美好事物與神聖事物的熱愛而建立他們的廟宇和祭神儀式的。我們在羅馬人的競技中正好看到同樣的特點。羅馬人只是觀眾，而表演者和競技者是獲釋的犯人、僕從、奴隸和下人，後來還有角鬥士，他們已被判死刑。尼祿〔遭〕致最大非議的事，就是他親自登臺表演。表演對於羅馬人是一種外在的、旁觀的戲劇，後來蛻變爲野獸〔被〕帶到人們面前撕咬人，蛻變爲人與人的相互搏殺。一天裡有六百隻獅子進入競技場，還有鱷魚、大象、熊這些來自世界各地的動物。角鬥士大多先前已被判死刑，他們進行五千人之眾的人海搏殺，他們高呼：「我們作爲臨死的人恭迎您，陛下。」所有臨死的人都必須爲羅馬人提供搏殺的場景。可見，爲了盡興，羅馬人要求一種現實的痛苦、現實的殘暴。

所以，這一類的苦難、痛苦，對羅馬人變成理論性的，變成一種理論性的目的。可以說，自從有了羅馬人以來，這種情形就在他們心底以這種方式對他們成爲客觀的。這就是羅馬戲劇的方向，即羅馬人並不親自參與這些表演和慶典所具有的意義。羅馬人的這種認眞態度是與展示自己的人格相反的，其前提是在他們身上已經形成一種內在的目的、一種內心的價值與威嚴、一種自爲的堅持，這種堅持不能在外在性中形成，不能單純在這種感性中體現出來，而優美的個體性則是完全從自身形成在自身之中存在的事物。當人已經在自身形成一種內在合目的的性時，〔羅馬人的〕這種情況就不再是可能的。美好的神祇完全表現爲他所是的事物，但在〔個體的〕威嚴中有他的另一種變得外在的事物。

占卜官極盡其能事向迷信者展示的占卜和西卜林神諭集，完全是爲了自己達到目的，以致這些儀式也就僅僅變成了實現目的、實現貴族統治的手段，例如，西塞羅後來也明確地把這些儀式視爲對民眾的誆騙。⑤

⑤ 見西塞羅：《爲家園辯護》，第三十六節以下。

所以，羅馬人的宗教是一種實用性的宗教，在其中特殊性被變成絕對的。在國家體制方面，有差別事物和局限性的這種神聖化以及（由此造成的）混亂也是主導原則。整個原則，即族類的不平等，導致任何平等的民主制、具體的生動性都不可能像在希臘那樣發生。基本規定是一部分gentes（氏族）的占據優勢的統治。同樣，在羅馬也不可能有任何君主制，因爲君主制以特殊性的自由發展的精神爲前提。在這裡，目的仍是一種有局限的事物，而在這種作爲國家目的的有局限的事物中，個體受到束縛。羅馬的原則、羅馬的體制只允許貴族制，但這種貴族制也立即成爲在自身懷有敵意的和有局限的事物，甚至在最完善的實存中也不可能是自爲成熟的形態，而是在自身擁有對立和鬥爭，它們唯有透過不幸和困苦才能短暫地得到調解。貴族制其實是一種（在）自身不一致的事物，這種不一致的事物只有強硬才能加以統一。

一、羅馬史的各個時期

現在我們必須講授歷史的觀點了。在羅馬也出現了三個時期。我們先前已經把這些時期視爲：形成的時期、涉及東方國家的原則的時期和（涉及）隨後的原則的時期。

(12, 406)

二、羅馬權力的形成

至於第一個時期，即形成時期，已〔被〕談論過。在羅馬的形成時期與作爲世界歷史民族登上世界歷史舞臺時期之間，內在原則的發展達到了自身的最高力量的頂峰。

羅馬憑藉王權締造了國家的開端。羅馬的紀元以西元前七五四年爲開端。西元前七七六年，舉辦了希臘奧林匹克運動會。羅馬國王大多是異邦人。羅慕路斯、努馬·龐皮里烏斯、霍斯提里烏斯、塔爾奎尼亞家族、塞爾維烏斯以及後來的國王，全都是外國人。可見，國王大多都是異邦人。

在羅馬歷史上這時不存在任何像在希臘那樣的美麗的、神話的前景，不存在任何神聖威力，不論是自然的還是倫理的。這些具有物理規定和倫理規定的威力以神祕的方式到了希臘人的精神中。在羅馬歷史上缺乏這樣的相似之處。〔在羅馬〕最古老的事物同樣是以特定的方式開始的，我們不能將它視爲詩歌。這無疑是傳說的，詩意的事物絲毫不在這些歷史記載中。這些關於各個世紀的、必須被視爲歷史的記載，是確定的，極少具有詩的形式，所以毋寧說，最確定的知性同樣是在這些記載中表述出來的。羅馬人部分地源自埃特魯斯坎人和拉丁人，知性在這些人的典章制度中同樣是顯而易見的。國王很快就作爲多餘的事物而遭廢除。作爲遭到告發的原因是一位女子受到侵犯，這位處女所受的侵犯後來導致革命，〔並且〕在這次事件中導致十人團被驅逐。在這樣的時代，我們把最深的、內在的侵犯看作對名

(12, 407)

(12, 408)

譽和家庭和睦的侵犯，因爲在這些時代名譽是最內在的事物，同樣，在後來的時代最內在的事物是良心，良心是最內在的、更深刻的方面。但在這裡，人們感興趣的是家庭孝道。

由於邪惡的敵視和邪惡的仇恨，發生了與國王的分裂，這始於一次違法的侵犯。變革乍看起來顯得很重要，但這種從君主制向共和制的過渡畢竟不具有多麼重大的意義，因爲這種君主制還不是什麼君主制，甚至連「共和國」都是一個不確定的名稱，因爲在羅馬人這裡只有貴族制，而沒有美好的民主制。因此，從國王的廢除來看，其實沒有任何事物發生了變化。國王的權力被賦予了貴族，in specie〔特別是〕被賦予了執政官。

一方面，進一步的發展涉及行政，即特殊事務與最高權力被分立和分離，例如私法。〔另一方面〕在進一步的發展中，主要的事情在〔於〕貴族與平民的差別和關係。平民由於國王的廢除而獲得一種不利的狀況，貴族由於國王的廢除而一無所獲。國王們，尤其是安庫斯·馬基烏斯，早先也厭惡和痛恨貴族。他們曾對民眾抱以好感，抬高民眾地位，至少在法治的市民社會裡曾給予民眾以一定的地位。貴族們也厭惡國王，包括最後幾位國王，因爲他們由於鎮壓平民而受到阻撓。這種阻撓在這時被清除了。在任何國家都存在的持續的、永恆的關係，是民眾在更高的王權那裡獲得自己的盟友，得到國王的庇護，但容易受到欺騙，並且民眾鄰近中間階級，在受到國王的壓制時，就與中間階層一起反對國王的優勢地位。

這時，所有的要職和幾乎所有的地產都被集中在國家手裡。民眾缺乏地產，因此貧困化

(12, 409)

是民眾的命運。在李維的記載⑥裡，塔奎尼烏斯的最終做法，即透過提供公共勞務來為民眾謀求生計，受到了感激和讚譽。第二個不足之處是，司法掌握在貴族手中，缺乏確定的成文法律，所有其餘的國家權力也都是這樣。十人團透過編寫未成文的法律彌補了這一不足。但他們濫用了他們的權力，這唯有透過反抗才能加以阻止。民眾的貧困化由於所欠貴族的債務被部分勾銷而暫時地得到了消除。另一種方式是〈民眾的貧困化〉由於農業法而獲得改善。

一部分平民本身，或者至少後來大部分淪為平民的人，處於被保護民與貴族的關係中，就像後來在日耳曼人那裡發生的封建關係一樣。儘管費盡周折，這一狀況還是沒有完全釐清。這種關係包括：被保護民必須在他們的保護人的女兒出嫁時向保護人繳納一份貢賦；他們必須掏錢贖回作為戰爭被俘虜的兒子；如果保護人輸掉官司，他們必須因保護人所犯的罪過而援助和頂替他本人。這些被保護民這時可能已經是平民的一部分，他們是一個特定的階級，一方面具有強烈的依附性，另一方面，他們的數量如此龐大，以至於貴族在配備武裝的情況下都處於劣勢。自此以後，平民就取得了國家財產的使用權，或者說，地產的一部分或財產可能完全被贈給了平民。但所有這些都不過是透過極其激烈的鬥爭爭取來的，並且這些

⑥ 見李維：《羅馬史》，第一卷第四十七節：「他庇護低級的人們，即他本人所屬的那個階級的人們，他嫉妒別人的尊榮地位，而把從國家首要人物那裡得來的田地在最可鄙的人物中間加以分配」。

(12, 410)

鬥爭取得這種優勢，構成了一個主要的轉捩點。只有到了後來，行業和公共財富的分配才實現了阻止貧困的局面。在權利方面，民眾集會由於護民官制度的採用而在公民政治領域有了分量，以致民眾這時部分地爲自己透過各項決議，這一部分是民眾自身單獨進行的，一部分是與元老院一起，一部分則是元老院單獨進行的。但護民官甚至可以〔透過〕否決來阻止民眾的決議，元老院和執政官同樣可以廢除民眾集會的決議，因爲預言權和占卜權掌握在他們手中。除護民官和民眾決議的分量之外，主要的一點是，最終所有的職位、所有的國家要職都與平民分享，而貴族幾乎同樣像阻止農業法那樣曠日持久地設法阻止這一局面。

（在西塞羅時代，貴族還獨攬著祭司的要職。）在征服城市後的一千年，這種局面才得以實現。平民的地位提升可能在最初的四百年裡就得到了實現。《李錫尼法案》大概頒布於三八九年，平民藉由這個法案獲得了耕地，後來也〔透過〕牙座法案獲得了耕地。這一時期成了羅馬民眾最強大的時期，因爲在這個時期以後，平民就產生了滿足，共同的國家利益這時變成一種普遍事物。國內鬥爭已令人厭倦，激奮情緒調轉了方向，民眾必然轉向國外，這就是民眾最強大的時期。國內已平息的騷動轉向國外。滿足感儘管從它的內容來看還是很欠缺，但在當下看來至少是夠多的。不過在後來，這種欠缺的事物就發展得愈來愈令人擔憂了。

在考察羅馬的這種體制時，可以說，它作爲貴族制是最壞的體制，儘管亞里斯多德想讓οἱ ἄριστοι〔貴族〕進行統治。「最好的人應當從事統治」是一個很好的原則，⑦但如果ἄριστοι〔貴族〕單純是一種形式事物，並且變壞了，這種體制就是最壞的體制。但羅馬貴族制不像威尼斯的貴族制那樣僵化，而是在自身也產生了自己的對立面，因而產生了實踐性事物。所以，我們在這裡看到一種貴族制，但也看到這種貴族制的對立物，這是兩個端項，只是它們已經開始達成均勢，並第一次產生了一種平衡。但這是最糟的關係，因爲平衡本身——即本質事物，才是第三者。這個第三者必須現實存在，而且是它本身，而不是產生它的那兩個端項，它必須是現存的和現實的。美好事物同樣是精神事物與感性事物的平衡，但不是說這兩個方面本身是現實存在的，而是說兩個端項本身並不是差別，反之，只有這個第三者、即平衡是現實存在的。但在這裡，情況並非如此，這種平衡在羅馬國家只是緩解性的、暫時性的；此後，平衡的打破愈來愈令人擔憂。對立雙方起初達成的平衡，產生了自己對外的方向；這一方面帶來幸運、財富和榮譽，這些事物本身有助於團結那種糟糕地結合起來的事物，但另一方面也同樣帶來可怕的不幸和困苦，而這種不幸和困苦自身當然是與各個抽象的方面連結起來的，即便只有一段時間之久。

(12, 412)

⑦ 關於最優秀者應該治人的主張，見亞里斯多德的《政治學》。參閱蕭育和譯的《政治學》譯本，臺北，二〇二〇年，第一卷、第三卷。

必須考察的另外第二點，是羅馬人對外、即在其戰爭中所表現的偉大。羅馬人對外戰爭的首要特徵是堅定的團結和對國家法律的服從，可以這樣來確立羅馬人的美德，即羅馬人在這種愛國主義中，在這種對國家所要求的統一性的忠誠和絕對的犧牲精神中獲得一種立足點。這種團結經常挽救羅馬，並且將羅馬與其他並不把這種抽象的團結當作自己原則的義大利民族區分開。

羅馬人的軍事藝術是第二個特徵，而這個特徵又取決於第一個特徵；〔羅馬人的軍事藝術〕同樣是獨特的。每個偉大的統帥都或多或少有他自己的用兵方式，幾乎總是採用一種新的兵法。在馬其頓人，嚴密的方陣是慣用的戰術，這種方陣的第八位士兵用他的長矛伸向前方。羅馬人的軍團也具有方陣的整體性。羅馬人的陣勢雖然也極其龐大，但在自身更加緊密相扣和便於分散。〔它〕沒有輕裝部隊的統一性和分散性兩個極端，而是一個自身緊密相扣和行動靈活的穩固整體，這也是新的軍事藝術的原則。

關於羅馬的戰爭可以說明、講解和概覽這些戰爭是無聊的事情，不論它們的形式是如何多種多樣。在李維那裡，枯燥的修辭和講述特別無聊，無非強調羅馬的戰爭總是積極正當的。但〔戰爭〕雙方的人都總是有這樣的情況。〔對方的〕歷史學家的修辭方式也仍是無聊的，他們總是僅僅說：羅馬人只研究敵人的抽象事物，以致人們只會獲得各個民族的名稱，而在語言、習俗、軍事、體制等方面對個體性一無所知。

在征服的這第二個時期有羅馬人的美德和這些偉大的、德性高尚的人物，這些人物僅僅爲了國家，想要成爲他們本來就是的那樣。

三、羅馬對世界的統治

借助實力的增強，羅馬進入第二個時期，因爲羅馬人透過積聚小額資本彷彿變成了自身擁有實力的大資本家，這時他們邁進第二個時期，登上了世界舞臺，首尾相連的圓形國家就像一幅全景畫面，與高盧、西班牙、迦太基、義大利、馬其頓、小亞細亞的各個帝國和希臘聯繫，然後與埃及、埃庇內斯聯繫。簡言之，與地中海的整個地區聯繫起來，在這裡各種事物錯綜複雜，彼此糾結。波利比奧斯深諳這一時期，⑧並進行了描述，他是一個亞該亞人，成了各個黨派的犧牲品、成了他同胞的卑劣性的犧牲品，另一方面也是羅馬人的犧牲品。

迦太基是對抗羅馬的一支主要力量。迦太基的強大在於海洋關係，因爲它沒有任何眞正的陸地軍隊和國防軍隊。漢尼拔從極度混雜的各個民族和努米底亞人中組建成他的強大部隊，借助這支部隊，他使羅馬叫苦不迭。然而這支隊伍沒有任何持久的供給，純粹是靠他的

(12, 414)

⑧ 見波利比奧斯的《通史》。這部巨著（四十卷）記載和敘述從漢尼拔的西班牙戰爭到彼得那戰役期間（西元前二二〇—前一六八年）羅馬主宰世界的歷史。

主觀才幹團結起來的。漢尼拔在義大利駐兵三十六年後發現，不論是他的故國的同胞，還是希臘人以及馬其頓和敘利亞的早已自身瓦解的軍隊，在他們精疲力竭的時候，是沒有任何手段能戰勝羅馬人的。希臘及其各省的根基已經枯竭頹敗。這樣一來，羅馬勢必成了地中海和四周鄰國的領主，所以這時只有從這個週邊進一步拓展自己的疆域。在這一時期出現了西庇阿家族的一些倫理的、幸福的、偉大的個體，這些個體生活在他們故國的一種倫理的、健康的狀態中；但大西庇阿也是不幸的，他死於被流放的時候。

從這場戰勝迦太基的勝利開始，羅馬腐化成風，個體性變得多種多樣；但這種個體性不可能再具有偉大的品格。個體的偉大在各個能對照的事件中變得更加顯著，但個體再也不能契合他們故國的意義。緊接著這個美好輝煌——這種輝煌不是內在地作爲理想事物發展出來的——時期的，不是像希臘人那樣出現精神的完滿，而是直接出現特殊性。那種表現爲敵視他人的緊張情緒消退了，因爲羅馬人再也沒有必要作爲戰士來擁有它。這時，他們可以變得更加具體，因爲他們的抽象事物是完滿的。雖然這種與國家的抽象統一停止了，但他們沒有修整好自己以達到美好的、具體的形態，憑藉他們的嚴厲性加以抑制的特殊性，反而從各方面爆發出來。

這時（西元前一四六年），西班牙人開始進行劫掠，開始占領小亞細亞和希臘，同時〈羅馬〉也爆發了內外暴亂。希臘人的各種暴亂，希臘騷亂和朱古達戰爭，與辛布里人和條頓薩托里人的戰爭，還有馬略與蘇拉的各個聯盟國家的戰爭，都暴露出羅馬貴族制的澈底敗壞。斯巴達克斯領導的奴隸起義，米特里達提戰爭，所有這些不幸都在五〇—一〇〇年之間接踵而至。在五〇—一〇〇年期間爆發的這些暴亂，展現的是那些變成主要角色的個體，因爲羅馬國家的利益，即羅馬究竟是否應當存在和應當如何存在，此時都以他們爲轉移。這又成了一段表現極度個體性的時期，像亞歷山大死後的希臘一樣。這時的中心人物有馬略、格拉古兄弟和西塞羅。最後，凱撒終於出現了。凱撒是具有羅馬人的合目的性的完美形象，一個天眞、樸素的人，他一無所求，他作爲統治者而存在，〔並且〕不受任何局限性和任何激情的阻礙。

這個歷史巨人的事蹟非常值得進一步加以考察。偉大的個體是與不幸搏鬥的，他們的主要不幸在於，他們不能純粹地維護倫理的事物、不能抵制非倫理生活。甚至連最高尚的人，例如格拉古兄弟，也不僅屈服於外在的不公現象，而且也屈服於他們自己的、內在的不公之心，因爲他們被迫踐踏他們爲之獻身的事物。在這些個體身上有著生命的偉大時刻。當漢尼拔回到迦太基時，他所做的第一件事就是必須把演講者從演講席上攆走，因爲演講者覺得漢尼拔已爭取到的和平太可恥了。戰勝辛布里人和條頓人的馬略不得不在蘆葦中藏身，坐在迦太基的廢墟上。凱撒夜晚在盧比孔河邊來回徘徊數小時之久，思索世界的命運，並突然作出決定，但後來負傷二十三處〔而亡〕。歷史在這樣的時刻是豐富的。這是我們在普魯塔

(12, 416)

克身上發現的，⑨他的觀點提供了這樣的直觀，即人的胸懷知道容忍哪些相反的事物。

凱撒曾發誓要統一這種巨大的分裂格局。對外，在阿爾卑斯山脈的另一邊，他打開了高盧和日耳曼，向北方世界滲透，從而發現和開啟了一個新的世界。另一件事情是，他後來站到了羅馬世界的頂峰，但他不是像蘇拉那樣透過在廣場上發起一場內戰，也不是透過各個黨派之間的鬥爭進行的，而是征服了整個四分五裂的羅馬世界。他進行的鬥爭顯得並不像一場私人鬥爭，而是反對徒有虛名的共和國，所有中小黨派的成員都不過是處於共和國這個稱號的羽翼之下而已。凱撒自由地、公開地反對這些人，攫取了共和國的權力和稱號，用一個具有特殊性的個人意志取代了眾多的特殊性，超越了眾多的個人意志。一個人必須在眾人之上進行統治。所有的事務過去都是由各個黨派行使的，所有的事物都是激情和特殊性。凱撒取代了這些低級狹隘的特殊性，然後滌淨了羅馬。沒有任何作爲（比）這種純粹個人意志的統治更有必要。但情況如當下顯示的，凱撒遭受謀殺，死於二十三處刺傷、死於一些高尚個體所犯的一次令人詫異的、罕見的錯誤。但事實顯示，這並不是由個體性的局限造成的。西塞羅本人，這位羅馬的國父，可能已經看到國家的福祉僅僅在於或有賴於一些特殊的個

(12, 417)

---

⑨ 見普魯塔克著《希臘羅馬名人傳》。參閱席代岳譯本，長春，二〇〇九年，卷二，第十七篇，第二章第六十五節。

人；於是，一次變革就總是必然的。這樣一種巨大的變革，即產生一位統治者，想必發生過兩次。發生過一次的事情可能是偶然發生的，在這種意義上可以說，一次算不上是一次。所以，奧古斯都的風格必定延續下來，拿破崙也必定兩次遭到廢黜。最早是奧古斯都，然後是提比略，他們仍然使國家的各種形式存在下來。

羅馬的體制已經達到了只是單純形式的地步，即某種自身毫無實質的事物。威力、統治和權力這樣的事物從羅馬體制中析離出來，落到一個將自身變得強而有力的個人意志的手裡。個人意志的統治手段很簡單。皇帝們把領導權委讓給元老院，但在羅馬附近擁有一個軍營和一些兵團，可以刺殺元老院中那些表示不滿的議員。這種手段後來對皇帝本人來說也很快就不再有必要了。在這裡我們看到，後來帝王身上特殊的主體性驅使自己通向全然無度的現實性。特殊性僅僅以死亡爲它的局限和界限，而死亡成了一出單純的戲劇。所以，尼祿的死或許可以被視爲一個面臨死亡而毫無所謂的範例，這裡沒有恐懼，沒有未來，任何事物都不過是當下擺脫束縛的個人意志的欲求。對其他人的意志、對某種普遍事物的限制是不存在的；但統治關係沒有任何局限。在整個世界中，沒有任何意志是與帝王的意志相同的。帝王，這些皇帝，體現著精神的充分外化的存在，即完滿的和能知的、具有願望的和毫無限制的有限性。在這種統治下，一切的一切都像本來的那樣井然有序，因爲只有和諧，即所有的人與這一個人的統治和意志的一致，才是必要的。帝王對具體的事物沒有任何興趣。在具有這種形態的高貴者、好帝王這裡，重要的不是具體的事物，他們甚至對具體事物提不起任

(12, 418)

何興趣。他們是一種幸運的偶然性，這種偶然性讓現狀保持不變，了無痕跡地流逝、了無痕跡地消失。他們只得希望好或者壞。這裡沒有抗拒、沒有思想，也沒有某種應當被創造出來的事物。因此，甚至安東尼家族也不會突發奇想去設立一些建制，相反地，種種建制依然是特殊的事物和特殊的意志。羅馬世界由於處於純粹特殊性的這種頂峰而固若金湯、井然有序。這種偉大的特殊性如此牢固，以致美德和惡習都顯得無關緊要；任何對立都不再存在，任何事物都完全無效，〈對立〉雙方不過是體現特殊性的事件。所有事物也都像本來是的那樣井然有序，因爲單純的有限性就是目的。而在這種牢固的存在中有著精神的這種外在性，包含著深層的斷裂。

但與這種秩序相反、與這種有限性相反，主體已經展現出來。自在的絕對主體性、與這種抽象有限性相反的己內存在的無限性，已經毫不起眼地襲來，顚覆著一切。精神是絕對地外在於自身的，這個精神統領世界，絕對的根據已經生成，已被賦予這一秩序。所以，當一個個人意志統治整個世界的時候，就會由此導致巨大的斷裂。在奧古斯都本人的統治之下，在這位使特殊主體性的統治首開先河的完善的、單純的統治者之下，相對於那種本身被視爲終極事物的有限性，對立面——即無限性已經顯現出來，但在自身又是與這種本身確定的有限性的原則統一的，只不過採取了這樣的方式，即有限性僅僅是現象的形式，絕對者、自在自爲的存在者則是內容。就這樣，基督教這個世界歷史的事件登場了。

在此不是要考察、也不能說明什麼是眞正的宗教和上帝的理念，而是僅僅考察和說明當

(12, 419)

期限到了的時候，⑩它們在這個日期的顯現或顯現的必然性，因爲歷史就是要研究眞正的事物的顯現過程。因此，眞正的理念必須預先加以設定。

絕對的理念是自在自爲地存在的普遍事物，這種普遍事物僅僅是對思維和在思維中存在的，但不是說普遍事物是抽象的事物，是空洞的、絕對的存在者，而是說它是同時在自身無限地、內在地得到規定的事物，是絕對的否定性，或在自身具有規定性的一切形式、但又作爲無限形式的普遍事物。這種上帝的理念是太一，是完全普遍的事物，一切自然的事物、特殊的事物都湮沒在其中。但這個太一採取這樣的方式，就仍是抽象的。而具體的規定也必須被確定下來，並且特性不是具體的規定，因爲特性本身始終是一種特殊的事物（雖然不像希臘諸神那樣是感性上的特殊事物，而是太一的各種特性）：這些特性本身僅僅具有特殊的內容：全能、全善等等。這些規定畢竟沒有充實主體。東方人命名了形形色色的神，但這些規定不能窮盡一切，而僅僅是各種想要窮盡一切的嘗試，這些嘗試並沒有充實它們應當充實的事物，僅僅是一種單調的無限性。所以，這種太一的各種特性並沒有窮盡太一的本質。眞正無所不包、內容充實的存在者，在被把握時，就是太一。這種存在者是窮盡了一切的，而這

---

⑩ 這個說法來自《新約聖經》〈馬可福音〉第一章第十四—十五段：約翰下監以後，耶穌來到加利利，宣傳上帝福音，說「日期已經滿了，天國近了，你們應該悔改，應當相信福音。」

就在於，這種規定性不構成許多特殊的事物，這種規定不是一種特殊的事物，而僅僅是返回到了自身，所以它不僅將自己打發到自身之外，而且也將自己拿回自身之內，返回自身之內，它是自爲存在。

這是無限的充實：太一這時應當絕對地得到規定，在自身規定自己。並且這種規定性是絕對的規定性，不是空洞的、絕對的、無限的規定性，而是這樣兩種事物：它在將自己打發出去的活動中，〔持存於〕另一種自相聯繫，而同樣將自己拿回自身：這種返回活動是一種絕非任何界限的界限，這種充實是理念的充實。理念是這種規定自己、特殊化自己的太一；它將自己作爲自身的他者產生出來，但在這個他者中並沒有失去自己；〔它是這樣一個太一，這個太一〕在這個他者中本身不是他者，毋寧說它像設定非他者一樣，否定自己的這種否定事物，從而就這樣返回到自身。上帝就是這種從自身排除出他者，在這種被排除的他者中處於其自身的無限生命。這種關係是思辨的形式。

(12, 420)

我們在許多形式中，例如在感受中，都了解這種情況：在感受中，當我在另一個意識中擁有我的意識的時候，我們就把這當成愛。我進入一個他者，不是處於我自身；我是不完整的，在一個他者中擁有一種意願和認識，而我的這種處於一個他者中的認識和意願就是我自己；〔這種認識和意願〕只有在一個他者中才被歸還給我，以致他者對我來說不是任何他者，而完全是我自己。但雙方是不同的人，互相排斥著，並從他者中返回到自身。

在更高的形式中，這個理念是精神。精神的定義就是這個理念，正是這個內容，作爲

(12, 421)

基督教的學說在三位一體中得到體現。只有在這裡，在這種宗教中，精神的概念才得到說明，從而上帝的本質得到顯現，因爲精神所是的事物得到了顯現。基督徒知道什麼是上帝，因爲他們把上帝當作三位一體的事物加以認識。

把握這種眞理有兩種方式：一種是透過表象進行把握的信仰的方式，另一種是思考眞理的思維的方式，即透過理性進行把握的認識的方式。在兩者之間有知性，知性是對有差別事物的堅持，它不知道使有差別的事物返回統一性之中，而是停留於抽象事物。知性在接近眞理時破壞了眞理中的眞的事物。知性只知道上帝是三位一體的，只知道基督是一個有道德、有德性的人，而不是神聖的。誰不懂上帝是三位一體的，就根本不懂基督教。但關於基督的美德，即他〔是〕一個有道德、有德性的人，穆斯林也是知道的。如果有人沒有掌握基督教的眞理，他就根本沒有掌握任何眞理，因爲這是唯一的眞理。

基督教這時可以從它的開端加以把握，這樣它就是一種已經過去的和保存下來的事物。但它同樣是活生生的、當下的精神，這種精神此後不斷地自我探索，使自己達到了一種更加深刻的意識。所以，關鍵並不在於《聖經》是否明確論述上帝是三位一體的。這是執著字眼。教眾和教會的精神，即作爲特定存在者的精神，是發揮效用的精神，是現實的精神。基督想處於他的教眾中並教導他們；精神將帶來一切眞理，在這方面不必咬文嚼字。所以，《聖經》中的事物，作爲先前被認識的事物，還不是眞正的事物。正是教會和教眾，認識了眞正的事物，獲得了這種意識；正是眞理的精神，使自己從其自身達到了確定的意識。這

(12, 422)

是基督教、理性和思辨理念的基礎。知性對兩者都毫不知曉，既不知道信仰，也不知道理性。必須留意的是，人們對此不得設想一種臆想的基督教，就像任何人都可以產生這樣的基督教一樣。

但這時必須談到的是，期限已經到了，上帝已經派出他的兒子，也就是說，這是必然的。精神世界的自我意識已經將自己提高到各個屬於精神概念的環節。一方面，這種環節已變成塵世意識的意識，但又被塵世的知性撕裂開來；另一方面，畢竟存在這樣的需要，即這些被分裂的環節在它們的眞理中得到統一和把握。

我們必須進一步考察精神概念中的各個環節。這些環節這時是世界的統領性範疇，並且關鍵在於它們就是這種情況。所以，問題首先是這些範疇是什麼。它們首先僅僅是範疇，即disiecta membra〔分散的碎片〕、知性規定和把自己的眞理在一個統一體中統括起來的內容。

一個範疇是有限性的自爲地被規定的存在，即自爲存在範疇，亦即自相聯繫的點的範疇和相信有限性是一個絕對事物的信仰範疇；另一個範疇，即對立物，是對於無限性、對於自爲地具有界限的普遍事物的信仰。兩者的統一就造成自在自爲的存在者。

如果兩者分離，我們就一下擁有了有限性、絕對的分離性，我們把這看作羅馬世界。在羅馬人嚴酷的奉公職守中有一種內在性，這種內在性是實踐的，是一種目的、一種有限性，這種有限性不是自然的有限性，而是一種內在的有限性；這種嚴格的奉公職守喜歡感性，並且確立了一種將有效性當作終極事物的有局限的目的。因此，一種普遍的事物被確立

(12, 423)

下來。奉公職守就是這種情況，它將有限的事物變成一種內在的、抽象的和終極的事物，這種事物是普遍的，但僅僅是有限的。當它是一種內心的事物時，它就被變成了終極目的。奉公職守的這種嚴酷存在於羅馬世界；而沒有這種嚴酷的奉公職守就沒有任何自由，正如沒有敬畏就沒有任何內在性、沒有任何愛一樣。沒有對自然事物的這種否定性的感受，就沒有任何內在性，只有透過對自然事物的服從，自由才能生成。

目的首先在羅馬世界得到規定和限制，另一方面又被確定爲絕對的事物和終極的事物。我們把羅馬宗教視爲有限合目的性的宗教。這樣一來，有限的事物這種目的就被確定爲絕對的事物，被表象爲人的目的，而人受到這種目的的約束。這種內在性只是自由的開始，而不是自由本身。在這裡使人受到約束的事物是一種絕對的事物，而不是普遍的事物。

所以，絕對事物的這種事物就是這種目的。但絕對事物的這種事物作爲謂詞也顯現爲主詞：宗教人格顯現爲抽象人格的原則，顯現爲實定的、形式的和絕對的法的原則。在這種法中，我是**這一個**，當我擁有作爲財產的抽象事物時，我就在這種法中無限地作爲這一個點而存在。在這裡確立了點的範疇，即這種無限的易碎性。於是，我們也把這種有限性視爲**這一個**的痛苦、視爲利害的對象，另一方面也把這一個視爲終極的事物，〔視爲〕帝王個人意志中的特殊性。正是這個既肯定又否定的事物，在這裡被視爲終極的事物。正是這個帝王，是世界的神。這樣一來，世界的神在這裡就成了**這一個**。這是一個範疇。這個範疇是絕對的界限，即有限性；這同樣是無根據的自我規定活動，所以這個範疇還僅僅是以感性的方式存在

(12, 424)

的，正是意識達到了這種知性，或者說，僅僅達到了抽象思維的這種不幸、達到了把有局限事物的界限看做終極事物的不幸。這仍是理念的一個方面的範疇，即絕對的局限，與無限的界限正相對立的方面。

另一個範疇是無限自由、普遍性，即界限的對立面。這是必須加以闡明的另一方面，即（這個範疇）是如何成爲世界的基礎的。抽象的普遍性這個基礎必須予以指明。這曾是哲學思維的基礎。這最初是斯多葛學派的形式，這個學派像伊比鳩魯學派和懷疑學派一樣有過廣泛的傳播。它們全都是從蘇格拉底的學說出發的，主張人僅僅存在於自身中，對一切事物都漠不關心，人在世界中得不到他的滿足，只有在孑然孤獨中，在不動心（άταραξία或imperturbabilitas）中，才會獲得滿足，這種不動心唯有透過對一切事物的全然漠不關心、透過不把任何事物看作眞實的、看作正確的和有效的，才得以產生。這就是普遍性的最早形式。

進一步的普遍形式是我們在東方擁有的形式，並且羅馬世界就這樣成了西方的這種抽象易碎性、有限性與東方的無限廣闊、這種自由的普遍性之間的連接點和結合點。但這另一個環節必須不僅是以思維的方式，而且在本質上是以現象的方式存在於直觀之中的。我們在東方人的直觀中發現廣闊、不可度量性這另一個環節。但這個環節在那裡，最初僅僅是一個謂詞，不是自爲的主詞。各種有界限的對象和直觀被擴展爲無尺度的事物，但這種無尺度的事物還沒有被固定爲終極的事物，沒有被認識到是自爲地存在的，而是僅僅被認識到是一種適用於各個對象的規定。所以，這種廣闊的事物是東方的，在表象中沒有被自爲地固定爲終極的事物，只不過是自爲存在的規定中的非感性事物，而這種自爲存在才是終極的、眞的事物。作爲非感性的事物，這種廣闊的事物只有在以色列人的表象中才出現，它是思維中的無所不在的上帝，這個上帝是自爲的，不是梵天，不是波斯人的光，而是擺脫了感性的。猶太人的上帝是這個太一、這個普遍的事物，以致唯有普遍的事物才是終極的事物。這只有在內在的表象中，只有對思維而言才是可理解的。也不要一直停留在上帝是太一這樣的規定上。在哲學中或許可以說絕對的事物是太一，因爲在這方面人們明確地具有這樣的思想，即這個太一不是謂詞，而是主詞，並且在這種主體性中內容是自爲存在。而這就有必要將上帝規定爲太一。只有在這裡，並且正是在這一點上，才可以說這種宗教、這種將上帝當作太一的規定成了世界歷史的原則。

這時，理念的兩個原則是：太一和個別性、主體性的易碎性的直觀。這是這個時代的自我意識的兩個範疇。東方和西方的兩種原則最初在外部透過征服、但也在內部透過吸收在這裡融合。它們在被個別化以後，是片面地、抽象地可理解的；〔在〕它們的眞理〔中〕，它們被設定爲一體。東方與西方的這種結合和兩種原則的消化吸收是在羅馬世界發生的。西方尋求一種更加深刻的內在性，尋求普遍性，即一種深刻的不可度量性，並在東方找到了這種不可度量性；正是西方的原則與普遍事物的這種結合，以多重的方式得到傳播，並以模糊的方式發揮了影響。這種結合是時代的需要。精神一旦以一種有限的合目的性被傳播到和迷失

(12, 426)

於羅馬帝國的有限性中，就要求一種無限的事物，並且它在東方找到了這種事物。

這樣一來，就在這個時代前後的整個羅馬世界形成了伊西斯神祭拜和密特拉神祭拜，形成了西方的具體事物和東方的廣闊事物的結合。亞歷山大城尤其是這兩種原則的中心點，在那裡它們被科學地消化吸收。當埃及之謎這時在思想中得到理解時，問題就由此得到解決。同一個幻想內容，一旦在思想中得到提升，就得到了解決，在那裡矛盾的事物找到自身的統一。所以，亞歷山大城是這種統一以多種多樣的形式出現的基地。我們在亞歷山大城找到博學的猶太人，他們將東方人的表象與柏拉圖的思想結合起來，將他們關於思想的直觀與西方的規定結合起來，以上帝的無限性和邏輯的純粹性理解上帝，認識到上帝是與邏各斯統一的。

宗教表象和哲學表象的一個極有趣味的方面，是研究這個時代的歷史，尤其是基督教的觀念在亞洲——即敘利亞得到推動以後的歷史。在所有這些國家都有無數的教派，從那裡出現了同一種衝動，在那裡同一種渴望要求和產生了同一種事物，在這些國家有著同樣的趨勢和同樣的接觸，這種趨勢和接觸往往在令人讚賞的虛構創作中切中眞的事物，但也又由於怪誕的觀念而與怪誕的附帶產物混雜。這種衝動尤其以比喻的解釋方式表現出來，希臘神話的比喻性表象就屬於這種情況，這些比喻性表象始於希臘，它們除了把思想加進這種感性的事物、加進這些感性的表象中，把特定的事物從感性的事物中解放出來，用這種內在性和統一性賦予具體事物以靈魂，別無其他的目的。這些形形色色的現象都是同一種衝動的各

(12, 427)

種表現。但這個理念不僅可能以這種不完善的、不獨立的方式達到現象，而且肯定以它的純粹的、完善的形態表現出來，並且肯定要呈現出來，以致這個理念本身以這樣一種方式得到顯現和直觀，即它所包含的這種規定不斷完善和體現出來，直到終極的事物，直到這一個〔的〕感性當下。

因此，上帝必定以人的形態作爲人顯現出來。上帝作爲人向人顯現出來，這是世界的渴望。世界所期望的是：一方面，人僅僅把自己理解爲目的，在自身認識到自己的無限性，即他被直觀爲絕對的事物，而他作爲有限的人得到提升，被理解爲神聖存在者的環節；另一方面，人作爲上帝，並且反過來上帝作爲人，從他的抽象遠處達到現象，達到人的直觀。正是這種直觀，構成人與上帝、上帝與人的和解，〔人〕與上帝的和解就這樣被表象爲人的本性與神的本性的統一。在這裡本質規定在於，人這種有限的精神，不是像他在自然性和肉體性方面的本來樣子，而是處於與神聖存在者的這種統一中，或者說，人處於其單純的自然性中不是善的，而是沒有精神的，只有拋卻自然性存在，只有擺脫自然性，因而只有否定這種自然性的事物——它對人來說應當是不存在的，應當是一種非存在者，因而是一種惡，而不是善——唯有如此，人才會確保和確信這種與上帝的統一，才會達到信仰，因爲在這裡，在這個神祕的存在者中，在這種與上帝的統一中，人感到安樂。信仰就是這種確信，即神聖的精神棲居在人之中，人與神聖的事物處於神祕的統一之中。只有從人的自然性中解放出來，擺脫自然性的事物，才能產生這種信仰。但如果人始終停留於這樣的認識，即人是善的，

(12, 428)

就像他會行走和站立一樣，此中就有罪孽。因此，人必須揚棄這種自然性的方式，以達到信仰。

〔人與上帝的〕統一性的這種直觀也必定以自然的方式，以作為**這一個**的直接存在或界限的方式，存在於自然現象中。所以，直接存在、**這一個**共同屬於和解的完善過程。但這種統一性可能只有一次在一個唯一的個體中顯現出來。上帝僅僅自在地是太一，所以他的顯現必須完全用太一的謂詞加以指稱，因而他的顯現是排斥所有的雜多。很多人都是像他們不應當存在的那樣存在的，都是非神聖的事物。

太一的這種顯現出現在猶太民族中，因為這個民族把上帝當作太一來供奉，把上帝當作太一來看待。但同時，這種沒有摻雜感性的特徵對這個民族來說是獨特的。這種宗教始終是靜止的和隱蔽的，直到它變成世界歷史的，直到精神經歷了由這個環節決定的各個階段，遇到另一個環節、即絕對的界限，而這另一個環節作為精神的端項，要求無界限的、單純的事物，由於有這種要求，這另一個環節就在世界歷史上出現了。普遍的事物、太一能夠以雙重的方式進入意識，上升到意識：或者這是無意識的，就像在孩童那裡，有人告訴他們「上帝是太一」那樣，因為這〔是〕很容易領會的，而這是抽象的；或者是這樣的，即太一是一種被要求的事物，是多樣性發展的一種結果，這種多樣性自身是不幸的，是對太一的渴望。太一的這種規定必定是以這種雙重的方式進行的。所以，太一是作為一切有界性的否定出現的。

太一的這種規定是作爲結果，作爲界限的要求在世界歷史上出現的，對界限而言這個結果變得過於狹隘，界限遁入了不可度量的事物或自己的抽象內在事物中；但也正是直接上升的方式，即結果直接在精神中產生和上升的方式，存在於猶太民族中。所以就有了這門古老的宗教，它始於亞伯拉罕，亞伯拉罕達到了梵天，達到了眞純者或太一。他拋棄一切世俗的事物，達到了太一的這種表象。至於他是如何拋棄一切異樣的事物達到這種宗教的，我們從歷史上無從得知。但這種昇華是直接的，所以本身是有局限的和有界限的，因爲這種達到太一的昇華只有在一切局限性和有限性都明確得到否定之後，才是眞正無局限的。在印度人那裡，作爲太一的神的表象本身是有局限的。

我們在猶太教中也直接看到直接性的這種局限性，這種局限性在於，太一在自身不是具體的，沒有任何內容，以致內容——即具體的、特定的事物，是處於這個太一之外的，並且存在這樣一種關係，那就是使太一外在地涉及作爲特定事物的人，人構成自身具有局限的精神。於是，精神僅僅被理解爲太一所涉及的這種特定事物。所以，太一要涉及的並不是普遍的精神概念，毋寧說，上帝要涉及的是個別的、有局限的、有限的事物。這樣一來，上帝就僅僅涉及這些人，僅僅是猶太民族的上帝。

但在這種宗教中，人的普遍本性的表象也同樣被保留下來，被保存在上帝造人和人的原罪的歷史中。人已經被造成上帝的形象，因罪惡去追求知識，而喪失了他生來就有的幸福，喪失了天堂；這個說法有這樣的雙重含義：人有了意識、有了善惡的知識。其中的含

(12, 430)

義，一方面是有罪，另一方面則是：人是按照上帝的形象被造出來的，在善惡的知識方面已經變得與上帝一樣。但是同時，不僅蛇說，而且上帝自己也說：亞當已經變得像我們這樣。這在基督身上才成爲眞的。

可見，在這段歷史中，人的本性的更高概念得到了表現，並且存在這樣一種觀點：有一種更高的秩序，這種秩序把人看作不是以其自然性，而是按照其概念存在的，把人看作與上帝有著相同的形象，以致人的本性自在地是與上帝的本性統一的。我們不論是在東方人的不同表象中，還是在希臘人的故事和神話中，都找不到〈猶太人〉這樣的表象和思維。這是一些表象，但不是任何誇張的事物、東方的事物；它們是具有表象形式的理性。但這種敘述僅僅是零星地在猶太人的直觀中作爲神話才被提到，始終是毫無結果的；在《舊約》的任何地方都找不到對人的這個概念的一種回顧，找不到對這段歷史的一種暗示，在任何地方都不存在對人的本質的一種內省，因而在任何地方都不存在對這個概念的一種留意。

只有在這時，在這種對天命的尊奉中，人考量其自身這一狀況才得以實現，只有在這時，人考量其自身這一狀況才有了意義：對希臘人說的話「人，認識你自己！」⑪不再單純

(12, 431)

⑪ 德爾斐太陽神廟的銘文，記載於柏拉圖《普羅泰戈拉》343a—b、《斐萊布篇》48c和色諾芬《回憶蘇格拉底》第四卷第二章第二十四節。參閱《柏拉圖全集》，王曉朝譯本，第一卷第四六七頁，第三卷第二三五頁；《回憶蘇格拉底》，吳永泉譯本，第一四九頁。

是這種最初的認識，不單純是進展到優美，而是完善自己，透過表象達到普遍的意識，被理解爲精神的普遍本性；上帝變成了人，從而實現了和解與解放。這是在基督教中被賦予的解放。

如果說我們這時〔已經〕看到什麼事物透過基督教進入了人的意識，那麼，這種事物〔首先〕就是上帝的客觀本性和客觀理念。上帝在他的眞理性方面變得明白可見。一些與希臘哲學抽象地相似的事物，這時以具體的表象向人呈現出來。其次，人在這種理念、這種眞理中發現自己。人的本性是善、是精神。人發現這種本性是他自己的事物，並在上帝的規定中，在對聖子的進一步直觀中獲得這種本性，獲得他的眞正本質。所以，人作爲神聖存在者的環節，發現自己是上帝之中的**這一個**。儘管人知道自己是有限的，但人知道自己畢竟是目的本身，正如上帝的理念在自身具有這種走向人這裡來的方面一樣，人也知道自己在其自身具有無限性，知道自己在其自身處於達到自己的永恆性的規定之中，更確切地說，處於不是達到將來事物，而是達到當下事物的規定之中。所以，人在一種無限的內在性中，在他的自然性定在與意願的對立中擁有他的眞正實存，並且只有透過他的勞作，破壞自然性的事物，才會獲得他的這種〔在〕永恆性中存在的規定。這種破壞是自然的傷痛。壞的事物、惡的事物在這裡表現爲神聖存在者自身的一個過程，這時是處於運動中的，因此不幸也是可以理解的，而它在以前是一種不可理解的、單純存在的事物。不幸這時稱作背運，即不幸的極樂。否定的事物僅僅一方面是否定的，〔另一方面〕在概念上又是它自身、即惡的事物的轉

(12, 432)

變，而它在否定自身時就是肯定的、積極的事物。這種達到積極事物的轉變不是人生而具有的善，而是透過惡的事物本身、透過從惡的事物的轉變形成的〔善〕，即從否定性中產生的事物：精神——一種內在的事物——，它自我懺悔、自我解脫，僅僅從這時才開始行動。這就是宗教意識的規定。

然後，人的這種最高意識進一步向各種世俗的結果過渡，並在與實存的關係中以不同的方式規定自身。所以，我們在這裡從思維開始，向實存推進。

在現實方面的第一個結果是，奴隸身分在基督教中得到廢除，因爲作爲基督徒的人是根據他自在地所是的事物被看待的，自在地被確立爲一種絕對有效的事物，被納入神聖的本性之中。因此，人以完全普遍的方式在上帝身上被直觀到，並且一切特殊性都消除了。人不是被視爲希臘人、羅馬人、婆羅門、猶太人和出身高貴或低賤的人，而是在自身作爲人具有無限的價値，是自在自爲地被規定爲達到自由的。基督教，就它是現實的而言，不能有奴隸制度。但人們一定不想外在地接受歷史的事物，〔例如〕奴隸制不是由宗教會議等廢除的；因此，既不存在一個斷定這時還有奴隸制的主管機構，也不存在顯示這時奴隸制已終止的外在方式。它肯定不是〔被〕國王廢除的，而是被基督徒廢除的。廢除過程是世俗性的，而眞正的人道〔是〕基督教，因爲現象的外在方式不是眞正的事物。

此外，第二個結果是倫理生活的各種形式由此得到改變。希臘人的美好倫理在基督教中不可能存在。這時的倫理事物，就它來自於內心，但也源自於太一而言，可能也是風俗和習慣，因爲主體性這時已變成自由的和有權利的。主體性的一種方式是特殊性、個人意志，另一種方式是眞正的、內心的和精神的主體性。但借助基督教，以前僅僅表現爲墮落的特殊性也變成自由的。雖然這樣一來偶然性變得不受束縛，但主體性由此畢竟有了它的內在約束。一切外在的事物都由於精神而獲得自己的意義，但仍是一種外在的事物，它不需要成爲內心的單純的、清晰的體現。然而，外在的事物在行動的本質那裡失去自己的價值；外在定在的尊嚴作爲單純外在的，變得無足輕重，獲得單純外在事物的形式。於是，外在的事物也屬於這樣的情況，即任何事物都是由自由意志加以中介的，這是部分透過一般的情感、部分透過特殊的意志，既透過好處也透過共同利益進行的。個體性不應該再被犧牲，特殊性在有局限的目的中應當是自爲有效的；但也存在精神的、更高的內在性，眞正的內在性更高地要求自己的權利。

第三個結果是這時由此形成了兩個世界：由於主體性的眞確而形成一個超感性的、精神的世界，但這個世界屬於主觀意識，同時也是塵世的，具有一種定在，進入定在〔並〕處於塵世中，使自己與定在聯繫起來，〈一方面〉作爲教會發揮影響，另一方面〔作爲〕世俗的世界、即國家發揮影響，國家最初被貶低到統治有限性的層次。因此，存在這樣兩類國家：一類是在塵世具有永恆目的的國家，另一類是在塵世具有世俗目的的國家。

第四個結果是這樣的問題，即國家的理念這時是什麼，也就是說，哪種體制是國家的目的。世俗國家的體制必須加以考察。首先很清楚，這種體制不可能是東方國家的專制主

(12, 434)

義。倫理和法是不可能透過外在的命令和外在的法律存在的，也同樣不可能像東方國家的自然束縛性那樣，作爲自然束縛性存在。人在其自身是自由的；這種自由必須保持和爭取，不能以外在命令的方式加以貶低。希臘民主制的倫理自由同樣很少有毫無偏見的統一性，以致我的意志是直接與國家的意志同一的，主觀性僅僅是與國家的客觀性統一的。更確切地說，我的具有內在特殊性的主觀意志這時是自爲的。在羅馬貴族制的有局限的、有限的目的下，這樣的奉公職守同樣很少。內在的統一性這時具有一種無限的目的。所以，世俗統治就此而言在外在事物中有了自己的位置，與教會分離開來，在自己的領域可以不再像在羅馬世界那樣牽涉、犧牲和壓制道德、倫理和家庭關係。

由於個體的私人利益、特殊的內在意志以及他在精神上的更高利益在世俗統治中得到了滿足，對世俗秩序和世俗統治的順從現在必定與個體的、主觀的目的相調解。因此，法和國家也必須自在地在其目的中是正當的，而不取決於私人利益和特殊意見。國家要使自己成爲特殊性的手段；但正因爲如此，國家必須是獨立強大的，是一種具有外在的、現實的必然性的世界，國家的獨立強大必須能使私人利益的獲得在國家中維持下去，而這樣一來，私人利益就同時在國家中得到滿足。所以，國家必須是一種不直接需要道德事物、而直接需要倫理生活和宗教信仰的系統，是一種自滿自足的、穩固的自然，就像相對於自我意識的外部自然一樣，即使情感不理解它，它依然獨自存在。主體必須臣服於這個作爲一種超越主體的力量的自然。所以，國家在作爲這種穩固的事物發展自己時，本身必須是理性的，即使它沒有得到主觀意見和私人利益的承認。國家本身必須是正義的，也必須或多或少明辨事理，以至概念在國家中能夠得到滿足。因此，合理性、概念這時必定在國家中得到了實現。

從這些本質的環節產生的結果是：在國家作爲這種自然發展自己時，在作爲這種自在自爲的必然世界的國家中，理念的所有環節都以它們的獨立性產生和湧現出來，並得到了充分發展。這個組織整體就是近代君主制的原則。在近代君主制中，理念的所有規定——透過這些規定，自由成爲現實——都已經這樣突現出來，並且是以這樣一種自然方式存在的，即任何環節都被確立爲獨立的權力，同時也是整個有機體的一個器官。

另一個說明涉及的是在歷史上形成這樣一種國家的方式方法。這個形成過程必然是浪漫主義的，也就是說，它是這樣進行的，即爲了這個目的發生的事情彷彿是無意識地發生的，似乎成了一種偶然事情，因爲這個形成過程所採用的是外在必然性的形態。沒有一個近代國家曾獲得使自身成爲一種體制的榮譽，就像在古代國家——例如在雅典（和斯巴達），透過梭倫和利庫爾戈斯，或者在羅馬——所做的那樣，反而一切事物似乎都變成了偶然的。這種需要已經表現出來，並透過這部或那部法律得到了滿足。王侯們的各種特殊激情和利益產生了關於階層、城市等等的這些規定，各個不同的部分消磨掉了彼此之間的僭越。這樣形成的整體，即精神所具有的目的——這是精神讓人覺得是需要的事物——是由這樣一些個別的部分組成的，這些部分的舉動，有的是平和的、有的是暴力的。對立在整體）顯現的地方一下子顯露出來，這就是基督教的世俗結果。這些結果的發展過程就是直到最近時期的歷史，我們自身就處在這個發展過程中。這個發展過程的外在方式的主要環節仍須留意。

四、羅馬的沒落

我們現在得談到這個發展過程的顯現。基督教上升於羅馬世界時期，但不是在羅馬人自己本身，而是在另一個民族中，世界精神決定了使這個民族成爲這一原則的擔當者。因爲當理念的各個不同原則現實存在時，它們在現實存在中本質上是另一個民族的原則。在羅馬人自身，這種原則沒能發展起來，而是一個北方民族成了這個理念的擔當者。我們看到羅馬帝國和〔它的〕原則在自身進展到了這一個的一種盲目意願的專制統治，一種非理性的、枯燥的、抽象的事物的專制統治，進展到一種統治，一種抽象的、無理性的秩序。與**這一個**的這種統治相聯繫，其他的臣民都是作爲抽象的人格存在的，他們僅僅處於法律關係中。羅馬帝國的第三個時期是羅馬世界接觸到世界歷史民族的時期，羅馬帝國由於這個民族而走向滅亡。羅馬帝國覆滅了，它的滅亡有三個規定。

〔首先，〕正是羅馬帝國在自身產生的它自己的墮落，使得它由於個人的精神荒蕪而潰退下來，毀滅了自身，因爲主體性單純停留於私欲和私利，並且使所有的個人都個別化。因此，整體成了一種無精神的事物、一種無本質的現象、一具無精神的屍體，在這具屍體中有

(12, 437)

許多運動，但只不過是蛆蟲的運動。貪婪和一切惡習都是私人意志的力量，私人利益的一切力量都被釋放出來，透過私法的形式事物銜接起來。

第二點是精神返回自身，返回一種更高的事物，一方面返回斯多葛學派的哲學，另一方面返回基督教。兩者毀壞了現實存在的事物，都是反對羅馬世界的革命因素。⑫但它們不僅僅是否定墮落的事物，毋寧說，基督教是肯定的事物，新的世界緊接著從其中產生出來。

第三點是滅亡，羅馬世界的滅亡從外部看是由外來民族、即民族大遷移中北方和東方的蠻夷造成的，這些蠻夷像潮水一般湧入羅馬帝國，而它再也不能對他們築起任何堤壩了。既然這些北方和東方的蠻夷被稱爲「日耳曼人」，世界歷史民族這時就將是日耳曼民族。

(12, 438)

⑫ 關於斯多葛學派與基督教否定羅馬世界的作用，可分別參閱黑格爾的下列作品：《哲學史講演錄》（賀麟、王太慶譯本），第三卷，第三—四十七頁；《全集》（歷史考訂版）第十七卷，梁志學、李理譯本，第二二二—二二三頁。

第四章　日耳曼世界

在這個對象那裡呈現出一種多樣性的困難。近代史的主觀困難在於，它一旦與我們比較接近，就不會像一種完全消失的過去那樣使我們毫無偏見。更大的困難是一種客觀的困難，因爲我們將要在這裡從歷史中首先獲得理念本身，然後獲得絕對終極目的的實現所應當克服的特殊性。客觀的困難是由於特殊的、主觀的意志懷有的目的在這裡得到滿足而形成的。兩個方面的統一不能從一開始就存在，毋寧說它們最初在本質上是不同的，但畢竟又彼此得到中介：客體透過意志的主體性和各種特殊性的滿足得到中介，這些特殊性也只有在符合絕對的事物時，才能夠實現它們的目的。最終的目標是自在自爲的存在與特殊目的的統一。

起初，特殊性還不能與絕對的終極目的統一，毋寧說，各種特殊的目的仍是不同的，特殊的意志最初認不清它的絕對終極目的，並且處於鬥爭之中。它希求這個目的，但認不清這種衝動，即它的眞正的內心事物，它糾纏於各種特殊的目的，因而與自身處於鬥爭之中。在這種鬥爭中，它反對自己眞正希求的事物，並且透過與絕對的事物作鬥爭而促成絕對的事物本身。因此，產生促進作用的因素是最初具有自己的有限目的的特殊意志。眞正的事物是被驅使著達到絕對終極目的的存在。意志是由眞正的事物所驅使的，但這種被驅使的存在、衝動最初是模糊的事物，所以我們這時通常必須恰恰以那種與在各個民族的歷史中表現出來的情形相反的方式來評判已發生的存在。現在成爲一個民族的不幸的事物和已經構成歷史的不幸的事物，被這個民族和歷史稱爲是這個民族的最大幸運，而幸運卻被當作最大的不幸遭到反對。法蘭西人說：「La vérité, en la repoussant, on la rembrasse」（人在拒絕眞理的時候，恰恰是在擁抱眞理〕。①這種情況就發生在歐洲歷史中，因爲〔當〕它拒絕眞理時，不過是在實現自己的最終目的。歐洲已經在這樣做，所以近代人就在腥風血雨的鬥爭中這麼費盡心力。因此，近代世界的意志是一種模糊的意志，眞理就存在於這種意志的不易看透的地方，〔這種意志〕與自在自爲地存在的事物作鬥爭，在通常不存在眞正的事物的地方不停地操勞，並得到滿足。

在這段歷史中首先必須看到，理念作爲掩藏起來的內在事物，透過各個民族的相互抵觸的意願來實現自己的目的，它以天意的方式進行統治，以致它所完成的事物與各個民族所希求的事物往往是對立面。在希臘人和羅馬人，理念不是這樣分離的，毋寧說，他們對他們想要和該要的事物更多地具有正確的、眞實的和毫不含糊的意識。

與近代史相關的是各種情況的偶然性的假象，是形形色色的事件更迭，這些事件最終獲得、產生一個結果，而這個結果其實早已是內在的衝動，它表現爲一種奇妙的事物，因爲這些情況的目標先前是一種掩藏起來的事物。這些情況的重要性必須加以考慮。各個事件和偶

①早在一八一六年七月五日黑格爾寫給弗．伊．尼特哈默（F. I. Niethammer，一七六六—一八四八年）的信裡就提到這句法國諺語，說它是「一句雅可比式的警句」。見荷夫邁斯特編：《黑格爾書信集》，卷二（漢堡，一九五三年），第八十六頁。

(12, 440)

然事物的地位的重要性將是極爲不同的。表現出偉大天才的特殊事變和艱巨事業，從理念的角度加以考察，可能畢竟還是顯得微不足道，必須被降格到極其微不足道的地位，因爲它們沒有任何結果。這就是將會在此表現爲外在歷史的事物具有的關係。

假如我們想要更多地將羅馬世界的特徵運用於各個〔近代〕國家，就會得出如下結論：各個國家的自由特殊性的發展是以這樣的方式屬於這種特殊性的，即這些國家畢竟仍處於統一、聯繫之中。〔這〕就是這個時代的基本特徵。

第一個要點是各個國家謀求主權和彼此的獨立自主，在這當中獲得它們首要的尊嚴。這種頑強的品性是歐洲和希臘世界所共有的。歷史必須從這方面在教會與國家的對立上考察各個特殊國家自身的發展，然後考察體制方面。但在所有這些國家的所有差異性中，畢竟也存在所有日耳曼原則的共性。鑒於這種共性，獨立自主也必須僅僅被看作形式上的原則和形式上的法。一種像希臘與波斯之間的絕對差別，是不存在的。各個基督教國家彼此之間僅僅在形式上是有差別的。任何國家在它被別的國家征服、吞併時，都只是在形式上失去它的獨立性，而不是失去它的宗教和法律這種具體的事物。至於原則在什麼程度上就不單純是形式上的，這取決於其他的一些規定。

實現這種獨立性的第二個要點是各個國家達到自身統一的方向。各個國家作爲特定的國家，最初都產生了一種指向彼此的方向，一種促成各個王朝的戰爭、敵對和結盟的關係。這種方向是一種特定的關係。但各個國家達到一種普遍統一的方向，是與過去作爲希臘人的霸權的事物相符合的。但在歐洲掌握霸權的是精神，精神尋求一種獨特的統一方式，就像我們在查理大帝統治時期〔和〕十字軍東征中所看到的和在近代作爲神聖同盟的一種統一一樣。這兩個方向，即特殊關係的〔方向〕和普遍統一的〔方向〕，是兩個根本性的方面，並且這種獨立性與這種統一性的關係是時而一個方面占上風，時而另一個方面占上風。

達到這兩點的第三個要點在於，所有歐洲國家作爲一個統一體又具有一種對外的關係。全部的基督教國家都是指向外部的。至此爲止，各個時期都是與以前的和後來的世界歷史民族的關係，但現在世界的原則借助基督教得到了完善，最後的審判日已經來臨。雖然教會指向彼岸，雖然它一方面是一種對未來的準備，但〔另一方面〕只有對各種特殊性而言，對各個作爲特殊事物的個體而言，永恆才是一種未來。而教會即便在當下也在自身擁有上帝的精神，它對罪人說：「你的罪得到了寬恕」，②然後他自己就在塵世像在天堂一樣幸福地生活。個體就這樣獲得享受。基督教世界作爲這種在自身的完善過程，相對而言不可能具有任何對外的關係，所以這時在這種關係中要表現的就是自在的外在事物已經得到克服。對基督教世界而言，這種以這樣的方式指向外部的關係暫時是〔伊斯蘭教〕世界。伊斯蘭教還僅僅是作爲一種非本質的環節持續存在的。基督教世界已經環繞全世界，統領著全世界。它對歐

② 見《新約聖經》〈路加福音〉，第七章，第四十八段。

(12, 442)

洲人來說是一種圓滿的事物，還沒有被統領的事物要麼不值得費神、不值得統領，要麼仍被規定〔爲〕有待統領。所以，對外關係不再構成各個時代〈的內容〉，因而不再是決定性的事物，本質性的革命發生在內部。這就是一般地加以考察的三個方面。

現在我們在考察整體的計畫之前，需要考察開端的本性，更確切地說，首先涉及羅馬世界，然後涉及日耳曼世界。

在羅馬世界方面，開端具有這種特徵，即不是自身已完善的民族接替先前的原則顛覆羅馬世界的，而是一波接一波湧進來的蠻夷帶來了滅亡。在羅馬世界，我們當時發現彼此全然疏離的存在、完全抽象的外在性，而現在衝過來反對這種外在性的是完全抽象的強度，它顛覆了羅馬。有教養的希臘向亞洲世界致以臣服的敬意，有教養的羅馬世界又向希臘世界致以臣服的敬意。不同的是現在的這種臣服是透過隱蔽的強度反對顯現的外在性進行的。

在日耳曼世界方面，開端也就此得到規定。一個現在加以塑造的世界歷史民族不可能以家長制的方式產生出來、不會以家長制的狀況爲出發點，這是我們自希臘以來就看到的。如果說希臘人是友好地聯合起來的，羅馬人是作爲盜匪抽象地聯合起來的，那麼在日耳曼人這裡就絕對地存在這兩種不同的原則，存在一種雙重的事物——這是絕對不同的、類型不同的形成過程——整體必須從這種雙重事物中統一起來。在這裡，類型不同的非等同性構成開端。在這方面表現出三個主要形態，其一是世俗形態，〔其二〕是德意志形態，其三是東方形態，即斯拉夫形態。

(12, 443)

至於〔日耳曼的〕歷史，民族大遷移構成它的開端。具體的事物在此無須加以考察。一波接一波的浪漫主義民族像潮水般地湧來和散去，毫無建樹。其他一些定居下來的民族不是亞洲人，而是日耳曼人，他們從北邊來自多瑙河，從東邊來自萊茵河，部分地是受到了文明世界的誘惑，因爲他們〔已經〕逐步結識了文明世界的勝利者。日耳曼人已經在法薩盧斯戰場上作爲士兵發揮了關鍵作用。他們已經熟悉文明世界的財富，包括舒適生活、宗教和法律。但這些民族一部分也是〔被〕一些亞洲民族用暴力驅趕到西邊和南邊的。

已形成的各個帝國，現在要扼要地加以列舉。這些國家的一部分，即西部和南部的國家，是世界歷史所通曉的，是一些由羅馬長期占領和發展起來，形成文化、行業、藝術和生活的國家，其中有西班牙、葡萄牙和法蘭西。六世紀末，阿勒曼尼人和斯維比人已在那裡定居下來。後來，法蘭克人的帝國崛起，它從下萊茵河和下德意志開始，向法蘭西進發並堅守在那裡。然後第三是不列顚，盎格魯人和薩克森人，也包括部分諾曼人，遷到那裡，他們摧毀歐洲所有的沿海地區，或者在那裡定居下來。另外，必須提到義大利，在那裡東哥特帝國在特奧德里希和托提拉統治下獲得了一種偉大的榮光和假象，因爲在這裡羅馬人的偉大、他們的文化似乎與異邦人結合了起來，然而爲時不久。東哥特帝國曇花一現，迅速瓦解，緊接著是來自潘諾尼亞的倫巴德人這個源於斯堪的納維亞沿海地區的哥特民族，他們這時定居下來。人們從斯堪的納維亞半島找到哥特人的起源，因爲他們在往下遷移時，最初是向東羅馬帝國進發，然後向西羅馬帝國進發的。後來，倫巴德帝國臣服於法蘭克人，下義大利被諾曼

(12, 444)

人占領，教會也立刻獲得、保有獨立的財產。一個勃艮第帝國由法蘭克人建立起來，這就有了在後期得到維持的趨勢：在法蘭西與德意志之間形成一道隔牆。這些國家全都具有一種獨特之處，即蠻夷與有教養者相互混雜。整體在這種巨大的反差中消耗殆盡，當然蠻夷透過摧毀所有事物和破壞大部分文化，已經使得這種反差不那麼尖銳；在義大利，兩個民族就是這樣的整體，但融合成了一個民族。

相反地，德意志純粹地保持了獨立。只有它的邊沿地區，也就是只有內卡河和多瑙河成了羅馬的。確切地說，德意志的東邊和北邊始終是自由的，在自身是一個民族，儘管它們不是一個國家和整體：它們是一個民族，也就是說，本身是一個民族，但又不是同一個民族，在每個邦國都有一個民族；阿雷曼、圖林根、巴伐利亞、薩克森等等，都是區分開的。

此外在東部，一些斯拉夫民族隨後不久就沿著易北河安置下來，在他們中間馬札爾人，即後來的匈牙利人，穿過薩克森和巴伐利亞，從南部滲透進來。在更遠的東部，即希臘的西部，有俄羅斯人；在東南部，阿爾巴尼亞人、阿蘭人和保加利亞人——起源於亞洲，是亞洲蠻夷——在那裡待下來。在各個民族的這些相互衝突中，許多民族消失了，很少留存下來。這部分斯拉夫人沒有作爲東方民族進入歷史的領域，東方民族甚至在晚近時期都仍然是一個專注於自身的民族。

我們現在打算進一步地探討各個國家的不同規定性。這些國家和民族的一部分是從羅馬和日耳曼的氣質中發展出來的。所以，有意願的和有自我意識的生命的整個精神定在，在其根源上是一種分開的事物。以此爲根據形成的差別也最容易表現在語言中，這種語言是古羅馬因素或更加古老的本土因素與日耳曼因素的一種混合產物。我們可以把這門語言稱爲羅曼語，在義大利之外，它的使用範圍是法蘭西、西班牙和葡萄牙。

這些國家的另一部分是一些在其根源上沒有任何混雜的部分，三個合爲一體的國家是德意志、斯堪的納維亞和不列顛，在僅僅是島嶼的地方，羅馬文化只能滲透到邊沿地帶。滲透進去的薩克森人更多地與本土因素發生了聯繫；〔他們〕就這樣與遇到的一些古老民族——這些民族的國王是沃利斯的亞瑟——進行融合，這是一個對他們具有更多同質性的因素。羅馬人從不列顛撤走已經有四十年了，薩克森人才進入不列顛，他們首先占領了肯特，在十二世紀才占領了康沃爾。後來，諾曼人侵入。但所有在這裡發生關聯的事情都更多地是一種同質的事物。這些民族的特殊性以及這些特殊性的基本規定就是這些民族的文化的未分開、未分割的統一性，就是這種未打破的緊密性和主觀性。這種緊密性在歷史上從一開始就立刻表現出來，而這種差別在〔各個國家的〕孕育和發展中出現得比較少，〔這〕是必然的。但兩個國家在進展程度方面的這種差異性也是不可否認的。

在宗教和法律方面，任何事物都在第一類民族那裡更早地表現出來，比基督教的傳播要早得多，也比體制的鞏固來得更早，因爲這些民族是蠻夷與有教養民族的一種混合。東哥特人的法典早在五世紀就被編寫出來。所以，這些民族整體而言在文化上是領先幾個世紀的。在文學方面，第二類民族更加獨特，但並不是說，那些法蘭西、義大利和西班牙的民族

(12, 447)

使所有人都想起羅馬文學。在德意志，偉大的詩人在後期才產生，但這第二類國家的發展程度依然是獨特的。這種差別是一種基本規定，這種規定總是在接近尾聲時才越發深刻地顯露出來，因爲完善的教養只是各個原則的全部深邃之處的顯露。於是，在後來的各個時代這些差別就極其分明地顯露出來了。

一、日耳曼世界的各個歷史時期

現在，另須說明的是我們所面臨的〔日耳曼〕歷史的各個時期。我們把開端稱爲民族大遷移。在這個開端之後，〔必須區分〕三個時期：

〔一〕〔第一個時期是〕查理大帝統治法蘭克人和他統治日耳曼人的整個王國、整個帝國的時期，這個帝國後來與羅馬帝制存在聯繫。就日耳曼帝國必須被視爲這種整體性的帝國而言，我們在這裡可以認識到先前各個環節的某些重複，這些環節以前是彼此獨立和分離的。因此，以前的各個時期也表現在這一時期中。所以，查理大帝的帝制好比波斯帝國，即總體統治的帝國，並且更具體地說，〔是〕實質的統一體的帝國，這種統一體在此不再具有東方國家的含義，而是情感事物的統一體，精神—宗教的事物與教會—世俗的事物的毫無拘束的統一體。

〔二〕第二個時期是這個統一體的第二種形式，這種形式相對於第一種實在的統一

(12, 448)

體，必須作爲觀念的統一體加以規定和說明。這就是查理五世的龐大西班牙君主國的時代，但更多的仍是在他之前實在的統一體已不復存在的時代。在這裡，所有的地方勢力都已變得穩固：各個不同的帝國、國家以及其中各個具有自己的特殊狀況和特殊權利的階層。由於實在的統一體分崩離析了，所以對外關係僅僅是一種外在政治的關係。因此，關係變成外交性的：沒有任何國家可以不需要其他的國家。這時在歐洲開始有了均勢的觀念。這種統一體僅僅在從屬的意義或從屬的含義上是外在的或觀念的，因爲更高的、觀念的統一體是精神的統一體，起源於精神，而精神從激情和意識的麻木中返回自身，返回到世界即便在自己的週邊也使自己變得清晰明白的時代。

屬於這種情況的有美洲的發現。宗教在藝術中解釋自己和美化自己，〔並〕以感性事物的因素使自己變得清晰明白。但相反地，宗教也只有在最內在的精神的因素中，在宗教改革中，才眞正使自己變得清晰明白。這個時代、這個時期可以比作希臘世界的伯里克利時代。就像伯里克利好比利奧十世一樣，蘇格拉底的內省也與路德的內省相對應。但顯然，這個世界不是由任何伯里克利掌管的。

查理五世在外在手段方面具有非凡的能力，但他不具備那種把伯里克利造就成統治者的事物：他缺乏內在的精神，缺少自由統治的絕對手段。因此，這一時期是觀念的統一時期，是精神使自己變得清晰明白的時期。這是實在的分離時期，正是在這裡，出現了日耳曼世界的上述兩種差別。

(12, 449)

〔三〕第三個時期是最近時代的時期，我們可以將它比作羅馬世界的時期，因為在這一時期同樣存在普遍事物的統一，但畢竟不是抽象普遍性的霸權，而是具有自我意識的思想的霸權，這種思想希求和知曉普遍的事物，並且統治著世界。這時存在的是由各個政府實現的知性目的，是國家的知性目的。各種特權在國家面前消失，並且被消除，民眾獲得意識，有權爭取自在自為的權利，而不是爭取特權。

因此，契約這時不是將人民結合起來的事物，反而是以各種基本原則為依據的。宗教同樣能夠堅持用概念理解思想和絕對的存在者；或者說，如果宗教不這樣做，它就不能達到思想和絕對的概念，並且無法從能反思的知性的外在性返回到感覺的同一性、返回到信仰，但這樣一來也就進展到了迷信，因為這種同一性的產生要麼是出於平淡，要麼是出於更高的需要，出於思想的絕望。然而，宗教信仰恰恰是透過思想產生出來的。

這就是這樣三個時期。對外關係也借助統一體本身的這種進展發展起來，但這種關係不再規定各個時期。對外關係的這些環節以後還要加以闡明，在它們的地位方面還要簡短地加以說明。

二、中世紀早期的準備

我們首先要講述的是第一個時期的開端的各個環節。至於日耳曼民族當時還處在世界歷

(12, 450)

史範圍之外的古代，就不必提了。我們從一開始就略去了日耳曼民族獨自生活在世界歷史的聯繫之外的那段時期，也沒有講述日耳曼人內部的、向這些民族顯示出來的差別。共同的聯合是爲了生活的需要這個單純的目的，是爲了對外關係，在阿勒曼尼人那裡構成本質的事物；相反地，薩克森人被封閉起來，每個人都是離群索居的，他們透過法蘭克人才得到中介。這種古老的差別屬於沒有得到發展的狀況，這種狀況是以後要講到的。眞正的差別恰恰植根於上述統一的關係之中。

具體的狀況包括這樣兩者：聯合和獨處。孤立和聯合的那種抽象差別必定共同成爲一個事物。透過對外關係，就必然存在結成一個聯盟的規定。這種以前更多地僅僅表現在日耳曼民族一邊的聯盟，這時在對外方向上也必定成了任何民族的共同事物。這種對外的方向在日耳曼人中是出於自願，出於與一位首領的自由結交而產生的，在這裡，後來就形成了先前談到的留居家鄉與移居外邦的差別。日耳曼民族就這樣加倍增多，我們在法蘭西看到東法蘭克人和西法蘭克人；在西班牙和德意志看到斯維比人和阿勒曼尼人；在英格蘭和德意志看到薩克森人；同樣在丹麥看到諾曼人，他們既待在家裡，也作爲騎士進軍海洋，摧毀了整個歐洲的沿海地區，並把他們的部落移居到了歐洲的各個角落。命運這時第一次變得如此不同，使這些部落的一部分向外發展，另一部分則待在家裡；第一種狀況的這種目標和這種進展，不論它們是多麼的不同，仍是一切日耳曼人的聯合，對這兩類部落來說畢竟存在共同的目標，即形成國家。這時在這種向國家和國家法發展的過程中，存在著我們最初就已看到

(12, 451)

的、必定在這裡要統一起來進入具體生活的三個規定：

第一個自由規定是聯盟的形成，這種聯盟以單個的個體爲出發點，仍允許他們的意志個別化。第二個規定是一個核心人物、即一位王侯或國王的形成，這個形成過程在向上時以一個核心人物爲終點，在向下時以一個核心人物爲起點，從這個核心人物開始才出現聯合。第三個規定是個別事物、個體的自由與整體的統一這兩個方面達成調解的特殊方式。我們要進一步考察的就是這三個因素。

第一個規定是個體的獨立性，〔並且〕涉及德意志。德意志一般地向來都有自由的個體，它的各個民族向來都以它們的自由而著稱，因而〔被〕理解爲是與其他民族截然不同的。德意志人在這方面立刻就把羅馬人理解爲是與他們自身截然不同的。自由向來就是德意志人的旗幟。三十年戰爭、威斯特伐利亞和約、反對約瑟夫二世的諸侯聯邦，所有這些環節都是從自由原則上升而來的。這就是當時的社會關係。當這種個體自由因素進展到一種社會因素的時候，這種達到一個國家的開端的進展只能發展到民眾集會，這些集會的成員是商議一切事務的所有自由人。所以，我們在德意志民族這裡——不僅在留居家鄉的人那裡，而且在湧出家鄉的人那裡——看到這些爲了各種各樣的需要和關係而聯合起來的集會和共同體，〔以便看管〕牧場、樹林、田地、邊界，甚至財產，〔並且負責〕法律事務，以致這些共同體也是審判官。

在私法方面，必須說明的是一種顯示日耳曼民族格外出色的情況，這就是殺人罪可以

(12, 452)

透過繳納罰金而予以免除和了結。在這裡沒有任何刑罰，也不以東方人的血親復仇爲出發點，相反地，我們必須在其中看到，個體的實定的持存是主要的事情和占主導的事物，因此，自由人應當像他本來那樣持存於民眾集會之中，他可以做自己想做的事情，並且只須繳納罰金。所以，如今〔這被視爲〕一種尊重。既然一個人可以做他想做的事情，他畢竟就會要求不要因犯罪而受到侮辱。因此，個體的這種絕對具體的效準在這裡就是一個主要規定。就像各種法律事務得到這些共同體的商議一樣，這種民眾集會也有普遍的對象。例如，這些對象包括阿米尼烏斯統治時期的自由聯盟。作爲特殊主體性的個體是一種獨立的事物和終極的事物。民眾集會把個體看作特殊的事物，這是一種基本特徵，這種特徵早就由塔西佗描述過，③並且還體現在法蘭克的三月議會和後來的德意志帝國議會中。

達到個體性效准的另一個環節是各個自由的、持久的核心人物，即王侯、軍隊首領和國王的形成。這樣一種核心人物的形成——即便他們的出身有外在的動因——畢竟也是起源於個體之間的一種自願結交。這是一種忠誠的聯合，因爲忠誠是實現日耳曼人自由的第二面旗幟。他們自由地結交一個主體，爲他效勞，並且在這種結交中，靠日耳曼人特有的這

---

③ 見塔西佗：《日耳曼尼亞志》，第一至十五節。參閱馬雍、傅正元譯本，北京，一九八五年，第五十五—六十五頁。

種忠誠，個體獲得自己的尊重，並把這種關係變成一種牢不可破、堅定不移的關係。這種關係既不是羅馬人具有的，也不是希臘人具有的。奧雷斯特與皮拉德斯僅僅是一種個別的情形，他們與其說是一種效勞的關係，不如說是一種脆弱的友誼。國王們並不是要效勞於阿伽門農，而是僅僅爲了特定的目的才結識他。所以，忠誠原則是近代世界的一種原則，這就是：從最內在的情感出發，與另一個主體結合起來。個體應當與自我這種最內在的人格產生聯繫。所以，關係必須具有主體性的方式，也就是說，主體必須被置於其他事物的首位。人們在考慮問題時，個體必須居於首位。所以，這種忠誠關係是另一面旗幟，它最初是指向外部的，在對外時變得很有必要。對外的行動是忠誠關係所特有的。

於是，〈忠誠的〉目的並不是對存在的事物的維護與捍衛，而是有著這樣的方向，即一種對外的進攻。在征戰中形成的首領自身，在征戰中變得強大。他是征戰一方的頭領，另外也成爲戰敗一方的統帥。因爲在各種征戰中，一方面尋求戰敗者的支持是必要的，另一方面戰敗者自己也得時常征戰，必須求助於戰勝者。因此，戰勝者變得更加強大。一個首領、一個核心人物就這樣發展起來，各項事務由他做主，財物由他分配。這就要求制定這種關於征戰效力者的原則。於是，在這裡表現出兩種結合方式：一種方式是個體屬於他的集體，在其中，決定是出自各個全然特殊的意志；第二種方式是當首領發號施令時，必須爲了整體而戰，效力者必須爲他的長官貢獻力量。所以，個體有兩種職責：一是爲了集體，二是效力者爲了固定的核心人物。於是，公爵在這裡也有雙重的含義：公爵和伯爵既是自由戰友們的領導者，也是他們的長官的效力者。這是兩種主要的關係。

第三是這兩種方式、兩種關係的統一，國家就是圍繞這兩者的結合形成的。爲王侯的效勞和對個體的職責必須統合起來，義務也必須是爲了普遍的事物。在此就從兩個最初分離的方面形成了義務和權利。所以，兩個方面必須統一。個體後來擁有的權利必須有一部分屬於聯盟，有一部分是私人權利；權利必須部分地屬於私人，（部分地也）屬於作爲普遍事物的國家。國家應當始終是靈魂、統帥和自我，規定和權利應當以國家爲出發點。各種權力都出自普遍的規定。我們先前視爲忠誠的事物與現在作爲特殊意志的事物的統一，是國家發展的最終目標。各個日耳曼國家的獨特事物都是占主導地位的特殊性。在最初的開端出現過這兩個方面的衝突，作爲各個日耳曼國家的主導事物的是野蠻的和特殊的主體性，這種主體性構成第一種形式，並且所有的權利和義務都被囊括其中。所以，權利沒有獲得具有普遍的、合法的規定的特點，關於國家事務的一切法律反而都降格爲私人權利的形式，並且那種應該是普遍事物、應該是整體的事物，都分散成特殊的私人依附關係和大量的私人義務。所有的事物都分裂爲各種特殊的權利和獨特的職責。這是國家生活用以表達自己的最重要形式，而國家生活之所以不成其爲國家生活，正是因爲它僅僅構成無窮多的私人獨立關係的一種彙集。

一種普遍事物、一種知性事物在後來才從這種非常艱難的、沒有鬥爭的狀況中形成和擴散開，這種事物在本質上是作爲龐大整體由各種私人關係組成的，必須被看（作）一種自身無機的事物。所以，各種單獨的體制都來源於私人關係，各種單獨的權利都是不平等的、自身不連貫的，儘管有一個整體在那裡。在英格蘭的體制中，單獨的事物就是一種自身不連貫的事物。因此，德意志的古代史是關於各種規定的一種極其嚴密的有限性。在德意志，人們不辭勞苦地追求關於各種單獨性和附屬性的一種極其認眞的博聞強識，而在其他歷史中卻始終存在一個整體的形象。日耳曼民族的歷史是各種單獨性的一種總和。在職守和財產方面依附性有著數量無限的形式，在地理方面我們同樣也發現了分裂。因此，〔日耳曼的〕基本規定就是：沒有任何眞純的事物、沒有任何歷史是作爲一種普遍事物存在的，毋寧說，所有要求的事情和所有財產都是一種特殊的事物，職守的要求和財產的擁有兩者都瓦解爲一種私人財產。留給國家的什麼也沒有，或者說，所剩無幾。商業和官職都成爲特殊的，成爲私人財產，公職同樣如此。公職人員所享有的事物變成一種私有財產，必須去做的事情要看那個必須去做的人的個人意志。就這樣，對國家而言，存在的是一切意識的絕對個體化和疏離，是國家意識的一種全然缺失以及一種根深蒂固的私人好處和四分五裂。

除了各種關係的這種個體化、這種特殊性之外，還有老老少少的特殊情感和特殊激情，這造成了極大的恐慌。雖然宗教是憑藉其威嚇、慰藉和眞理抵制利己主義的，但生活在這些時代的教會，像其他時代的教會一樣，獲取了各種極其矛盾的權利。教會把各種情感提升爲更加高級的目的，因此它一方面反對特殊性，對統治與財富保持淡漠，但〔另一方面〕轉而爲教會謀求好處。教會對財富的淡漠旨在獲得好處，它獲得地位，實行這樣的統治，以致在

(12, 456)

這種關係中沒有任何本質的事物得到改變，舊的關係依然存在。倘若教會去掉了各個個體的激情，他們昇華了自己的精神，就會捨棄這個可以說恰恰需要教會的世界。

當歐洲世界這樣重新形成和塑造後，人們懂得需要和教養，並且各個民族在它們的狀態中確定下來時，一切關係就都將自身特殊地、模糊地規定成了私人關係。必須成爲規則和法則的事物，在這裡是數量無限的偶然性，並且具有依附性。必須變得簡單的事物，成了一種無限糾結的事物，各種原理彼此糾結，拼湊在一起。各個民族一旦從基督教的統一體中脫離，就棲居在特殊性之中。當普遍的事物變成特殊性時，就必定會出現通向整體整合的完全相反的方向，而在整體的整合中所有的私人事情都〔被〕打亂，具有任何界限——包括內在界限和外在界限——的主體性都被剔除。

這個端項作爲另一種革命是東方世界。在東方，太一、眞純者被變成意識的絕對對象，被變成所有行動的最終目的，成了現實生活的終極事物。

沒有關係的事物成了一切實存的關係。我們在前面看到東方的實質統一，在那裡思維與自然事物的統一是不分離的，所以精神受到自然的拘束，是不自由的。定在、觀念分解成許多數不清的神靈，分解成大量作爲自然束縛的神靈。但這時，在太一的純粹思想中所有產生束縛作用的特殊性都被耗盡。太一的純粹思想也使太一無法在現實中達到任何特定事物，達到任何有機組織，因爲所有特殊的事物，相對於這種無限的遼闊都被設定爲一種僅僅偶然的事物，在這種遼闊中都是偶然的，只是觀念性的。這不是波斯人的光，連波斯人的光也不過

(12, 457)

是一種自然的事物。因此，更確切地說，東方的太一是猶太教的太一，這種太一在伊斯蘭教中得到完善，成爲一般的東方宗教。當這種太一被認識到，在基督教中內在地規定自己時，就有了臻於完善的另一種方式。這種太一在基督教中才有自己的眞理，在自身才得到充實和規定。

規定太一的另一種方式，是把太一理解爲擺脫一切自然特殊性的純粹思想。因此，這種太一是針對一切自然事物和任何特殊性的否定事物。當這種太一被認識到是絕對事物時，關於太一的宗教也必定變成現實的，是現實地存在的。這就要求、這種太一是唯一有效的、支配萬物的、被認可的、被希求的事物；這就要求，太一的直觀是唯一被認可的和統治一切的事物。當這種太一被視爲唯一有效的，並得到實現時，這就是一切差別的毀滅——即狂熱。這種作爲個體的純粹意識的宗教必定是狂熱，因爲狂熱就是希求一種抽象的事物，成爲一種針對任何特殊事物、特定事物的否定事物。當這種抽象的事物是一種感受時，這種感受就是狂熱的。作爲感受，太一是相對於所有客觀存在的事物而存在的，因爲客體就是這種本質上僅僅在自身加以劃分的太一。感受相對於這種客觀的事物是狂熱的，但不僅感受是狂熱的，而且關於太一這個抽象事物的那種呈現現實性的表象也是狂熱的。

因此，正是伊斯蘭教以它的光輝和它的自由，以無垠的廣袤和毫不含糊的明晰性反對處於特殊事物之中的基督教世界。一切束縛都消逝了。在這個太一中，東方的一切特殊性、一切種姓差別、一切出身的權利都消除了。個人的任何實定權利、任何政治限制都不存在

(12, 458)

(12, 459)

了。財產、占有物和一切特殊目的都是無效的；任何追因問果的主管機構都不存在了，並且這種無效性一旦實現，就變得具有毀滅性和破壞性。因此，伊斯蘭教破壞、改變和征服一切事物。

這種伊斯蘭教出現在六世紀的前四分之一時期，它對我們在西方看到的事物、對西方的原則構成補充因素。在這種對太一的信仰——意識唯獨認可太一，捨此無他——中、在這種狂熱中，一方面伊斯蘭教本身畢竟會是懶散的，但〔另一方面〕就伊斯蘭教應當身體力行，就精神涉及現實性，將自身提升爲現實性而言，伊斯蘭教在本質上必定是否定性的，因爲它的特點是狂熱。

但現實生活在這裡是具體的，它繼續向前作出規定。然而，具體的特定事物在伊斯蘭教的生活中具體表現出來的時候，僅僅表現爲一種偶然的、不同的事物；它好像是被建在沙灘之上的。所有要成爲現象的事物，都僅僅是一種瞬息即逝的事物，運氣的變化主宰著一切情況。所以，這裡有個體和整個帝國方面的改變、持續變化的基礎。個體這時可能是奴隸，但畢竟可能成爲廣闊帝國的統帥、王侯，反之亦然。一個耽於享樂的帝國，畢竟同樣可以從自身的根源自我修復。很多王朝都是〔由〕奴隸建立的；但幾乎沒有一個帝國顯得是安寧的，它們都被毀滅了，因爲伊斯蘭教是始終保持年輕的事物。個體成了王侯、大臣，王族、王朝持續存在，所有這些都是一種單純的偶然性。王侯的寵臣本來是王權的支撐者，按照我們的概念本來是要向王權致以最高謝意的，卻恰恰推翻王侯，自己登上王位。這完全就

(12, 460)

是〈伊斯蘭教國家〉變化無常的基礎；因此，想要定形的事物，同樣直接煙消雲散。

這裡進而包含的第三點是：個體所達到的特殊事物、特定事物，存在於他所把握的事物中；個體全然存在於這種事物中，完全充滿著這種事物。這種個體，即穆斯林，不像歐洲人那樣有很多顧慮。歐洲人有著形形色色的情況，相反地，穆斯林簡直唯獨只有這種太一。如果說穆斯林是狡詐的，那麼，在這種狡詐中就沒有任何事物是比較頑固的。穆斯林常年爲這種狡詐所困。如果說穆斯林報復心強，那麼，老虎就不是有野性的；同樣，如果說穆斯林是殘暴的、慷慨的、敏感的、有愛心的，那麼，尤其就愛心而言，沒有任何事物比這種唯有穆斯林生活於其中的愛更加具體、熱忱和強烈。愛的熱忱與優美在東方是以最美的光輝存在的，並且得到描述。王侯把所有的光輝、所有的華麗都放在他所愛的對象和人們的腳下，但他同樣也可以毫無顧忌地犧牲他們。那位正在向戰場行進時看到一個女基督徒的土耳其皇帝就是這樣：他四個星期沉迷於她，魂不守舍；但在軍隊開始發牢騷的時候，他便讓他這位心愛的人出現在軍隊面前，揭開面紗，然後殺死她，繼續迎擊敵人。這種熾情也存在於阿拉伯人、即薩拉森人的詩歌裡；這是完完全全的獻身，根本不是渴望。

在希臘人和羅馬人的心目中，一個美麗世界的早晨的出現是與東方相關的，也是與基督教世界——基督教世界的自然之父是夜晚，是歐洲西方——相關的，從自然方面看，起源於西方。但東方是歐洲的更高的精神之父。羅馬人從東方獲得基督教，相對於北方的環節，相對於北方對各種個別化的主體性的依靠，這是自由的因素、普遍性的因素。在接觸阿拉伯

(12, 461)

人的過程中，歐洲人的勇敢變成了西班牙優美的騎士精神，阿拉伯人也傳播了各種科學以及影響過他們的古人的經典著作，同樣，直到今天哥德仍在宣導的自由的詩歌、自由的想像，也起源於東方。哥德最近才轉而研究東方，並在他的《西方與東方合集》④中作了一首詩歌樂譜，這首樂譜的熾情燃著東方的火焰。

這就是東方的普遍特徵和東方與西方的關係。至於實踐的事物，〔西方的〕熱忱從來沒有像東方的這種熱忱那樣完成過豐功偉業。這種熱忱沒有任何特定的目標，而是一種純粹抽象的、囊括一切的和不需要任何事物的事物，沒有受到過任何事物的阻礙。這種熱忱無須特別的軍事藝術，就從幼發拉底河開始，在自西藏直到地中海的各個國家裡勢不可擋地征服了一切，也使波斯、印度斯坦和中亞直到中非，甚至整個埃及，都俯首稱臣，最後跨越西班牙直至法蘭西南部的中心。在普瓦捷，阿拉伯人才受到阻撓，〔被〕擊敗了。他們同樣轉而從普羅旺斯進攻義大利，進攻尼斯。在法蘭西，他們在七三〇年被查理·馬特擊敗，查理·馬特是查理大帝的祖父，他的兒子是丕平，丕平的兒子就是查理大帝。阿拉伯人在一個世紀內獲得了這種力量，詩歌和一切科學的全盛時期同樣也在他們那裡很快凸顯出來。在各位偉大的哈里發統治下，在〔穆罕默德之後〕三、四世紀，埃及和小亞細亞已經有了極度繁榮的城

④ 這是黑格爾對於歌德《西方與東方合集》（斯圖加特，一八一九年）的概述。

(12, 462)

市。〔基督之後〕八世紀，整個西班牙遍布擁有華麗宮殿的城市。到處都有學者和學校。但巴格達的皇宮依靠外部的壯觀，憑藉詩歌和簡約的習俗，尤其顯得輝煌和卓越。最卑微的人都是與哈里發平等的，最卑微的薩拉森人也把哈里發視爲是與自己平等的；這種情況可能是透過精神的、天眞無邪的方向表現出來的。但這個龐大、輝煌的帝國很快就成了過去，甚至在當時就僅僅是一種不斷消逝的事物，它無影無蹤地崩潰了。它的更大的範圍絕大部分都是後來由土耳其人占領的，但土耳其人表明自己無論如何也無力維護所有的文化。在龐大的阿拉伯帝國分裂爲許多特殊帝國的同一時代，龐大的法蘭克帝國也分崩離析了；我們現在要根據對東方與西方兩個對立面的考察，回到論述法蘭克帝國上。

二、中世紀

在西方，我們從第二個時期談起。查理大帝把龐大的帝國聚攏起來，這個帝國被稱爲法蘭克帝國。它包括法蘭西、直到埃布羅河的西班牙和德意志，在那裡，查理大帝本人征服了薩克森人，因而征服了整個德意志和直到臨近那不勒斯的倫巴德帝國。倫巴德的公爵們統治了更遠的南部，但他們也向法蘭克帝國表示臣服。西元八〇〇年，查理大帝被任命爲羅馬皇帝。他在羅馬加冕，然而在亞琛也有自己的寶座。亞琛是首府城市，他在死後幾百年仍然坐享這座城市的皇位。他就這樣成了基督教界的首領，因爲英格蘭被孤立了。關於帝國特徵的

(12, 463)

本性，除帝國在這裡開始了特殊性原則之外，沒有任何特殊的事物需要加以說明。但畢竟在法蘭克帝國還存在國家權力，因爲各種權力仍舊屬於國家，還不是私有財產。整體仍處於動盪之中，僅僅處於各種我行我素的特殊性的變易之中。

查理大帝之後，帝國被分割和瓦解。在他的統治時期，他的帝國成了實在的帝國，實行最高的統治。對西歐而言，並不存在這樣的〔一種〕關係：最高的統治作爲基礎依然存在，從這個基礎中發展出了後來的另外的事物。西方的帝國是一種精神帝國，在這裡精神應當實行統治，並且是返回自身的。因此，最高的統治必定是一種不以自然爲出發點的事物，否則它就通常始終帶有自然環節的結果。精神也必定是從外在的事物開始的，以便產生出來，因爲它僅僅知道它所變成的事物。但這種外在的事物，正如我們已經看到的，也是一種直接的事物，它是意志的個別性和情感的強烈性。因此，查理大帝成了羅馬皇帝，我們有理由把他的帝國看作古羅馬帝國的延續，因爲意志的個別性的堅固，作爲在羅馬帝國的最終事物，成了歐洲世界的開端，成了起點。日耳曼世界重新陷入了這些私人個別性和數量無限的依附關係的形式合法性，因爲它是對一種直接的規定性作出的反應，而這種反應在這裡不是任何自然的威力，而是有限精神的威力。

於是，中世紀時期在這時有一種規定，即實在的統治形成一種觀念的統治，基督教界被塑造到了心靈之中，眞正形成了基督教世界。基督教和教會的時代尤其如此。

各個日耳曼民族很早就有了基督徒，但它們的這種基督教是膚淺的，不是透過一切精神

(12, 464)

的關係琢磨出來的，〔相反地，〕查理大帝強迫薩克森人以及更早的勃艮第人和其他部族發誓放棄異教信仰。他們的轉變是一種單純形式的事物。他們全都用一些時間聽了宣講的教義，然後才〔被〕改宗的。所以，這種基督教不論在主觀信仰方面，還是在現實塑造方面，都是一種極其膚淺的事物。因此，基督教這時雖說是統領世界的宗教，但本身卻由此在塵世變得違背耶穌的要求：「我的王國不是這個世界的王國」。⑤追求這種塵世生活還必定出現這樣的情況，即這種塵世生活是被揚棄的，因爲塵世生活背離宗教生活。於是，塵世必須使自己的因素變成宗教性的，即合理性的，教會的事物必須清除塵世性。最終，這兩種因素獨自地塑造自己，因爲只有這樣才會實現兩者的眞正統一。教會與塵世生活不能處於直接的統一中，而是必須形成兩個整體，以便能夠構成眞正的統一。所以在中世紀，教會變成世俗的。對此的評價既不能過低，也不能過高，因爲這種統一還不是眞正的統一。

必須考察的另一個問題是，這時形成的不是這種實在的王國，而是觀念的、精神的王國；精神深入自身，潛入、鑽進基督教眞理的深層。在這方面現在要闡述三點。已闡述的歷史可以說早已顯示，各個個體是如何深入宗教的，宗教又是如何成爲科學以及宗教研究如何得到傳播的，也就是說，思想是如何把握宗教的。思想是精神在其比較抽象的自由中的最內

⑤ 見《新約聖經》〈約翰福音〉，第十八章，第三十六段。

(12, 465)

在事物。宗教和教會教義早已被宗教會議和教父們確定下來，因而是已經完成的。要對這時存在的情形加以補充的是，那些在思想中把握宗教的西方神學家們——他們在本質上就是西方哲學家——對宗教這個主體是如何進行改造的。在中世紀，哲學和神學是合一的，任何神學都必須是哲學的，因爲單純歷史的考察絲毫不會涉及作爲眞理的內容。如果神學不是哲學，它就不知道自己想要什麼。教義在問答手冊裡，問答手冊的釋義就是哲學。歷史的事物不是宗教。在中世紀發生的事情是，基督教教義的客觀事物得到了思考，確切地說，在經院哲學中得到了思考。所以，思想這時轉向宗教。神學是關於眞理的知識，而不是關於歷史論證的認識。神學科學作爲對眞理的認識，從歷史論證來看採取了博聞強識的方式。尤其是巴黎，還有英格蘭，成了這種研究的中心。德意志在某些方面是落後的。而義大利以其薩萊諾的醫學和波隆納的法學而著稱。⑥

第二種方式是感覺的方式，即宗教深入個體心中的過程。與基督教的傳播相結合的是修道院和修士會的擴展。修道院、修士會轉向個體的心靈，觀念事物對個體性的心靈的顚倒和

⑥ 薩萊諾有歐洲最早的醫科學校，它在歷史上占有重要地位，在十一、十二世紀達到全盛時期，接受歐洲、西亞與北非的學生，至今尙存。波隆納在十一世紀建立大學，它在十二世紀與十三世紀成爲研究民法與宗教法規的主要中心。

浸淫在這裡體現出來。心靈就這樣被宗教原則顛倒過來。哪怕日耳曼的心靈本身是堅固多節的櫟木心靈，它也會因基督教而在自身分裂。在這裡，日耳曼尼亞的生命被觀念事物的力量所貫穿。觀念事物是巨大的力量，它打破蠻夷的僵持執拗，將強大的形體摔倒在地，敲碎女人和男人的內心事物，除去天眞無邪和美好的愛，埋葬了它們的活躍能力，使他們渴望寧靜與和平、渴望天堂。修士和修女必須立下守貞、順從和安貧的誓言。守貞的誓言針對的是婚姻、家庭之愛的倫理，對上級順從的誓言針對的是執拗，對財產斷念、即安貧的誓言針對的是財富。格列高利七世禁止全部教士、即整個教士階層結婚，把世俗的事物與宗教的事物區分開，以致他是完全與家庭倫理生活割裂開的。所以，對天然意志的這種撕裂、對天然意願的這種扼殺部分地是以簡單的方式透過修道院進行的，但這種扼殺也部分地不過是一場與形形色色的事件相關聯的長期鬥爭的結果。在這裡，個人的歷史是有趣的，其中展現出人在世上是如何因他們的激情和目的，因他們的勇猛而煩惱，又是如何不知足，如何由於要求更高的事物而憂傷，並在這種內心矛盾中步入死亡的，或者說，人是如何僅僅在最後才透過捨棄他們的一切利益和激情，在教會的懷抱中尋求安寧的。

觀念事物的這種塑造過程有兩個方面，一方面是透過作爲普遍事物的思想，另一方面是透過心靈，兩個方面透過第三個方面使自身成爲合乎規定的，這個方面就在於一般律法、尤其是私法是按照教會的觀點加以改變的。所以，基督教改變了這些一般的見解，一種完全不同的立場被納入對犯罪的考量中。謀殺這時較之以前，也就是較之犯罪，有了一種完全不同的規定。過去僅僅屬於侵犯私人的事情，這時達到公共犯罪的層次。尤其是婚姻法獲得一種新的地位。像這些觀點得到改變一樣，教士階層轉而直接抵制邪惡。正是宗教力量，這時直接出於這種考慮而抵制犯罪，介入私仇、毆鬥中〔發揮作用〕。在墨洛溫王朝時期，實行以罪抵罪，犯罪雖然受到懲罰，然而是以世俗的方式受到懲罰和報復的。相反地，在加洛林王朝時期，有一種完全不同形態的改變，因爲在這裡教皇首先介入。宗教會議得以舉行，並且作爲權威出現。例如，對洛泰爾因爲他的情人而發生的爭執，就是這樣處理的。因此，作爲審判官的權力出現的不僅有民意，而且也有教士階層的權勢，即宗教權力。但這種權勢不僅作爲外在的力量，而且作爲內在的力量，表現在懺悔和多種事功中，這些做法的極端就是逐出教會，開除教籍，這是在一個個體身上可能發生的最可怕的事情。即使我們僅僅出於這個方面來考察尼伯龍根之歌——尼伯龍根之歌在〔一個〕基督教國家的勃艮第人的宮廷裡有自己的舞臺——基督教和教士階層也沒有掌控全域，教士階層在加洛林王朝那裡才發揮重要作用。後來，教會就在加洛林王朝中擁有了完全不同的地位，勢力更加強大。正如基督教在那裡進入私人關係一樣，它也介入這樣的關係，即王侯與民眾、王侯與國家之間的爭執。因此，正是基督教的力量在這個時代變得在一切關係中都發揮著作用。

我們在此補充的第四點是，必須考察基督教對塵世生活的塑造，對普通的、政治的和歷史的狀況的塑造，政治從這種塑造中獲得了自己的規定。爲了把握這個整體中的特定事物，必須留意以前的事物，也就是說，留意這樣的雙重方式：這種塑造是如何獲得前提和如何發生的，在各個國家的政治發展過程中持存的本質事物有什麼差別。所以，我們必須回溯到歷史狀況本身。

這種差別在以前就已經造成，即各個日耳曼民族當時成倍地增多，因爲一部分人本著〔一種〕求純的原則固守在家鄉，即使這部分人與其他人湊合在一起，例如在英格蘭，也畢竟保持著求純的原則，在那裡與其他人雜居而互不干擾；〔而〕另一方面，其他部分人則潮湧出去，與一些完全不同的民族結合起來，接受了一種外來的天性，在外在的國家發展過程中將一種己外存在置於自身的己內存在中。日耳曼民族在它的最內在原則中獲得了一種雙重性，它原先就已經在自身找到了那種能夠容忍雙重事物的統一性。根據在於，在羅馬帝國的各個地區中以及在羅馬帝國的各個民族那裡，教會早就遇到過精神的一種分離，因而能夠以一種世俗的方式塑造自己，以致教會雖然把自己擺在世俗事物的對面，但在迄今存在的各種關係中沒有干擾到整體的平靜；以致教會使〔自己與世俗事物的〕關係保持著平靜，因爲這裡出現了異質事物的融合的原則，因而沒有發生任何鬥爭。但這種融合、這種結合只能產生表面的統一，而在要求一種深層統一的地方，這種與教會的融合就不可能免得了鬥爭，反而只有〔透過〕鬥爭，自身有差別的事物才能在後來的一種更高的理性事物中得到調解。因此，在德意志，教會與國家的關係註定要導致一場艱難的、懷恨在心的鬥爭，在這場鬥爭中教會最初誠然取得了勝利，但畢竟只是相對的勝利。這種結合還不可能是最終的、最高的、具體的結合。

(12, 469)

(12, 470)

如果我們從歷史的角度更具體地考察這種情況，就會考慮到下列內容：我們稱作羅馬帝國的世俗帝國，還在帝國的基督教和教會將權力發展成世俗力量之前，就已經透過征服實現了一種世俗的統一，實現了穩固的國家統一。教會作為精神力量在高盧和西班牙廣泛傳播時，可能早就遇到了基督教。但是最高宗主成了征服者，在他們的地位鞏固以後，教會才進一步擴展自己，獲得了各種各樣的財產和財富，然而僅僅處於從屬的統治地位，因為世俗的事物鞏固了宗主統治權。世俗統治權的這種鞏固過程也是與鬥爭和戰爭相結合的，因為戰爭屬於一個國家的實存。這些戰爭可以分為三種：首先，基督教國家反對基督教國家；其次，基督教國家反對非基督教國家；最後，鑒於一種世俗的關係——並且在這裡，宗教力量的出現不可能發揮調解作用——基督教力量反對這類基督徒，這類基督徒主張國家的客體絕不是單純世俗的事物，而是本身具有一種宗教環節。

如果我們扼要地考察各個國家，看查理大帝的帝國瓦解之後，它們的命運是如何規定自身的，我們就會從西班牙看到，西班牙在薩拉森人中有自己的敵人，薩拉森人在西班牙是完全沒有資格的民族，唯獨基督教民族是有資格的民族。在與高貴的阿拉伯人、即一個自由而出色的民族的這場鬥爭中，西班牙不僅用阿拉伯人的知識、藝術和科學裝飾自己，而且用最優美的、最純粹的騎士精神裝飾自己，這種騎士精神如此純粹和優美，以至於它能經得住被人嘲笑，因而達到了被人諷刺的地步，甚至在唐吉訶德身上也仍然顯得優美和高貴。

法蘭西在一種牢固的、固定成形的、世俗的狀態中不是自身連貫地形成的，而僅僅是牢

(12, 471)

固的，它不是一個連貫的國家，但它的世俗關係〔是〕一種自身牢固的事物。法蘭西分裂成很多侯國，但在所有的分裂中世俗的原則都始終處於一種固定的狀態。在軟弱的加洛林王朝以及在他們之後的卡佩王朝，雖然王冠和王位成了某種無足輕重的事物、成了一種無足輕重的權力，但世俗的事物和世俗的身分本身仍是穩固的，〔是〕某種穩固的事物，並且由於王位如此無足輕重，所以〔它〕有好的一面，即王冠變得比較過時，越發失去了光環。因此，戰爭的素材在於王侯本身，從一個王侯到各個王侯都是如此。法蘭西這時很少轉而對外。法蘭西在整體上對外毫無聯繫。威廉・馮・諾曼第是一個個人，他征服了英格蘭。法蘭西有這種幸運、命運，即僅僅在它的範圍內，〔作爲〕世俗的事物，忙碌於世俗的事物，在那裡，王位儘管是國家的一種抽象基礎，但畢竟變得很穩固。

英格蘭是這些帝國中的第三個，它透過征服變成了一種世俗的權力，在很多方面圍繞世俗的事物進行鬥爭，並在其中獲得國家的基礎。英格蘭僅僅有世俗的敵人。

相反地，義大利和德意志的命運是完全不同的。它們的規定或者是要蛻變，或者瀕臨蛻變，當它們的命運是一個整體的事物時，它們的規定就變得越發空洞，最終完全消失。至於義大利，雖然我們看到它在倫巴底人統治時期是統一的，但〔這是〕一種頃刻告終的統一。法蘭克帝國完結以後，義大利產生了眾多紛爭。在義大利，統治權的統一向來都沒有長久過。義大利有這樣的原則，即它的統一不能長久。作爲古代世界的基地，它保留著自然因素。知性的固定不變的個體化、西方的抽象的個體化在教會的合理性中是與羅馬的抽象

(12, 472)

性，與羅馬的僵化性一致的，一方面雖然帶來優美的個體性，雖然作爲美好的信仰發展起來，產生了優美的藝術，但另一方面也產生了最放縱的感性生活。在政治方面，義大利仍與古羅馬帝制有關聯，就像古羅馬帝制在希臘存在過那樣，因爲教會——它必然需要一個首領——的最莊嚴的所在就是羅馬。在世俗生活方面，教會必須擁有一種獨立的事物，甚至〔一個〕領域。另外，義大利靠海，它的沿海地區是眾多貿易點的集散地。

就分裂狀況而言，德意志在它的命運中〔一方面〕是與義大利類似的，另一方面又與它有著不同的情況。德意志的特殊之處在於，它既與義大利有關聯，也與義大利有不同，並且是在教會方面的不同。在西班牙絕不會發生世俗事物與宗教事物的衝突，反之亦然，在法蘭西同樣如此。義大利在自身以輕率的方式發生分裂，沒有對一種統一體的需要、追求和關心，輕率地反對宗教的事物，例如佛羅倫斯就這樣被革除教會十年。但德意志的命運比較特殊。

關於這個帝國，它本身是從查理大帝的帝國中分離出來的，是某種自身鬆散的事物。德意志在受查理大帝的統治之前不久，在仍部分地處於他的統治之下的時候，就已皈依基督教。在德意志，世俗傳統並未獨立地站穩腳跟。一般而言，世俗統治是部分同時依賴於基督教的，但主要是在它的形成過程、各個方面的內在依賴性上，〔而〕基督教也部分依賴於固定的世俗方面。所以，教會憑藉世俗權力確立自身，同時借助世俗統治和世俗王侯介入〔世俗統治〕的占有。在法蘭西和西班牙，主教和大主教雖然也是王侯們的參事和民眾集會的獨立成員，但他們本身並不是世俗王侯；相反地，德意志卻是後一種情況，因爲大主教區和修道院成了世俗的權威機構。在德意志有科隆、美因茲、明斯特和奧斯納布呂克的主教，此外，在薩克森有索布人與斯拉夫人的主教轄區，這些主教都同時是世俗權威，擁有像世俗王侯一樣的權威。可見，宗教領袖與世俗領袖有著同樣的權力。

私人統治權的一種特殊力量由此被確立了下來，我們在以前把這視爲是有特色的。在這裡，一個宗教核心的統治權同時就成了私人財產，它在德意志就這樣透過各種宗教統治權的聯合和保護，透過這樣一種財產，成了一種不可戰勝的事物，世俗統治者也攫取了這種不可戰勝的事物，他們同樣能夠透過這種事物穩固地維護他們的財產。所以，世俗統治同時有了宗教權利，財產由此得到鞏固，這兩種已分離的、不允許達成統一的統治權〔被〕組建起來。既不透過強制或統治者的滅亡，也不透過分配或遺產贈與，是不可能〔出現〕任何統一的，因爲這兩種核心既不可能用暴力加以壓制，也不可能由於統治者的滅亡而被攫獲。正是這種被建立在這樣的牢固基礎之上的分離，直到晚近各個時期，尤其是在最近時期，被稱爲「德意志的自由」，這是特殊統治權的〔一種〕獨立性，是一種始終被視爲德意志的尊嚴與榮耀，但畢竟在過去各個時代造成了這個國家的不幸與屈辱的分離。德意志雖然在自身發生分裂，但始終以它的原則處於緊密關係之中，這種原則就是占有不是透過掠奪實現的。講求這種原則的眞純緊密關係始終存在。但這種原則想要並且應當在自身成爲具體的，應當從一種異己的事物中統一起來。所以，德意志的原則必定有衝動，它的衝動必定就是透過與另

(12, 474)

一個最初不同於自己的原則——這個原則在其他國家那裡，在它們的形成之初就有了——的結合，將自己組合起來，使自己變成具體的。德意志必定具有與另一個國家統一起來的衝動。這決定著德意志的立場，這種立場是指一種不幸的追求、一種意願和不可能；結果則是傷心地認識到無能，即臆想的權力的無能。

德意志在義大利擁有他者，擁有異己的事物，德意志受這種事物的束縛，與它作鬥爭，並想要將它據爲己有；義大利本身也將自己的目光投向德意志，相信會在德意志獲得支持。這另一個德意志既不同於世俗的事物，也不同於宗教的事物。但教會的宗教權力是德意志本身同樣與之有著同一性的某種事物，因爲德意志信奉基督教；所以德意志是與教會合一的，但畢竟與教會處於鬥爭中，因而處於前後矛盾中，處於〔一種〕矛盾的關係中。

還必須說明的是，德意志從查理帝國分離出來以後，分裂成了眾多的城市，這些城市其實在自身之外仍然保持著它們的聯繫，彼此之間有政治的穩固性。德意志雖然曾被統一到一個帝國之中，但更多地是脫離這個帝國本身的，只有在迫不得已的時候才臣服於這個帝國。當法蘭克帝國的核心人物放手不管這些行省時，這個統一體就成了一個單純空洞的和沒有內容的統一體，所以皇帝身分是適合於這個帝國的事物，是最適合於這種空洞性的事物。關於羅馬的皇帝身分，人們可以讀到比較華麗的描述。皇帝可以說是基督教教會的首腦，是基督教世界的領袖；他擁有超越一切世俗王侯的最無可爭議的、首要的地位，擁有授予國王頭銜的權利（不多），一切貴族身分和〔一切〕騎士等級都出自他。但騎士等級

(12, 475)

在自然的和精神的意義上必須以個體本身爲出發點。基督教國家只從稱號上看就是依附性的，並且只做它們覺得好的事情。皇帝律法的普遍有效性，從理論上講是無可爭議的。普特爾說，⑦理論賦予了所有帝國的皇帝以宗主權；但是，皇帝們有不行使這種權力的理智。所以，宗主權是空洞的，因爲德意志僅僅從字面上看才是一個統一體。這件沒有實際意義的皇袍給德意志惹了許多麻煩。但皇帝們畢竟是聰明的。這件皇袍並不擁有召喚某種事物、保護任何事物的力量，充其量只具有產生下列看法的魔力，即其他人應當相信它是擁有力量的。法蘭西在自身成了一個帝國，很少有對外關係，並且統治者沒有變成皇帝，這是一個優勢。對法蘭西而言，沒有達到皇帝的榮耀是件幸運的事，因爲在這種情況下法蘭西就會專注於自身，儘管法蘭西的國王們可能也追求過這種榮耀。

透過皇帝身分，德意志獲得了它的地位。德意志的皇帝們首先試圖作爲羅馬皇帝在義大利實行他們的統治，並在那裡設法討伐異己力量。薩克森的奧托家族尤其是這樣做的。這些與義大利長久保持的關係所得到的大多是可恥、卑劣和不幸的結局。義大利人總是要求皇帝們具備羅馬人的特徵，而皇帝們的德意志隨從通常也不許〔被〕派遣到各個城市。雖然德意志的王侯們是一同前往的，但要麼〔他們〕可恥地遺棄皇帝或全都死於荒淫無度，要麼皇帝

⑦ 見約・斯・普特爾：《德意志帝國史》，哥廷根一七九七年。

們與極少一部分人一同前往，並且全是與諸如此類的人前往的。戰爭都是不幸的，並且導致糟糕的結局。

義大利人發現皇帝們統治義大利的這種騙局，他們在希望從德意志獲得幫助以反抗壓迫時，也發現了同樣的騙局，他們在皇帝想要操縱法律和司法，不想單純成爲保護求助者的手段時，就立即遺棄了他，所以他們又以一切方式尋求擺脫他們所求助的人。一方面皇帝們欺騙義大利人，另一方面義大利人也同樣重又嚴厲地控訴皇帝們，例如，但丁就對粗魯野蠻地蹂躪義大利人的行徑和皇帝們不能正當地維持正義的現象進行了控訴。

(12, 477)

除了有政治關係，德意志的皇帝們還有反對義大利的第二種關係，這就是龐大的施瓦本家族和霍亨施陶芬家族的追求。這種關係的內容是，要使已然變得世俗的主教們屈服。這主要涉及教皇的權位本身。進行這場有些可怕的鬥爭的最終決定，整體而言，在形式上是正義的：大主教、主教這些宗教〔權力〕不應當由世俗權力，而是應當由他們的例行會議、由教皇加以確定和選舉，並在世俗範圍內由皇帝加以回報，但他們的世俗統治應當由皇帝加以維持。然而由於爭權奪利，發生了這樣的情況：仍要取決於皇帝的事物、皇帝有權作出回報的事物，〔教皇〕不再值得費力，就已經保住和獲得。

總的來說，這時其他的歐洲帝國與教會、教士階層處於和平之中，並且只發動過世俗戰爭，而德意志卻處於完全不同的鬥爭之中：皇帝反對教皇，這是一場悲劇，在這場悲劇中，不論是德意志皇帝的家族，還是德意志國家的權力都走向了毀滅，德意志的統一

(12, 478)

〔也〕付諸東流。但教會取得了勝利，它就像在其他國家已經和平地取得勝利一樣，就像在那些依理行事的其他帝國一樣，確立了自己的統治地位。德意志與教會的鬥爭，即便在中世紀占有重大的地位，總的來說仍是局部的，對其他的歐洲國家而言是無關緊要的。教會依舊作爲教會掌握權力，它的權力在這場鬥爭期間始終沒有受到削弱，結果就是宗教和教會上升成了一切私人關係和國家關係的權力機構，同樣也上升成了一切生活關係和一切科學的主宰，曾經使〔教皇〕成爲每位皇帝的尊師，並且每時每刻的日常重要生活都有一部分處在教會的掌控之中，以致人們無時無刻不效勞於宗教。因此，這種觀念王國的統治取代了實在王國的統治，這就是我們最近達到的地方。

這時問題在於，這種教會的缺點是什麼？人們可以譴責教會的違法、濫用職權、惡習和犯罪，但這畢竟只是個別的缺點。基督教教義內容是最高眞理和這種教義的實現；教會是精神的一切寶藏的持續不斷的展現和饋贈。教義的實現也的確是透過世俗的手段進行的，但如果一切事物都是完善的，那麼，從外部加以考察，基督教界的一種需要也就表現爲要賦予自身一種終極的、完滿的事物。這種需要是基於某種缺點的，我們必須規定基督教已賦予自身的那種形態，以發現這種缺點。所以，我們必須追溯基督教教會的本性，追溯在這個時代產生出了基督教教會文化的特殊形式。

(12, 479)

我們現在考慮的是基督教在自我意識的當下存在中據以獲得一個立足點的方面。基督教的客觀的、絕對的內容是由古代歷次教會大會確立的，早就由古代教父們完成了。中世紀的經院哲學對此什麼也沒有改變，我們時代的哲學也只能把這種內容轉入概念的形式。這種教義現在有了這樣的方面：神聖存在者對人來說不是任何偉大的事物，不是一種內容；毋寧說，這種教義的基本規定是人與神聖存在者的統一，是人的本性與神的本性的統一，即上帝向人顯現出來，並且對人來說是完全當下存在的。這個方面是對無限形式的需要。所以，神的本性本身具有這一個的規定。基督顯現出來，正是這種當下存在，即人的事物與神的事物、神的本性與人的本性的這種統一，是世界永恆地驅使自己追求的事物。正是這種當下存在，它的規定是問題的關鍵所在。我們已經看到，教會自我發展、自我完善，以達到在整個世界中的統治地位。最終的頂點是：神的事物始終〔具有〕**這一個**的規定，〔是〕驅使自己達到當下存在的神跡的活動；上帝是精神性的，甚至在精神中也是當下存在的。全體都圍繞著這個點。在教會裡，這是不能作爲直接的、自然的事物，例如，不能作爲光存在的。這種當下存在不可能採取任何外在的方式、任何直接的方式。

上帝、神人耶穌基督作爲人，作爲直接的事物，已經是一種塵世的事物，因而是一種已逝的事物；精神所必需的當下存在，是對精神而言，不可能像一個達賴喇嘛那樣，在達賴喇嘛那裡，神是對人而言當下存在的。教皇——基督教界的首領，不可能是這種達賴喇嘛，因爲教皇不是作爲這種人受到崇拜的。因爲這種人是感性的、外在的和自然的，這種單純自然的事物在基督教裡處於極其低微的地位，〔是〕必須加以揚棄的事物。對此，我們要作出說明，原因必須加以解釋。逝去的事物，現在不存在了，**這一個**現在應當仍然存在。教皇作爲

(12, 480)

人，與共同體一起共同表象上帝，謙卑地處於上帝對面。所以，教皇是僕人之中的一員，是一位單個的、謙恭的僕人。但進一步地說，也一般地存在這一個，即單個的人、一個不朽的靈魂、絕對的原子，也就是說，是自爲地排除其他個別性、其他一切人的。自我意識的個別性在基督教裡不是任何單純的形式。在印度人心中，在印度教中，神僅僅是以個別的、偶然的方式現實存在的實體，時而以這種個別的方式，時而以那種個別的方式現實存在，而這些方式不過是實體的樣態和偶性。但在基督教中個別性是絕對的環節，因此單個的人不是任何單純的樣態，而是無限自爲的，是排斥其他的**這一個**的。所以，單個的人全然是自爲的，是一種不能作爲顯現的上帝樣態存在的事物，因此基督也不能重新在另一個人身上顯現爲單個的人，並且從自然的角度看，他不能是當下存在的，而是已逝的，本身僅僅是個別的現象。但是，這種神聖的個別性應該是當下存在的。

因此，基督不能作爲達賴喇嘛在教會中存在。但在基督教教會中，上帝甚至肯定具有**這**一**個**的這種方式，正是**這一個**，即在教會中已經直接存在的形態和人格，必須加以留意。基督的主要形態，就像他過去在教會中被認爲是**這一個**，並且是當下存在的那樣，現在是他在彌撒和晚餐中具有的形態。在彌撒中，現實的基督的生命、受難和死亡是日常性的，是始終存在的。但這不是單純一次發生的，而是永遠發生的，因爲這是上帝的生命、受難和死亡，自在自爲的存在者必定自始至終、因而世世代代永遠都處於與時間的關係之中。因此，犧牲是日常發生和始終發生的，並且是作爲現實的當下存在發生的。把基督的這種生

(12, 481)

命、受難和死亡單純歷史地看作一個事件，是平庸的和非宗教的，因爲這是神聖的歷史。上帝顯現出來，這是現實的上帝，這種情況必定始終在共同體中發生，並且共同體本身就是協助行事的事物。基督以人的形象犧牲，並重新以人的形象復活。這絕不是像在新教教會中那樣單純被表象的基督。被表象的基督是一種心理學上的基督，這種基督站在遠方，對於他的想法可以讓人產生各種各樣的心理感受和活動，如果人們願意的話；因爲他是這些心理感受與活動的主宰。特殊的主體性始終反對宗教大師的這種表象，把這種基督拒之門外，如果它願意的話。於是，這種被表象的基督是否在對於他的想法中產生各種活動和影響，就是一種天意。在教會中這是另一回事，因爲在那裡上帝是一種當下存在者，絕不是過去的存在。成爲他者的過程在人和復活中永遠發生。所以這樣一來，在教會中這種當下存在和**這一個**就得到了表象。

在這種規定中還要說明的是，基督在這裡是被當作**這一個**來了解和認識的，此中的本質方面仍〔是〕：基督在此同時被表象爲外在的事物，被表象爲由神父淨化了的聖餅。對於這種淨化，是絕不能反對的。正是教會的精神，使自己成了這種外在的、感性的當下存在，由此使自己首先作爲這一個成爲可傳播的。但一個要點在於：上帝使自己顯現爲**這一個**，這種情況得以保留和鞏固；聖餅應該被當作上帝加以供奉，也就是說，就上帝作爲一種外在的事物仍處於外部而言，上帝是這一個物。這樣一來，在教會中**這一個**在任何時候和對任何個體都是存在的，任何事物都被結合到神聖的生命中，〔基督的〕受難、復活就存在於這個地

(12, 482)

點、這個個體之中。

教會似乎能夠滿足於這種當下存在和這種禮拜儀式——但首先得到確定和承認的是，這種上帝也表現爲外在的上帝——似乎也可以讓人堅持這種當下存在和這種禮拜儀式，所以外在的、感性的當下存在立刻變成一種無限的多樣性，對當下存在的需要是無限的，並以無限的、多樣的方式產生出來。於是基督，正如他在這裡所顯現的，也這樣被設想和規定：他也表現爲要以不同的方式從多個方面加以認識，以致他的聖母在他身上同樣顯示爲當下存在的；其他的聖徒和永享至福的亡靈同樣是上帝的活動的各種顯現和結果。因此，當下存在的顯現的多重恩典得到設定。神聖事物在一種當下存在事物中的這些顯現和效用、各種聖母像——所有這類事物都是聖體，都是以一種能動的、有效的方式成爲當下存在的過程。神跡的第三種方式，即以感性方式獲得當下存在形式的聖人遺骨，是一些屬於天國的事物的保存物，同樣地，神跡不是以普遍的方式作爲律法表達上帝的顯現，而是以特殊的方式表達上帝的顯現。所有這些都關係到對神性的當下存在的需要。

(12, 483) 教會在這些時代是一個充滿神跡的世界，虔誠的共同體在世界自身中無法滿足於單純外在的定在和知性的、必然的自然聯繫，而是只有轉而在神聖事物的一種特殊顯現中才滿足於這類個別的定在和聯繫，把它們當作神聖事物的一種表現，作爲在這個地點、在這個時代的**這一個**。神聖事物作爲感性事物是一種神跡，因爲感性事物是一種有局限的、個別的事物。神聖事物作爲這樣的個別事物〔是〕一種神跡，並且得到了承認，因爲它已經以特殊的方式顯現出來。所以，這時問題在於：教會如何根據神聖事物作爲**這一個**顯現出來，如何根據自己擁有的神聖事物作爲**這一個**、作爲直接事物，在自己的範圍內自我完善。教會自身在這一點上缺少什麼的問題，並不在於：我們在這方面還缺少什麼〔和〕教會必須如何設法在自己的範圍內激發這些缺少的事物。教會擁有我們對神的本性所要求的一切事物，擁有現實生活的統治權和各種奇特現象變爲我們見過的事物的細化過程。問題是，教會在它的原則中畢竟還缺少什麼，它必定有哪種缺點，卻仍然沒有背離它自身，沒有逾越它的原則。

這種缺點是：把恩寵表現爲一種特殊事物的神跡圖像、神跡話語等等，並不具有絕對的形式，而是僅僅具備有局限的形式，因而需要一種無限的複製。聖體，這種比所有的神跡本身、比所有的**這一個**、比在不計其數的教會裡被複製的基督更高的事物，同樣如此。但作爲上帝之子，基督本身絕對只是一**個**。作爲聖體，這個神靈僅僅是實體，雖然被實體化，被移轉爲感性的當下存在和個別性，但這種個別性同時是一種普遍的個別性，它處於一切共同體中，因而本身僅僅是一種映現的普遍性，不是空間裡的這一個個別性、最終的個別性，而只是眾多個別性中單個的個別性，不是絕對的太一、絕對的單個事物。這是教會的要求，這種絕對單一的此岸事物必定是教會所尋求的。

將當下存在全部囊括起來的最終個別性，是空間裡的、場所裡的個別性。所以，即使在時間裡人格的個別性已經消失，空間的個別性也仍然保存下來。感性個別性的這個最終頂點，這種在空間裡所要求的個別性，是基督教界必須尋求和占有的。達到這種個別性的路徑

(12, 484)

掌握在無信仰者的手中，這條路徑對教會是封鎖住的，它對教會封鎖起來，這是與教會不匹配的、有失教會的尊嚴；要擺脫這種侮辱，就要求基督教界已經完全成爲一體。戰爭沒有這種或那種目的，而是只有一個唯一的目的，這就是十字軍東征。

這驅使基督徒奔往東方去弘揚基督教。我們在亞歷山大統治時期已經首次看到西方人前往東方，在頂峰時期則看到一個現實的個體。基督教界在頂峰時期沒有獲得**這一個**。不是像在亞歷山大時代有一個在頂峰時期遷往東方的現實個體，毋寧說，基督教界旨在獲取**這一個**，想要獲得和享用它。所以，西方各國爲了占有**這一個**而遷往東方，想要獲得這個地方。它們已經實現它們的目的，占領和獲得了耶穌降生地伯利恆、約旦河、耶路撒冷、聖墓、各各他和客西馬尼園。它們的目標是獲得它們的那個作爲當下存在的最高事物，親自看到、感受和享用這個當下存在。基督教界一方面謹愼行事，眞誠地獲取這個當下存在，另一方面也在那裡進一步建立了一些王國和侯國；連君士坦丁堡也借此機會〔被〕占領了。我們還沒有談到希臘帝國這個特殊的基督教王國，它超過西羅馬帝國，延續了一千年。但是十字軍東征的參加者在他們的勝利遠征當中表現得很笨拙，以致他們有數十萬人在那裡戰死、喪生。他們以同樣的愚昧表現出同樣的笨拙，在東方維護和建立那些王國時也不明不白地草草收場。

因此，他們眞正獲得的事物是聖地、十字架的木料，最令人感興趣的是占領主的墳墓。在聖墓中，在整個墳墓中，俗見的一切虛浮都消逝了，在那裡氣氛變得肅穆。在墳墓中，在

(12, 485)

世俗的這一個的這種否定性自我中，發生了相反的情形。以賽亞說：「你不要讓聖徒的屍骨朽壞。」⑧在這裡，在這種墳墓中，基督教界的俗見，即在感性的這一個中尋找教義，尋找終極事物，必定是陳舊的，在那裡再次響起了這樣的回答聲：「你們爲何在死者中尋找生者、復活者。他不在這裡，他已復活。」⑨在基督的復活中，在這種已復活的存在中有知性根據，即能夠獲得聖人遺骨的不可能性。假如這種知性根據是充分的，教會就會了結這件事情；但假如這達到這種純粹知性的直觀，基督教就會成爲一種偶像崇拜。基督已經重生，感性的當下存在已被擺脫，並且不言自明。神聖的精神也許會遵循基督的感性當下存在，引導人們進入一切眞理，但根據基督的看法，神聖的精神〔實際上〕浸透了共同體，這種精神是一種活生生的事物，但不是一種感性的事物。主體性的頂點是不應該在死者當中，而是應該在精神性的、活生生的事物那裡去尋求的。

這就是十字軍東征的結果和意義。墳墓使得十字軍東征對**這一個**的意義感到失望，因此基督徒必定會重新失去聖墓和迦南。這是十字軍東征意料之外的事。十字軍東征得到了很多好處和壞處。這是經驗歷史學必須考察的。十字軍東征的結果是意料之外的事，是精神，這

⑧ 見《舊約聖經》〈以賽亞書〉，第二十六章，第十九段。

⑨ 見《新約聖經》〈路加福音〉，第二十四章，第五—六段。

種精神僅僅是要透過否定自己的直接當下存在而達到自身，〔以致〕它恰恰只是存在於感性、直接性的否定之中。基督教的精神必須達到這樣的地步，即否定感性的**這一個**，將感性直接性中的**這一個**的意義與自身分開，將這種意義設定爲外在於基督教精神自身的，這恰恰是因爲感性的這一個對精神而言是外在的事物。

這就是這時在世界歷史中表現出來的立場。作爲感性事物的**這一個**，這時是外在於精神的事物。正是以感性的**這一個**——它是精神所渴求的，精神想把它當作自己的事物，但又想把它當作一種外在於自己的事物，因爲這種外在事物既是精神自己的事物，同時也是一種他物——爲依據，人間事物和自然事物對精神而言才變成一種對精神感興趣的事物。他物、自然事物是精神自己的事物；這種自然事物就是精神自己，但仍是一種他物。精神對自然有了興趣，所以它外化出來，進入自然，就成了一項這時對它來說理所當然的工作。於是，精神這時擁有了自然事物，把自然事物當作一種自己在其中勞作、自我享受的事物。因此，這時的立場在於，這一個是被精神希求的，但實際上是出自精神。這種外在的事物是自然事物，是與精神分離的，是精神的他物，但精神同時又希求它，覺得自己有權投身於它。所以，可以進一步由此看到，感性的這一個不是在教會之中，而是在教會之外被發現的。

(12, 487)

於是，在世界中興起的情形是：人轉向世界，對於作爲**這一個**的世界聽之任之，向世界表示對自己的確信，在世界裡使自己變成實踐的，從而讓世界成爲自由的，就像人本身是自由的一樣。精神在教會中已經擺脫感性的**這一個**。這樣一來，精神就開始了一種完全不同的上升過程，這是這個時期的第三個規定。首先是教會的統治，其次是教會希求這一個，在自身之外尋找這一個。〔第三〕是與這種外在事物的和平關係，是這種對待人間事物和對待作爲這一個的自然事物的平靜態度，即把這一個據爲己有，到教會之外，在內心想像這一個。外在的世界這時是在外部〔對立於〕教會的，所以精神這時必須對待外在世界，並在其中尋找自己的事物的規定。這時這種特點在世界中冉冉上升，並呈現出多種多樣的現象。

這些形態中的第一個形態是，所有類型的工業、手工業和商業這時都活躍起來，尤其是在義大利的沿海地區和各個城市。自然界爲了人的目的得到改造，尤其是在義大利、加泰羅尼亞地區和佛蘭德地區，也包括萊茵河和多瑙河沿岸的德意志，城市被建立起來。此外，在與斯拉夫人作鬥爭的德意志也形成了城市。在德意志的北部，開始了反異教徒的鬥爭。屬於這種情況的有漢薩同盟和爲了類似目的組成的其他聯合體。屬於這種情況的還有商業的繁榮。在這裡有一個地方將知性加入了感性的因素中，因爲感性的因素是受教會排斥的。與知性的加入相結合的是外部定在的局限性的擴展。活躍的思想，一旦被擴展爲普遍的見解，就增強了知性的自我確信。

其次，在這一時期也有大量的發明，這些發明主要屬於手段。至於許多發明是在哪裡作出的，這是一個無關緊要的問題。它們是否是在西方作出來的，這根本就不是問題，因爲具有標誌性意義的事情其實在於，這樣一些發明這時被普遍地投入使用，並且出現了有權在外在性中得到滿足的現象。尤其必須提到火藥和印刷術的發明。

據說火藥是由僧侶施瓦茨[⑩]發明的，這始終仍是最有可能的和最好的說法。軍事藝術由於這一發明而得到改變，以下方面是很重要的：爲達到好的或壞的目的，削弱或加固城堡；用堅固的兵器，如胸甲和盔甲這些昂貴的防禦兵器，加固身體。主僕之間的武器差別這時得到減弱，主僕之間的力量差別也由此得到揚棄。一種通常的指責是，最勇敢的個人這時可能被軟弱的眾人戰勝、被最膽怯的眾人打敗；但這種情況在以前也是有的，而火藥這種手段在根本上產生了更高級的、精神性的、合理性的、審愼的勇氣，因爲在這時的軍事藝術方面，主要的事情恰恰由此而變成了指揮。早在古人那裡，在古代的軍事藝術中就有這樣的情況，即個人把自己的安危置於整體的關聯之中，相信任何事物都是以整體爲依據的。由於火藥的使用，尤其是增添了這樣的情形：個體的這種態度，即這種對敵人的個人仇恨，（得到）消除，作爲敵對的態度終止了，因而搏擊和射擊的是一種抽象的、普遍的敵人。同樣地，戰爭這時也更少流血，因爲每個人從遠處就能認識到危險；由於知性本身更多地是以它的力量保存整體的，所以就更能夠使整體停留在遠處。因此，必須把火藥的發明看作是一種在本質上與近代的知性相關的手段。

(12, 489)

⑩ 貝特霍爾德·施瓦茨（Berthold Schwarz），生年不詳，十四世紀巴登符騰堡州夫賴堡僧侶，自稱發明了火藥，由於這項所謂的發現，據說在一三八八年前後被判處死刑。

印刷術推動了彼此以觀念的方式處於聯繫之中的需要，正如印刷術〔也〕是從這種需要中形成的一樣。印刷術是輕便傳播意見和思想的手段，這種手段自從發明之後就像瘟疫一樣在德意志氾濫。因此，商業和工業這些普遍的、和平的聯繫手段全都來到了世界上。

與此直接相關的是各種發現，包括體現海洋英雄主義的葡萄牙人的探險之旅、從西班牙出發繞過好望角海岬的航行和美洲的發現，西班牙的騎士精神這時由此找到了一塊落實自身的新領域，〔並且〕以不同的方式發現了落實自身的途徑，而它最初似乎是局限於享受的；但在這種走出去的過程中，它以這種最初似乎與勇敢相反的因素，表現出它的開拓性和勇敢。

其次，與這種最初的忙碌不可分離地結合起來的是各個城市裡自由的形成；因爲當人盯著自己的雙手，看見雙手在創造的時候，當主體性的自我意識在外部自然中落實自身的時候，人就在其中有了權利，靠這種權利陶冶自己，看到自己有必要以普遍的方式，按事物的本性保留各種需要。人爲自己的事業恪盡職守，必須服從這種對象的普遍本性、必須戰勝自己的單純欲求、粗俗和笨拙，並克服自己的任性和魯莽這種全然短暫的事物。人變得有教養，塑造自己，也就是說，不僅必須特殊地行事，而且必須以普遍的方式行事。所以，就工業而言，最初形成了各種聯合體，以達到這種外在的目的。但除此以外，人也明白，當自己以普遍的方式在這種忙碌中、在這種勞動中賣力氣時，同時就有了權利，另一方面各個聯合體也變成了維護權利和市民自由的團體。在歐洲世界，在歐洲基督教界，由此興起了一種新的因素、一個新的世界：一方面，它不同於我們以往看到的教會，因爲教會排斥外部生活，放任外部生活；另一方面，外部生活是與主僕關係對立的，是與奴僕的依附制度——即迄今通行的封建制度對立的。因此，一種新的自由制度進入了封建制度，這是一種從內容看包含合理自由的原則；雖然這種自由具有有限的規模和有限的意義，是擁有財產的自由、從事技藝的自由和支配技藝產品的自由，但在這個領域，內容是合乎理性的。在另一種制度——即封建制度中，依附性是首要的，內容是否合乎理性或有權利，都是不確定的和偶然的；因爲在這裡、在封建制度中，一切私有財產都應當存在，甚至〔根據〕封建制度的本性不允許存在的事物也應當存在，例如droit du pucelage〔初夜權〕和大臣職位等等，那種不是反對倫理生活，就是反對國家法的事物也應當存在。所以，少女的貞操成了主人的財產，另一方面，統帥、大臣的官職也成了他們的主人的財產。這時，與這種私有財產制度——在其中，過去作爲財產的事物，就財產的概念而言是不應當成爲財產的——相對照的是市民自由的新制度。

合理事物和權利的這種因素，這時與過去的制度發生多重衝突。這種因素出現在義大利各個美好的共和國中，這些共和國如今已不再被人提及，但它們之中的任何一個都有屬於自己有趣的、獨特的和美好的歷史。這些共和國發展起來，它們一方面是繁榮的和獨立的，另一方面同樣是不幸的，要麼在內部自我毀滅，要麼在不幸的戰爭中被肢解。各個城市只有在王侯們的宗主統治下才部分地成爲自由的，就像在法蘭西多次發生的情形一樣。於是，這時出現三個基本的階層：農民階層、市民階層和統治者階層，除此之外還有宗教階層。這三個基本的階層在印度表現爲種姓等級，是由基本的物質需求和精神需求決定的。它們是在生活方式上對各種關係作出的區分。所以，這些階層整體而言是必定到處都會出現的。像印度的種姓等級一樣，這三個階層也在義大利出現，並且部分地甚至被變成自然差別和地域差別。但它們在許多更重要的方面是由法律規定和確定的。只有一種出於意志的規定是合法的，這種規定不是出於自然事物和單純自然性的規定，而是出於意志的一種同時得到對方普遍相互承認的規定。所以，這些基本的階層是固定下來的，部分是以自然的方式、部分是以法律的方式。另外，重要的是必須說明，這些階層雖然一方面是市民社會的各個階層，但另一方面也同時成了國家權力中的各種差別和規定。國家權力同樣屬於這些階層。這兩方面是有聯繫的。所以，這些最初構成生活方式的階層，同時也是政治性的階層。這是一種非常重要的區分。

人們如今已經忘記，階層恰恰是這種雙重的事物。人們通常也不是把階層理解爲特殊生活方式的差別，而是單純在政治意義上考察它們，以致這些階層作爲單純政治性的階層甚至不是根源於特殊的生活方式所造成的需求。階層既是生活方式的差別，也是政治關係的差別。統治者階層同時是政治階層，所以統治者同時也是政治權力，高級貴族同樣如此，城市的成員、市民亦復如此，他們也有一種政治階層的性質，成爲階層的事物就是政治性的，也在市民生活中有牢固基礎。農民階層或多或少被排除在政治事務之外，但也有一部分不是這

(12, 492)

樣，例如在瑞士，整個農民階層構成了整個國家。這些具有雙重意義的階層變成一種法律上固定的事物，不僅在國家法上是以一部憲法確定的事物，而且也是這樣確定的，即國家關係同時有了一種私有財產的形態。最後的這個方面部分地是違背國家本性的：國家在所有這些關係都具有私法性質的時候，一方面因而在整體上或多或少地變得腐敗，但在另一方面，國家法的關係和規定也以這種方式變成了無限固定的。

但在這裡，從這一點出發，事實顯示，西方國家與東方國家、伊斯蘭國家的巨大差別，歐洲國家相對於伊斯蘭國家的巨大差別，是確定的；在伊斯蘭國家裡，絕不存在國家的各種差別的這樣一種固定狀態，沒有任何事物保持固定。在聖墓那裡，東方告別了西方。

正是借助於此，在國家中才有了秩序。各種差別的固定狀態、國家中的秩序只有在歐洲才存在。在東方，統一是一種不摻其他成分的、抽象的和狂熱的統一；相反地，在歐洲，各種差別則被確定下來，〔是〕各種關係的一種永久的、持續的、知性的確定，而且經歷了私法關係的階段。因此，最重要的一點是，歐洲國家的形成獲得了自身的固定性，並且經歷了私有財產的階段。

在這方面，重要的尤其是王位的固定世襲性，後來則是國家的不可分割性。王位的這種世襲性是從這種固定的私法關係中產生的。如果我們抽取這一點，就可以由此開始，透過比較它與東方因素的對立，闡發歐洲的法治與東方的支離破碎局面的整個差別。但規定國家權力的事物在私法方面具有的規定，在這個時代尚未回到這個絕對的領域上來，因爲在

(12, 493)

(12, 494)

國家中，除王權之外沒有任何私法方面的事物是有效的，不允許私法事物的存在。國家權力的兩個方面，即作爲王權的支撐點的王族、高等貴族與自由的體制，也必須在私法方面是固定的。

但私法方面的規定還沒有回到這個領域上。在此確定了各種權利和差別的知性，至此爲止已經進一步（得到）考察。這個時代的各個國家也彼此外在地都是一種在法律上固定的事物，是透過彼此的協議在法律上得到規定，並透過結盟獲得相互關係的，這些關係後來被稱爲歐洲的均勢。各國此前更多地是保持孤立的，到這時則形成了各種聯盟，例如一五〇八年的康布雷聯盟就是第一批聯盟之一。這裡已經顯示，這些國家中的某個國家不與他國結盟就一事無成。所以，從這時開始出現了各國在商業上的聯合。各國共同交織在它們的相互關係之中。在這方面，主要的觀點就是這些。因此，我們所擁有的事物一方面是舊教會，另一方面是外部世界和在外部世界中具有自己的自我存在的知性。我們現在所要探討的問題，是向作爲第三個時期的近代的過渡。

在這個（時期）必須提到的是三個（基本）方面：藝術、教會的墮落、宗教改革。我們上文談到的最後內容是，世俗生活自爲地發展起來，精神自爲地外化出來，進入世俗生活。世俗生活是**這一個**的原則，在教會之外發展起來。精神尋求**這一個**的完滿，爲教會找到了**這一個**，但當它使這一個與教會分離時，它就排斥了教會。但教會仍保留了外在的**這一個**，即感性事物本身，所以就有一種作爲**這一個**的雙重的感性事物。因此，感性事物既存在

(12, 495)

於教會之中，也受到教會的排斥。作爲最初的教會，教會把感性環節當做自己的直接性，而這種直接性還沒有返回精神生活本身。當教會在自身具有這種感性事物時，這種感性事物就變得更加眞摯，甚至得到神化，並且這種神化是透過藝術發生的。藝術使外在的、感性的事物獲得精神，得到提高和擁有靈魂。它把外在的事物昇華爲一種屬於精神的形式；情感、即對這種形式的默禱不再對待一種單純的事物，而是作爲靈魂對待一種靈魂性的事物、一種精神。另一點在於，精神是否試圖默禱，精神對待一種精神是否像崇敬地對待一個事物那樣，例如一塊聖餅、一根木頭。在這樣一種關係中，精神在對待精神性的事物時，是自由的和自爲的，是在對待一種作爲自己的原像的事物。

篤信宗教者可以虔誠地對待一個事物，可以對單純感性的事物獲得肅穆的感覺，甚至可以由此產生神聖恩寵的作用；但這樣一來，感性的事物就是完全多餘的。眞的事物應當以客觀的形態體現出來。事物完全不是客觀的東西、完全不是絕對眞的東西，而是一種非眞的東西，對此精神也不是自由的，不是在對待一種眞的東西，所以是完全依附性的、被奴役的和受束縛的，因爲它轉向一種非精神的、非眞的東西，而只有在眞理中精神才是自由的。倘若這樣被束縛的存在、對一種事物的不自由的依附成了宗教的立場和需要，精神的這樣〔一種〕需要就不會在與一種優美事物的關係中得到滿足，因爲就奴役的需要而言，最平淡的表現才是最合乎目的的事物。經驗據說也顯示，最眞的表現，例如拉斐爾的聖母像，像比較糟糕的事物一樣是不享有崇敬的。篤信宗教者忽視眞正的藝術作品。經驗也可以證明，篤

(12, 496)

信宗教者較少崇尚眞正的藝術作品，因爲眞正的藝術作品通向一種內在的滿足和自由，與此相反，篤信宗教者只想在模糊的、無意識的依附中搖擺不定。篤信宗教者忽視眞正的藝術作品，因爲他覺得自己在內心感到滿意，如果需要的僅僅是一種模糊依附性的感覺，各種虛假的要求則是一種異樣的事物。

至於教會的墮落，已說明，教會缺少的是什麼？它是如何整合這種缺點的？教會的墮落不能被視爲是偶然的，不能作爲偶然的事物加以看待，毋寧說這種墮落是必然的。可以說，它是從權力的濫用中滋生出來的。「教會〔裡〕的濫用」是這樣〔一個〕詞彙，這個詞彙表示自爲的善僅僅是因爲主觀目的而墮落的，只有去除掉這種主觀目的才能拯救事物。既然人們假定事物自身本來是沒有缺陷的，只是人的偶然意志才把這種善轉變爲達到激情的目的的手段，那麼，邪惡就被當成一種外在於事物的東西。而如果事物僅僅被濫用，並且情況的確僅僅是濫用，濫用就僅僅是個別的和偶然的。因此，這種情況只是在個別現象中發生的。但墮落的原則在於教會，它已經使自己存在於教會自身之中，並且在於，教會已經將奉祀作爲感性的事物而完全排除掉了，但又沒有眞正完全排除感性的事物。藝術不足以美化這種感性事物，因爲藝術自身具有感性的形式。感性事物在藝術中仍是有存在權利的，因爲藝術不是滿足精神的最終需要的事物，藝術的因素是感性事物，而精神渴求的是一種精神因素。

世界精神已經排除感性事物，因此就與教會分開，從而處於那種不是分有這個被排除的

(12, 497)

部分、而是在自身保有這個部分的教會之上。教會之所以從這時開始退居世界精神之後，正是因爲世界精神已經達到把感性事物當做其自身來對待的地步。世界精神這時把外在事物看作外在事物，並且我們擁有一種有權使外部事物屈從自己的主體性。感性事物仍處於教會之中，這種關係這時在教會中就發展成了墮落。教會不再遇到任何抵抗；它變成了占統治地位者，因而在它自身中任何事物都達到了完成。任何內在地存在於教會的事物，都以全然的完善性獲得自己的規定性。這表現爲教會自身之中的矛盾。所以，墮落可以被理解爲處於虔誠篤信本身中的，被理解爲迷信和〔某種〕被束縛於一種感性的**這一個**的事物，也可以被理解爲教會要把一種感性的事物當作絕對事物、當作精神來崇拜。所以，被束縛的精神是不自由的。最不理智的、最愚蠢的神跡信仰，就是這種不自由的一個例證。神聖的事物讓人以最特殊的形態表達爲特定存在著的。權欲、粗俗、虛僞、感性生活、一切激情之類的事物，都以自己的方式，即以粗魯、野蠻的方式變成了自由的，並作爲狂野不羈的事物粗魯地產生出來。教會的美德這時反而僅僅是抽象否定感性事物的，是在逃避現實、放棄生活，沒有活力。教會沒有達到它自身具備倫理的程度，而只是逃避世俗生活、放棄世俗生活。〔與此相反，〕最高的美德存在於活生生的事物的範圍內，存在於家庭裡。

這時在教會中出現的這些反差，一方面是粗俗的欲求和粗俗的惡習，另一方面是篤信宗教的靈魂犧牲一切、放棄一切的崇高。這些反差由於對立，由於知性，由於人在其中感覺到的差別，而變得更加強烈。教會的最後墮落在於，它應當從墮落中拯救靈魂，但就它本身已

(12, 498)

經墮落而言，它卻使這種拯救、這個絕對的目的本身變成一種單純外在的手段，以完全外在的方式滿足這種要求，這就是對罪惡的赦免。最高的滿足尋求的是主體性對人與上帝的統一的確信。當靈魂的滿足如此以外在的方式輕率地被得到時，當教會外在地和輕率地提供這種確信，並且這是爲了外在目的而發生的，僅僅是爲了達到吃喝享樂的目的時，靈魂的反抗就必定會被提高到極致，對這樣的作爲的反抗就是必然的事情。但操持奉祀所要達到的目的不〔僅〕是吃喝享樂，而且也包括建造聖彼得大教堂，建造這個美麗的、最大的、外在的教堂，並且這裡的情況就像在雅典一樣。像雅典人爲了藝術，動用盟友的錢財建造雅典娜神廟，以致他們失去盟友，並造成雅典不幸一樣，聖彼得大教堂這座由米開朗基羅用末日審判的畫面裝飾起來的建築，也成了對這座在教會中引爲驕傲的最高建築本身的末日審判：它對處於墮落中的教會自身來說就是一次末日審判。

如果想要了解教會的墮落，就必須讀路德的一些著作，[11]因爲今天的教會根本就不再是這種狀況，它已經透過宗教改革在自身滌淨了自己。正是德意志民族古老的、保存下來的眞誠，導致這種古老類型的沒落，並且又從中恢復了眞正的統一。所以，這種眞誠本來就應當

(12, 499)

⑪ 黑格爾這裡提到的是路德的〈九十五條論綱〉（一五一七年）以及他在一五二〇年寫出的〈致德意志基督教貴族公開書〉、〈關於教會囚虜時代的序論〉和〈論基督徒的自由〉。

獲得自由的原則。這種精神自由的原則被保留在德意志精神的眞誠中，所有其他民族都長途跋涉到東印度、〔西印度〕和美洲搶奪世俗的統治權，例如西班牙。與這種世俗統治權相反，德意志的一位質樸的修道士——他心中產生了這樣的意識，即必須在心靈的深處，在內心的絕對理想性中尋找**這一個**——清楚地意識到了當下存在，對這種意識而言，最深處的心靈因爲是非顚倒而受到傷害。〔正是這位修道士〕認清、追蹤和摧毀了教會的是非顚倒。

路德的質樸教義說的是，對當下存在中的**這一個**的意識絕不是感性事物，而是一種眞正當下存在的事物的現實事物、精神事物，不是存在於感性事物中，而是存在於信仰和享受中。這絕不是關於這樣一位上帝的意識，這位上帝據說是作爲一個事物以感性的方式現實存在的，這也不是說這個對象是一種單純被表象的、非當下存在的對象，而是說它是眞正當下的，但又不是感性的。因此，路德在關於晚餐的教義中絕不會屈從任何事物，絕不會放棄任何事物。

很多其他教義都把這種去除**這一個**的感性事物的觀點作爲一個中心觀點接受下來，例如這些教義認爲，實踐事功的虛妄，作爲一種行爲，不是由信仰產生的，而是出於一種外在的動因得到完成。在信仰中必須堅持的是，路德派教會的信仰絕不是對單純有限事物的確信、絕不是對依附於單純有限主體本身的單純有限事物的確信。在這裡，信仰絕不是對不在場的事物、已發生的事情、過去的事物的相信，不是看待事物的活動，例如相信摩西不打溼腳跨過紅海，相信關於外在事物的諸如此類的淺見。這不屬於信仰。信仰也不屬於這樣的情

(12, 500)

況，即相信耶利哥的喇叭產生到了大砲那樣的作用，因爲這是對世俗事物的確信。耶穌貶斥猶太人想要從徵兆和神跡中獲得信仰；耶穌甚至宣布，渴求徵兆和神跡以便進行信仰，也就是在一種外在的、個別化的事物中爲著手信仰的人尋求對神聖事物的確信，是不正當的。毋寧說，信仰是對永恆事物、對自在自爲地存在的眞理的確信。

上帝的確實性、眞理性，完全不同於這樣的外在事物的確實性。路德派教會說，只有神聖的精神才會產生和給予這種確實性，因爲從個體來看，確實性不僅屬於上帝的特殊性，而且屬於上帝的本質，是從精神中產生出來的。路德派教義完全是天主教的，它只是去掉了所有屬於外在性的關係的事物；天主教會只有在堅持這一點的範圍內，是反對路德派教義的。也就是說，只要天主教會不主張這種外在的事物，路德派教義是不反對天主教義的。

這裡還要強調的一個方面是：神職人員與俗眾的差別。俗眾與教士階層的差別這時也得到了揚棄。俗眾仍不得不把一切精神性的事物，包括倫理、宗教和法律事物的所有內容，接受爲一種異於他們的、被給予和被提供的事物。而教士階層掌握著一切精神性的事物。在路德派的原則中去除了這種差別；在路德派教會中，正是心靈、感受性的精神生活、最內在的意識、良心才應當達到對眞理的意識和掌握，憑藉的是這樣的規定，即作爲特殊個體的主體是與這種眞理同一的。

由此在教會中獲得了自由，獲得了靈魂的絕對的、本身屬於宗教的眞誠。**這一個**這時是一種精神性的事物，對這一個的意識不是任何感性的事物，而是精神性的事物。個體的主體

(12, 501)

性，即他的確信、眞誠只有在信仰中才是眞正的主體性，也就是說：只有主體性已改造自己，在已獲得重生時在眞理中達到精神的知識，它才是眞正的主體性。主體性不是天然的主體性，而是實體性的事物。它必須眞正得到改變，也就是說，必須放棄主觀的意見，掌握教會的教義。教義、內容在路德派的原則中絕對是必要的。主體必須擁有自在自爲地存在的對象。主觀的確信，即主體對於眞的事物——它對主體而言應當是一種客觀上眞確的、自在自爲地存在的事物——的知識，之所以變爲眞確的，是因爲特殊的主體性針對這種唯有透過掌握客觀的眞確性才會產生的內容，得到了揚棄。主體掌握的這種事物是眞理、精神、三位一體。這種精神是絕對的本質、主觀精神的本質，主體和主觀精神在對待這種本質時成爲自由的，因爲主體是在自身中對待他的本質、眞的事物，而否定他自己的特殊性的。主觀精神在它的這種否定性中達到自身，因爲它在自身是絕對的。這樣一來，基督教的自由就變成了現實的。如果把主觀的自由單純地置於感受中，而沒有這個內容，就會始終停留於單純的自然性，停留於自然意志。感受性的意志是自然意志，因爲人只有在經歷意識過程時才是人，只有在分享眞確內容、客觀事物，並在自身接受這種事物時才是精神。

這是聚集各個民族最後的、新的口號，是自由的旗幟、眞正的精神的旗幟。這是新時代的精神，標誌著新時代的這個時期。到我們目前爲止的時代沒有什麼其他的苦勞和功勞，無非就是把這個原則塑造爲現實，從而使這個原則獲得自由的形式和普遍性的形式。

因此，這時在世界上存在三種形態：首先是舊教會的王國，這種教會具有同一種眞的內

(12, 502)

容，但帶有外在性，所以這種內容沒有被提高到主觀自由上；其次，我們擁有外在的、世俗的世界，在這個世界裡，外在的自然、生活的需要和主觀的目的得到加工改造，存在著一切外在的關係，在其中有著統治機構和市民社會，但在其中知性也鞏固起來；然後第三，有了新教會、有了精神的自由，它具有主觀認識、主觀同一性的形態。

這時必定發生的事情是，現實生活的這種已經自在地發生的和解必須得到塑造；這種情況只有透過現實生活本身在形式上變成眞正客觀的，獲得了思維的形式，才能〔發生〕。這種形式屬於教化，因爲教化是普遍事物、一般思維的活動。至於有限意志的領域——法、國家、行政——〔它們則〕以普遍的方式，按照概念得到規定。於是，眞理這時就對精神顯現於外在的、自然的、主觀的意志中。現象的質料是特殊意志，顯現出來的事物是自由意志的概念，而這個概念同時也是眞正的精神的概念。所以，正是本質在這種因素中顯現出來，並且〔本質〕只能在材料透過概念和向著概念被想像爲普遍事物的成分時，在精神的同一性展示給思維的普遍性形式時，顯現出來。

所以可以說，國家的體制是建立在宗教上的。宗教就這樣構成國家的基礎，不是說國家把宗教當作手段加以利用，也不是說國家借助宗教的順從可以得到效勞，而是說國家僅僅是宗教的眞正內容的顯現。關於這種新原則在當下存在中的顯現，後面還要談到。

在這種顯現方面，再次出現羅馬民族〔與日耳曼民族〕的差別。羅馬民族在最初的形成過程中達到作爲國家的實存時，就已經在它們的己內存在中有了己外存在，在自身是一種破

(12, 503)

碎的事物。出於這種特定的原因，這些民族始終留在舊教會本來就是必然的，因爲在它們之中有一種固定的、實定的事物反對精神的自由。其他民族則相反，我們說過，它們維持著古老的眞誠，在它們之中新教會能夠產生，而且已經產生出來。如果我們綜觀歐洲一系列的世俗帝國，就會表現出下列差別。

〔一〕首先擺在我們面前的是作爲當下存在個別性的義大利，這種個別性沒有達到用思維、用普遍性規定自己的程度。一切處於這種思維規定之外的事物、一切野蠻的事物，都可以在這裡開出美麗的花朵，可以在這裡獲得自己的地位，既有一切甜美和溫柔，另一方面也有欺騙和卑鄙。所以，我們在這裡看到最美好的宗教信仰的各種圖景，這裡有最美的花朵——即倫理生活之花，但也有肆無忌憚的肉欲、有最野蠻的道德敗壞和無法無天。

像義大利是主觀的個體性一樣，西班牙是表現尊敬、嚴肅的民族，這個以自己最美麗的光輝出現騎士精神的民族，發展到了最輝煌的階段；但這種騎士精神、這種騎士意識從自身走進一個新的世界，走向美洲，而沒有返回到它自身的最內在事物。所以，在這個國家沒有工業，我們在藝術中懷念西班牙；我們看到各個等級失去它們的獨立性，因爲宗教法庭不允許出現自我的生成。宗教法庭具有一種強硬的非洲性格，因而不允許在任何方面出現自我的生成。

此外，第三個民族是法蘭西人，作爲具有思維和精神——但它們在本質上僅僅是抽象的——的民族、作爲具有無限教養的民族；但這種思維帶有反對具體事物的外在性。精神作爲機智僅僅抽象地抓住具體的事物。抽象的思維和機智是在此可以發現的兩種意識方式。

（二）另一系列的民族是保持眞誠的民族，它們又劃分爲三類。在這些民族中出現了教會的自由。這些民族，就它們始終具有這種眞誠而言，本身又外在地劃爲三類。

我們可以把大不列顚列爲第一類民族，它在自身三分爲英格蘭、蘇格蘭和愛爾蘭，三分爲聖公會、天主教會和長老會。大不列顚可以與法蘭西相比較。它也必須被看作抽象思維的原則，即抽象論理的原則，但這種原則畢竟是比較具體的思維的原則，這種思維以特定的權利爲自己的對象，想做感興趣的事情。

第二類民族是也在自身三分的斯堪的納維亞民族。丹麥、挪威和瑞典三個斯堪的納維亞民族，可以與西班牙人相比，與西班牙的騎士精神、古老的海洋騎士特徵——這些特徵後來又以其他的方式表現出來——相比，與西班牙的英雄相比，例如古斯塔夫·阿道夫和查理十二世這些重現騎士特徵的偉大騎士。他們在內部一方面在他們的傲慢大公的幫助下發動戰爭，另一方面又在與他們的貴族的矛盾中發動戰爭。

第三類民族是與義大利有著一種相同命運的德意志。個別性、個體性和主體性的原則在這裡占主導地位。在眞誠原則的這個中心點，開啟了宗教改革的先河。這個國家根據它的規定在精神上已經知道自己不能取得政治上的統一。更確切地說，它在自身是分裂的，以致一方面它讓瑞士的農民等級成爲獨立的——在瑞士，農民等級本身自爲地是一個整體，一個孤立的獨立事物——，另一方面，在荷蘭，處於商業、工業的聯盟中的各個城市和城市市民的自由也發展到獨立的程度，成爲一個獨立的整體。德意志本身是歐洲的小宇宙。東方民族斯拉夫人已經與德意志東部的各大邦國相毗鄰。

歐洲的兩個國家原則——即新世界的原則的主要代表，必然出現在德意志。舊教會的原則在奧地利得到表現，新教會的原則在普魯士得到表現，自由的目光已經朝向它們，並將永遠朝向它們。德意志的其他邦國依然數量繁雜，地位獨特，這是它們在自己與這兩個國家毗鄰，或多或少獨立自主時所維持的地位。必須獲得獨立憲政體制的各個小邦，竭力靠攏這兩個中心點。

除了這兩大秩序，在歐洲還有第三種民族，即保持著原初的誠實的斯拉夫人。俄國大約是在近來，在一百年以來才比較接近歐洲生活的，已經表現出變得與歐洲文化相似。但這個國家還沒有介入歐洲文化的進程，它在藝術和科學方面是處於圈外的。但在外在的、政治的方面，它已經同時表現爲一種強大的力量，表現爲牢固的、純正的、尙不開明的事物，甚至在現代確立和維護著各歐洲帝國得以持續存在的紐帶，儘管它本身其實僅僅是以消極的方式這樣做的。

四、近代史

至於我們近代的歷史特徵，它們有這樣三種關注：

一、新教會的實存方面，即教會獲得世俗的定在。

二、新教會的原則：意識的主體性，在像意識最初所是的那樣形成時，就獲得感覺、表象的形式；因此，新教會的原則必定表現思維的普遍性形式。

三、這種形式的普遍性獲得具體的內容，成爲決定具體現實生活的事物。

在第一種關注中有宗教戰爭。我們以前也已看到具有普遍關注對象的大遠征，如十字軍東征。此外，也有甚至在近代仍然不斷進行的特殊戰爭。但像一般在近代一樣，與這些戰爭相關聯的也是偶然的事物。例如，西班牙的王位繼承戰爭就屬於這樣的戰爭，在這場戰爭中對象是一種特殊關注的事物，主要的關注在於，是奧地利王子還是法蘭西王子獲得西班牙的王位繼承權。

讓我們感興趣的是新教會的活動，即新教會獲得一種世俗的實存。在這方面，首先必須留意的是出現在我們面前的大帝國，即查理五世的大帝國、宏偉的君主國，但這個君主國很快就表明沒有內在的關注。這個龐大的世俗強權是現實存在的，但表現〔爲〕這樣一種強權，這種強權的時代、它的內在關注已經過去。這個強權絲毫沒有發揮影響，它沒有留下任何世界歷史的結果，而是在其自身表現爲一種軟弱無能，這種軟弱無能無法把時代的關注統一在自身中。那時出現了宗教改革，但這個強權不知道該如何對待宗教改革。查理五世逮捕了新教的首領們；他抓住他們，不知道該如何處置他們，徘徊良久，〔決定〕每個人最終必須下跪，才能重回自己的國家。他在一場與法蘭西的戰爭中，俘獲了他的敵人弗朗茨一世，打敗了法蘭西，但這也無疾而終。他征服了羅馬、洗劫了羅馬，並把教皇圍困在天使堡，教皇則祕密逃走了。然而，即使天主教世界的這個中心落在他的手裡，這也毫無結果；從所有這些事件中沒有得出任何結果。令人奇怪的是（弗倫茨貝格記載），德意志的士兵們，在教皇被困在天使堡時，像教皇和紅衣主教一樣組成一個隊列、（一個）儀式方隊，當著教皇的面將路德提升爲教皇。據此，阿爾巴公爵對皇帝查理說，他應當把帝國的首府遷往羅馬並把教皇置於他的權力和統治之下，然後他就會是最大的皇帝；他應當要麼把全部的罪責推給德意志人，要麼作爲慈善的皇帝出現，任命教皇，恢復一切事物，使一切事物進入舊的形態。也就是說，阿爾巴有這樣的思想，即查理大帝以自己的權勢獲得教會首領的地位。但所有這些事情，沒有任何一件發生，毋寧說強大的帝國整體上表現爲軟弱無能。莫里茨·馮·薩克森揭示了這個帝國的軟弱無能。

但這時有趣的事情是，新教會也獲得了一種世俗的實存。舊教會在一些保留它的國家裡已經站穩了腳跟，甚至在國家還沒有發展到政教合一時，就部分地透過占有財富，部分地以直接的政治方式從根本上直接與政治權力統一了。在德意志，教會表現出一種定在，爭執必定存在，不和無可避免。這裡本來可以平靜地避免爭執和不和，如果不存在眾多瓜分了整個教會財產的主教管區的話。在這裡侯爵領地也是教會的財產，而這種財產屬於整個教會，此外舊教會的多種政治利益也仍是與宗教財產的占有錯綜交織的。王侯的家族指定年輕的兒子占有侯爵領地，透過他們的年輕兒子達到對侯爵領地的占有；如果這些財產落入世俗的手

(12, 508)

中，︿他們的﹀地位當然也必定完全發生改變。貴族的利益同樣是與各種權利相關的，市民和農民的︹利益︺亦復如此，因爲最卑微的農民可能成爲修道院長。各個等級的差別是固定的，只有在教會中，獲取更高的身分和更高的世俗地位才對任何人都是敞開的，在國家中則不是這樣。市民還不可能得到所有的國家職位。所以，這種變化必定也對最底層人的地位產生過影響。

所以在德意志，由於宗教改革而出現了市民戰爭，這種戰爭也可以稱爲內部戰爭，但一般都不是反叛者的暴亂和戰爭，而在其他一些自身構成一個整體的國家裡，對立在突然爆發的時候，就是暴亂和正式的暴動。在德意志，統治權是諸侯國的私有財產，王侯在他們與皇帝的對立中擁有很大的政治獨立性——這樣的情況是不可能存在的，新教義並不像在法蘭西那樣是作爲暴動出現的。在法蘭西尤其是這種情況，不過在那裡也不存在澈底的暴動，各種騷亂從任何方面看都不具有暴動的形態，因爲那裡的一些單獨的大城市也仍擁有很大的權利和很大的獨立性。但荷蘭人爆發了反抗西班牙的正式暴動；荷蘭人的起義，這場由活躍市民發起的鬥爭，是一場正式的革命，是一場用微不足道的資金進行的永遠値得紀念的革命，與西班牙——即墨西哥財富的攫取者相比，供荷蘭人使用的就是這些資金。在荷蘭，宗教戰爭同時是立憲戰爭，這是宣布擺脫信仰枷鎖的舉動，但也是擺脫壓迫的政治解放。在實際生活中確立宗教自由而不改變政治關係，這是不可能發生的。英格蘭既有宗教戰爭，也有立憲戰爭。爲了在實際生活中確立宗教自由，必須進行一場政治變革。

幾乎整個歐洲都參與的最殘酷的鬥爭，是後來發生在德意志的著名的三十年戰爭。其他歐洲勢力在政治上可以有權加入這場戰爭，但在法蘭西和英格蘭，情況不可能是這樣，因爲各個勢力在德意志支持的不是反叛者，而是有政治權利的派別。所有民族也重新湧向這個它們起初由以流出去的源頭，過去貫徹的眞誠原則的鬥爭在這裡決戰到底。鬥爭以兩個部分、兩個派別勉強可以共同存在而結束，而沒有思想的成果，沒有爲思想贏得什麼，因爲鬥爭只是以單純外在的事物爲基礎的。結局在整體上具有政治的性質，是各個有差別的事物的一種應當彼此並存的狀況。既沒有出現和承認一條基本原則，也沒有實現兩種宗教的一種統一，這種情況在特倫托宗教會議上沒能再發生，萊布尼茨就兩種宗教的統一問題與博須埃長期通信商討，⑫因爲他相信法蘭西還沒有承認特倫托宗教會議，在這個會議上天主教完全以排斥性的、明智的方式表達自己的態度。萊布尼茨反對博須埃的觀點，爲了達到〈兩種宗教的〉統一，他要求推延特倫托宗教會議，博須埃回答：是否取消這個會議純粹取決於神職人員，而不是俗眾，能做到這件事的根本不是議會，而僅僅是教士階層，於是萊布尼茨放棄了這場爭論。

在德意志方面，透過制定帝國的憲法，即關於各個固定邦國的體制的憲法，戰爭結束了。借助於憲法，即各位王侯的私人權利的確立，締結了和平條約（〔Hippolytus〕 a lapide

(12, 510)

---

⑫ 見萊布尼茨：《著作與書信集》，普魯士科學院編，萊比錫，一九二三年，第一卷，第八—九頁。

〔光山禿嶺中的希波呂圖斯〕）[⑬]。在此可以再清楚不過地看到，德意志的自由觀念僅僅包含地方分立。這裡還談不上存在共同的國家目的，毋寧說德意志的自由觀念不過是一種澈底的地方分立和私法的確立。所以，德意志憲法還不如稱爲一種擁有憲法的無政府狀態，因爲憲法的確立存在於這樣的帝國中，在那裡，掌權者的一切關係都是以私法的方式規定的：人們關注的是個體僅僅爲自己獲得安全，並且僅僅是這樣獲得安全的，即他不爲整體行事，相對於整體的個體部分的利益和相對於個體部分的整體的利益得到了最可靠的維護。

《西發利亞和約》的締結甚至一度被視爲德意志的帕拉斯神像，但事實很快顯示，它眞正帶來的是什麼；〔它〕實在是最大不幸。尤其表明這一點的是抵抗土耳其人的可恥戰爭，他們直逼維也納，在波蘭人的協助下他們才被擊退，還有更加可恥的與法蘭西的戰爭，在這場戰爭中德意志帝國的防衛牆被法蘭西人侵占。這部德意志憲法是黎塞留的作品，[⑭]它導致德意志作爲一個帝國的完結。黎塞留有著大政治家們都可能有的命運，那就是

---

⑬ 這是博古斯拉夫·菲力普·馮·克坶尼茨（Bogislaw Philipp von Chemnitz，一六〇五—一六七八年）的假名。這位德意志歷史學家和政論家在一六四〇—一六四七年寫過一本論戰性的小冊子，反對哈布斯堡王朝強行統一，而主張德意志各邦在皇帝之下的分立。

⑭ 卡迪納爾·戴·黎塞留（一五八五—一六四二年），法國政治家，十七世紀法國得以強大的締造者，成功地使混亂政局趨於穩定，對內主張國王擁有絕對專制的權力，在宗教方面迫害新教胡格諾派，對外反對哈布斯堡王朝在歐洲的霸權。

(12, 511)

在他的國家導致適得其反的結果，不論是他希望爲他的朋友做的事情，還是他在敵對的國家做的事情，結果都恰恰相反。他在自己的故國鎮壓了新教徒的政治獨立，給〔德意志〕帝國提供了安全，他爲此〔受到〕自己國人的詛咒。在德意志，他導致了虛弱無能；他破壞了德意志作爲帝國的獨立性，德意志人爲爭取到的憲法而歡欣，他爲此〔受到〕祝福。所以，最近的結果是德意志獲得了上述憲法和宗教自由。在其他國家，當新教作爲反抗活動出現時，宗教獲得了不同的命運，要麼被完全鎮壓，要麼僅僅維持著一種可憐的生存狀況。所以，結果僅僅是宗教在政治上有了基礎，最高的利益就這樣得到滿足，這種利益就是宗教得以生存。宗教這時有了受法律保障的實存。

第二個時期是知性正式形成的時期。宗教在自身已經完成，並獲得合法的實存，因此它退出博弈。各種特殊的利益這時登臺亮相，導致這一時期的戰爭。因此，在這一時期出現了單純的政治戰爭。不同於這種效用的是個人教養。

正是自在地產生作用的主體性，這時要求並獲得自己的普遍性形式，進入了外部世界。教養在一切時代都已存在，但在這裡獲得了具有特別價值的意義，因爲正是在政治實存中得到保障的精神本身，這時使外部世界成爲自由的，也讓外部世界有自己的持存，在外部世界中——就像它是外在的一樣——尋求自己，尋求眞理。只有對自由的人而言，他物、外在的事物才是自由的；他所尋求的不是作爲神跡、作爲個別事物的神聖事物的顯現，毋寧說，他要讓外部世界被認爲是外在的，他部分地以實踐的方式透過工業轉向自己，並且認爲外部世界中的活動本身是有權利的，具有的意義在於，相對於外部世界，人必須把這種知性、同一種意識帶到上帝面前，而且可以這樣做。

正直是個體在各種特殊的實存關係中處事的方式方法。但這種正直也必須超越出來，發展到對於絕對事物的意識，即宗教意識，並且出於這種意識才必定是正直的；或者說，上帝、眞理在各種特殊的關係中成爲現實時，就是正直，是眞的事物在各種特殊關係中的實現，是眞理的這種精神，所以也無非是宗教的精神，只是這種精神轉向特殊的事物而已。所以，人絕對有權把這種精神、同一個精神帶到上帝面前。如果人將他在倫理事物中的正直僅僅看作他的實存的一種否定方式，反對教會所要求的方式，這就絕不是不同的關係。在這種情況下，人使用向教會和寺廟奉獻的祭品與貢賦，彷彿買下了允許以這樣的世俗方式行事的資格，在世俗事務中忙忙碌碌。於是，這是一種雙重的定在、雙重的生活，在這裡，人們從理論上把在戰爭中殺戮人的行爲視爲不正當的，也把靠商業與家庭關係過的生活看作不正當的。但精神在現實的生活中是產生作用的，這時被視爲有權利的，再也不需要用這樣的祭品購買和贖回權利。

至於這時出現的教養，可以列舉路易十四的百年教育。在法蘭西，路易十四統治時期的百年教育成就輝煌。這是一個藝術與科學的黃金時代，法蘭西人〔曾〕這樣稱呼這個時代。這裡表現出來的是形式的美德，即具有尊嚴、偉大和友好的形式的美德，它們讓人受到尊敬，想要令人愉悅，並以共同的舉止行事。演說和在舉止方面的差異同樣博得好感。演說的藝術變成善於表達激情的詭辯術；甚至在部分內容方面，這些傳統美德也在演說中得到強調。這些演說的內容雖然也是傳統的美德，但這同樣也是激情。而主要的事情在於，沒有任何眞正的、絕對的原則是有效的，沒有回到精神事物的統一，沒有回到自由，這些美德不是從絕對的、倫理的自由中產生出來的。

現在要談的下一件事情是教養的形式，這種形式這時構成顯現出來的各種科學。眞正的教養在本質上是科學的教養。它涉及的方面是國家，而不是教會。教會沒有達到宗教自由的頂點，同樣也沒有達到科學的頂點，不論是在研究思維的經驗科學中，還是在研究外部自然的經驗科學中。自然科學，即關於外部自然和內部自然的經驗，主要是在英格蘭和法蘭西形成起來的。它最初尤其是在法蘭西和英格蘭出現的。精神作爲能思維的精神，在這裡從外部事物——這種外部事物又是精神從自身放手讓它自由的——中用平凡的方法抽取出自然，不干預自然，而與自然發生關係。精神不再擔心、不再懷疑這種外在性，懂得與外部事物達成和解，能在外部事物中發現自己。屬於這些科學的是關於經驗定在的知識，更多的還是關於自然中普遍規律的知識，是自然和知性中的普遍事物。普遍事物尋求的是精神，在這裡更具體地講就是知性。知性部分地是主觀思維的方式，部分地是外部事物的關聯。

這些知性科學這時有了自己的效用；這類科學給人和上帝帶來榮耀。說科學也給上帝帶來榮耀，教會不想承認，天主教也予以否認；天主教甚至因爲伽利略闡述哥白尼學說而強迫他懺悔，因爲哥白尼學說顯然是違背聖經的一種表述，而這種表述本身屬於上文提到的那種信仰。但不同於上帝本性中的事物的其他事物，只要在上帝的範圍和上帝的進程中，則屬於眞正的信仰。證明不屬於信仰，伽利略並沒有像新近所說的那樣，做一次冒昧的報告。一年前報紙上說，他由於狂妄自大地做過報告和發表未經裁定的談話而受到譴責。在一份奧地利報紙上，大概是弗里德里希·馮·施萊格爾說，伽利略七十幾歲時肯定詛咒和譴責過太陽是靜止的這種謬誤。所以，舊形態的教會在這裡充滿敵意地反對科學。在這些事件之後，一切能思維的人都疏遠了教會。

但從另一方面看，教會在宣稱科學導致唯物論和無神論時，也就有權反對科學，因爲自然本身和自然規律被說成一種終極的事物、一種自爲的普遍事物。人們也許可以補充說，上帝創造了這個自然和自然規律；但在這些科學中，所要求的是洞察發現的事物，明瞭一切關聯。正是在向上帝的昇華中，這個橋梁、這個過渡沒有得到揭示，自然規律與上帝的關聯沒有得到說明，而這個過渡恰恰違背自然科學本身只承認已被洞察的事物的原則。因此，這裡出現一種矛盾。這種認識有兩個方面：首先，這些規律、這些知識以經驗和感性存在爲它們的基礎；其次，知覺的類型，例如直接的知覺活動和多重的知覺，是作爲規律和種屬被提升爲普遍性的形式，被概括爲一種普遍事物。在這些規律和種屬中，在這些普遍事物中有精神，即知性自身。感性物質提供材料、內容和起點，然後過渡到普遍事物，這種普遍事物就是知性。在普遍事物中知性認識到自己，使自己符合於所發現的事物，把多樣性的事物提升爲一種普遍的事物。在規律的形式中知性得到滿足，因爲在這裡知性面臨的是它自己所是的

(12, 515)

(12, 516)

這種同一性。所以，這是在科學方面的知性的作爲。這種普遍性的形式顯露出來，這是第二種關注的事情。

第三種關注的事情是，這種普遍事物、這種認識活動首先是理論性的，〔然後〕也轉向實踐領域、轉向現實。它首先從現存的事物走向規律。但不同之處是，這些原則、這些規律被當作標準、固定的觀點和固定的前提加以運用，隸屬於它們的事物、通常存在的事物在它們那裡得到檢驗。第三種關注的事情就出現在這種轉向中。

於是在這裡就出現了第三種關注的事情。具備自己的知識和規律的知性，有這樣的方面，即它作爲啟蒙精神轉而反對精神中的具體事物，即反對宗教信仰，因爲它把自然性的存在當做原則，不論這種存在是具有物理本性的現存事物，還是具有精神本性的現存事物。知性把這個基礎、特定的經驗當作眞的事物，當作一切應當有效的事物的試金石。知性的原則是連貫、同一和關聯的原則，知性借助這個原則轉而反對宗教，所以〔知性〕是啟蒙精神。

自然規律對知性而言是眞的事物，知性的方法是邏輯連貫的方法。有前提的、自然性的、知性所發現的事物也包括精神性的事物，即感覺、衝動、靈魂不朽的感覺、同情等等。知性在以自己的方式行事時，就是啟蒙精神。所以，當知性停留於這種作爲絕對眞理的自然性的事物時，宗教相對於知性是不可能經受得住這種事物的，因爲宗教的原則正在於，自然性的事物恰恰是必須加以揚棄的否定事物。此外，宗教是思辨的，宗教具有一種思辨的內容，因而相對於知性的抽象連貫性，是不連貫的，因爲理性就是在自身使差異性成爲

(12, 517)

統一性，把有差別的事物理解爲一個事物、理解爲具體的事物，而這恰恰違背知性的同一性，即抽象的、自身無差別的事物的同一性。知性持守這種同一性，它說：「有限的事物不是無限的。」宗教的一切神祕事物、即思辨事物，對知性來說都是一種虛無的事物。所以，知性的這種轉向表現爲對宗教的否定。

第二點不同是一般的知性與國家的關係。當國家和政府擁有知性，把自己的效用理解爲普遍目的，把自己理解爲普遍事物時，由此就出現一種作爲最高事物、有效事物的普遍國家目的的觀念。這種思想作爲國家目的，首先必定是分離的事物，是在國家關係方面的單純的私人權利，是權力中單純特殊的個體權利。所以，當國家變得能思維時，它就在現實中設想另一種關係。以往作爲特權的事物，這時不再被自在自爲地視爲擁有私人財產的形式。從形式上看屬於私法的一切關係，從概念和內容上看都屬於國家。所以，這個內容從私法的事物那裡被抽走了。只有從其本性看可能是私法的事物，才允許保留這種形式。

政府這時是理解國家的目的和國家的思想的，就出現了這個方面而言，我們這裡必須強調腓特烈二世。他是一位世界歷史人物，〔被〕稱爲「哲學王」，因爲他已經理解國家的普遍思想，因爲他堅持普遍的目的。就他鑽研形而上學或者他個人是哲學家而言，也可以這樣稱呼他。他是哲學王，不是因爲唯獨他把握了這種原則，而是因爲他首先把握了這種原則，並作爲國王將它付諸實施。只有這種原則成了普遍有效的，人們才把哲學稱爲健全的人類理智。正是他，堅持國家的目的，讓它行之有效，在特殊的事物、即各種特權背離、違背

(12, 518)

國家的目的和維護時，就不再尊重它們。更確切地說，他更喜歡各種有利於整體的建制。

這一時期對外的政治效用——即戰爭，必須稱爲立憲戰爭，而以前〔時期〕的戰爭是宗教戰爭或單純外在的政治戰爭。七年戰爭就是這樣一種戰爭，〔它〕可以被稱爲立憲戰爭。雖然聯合所有大國、所有龐大勢力反對弗利德里希的外在目的最初可能顯得是西里西亞，但眞正的驅動因素是在王位上端坐著一個與往常不同的精神，這個精神帶來了一種不同的原則，具有不同的活動和一種不同的方式。特殊的事物、獨特的事物當然也添加了進去，但主要的驅動因素是，一個具有不同活力的人坐在王位上。但後來的戰爭更多的是立憲戰爭。

現代的革命和戰爭所要實現的目的、達到的結果，是透過自下而上的暴力帶來國家體制的改變。這種革命在思想上已經有了自己的開端和起源，因爲思想的教養這時已經變得更加穩固，把普遍觀念樹立爲終極事物，與昔日存在的事物達成和解。在發現昔日存在的事物與終極事物陷於矛盾時，思想就發生了反叛。思想在這方面可以發現的最高規定，是意志自由的規定。所有其他關於國家的幸福與福祉的原則都是或多或少不確定的。但意志自由是自在自爲地確定的，因爲它無非就是自己規定自己。意志自由的規定這時把思想理解爲現實中最高的事物。至於思想在何種意義上在現實中擁有權利，這要在別處加以探討，要確立另一門科學。意志自由是精神在行動中、在它指向現實事物的方向上的自由。意志自由直接源自於新教的原則，但必須把作爲特殊意志的意志與這種意志自由區分開，國家才是這種意志自由

(12, 519)

的實現。不要把特殊意志理解爲〔自由意志〕，就像一個人臆想自由意志一樣。毋寧說，自在自爲的意志自由從其本質來看是上帝自身的自由、精神的自由，不是這種特殊精神的自由，而是普遍精神的自由。這些革命都是從思想出發的。這種思想已經與現實有了關係，並成了反對特定秩序的暴力，成了一種反對持存事物的暴力，這種暴力就是一般的革命。

問題這時在於，在何種規定和形式下這種現象才顯露出來、革命才表現出來。思想在發現了實定事物作爲絕對暴力來反對自己時，就變成了暴力。所以我們看到，在法蘭西、義大利、那不勒斯、皮埃蒙特，最後也在西班牙以及所有我們稱作羅曼語族國家的國家，出現了革命。但在那些此前就已建立新教自由的國家，卻風平浪靜，因爲這些國家是借助宗教改革同時進行了它們的政治改革和革命的。在羅曼語族國家裡，主要的事情是推翻王權，推翻王權迄今爲止有過成功，復又歸於失敗。在這裡，對於這些革命必須強調指出，人們進行過的僅僅是沒有宗教變革的政治革命。宗教在精神的自由中要麼減少，要麼增多，但沒有宗教變革，任何眞正的政治變革和革命都是不可能成功的。〔在這裡，〕精神的自由，即在這些國家被變成體制原則的自由原則，本身就是抽象的，因爲它們反對持存的實定事物，並且不是源於那種在宗教中存在的精神自由。因此，這種精神自由不是那種在宗教中，在神聖的和眞正的自由中存在的自由。

所以，各個新教國家已經進行了它們的革命，革命在新教國家已經過去，因爲〔在〕這些國家存在的情形是，應當發生的事情是透過洞見事理和普遍教養平靜地發生的。在這裡，對於國家的具體目的的思想，不存在任何絕對的矛盾。但在其他羅曼語族國家，違背國家目的的各項規定的事物則擁有如此絕對的權利，以致它能夠做出一種絕對的反抗。各個信奉新教、福音教的國家從其外在的體制看，是極爲不同的，例如丹麥、英格蘭、荷蘭、普魯士就是完全不同的，但根本的原則，即在國家中應當有效的事物，在所有國家都是存在的；必須以洞見事理、以普遍的國家目的爲出發點，由此獲得合法性。抽象地看，這是必要的規定。

於是，我們就這樣簡要地對世界歷史作了闡述。宗旨在於表明，整個歷史進程是精神的一種連貫進程，整個歷史無非是精神的實現過程，而這種實現過程是由各個國家完成的；國家就是世界歷史在塵世中的實現。眞的事物必須一方面在純粹的思想中，另一方面也在現實中作爲客觀的、得到發展的體系存在。但這必定不〔始終是〕外在的、客觀的，毋寧說，同一個主觀精神必須在這種客觀性本身中是自由的；並且第三，必須認識到現存事物的內容、這種客觀世界精神的內容是它自己的。所以，這種內容是給精神提供見證的精神，它在精神中就是在它自身、就是自由的。重要的是洞見這樣的事理，即精神只有在歷史和當下存在中才能解放自己和滿足自己，現在發生和過去發生的事情不僅源自上帝，而且是上帝的作品。

(12, 521)

人名索引

三畫

四畫

五畫

七畫

八畫

九畫

十畫

十一畫

十二畫

十三畫

十四畫

十五畫

十六畫

十七畫

十九畫

二十畫以上

黑格爾年表

（Georg Wilhelm Friedrich Hegel, 1770-1831）

年代	生平記事
一七七〇	八月二十七日，生於德國西南部符騰堡公國斯圖加特城。
一七七五	母親啟蒙。
一七七七	進拉丁學校學習古典語文。
一七八〇	進文科中學，愛好希臘悲劇，喜歡植物學、物理學。
一七八一	母親病故。
一七八五	讀《伊利亞特》、亞里斯多德《倫理學》。
一七八七	八月撰寫《論希臘人和羅馬人的宗教》。
一七八八	寫〈古代詩人的某些特徵〉、〈論希臘、羅馬古典作家的著作給我們的若干效益〉。 夏季中學畢業。 十月二十七日考取圖賓根新教神學院。
一七八九	爆發法國大革命，積極參加活動。
一七九〇	九月進行哲學學士論文答辯。 十月，謝林與黑格爾、荷爾德林同住一個寢室。
一七九一	春末仲夏病假返家，期間讀林奈著作，萌發對植物學的興趣。

一七九二	開始撰寫〈人民宗教與基督教〉至一七九四年止，未終篇。
一七九三	六月進行神學論文答辯。 九月二十日，神學院畢業。 十月前往瑞士伯恩，在施泰格爾家當家庭教師。
一七九四	暫停寫〈人民宗教與基督教〉。 十二月在書信中批評雅各賓專政。
一七九五	五月日内瓦一遊、寫〈耶穌傳〉。 十一月寫〈基督教的實證性〉（一七九六年四月二十九日完稿）。
一七九六	夏季寫〈德國觀念論最早的系統綱領〉。 秋季，辭去施泰格爾家庭教師工作，返鄉小住。
一七九七	一月在美國法蘭克福商人戈格爾家任家庭教師。
一七九八	春季出版從法文翻譯、評注法國吉倫特黨人、律師卡特（一七四八－一八一三）〈關於瓦德邦（貝德福）和伯爾尼城先前國法關係的密信〉（匿名）。 秋季撰寫〈基督教精神及其命運〉和〈論符騰堡公國内政情況，特別是關於市議會之缺陷〉。

一七九九	一月十四日，父親去世。 二、三月評述詹姆斯·斯圖亞特《政治經濟學原理》。 夏秋時間撰寫〈基督教及其命運〉。
一八〇〇	九月撰寫〈體系札記〉、〈基督教的權威性〉。 春、夏開始寫〈德國法制〉。
一八〇一	一月辭去戈格爾家庭教師工作，離開法蘭克福到耶拿。 七月發表〈費希特哲學體系與謝林哲學體系的差異〉。 八月二十七日擔任耶拿大學編外講師。 九月在《愛爾蘭根文獻報》上，發表〈論布特維克哲學〉。 十月二十一日在耶拿第一次會見歌德。
一八〇二	一月和謝林合辦《哲學評論雜誌》出版，第一期刊出〈論哲學批判的本質及其與哲學現狀的關係〉與〈普通人類理智如何理解哲學——對克魯格先生的著作的分析〉。 三月，〈懷疑論和哲學的關係〉刊於《雜誌》第一卷第二期。 七月，〈論信仰與知識，或主體性的反思哲學〉刊於《雜誌》第二卷第一期。 冬季撰寫《倫理體系》。 十二月，〈論自然法的科學研究方法〉刊於《雜誌》第二卷第二期。
一八〇三	十二月接歌德從威瑪送來徵求意見的文稿。

一八〇四	一月應耶拿礦物學會聘為鑑定員。 八月加入威斯特伐倫自然研究會成為正式會員。 夏、秋季撰寫《哲學全書》。
一八〇五	三月得到歌德力薦，晉升為副教授。 五月，撰寫《精神現象學》。 從符騰堡當局得到批准：可在外邦正式領受職務。
一八〇六	二月，《精神現象學》第一部分稿件完成。 十月十三日，拿破崙軍隊進占耶拿，十四日夜，《精神現象學》全部完稿。
一八〇七	一月擔任海德堡物理學會名譽會員。 二月五日，非婚生子路德維希（一八〇七—一八三一）誕生。 三月，《精神現象學》出版。 應《班堡日報》之聘，擔任編輯，直到一八〇八年十一月。發表〈誰在抽象思維？〉
一八〇八	十一月初，在紐倫堡任文科中學校長（直到一八一六年十月），為高年級講哲學，為中年級講邏輯，兼教古典文學和高等數學。
一八〇九	撰寫《哲學入門》（一八一一年完稿）。 九月九日，發表學年年終演講。

一八一〇	為中年級講邏輯，為低年級講法律、倫理、宗教。 為中高年級講宗教學。
一八一一	四月，紐倫堡元老院議員卡爾．馮．圖赫爾之女瑪麗（一七九一－一八五五）允婚。 九月十六日結婚，撰寫《邏輯學》（即《大邏輯》）。
一八一二	春季，《邏輯學》第一部分出版。 八月，女兒誕生後夭折。 十月，謝林來訪，不談哲學。 秋季，起草關於中學哲學教學的意見書。
一八一三	六月九日，長子卡爾誕生。 《邏輯學》第一卷第二部分出版。
一八一三	十二月十五日，任紐倫堡市學校事務委員會督導。
一八一四	次子伊曼努爾誕生。
一八一五	秋季遊慕尼黑，會見謝林。
一八一六	秋初，《邏輯學》第二卷出版。 八月，辭去文科中學校長職務，到奧地利、法國、荷蘭度假。 冬季，《邏輯學》第二卷出版。 十月，遷居海德堡，任教海德堡大學。

一八一七	一月，〈評雅可比著作第三卷〉發表。 六月，《哲學全書》出版。 十一、十二月，〈評（一八一五—一八一六）符騰堡王國等級議會的辯論〉刊於《海德堡文獻年鑑》第六十七—六十八、七十三—七十七期。
一八一八	三月十二日，普魯士國王任命黑格爾為柏林大學教授。 九月十八日辭去海德堡大學教職，去柏林大學任教。 九月二十三日在威瑪歌德處作客。 十月二十二日在柏林大學發表就職演說。
一八一九	三月撰寫《法哲學原理》。
一八二〇	與叔本華展開動物行為是否有意識的爭論。 七月十四日任布蘭登堡科學考試委員會委員。 八月至九月初，至德勒斯登旅行。 十月，《法哲學原理》出版。
一八二三	九月，荷蘭學者組織「和睦社」吸收其為社員。
一八二六	一月發表〈論宗教改革者〉，刊於《柏林快郵報》第八至九期。 七月在家和友人聚會商議開展學術活動，籌備出版《科學評論年鑑》雜誌。

一八二七	一月，黑格爾主編《科學評論年鑑》創刊。第一期發表評洪堡〈論摩訶羅多著名詩篇〈薄伽梵歌〉〉一文。 七月，《哲學全書》第二版出版。
一八二八	三月至六月於《年鑑》（第五十一—五十四期、第一〇五—一一〇期）發表〈關於佐爾格的遺著和書信〉文章。 四月至六月於《年鑑》（第七十七—八十期、第一〇九—一一四期）發表評哈曼著作的文章。
一八二九	一月、二月、六月於《年鑑》（第十—十一期、第十三—十四期、第三十七—四十期、第一一七—一二〇期）發表評匿名作者〈論黑格爾學說，或絕對知識與現代泛神論〉和評匿名作者〈泛論哲學並專論黑格爾《哲學全書》〉兩篇論文。 五月、六月於《年鑑》（第九十九—一〇二期、第一〇五—一〇六期）發表評論舍爾〈與基督信仰認識相似的絕對「知」與「無知」泛論〉一文。 八至九月，遊布拉格和卡爾斯巴德，最後一次會見謝林。 十月當選為柏林大學校長，十月十八日用拉丁文發表就職演說。
一八三〇	夏季，普魯士科學院通過院士時，由於物理學家、數學家的反對，黑格爾未能進入普魯士科學院。 十月，《哲學全書》第三版出版。 柏林大學改選校長，黑格爾發表演說。

一八三一
威廉三世授予三級紅鷹勛章。 四月，發表〈論英國改革法案〉部分章節，刊於《普魯士國家總匯報》第一一五、一一六、一一八期，後被迫未能全文發表。 夏季，在克蘭茨貝格修訂《邏輯學》。 六月，評A·奧勒特《理想實在論》的第一部分刊於《年鑑》（第一〇六—第一〇八期）。 九月，於《年鑑》（第五十五—五十八期）發表評J·格雷斯〈論世界歷史分期與編年之基礎〉一文。 十一月七日，寫《邏輯學》第二版序言。 修訂《精神現象學》三十餘頁，並寫第二版序言。 十一月十三日，感染霍亂，終止修訂《精神現象學》。 十一月十四日，病逝於柏林寓所，葬於柏林市中央區。 十一月十七日，馬海奈克、舒爾茨等七人組成故友遺著編委，蒐集著作手稿、學生聽講筆記、來往信札，編輯出版《黑格爾全集》。

經典名著文庫 138

世界史哲學講演錄

Vorlesungen über die Philosophie der Weltgeschichte

作　　者 — 黑格爾（Georg Wilhelm Friedrich Hegel）
譯　　者 — 劉立群、沈眞、張東輝、姚燕（張愼、梁志學 審校）
導　　讀 — 先剛
發 行 人 — 楊榮川
總 經 理 — 楊士清
總 編 輯 — 楊秀麗
文庫策劃 — 楊榮川
主　　編 — 蔡宗沂
特約編輯 — 張碧娟
封面設計 — 姚孝慈
著者繪像 — 莊河源
出 版 者 — **五南圖書出版股份有限公司**
地　址 — 臺北市大安區 106 和平東路二段 339 號 4 樓
電　話 — 02-27055066（代表號）
傳　眞 — 02-27066100
劃撥帳號 — 01068953
戶　名 — 五南圖書出版股份有限公司
網　址 — https://www.wunan.com.tw
電子郵件 — wunan@wunan.com.tw
法律顧問 — 林勝安律師事務所　林勝安律師
出版日期 — 2021 年 9 月初版一刷
定　　價 — 620 元

國家圖書館出版品預行編目資料

世界史哲學講演錄 / 黑格爾(Georg Wilhelm Friedrich Hegel)著，劉立群，張東輝，沈真，姚燕譯．-- 初版．-- 臺北市：五南圖書出版股份有限公司，2021.09
面；公分．--（經典名著文庫 ；138）
譯自：Vorlesungen über die Philosophie der Weltgeschichte
ISBN 978-986-522-788-3（平裝）

1. 黑格爾(Hegel, Georg Wilhelm Friedrich, 1770-1831)
2. 世界史 3. 歷史哲學

147.51　　110007414